U0831132

# 三国 1

## 大乱之兆

吉川英治——著
王筱敏——译

中国出版集团
東方出版中心

**图书在版编目(CIP)数据**

三国.1 / (日)吉川英治著;王筱敏译. -- 上海 : 东方出版中心,2019.6

ISBN 978-7-5473-1422-7

Ⅰ.①三… Ⅱ.①吉… ②王… Ⅲ.①长篇历史小说-日本-现代 Ⅳ.①I313.45

中国版本图书馆CIP数据核字(2019)第014967号

策　　划:颜若寒
责任编辑:徐建梅
　　　　　杨典雅
封面设计:尚燕平

**三国.1**

**出　　版:** 东方出版中心
**地　　址:** 上海市仙霞路345号
**发　　行:** 东方出版中心
　　　　　北京时代华语国际传媒股份有限公司
**电　　话:** (021)62417400
**邮政编码:** 200336
**经　　销:** 全国新华书店
**印　　刷:** 唐山富达印务有限公司
**开　　本:** 690×980毫米　1/16
**字　　数:** 400千字
**印　　张:** 22
**版　　次:** 2019年6月第1版　2019年6月第1次印刷
ISBN 978-7-5473-1422-7
**定　　价:** 39.80元

# 大乱之兆

目录

# 第一卷

# 桃园之卷

# 第二卷

# 群星之卷

# 第一卷

# **桃园之卷**

# 第一章
# 黄巾党人

话说此时正是距今一千多年前，东汉末年，建宁元年[1]之际。

有一位旅人缓步而来。

只见他腰佩一柄长剑，着装质朴，长衣泛白。但看他生得一副唇红齿白、剑眉星眸的模样，而且两腮丰润，唇边带笑，毫无卑怯之意。他年纪有二十四五岁，正是一派青年不俗的气质。

只见这位青年走了一程，便随意坐在草地上歇息一下，任河岸清爽的微风吹拂他的发丝。

看时节大约正是凉秋农历八月时分，此地是黄河之畔，一处黄土断崖所在。

“喂——”

忽然远远传来一声呼喊。黄河上一叶小渔舟划过。渔夫一边划船一边高声呼喊：“那位后生——你在此处做甚？莫不是在等着渡船？那里可不是渡口，等也等不到船来哟！”

青年微微一笑，颔首答道：“承蒙提醒！”

渔舟顺水而行，渐行渐远，这位青年仍然端坐原地，若有所思地凝视着浩瀚的滚滚河水。

“哎！哎！那个年轻人！”

从他身后又传来一声呼喊，两个村民模样的人路过。他们一人拎着鸡，一人扛着锹：“我们打从晌午前就看见你在这里，你是不是在等人啊？最近这里有黄巾贼人作乱，你要小心别被官府的人盯上啊！”

青年回首示意：“我知道了，多谢您提醒。”

但他丝毫没有起身离开的意思，仍然出神地凝望着浑浊的河水，似乎要将这千万年来流淌不息的黄河望穿。

——为何黄河之水呈现如此浊黄之色呢？

---

① 译者注：公元 168 年。

如果细细观察这黄河之水，便可知道并非河水浑黄，而是水中夹裹着黄土沙砾。这些沙砾随着水波浮沉，河水便呈现出一片浊黄之色。

青年俯首掬起一捧黄土："哦，果然这土色亦是如此。"

他放眼西眺，遥望着河水来处，陷入沉思。

正是这些黄土沙砾，造就了茫茫中华大地，也浸染了滚滚黄河；正是这些黄土沙砾，自人类历史尚未开始的几万年前而始，从遥远的中亚沙漠随风而来；也正是这些黄土沙砾，堆积成了绵延不久的黄土高原，染黄了滚滚而下的黄河之水。

他不禁喃喃自语："我的先人也是顺着这河水而来的……"。

青年默默感受着自己体内奔涌的血流，暗暗思忖着这一脉血统是从何而来。在很久以前，大汉民族跋山涉水，随着黄沙滚滚，翻越了亚细亚山脉的崇山峻岭，沿着黄河繁衍生息，在黄土高原上生根发芽。他们驱逐了未开化的苗人，开荒务农，振兴产业，从此奠定了千百年中华文明的根基。

"列祖列宗在上，请佑我刘备，护我苍生，光复大汉，重铸和平！"

青年刘备俯首长拜，对天起誓。

突然，一个尖厉的声音在他身后响起："呔！你是何人？如此形迹可疑！莫不是黄巾贼人的同伙？"

刘备闻言一惊，赶忙回头观瞧。

来人不容分说，上前一把薅住他的衣领："好小子，说！你是打哪来的？"

刘备定睛一看，原来是两个官差，他们胸前绣着县衙的吏章。如今时局动荡，就连地方小吏也严加戒备。只见其中一人手擎一把铁弓，另一人手执一柄半月枪。

"在下是从涿县来的。"刘备从容地答道。

"涿县？你到底是从涿县哪里来的？"官差继续盘问。

"回这位官差大人，鄙舍在涿县的楼桑村（今河北省，涿州市），在下现在与家母同住一处。"

"哦？你们家是做什么的？"

"家中编制草席，打制草帘，聊以为生。"

"哦哟，原来你还是个手艺人呐。"

"正是！"

薅住刘备领襟的官差正待再细细盘问，陡然撤了手，双目圆睁地死死盯住他腰侧的佩剑："你休得胡言！你这腰上配的这把剑镶金戴玉的，一个卖草席的怎么有钱买如此好剑？想必是你偷来的！"

刘备的态度谦恭有礼，又落落大方："您有所不知，这把剑乃是家父遗物，并非盗窃所得。"

官差一时被他的气势所迫，上下打量了一眼，又问道："话虽如此，你在这个地方一坐就是大半天，究竟想要干什么？昨晚有一伙黄巾贼子洗劫了附近的村子，卷款而逃。你这小子看样子倒算老实，但是我们难免怀疑，自然要细细盘问一番。"

"在下绝非偷盗之徒，今日在此，只是想等候船家。听说洛阳船今日会顺流而下，路过此处。"

"哦？难道你有亲人在那船中？"

"非也。在下只是想等着与船家买些茶叶罢了。"

"买茶叶？"

两位官差面面相觑。以他们的阶品和月俸是买不起茶叶，更是从未尝过茶叶的滋味的。在当时茶叶的价格十分昂贵，只有达官显贵喝得起。平常人家也就只给危重病人时，才能筹资买上一点茶叶治病。他们小心翼翼地问："哎哟，你买茶叶做甚，莫不是家里有病人啊？"

"并非如此。只因家母嗜爱饮茶，但儿子不孝，因家境拮据不能常常为母亲买茶。在下这两年凭着手艺攒下一点银子，想着这次出门买点茶叶，献于母亲，聊尽孝道。"

刘备的回答滴水不漏。

"嗯，闹了半天原来咱们碰着个大孝子啊！唉，瞧瞧人家的出息，我们家那个混账儿子什么时候能想着给我买点茶叶，孝敬孝敬我呀？真是的！"

两名官差听了刘备一番解释，打消了疑虑。于是摆摆手，边嘟囔边走了。

不知不觉，已是夕阳西下时分，在傍晚绯色晚霞的映衬下，黄河也被染就一片红色。刘备怔怔地望着这片红霞赤水，又陷入了良久沉默。

"哎！黄河来处似乎显露出船旗的模样，莫不是洛阳船到了？"

刘备说着，翻身站起，手搭凉棚，眺望上游。

此时夕阳已渐渐落山，巨大的船影映着红彤彤的晚霞，徐徐靠岸。洛阳船与其他普通船只不同，船桅上无数通红的龙舌旗，随着江风不断飘扬。船身上下油满彩漆，显得绚烂夺目。

“喂——”

刘备挥手高喊，但洛阳船却视若无睹。只见船身慢慢转舵，刷刷落帆，顺着河水的走势停靠在稍远的下游河岸之畔。那里正是一个百十来户人的水村所在。

看来今天等着洛阳船的不止刘备一人。此时，岸上已是挤满熙熙攘攘的人，有赶着骡马招揽生意的掮客；有推着俗称“鸡车”的农民，小推车上堆满了当地产的绒线和棉花；还有吆喝卖干鲜果品、肉蛋食品的小贩……洛阳船靠岸的大日子，水村里也自发形成了一个大集市。

洛阳都城位于黄河上游，目前正是东汉第十一代皇帝灵帝的宫殿所在。当时的京师洛阳繁华无比，天下的奇珍异宝、文化精品都先汇聚于此，再行销各地。

洛阳船每隔几个月就会顺河而下，将琳琅满目的各类商品行销至沿河各地。这个小小的临河村也是其中的一站。

伴着夕阳的余晖，喧闹的集市开场了。刘备沿着河边小路赶来，贸然置身于这川流不息的人潮中，几乎迷失了方向。他隐隐担心茶叶一旦落到二道贩子的手中，价码就会被抬得虚高，自己囊中羞涩，恐怕难以负担得起。

集市开始得快，结束得也快。聚集起的人群似乎一眨眼工夫就散去了。掮客、小贩和农夫们纷纷推着车，挑着扁担，三三两两地消失在暮霭之中。

刘备与一位商人模样的人擦肩而过，他连忙凑上前去问道：“请问您这里有茶叶么？在下很想买些茶叶。”

“哦？你要买茶叶么？”

洛阳商人倨傲地回身打量了一番，说道：“小伙子，我倒是有茶叶，但恐怕没有便宜茶叶能给你。我这儿的茶叶都是按一片一片称重的名贵上等货哟。”

“那也没问题，请您给我称一些就可以了。”

商人并不称茶，仍旧站在原地问他：“小伙子，你喝过茶么？这地方好像很多人只是煮些树叶子充茶水，但那些可不算真正的茶叶啊。”

“您说的正是，我正是想买一些真正的茶叶。”

刘备语气诚恳，神色急切。他完全了解茶叶有多么宝贵，价格有多么昂贵，确实不是这些地方的乡下人能够随意买得起的。

据说茶叶的种子是从遥远的热带国家传来的。到周朝时，茶叶为数稀少，仅为皇室特供。到了汉朝，茶叶的产量也很少，历代皇帝都在后宫花园中种植茶叶，聊以御用。而民间也只有一些达官显贵能获取些茶种，在私有土地上少量种植。

此外，还流传着一个传说，相传神农氏日尝百草，经常误服毒草被伤，当发现茶叶之后，他发现只要一嚼茶叶就可解毒，如获至宝。

无论如何，以刘备这样的身份求购茶叶，实属不易。见他语气迫切，态度真诚，洛阳商人似乎被打动了，接着说：“既然如此，我就卖给你些茶叶也未尝不可。不过小伙子，你带的银两可够啊？”

“银两是够了的。”

刘备忙从怀里掏出皮囊，把里面的银子和散碎黄金倒了出来，毫不犹豫地一股脑放到商人的手中。

“嚯！”

洛阳商人掂了掂手中银两的分量：“没想到你还真有点银两啊。不过啊小伙子，你的这些银子要想买上等的好茶，恐怕也买不了多少啊。”

“能买多少我就买多少。”

“哟，你为什么这么想买茶叶啊？”商人疑惑地问道。

“请您谅我想在家母床前尽孝。家母嗜爱饮茶，就算再贵我也是要买的。”

“小伙子，你们家是做什么的？”

“家中靠编制草席，勉强度日。”

“哦！原来你是个手艺人家啊！恕我直言，你要想攒这么些银子恐怕不容易吧？”

“实不相瞒，这些银两是在下花费两年的时间，省吃俭用攒下的。”

洛阳商人闻言很是感动：“既然你这么说，我倒确实不能拒绝你了。不过就这点银两，不够半两的茶叶钱。你再添点我就卖你了。”

“既然如此，请您收下这个。”刘备拿起佩剑，解下剑穗上的琅玕珠子，递与商人。

商人看了一眼，露出一丝不甚稀罕的神色，但仍对刘备说：“好吧！看在你这一片孝心的分儿上，我就把茶叶卖给你吧。”

说罢转身回到舱内，拿出一个装满茶叶的小锡壶，交与刘备。

此时天色渐晚，黄河也融入一片茫茫夜色之中。西南方的夜空中有星星闪烁，好似妖猫的瞳仁。仔细观瞧，会发现星星的光芒蒙着一层昏暗的红色——妖星如虹，此乃世间大乱的凶兆。如今妖星闪耀，令众人见之无不胆战心惊。

“承蒙割爱，在下谢过！”

青年刘备手捧小锡壶，对渐渐远去的船影拜了一拜。心中浮现出母亲饮茶时的笑脸，不禁心中一暖。

只是这临河村距离他的老家涿县楼桑村路途遥远，尚要花费几天的时间赶百里的路。如今天色已晚，刘备思量着："就在此处歇息一晚再赶路吧。"

他举头观瞧，只见不远处水村中闪着两三点灯光，于是去村里的小客栈投宿。

刚到夜半时分，刘备房间的门忽然被推开。小客栈的老板慌慌张张地推门进来，把他摇醒。刘备坐起来定睛一看，窗外一片火海，灼人的火焰炙烤着小客栈，不时还传来木头燃烧的噼啪声响。

"店家！怎么失火了？"

"客官，这是招贼啦！黄巾贼来了！今天和洛阳船做生意的买卖人都住在村里，一定是被贼人盯上了！"

"什么？是黄巾贼？"

"客官啊，您是不是今天也跟洛阳船上买了东西了？这些贼人就是冲着这个来的，可能下一个就轮到咱们啦。你快点从后门逃了吧。"

刘备匆忙套上衣衫，把佩剑紧紧握在手中。待他走出后门，才发现四周都已陷入一片火海。牲口哀鸣，妇人哭闹，村民四散，慌不择路。大地被火光照得通明，恍如白昼一般。

火光中闪现无数人影，如同恶鬼出山，挥舞着刀枪剑戟，逢人必砍。尸殍满地，哀号震天，俨然一派地狱般的惨烈光景。

如果是在白天，就能看出这些恶鬼每人头上都裹着一条黄色头巾——黄巾贼之名即如此而来。黄色象征皇天后土，原本是中国最尊贵的颜色，如今却变成老百姓闻之变色的恶魔象征。

"啊！怎么会如此这般？"刘备暗暗愤恨。

"难道这是天意？让我住于此处，睹此惨状，让我在此替天行道，解黎民于水火？这些贼子，实在可恶！"

刘备手持利剑，正待将门一脚踢开，杀将出去，但忽然心头一动，且慢！

我如何能忘，家中尚有老母在上！如若我此番贸然行事，那母亲该如何是好？这黄巾贼子遍布天下，如蝗虫过境，肆虐成灾。单凭我刘备一剑之勇，尚不能以一顶百，难以为民除害。我又怎能拯救天下苍生！如果我此番逞强上阵，与贼人拼个你死我活，倘若就此身亡，那么有谁能去床前为母亲尽孝？即使我以一命拼上百命，又有什么意思？

“我今日在黄河岸边起誓，护我苍生，光复大汉，重铸和平。既然立此重誓，必当忍辱负重，以图大业。”

一念至此，刘备暗下决心，一把拭去眦裂眼角的泪水，又用衣袖捂住口鼻，在滚滚火光烟雾中掉头离去。

刘备在星夜中奋力前行，终于离开了村落，来到了一处山路之上，才停下来稍事休息。他一边擦着额角的汗水，一边回头遥望，心想：“我已逃至此处，应该无碍了。”

被纵火烧毁的临河水村已被远远落在后面，只隐约可见，如同旷野尽头的一点萤火一般。四下空寂，他不禁抬头仰望苍穹，只见一道白虹般的银河跨越天际，横亘于夜空上。与这浩瀚的银河对比，这人世间的巍峨山岳、滚滚黄河，甚至这绵延不绝的中原大地都显得如此渺小，何况人类，更是微不足道。

人啊，是多么渺小！我啊，更是多么渺小！刘备在这苍天大地之中，深深地感到了自己的无能为力。他浑然不觉，仰天长啸：“非也！非也！有人才有宇宙，没有人，宇宙只不过是一片空寂！人比宇宙更加伟大！”

旷野中响起他的回音，风声中似乎传来应答：“然也！然也！”

刘备四顾而视，不见人影，只有夜色中树影丛丛。他仿佛看见树影之后显现一座破旧的孔庙。于是他信步而前，对孔庙深施一礼：“是的，早在七百多年前，孔子生于鲁国（今山东省），起于乱世。其儒家思想流传于世，孔夫子正是人世间名扬千古的圣贤！昔孔子以文励世，我则不妨以武济民。如今天下大乱，黄魔当道，鬼魅作怪，民不聊生。当今之计正乃不宜德化，只宜武平！”

刘备只道四下无人，不禁慷慨激昂，在孔庙前立下豪言壮语。

谁料突然从庙中传来一阵大笑：“哇哈哈哈！”

刘备一惊，刚要起身踢开庙门。霎时之间，只见一名壮汉虎跃而出，一把按住刘备的后颈，大喝一声：“嘿嘿！休想逃走！”

这时，庙里又走出一名彪形大汉，他把孔子木像一脚踢倒，大声咒骂道：“你这个混账东西！这个破木头你倒来拜，哪有什么稀罕的！”

孔子的木像被他一踢，齐颈折断，身首异处，滚落于地上。

刘备暗道不妙，想必是遇到了歹人。

只见这两名彪形大汉，头裹黄巾，身披铠甲，脚踏兽皮靴，腰挂三尺剑。不用问，想必就是那黄巾贼人，而且其中一人看衣着打扮，身形面相，俨然一个小头目。

“我说大方啊，你看咱们拿这小子怎么处置？”拎着刘备脖领子的那名壮汉回头询问。

踢倒孔子木像的那人回答：“你把他松开吧，我谅他也不敢逃跑！要是这小子胆敢逃跑，咱们就一刀宰了他！”

说完他大摇大摆地坐在庙前的石墩子上。

在黄巾贼的组织里，这所谓大方、小方，指的是小头目的品阶。这个称谓是从方士（术士、祈祷师）而来，在黄巾贼的部将彼此之间都是如此相称。不过被尊奉为大贤良师的总将军张角另有称谓。张角和他的两个胞弟被特别地尊称为天公将军张角、地公将军张宝，以及人公将军张梁。在他们之下设所谓大方、小方的各位武将，领兵作战。

此番坐在刘备面前的大汉就是天公将军张角手下的一名干将，名叫马元义。抓住刘备的是他的手下，名叫甘洪。马元义见手下有些担忧的样子，就喝道：“喂，甘洪！你把那小子给我押过来！”

甘洪立刻一个推搡，揪着刘备的脖领子就把他押到马元义面前。

“好啊你小子！”

马元义上下打量一番，开口说道：“你刚才在庙门口胡言乱语些什么？又是发重誓，又是要动武的。你是当真还是说胡话呢？”

“正是。”

“什么就正是的！休想搪塞我！你刚才说什么黄魔当道，民不聊生，还说要以武济民，以武安天下。你倒说说，到底谁是黄魔？你指的是谁呀？”

“我并没有什么意思。”

“那你什么意思？自言自语说胡话么？”马元义追问道。

“我不过是一个人走山路有些害怕，为了壮胆才信口胡说的罢了。”

“你说的可是实情？”

“确是实情。”

“哦！那你倒说说，这深更半夜的，你一个人走山路是要去哪啊？”

“我要回故乡涿县。”

“哟，那你还要赶上老远的路呢。正好我们等天一亮也要去北边的镇子，被你小子一闹想必也睡不了了。对了！你看我这里行李太多，你正好和我们一道，就给我担着行李吧。我说甘洪啊！”马元义说道。

“在！”

“咱们的行李就交给这小子担着，你就帮我拿着半月枪吧！”

“我们现在即刻上路是么？”

“等咱们翻过山岭，就差不多天亮了。到时候，那路人马也差不多忙完今晚的活儿，自然就会赶上我们了。”

“得令！待末将沿途留下暗号，给来人指路。”

甘洪说罢在庙墙外画下暗号。每走半里路又在路边的树枝上系上杭锦。

大方马元义则稳稳骑在骡子背上，大摇大摆地走在最前面。

# 第二章
# 童谣之兴

骡子一路向北而行。

马元义端坐在鞍子上时不时地回首南望，嘴里念叨着："怎么回事？那路人马怎么这么慢，这么久还没赶上来。"

甘洪扛着半月枪，跟在骡子后面，接话道："他们是不是路上走岔了？等我们到了冀州就能会合了。"

刘备扛着行李跟在一旁，闻言心中暗想，估计他们在说黄巾贼人同伙的事。他们要等着会合的，应该就是昨晚袭击黄河岸边临河水村的那批贼人吧。我现在不妨假意顺从，然后见机行事，伺机而逃。

于是刘备沉默不语，默默背着贼人的行李，行走在马元义的骡子与甘洪的半月枪之间。就这样三人一走就是四天四夜，翻山越岭，涉水渡河，越过平原。所幸连日无雨，万里无云，一派秋高气爽的景象。浓密的庄稼长得齐人高，三人一骡的身影时不时掩映其中。

"哈欠——"

马元义旅途劳顿，坐在骡子上打了个哈欠，跟在一旁的甘洪也困顿不堪，半梦半醒地挪动前行。

刘备心中突然涌起一股冲动，他心想："现在正是逃跑的良机！"

他几次伺机出剑，但每当念至堂前老母，以及未竟的大业，终究还是按捺下来。

"我说，甘洪啊！"马元义忽然出声。

"是！"

"你看！前面好像有座小庙！咱们这下可以吃上一口热乎饭，喝上一口水了。"

"小庙！哪呢？"

甘洪立刻精神了，他伸长脖子探出庄稼的麦穗向前张望。

"太好啦！大方，咱们这下还能喝上点小酒呢。那个和尚庙里肯定藏着酒！"

这几天来日夜跋涉，白天烈日当头，走得口干舌燥的。所以一听到有水，刘备不禁为之一震。

他忍不住也长身而望。只见不远处有一座小山，山前长满茂密的树林，林间有一泓清池，红白莲花点缀其中，开得正艳。这里确是一个好去处。

他们一行三人匆匆走过庙前石桥，来至庙门之前。马元义翻身下了骡子，伸手欲推门时才发现庙门早已破败不堪。一扇门不时嘎嘎作响，另一扇也早已不知去向。就在这破门之上，还贴着一张黄纸，上书一首：

苍天已死，
黄天当立。
岁在甲子，
天下大吉。
——大贤良师张角

甘洪见之大喜，忙招呼马元义：“大方，您快来看！此地也贴着我党的盟符呢。看来这座庙也加入了咱们黄巾一伙了！”

他乐得大喊大叫：“有人吗？快出来啊！”

马元义纳闷：“这么叫了半天，没人出来啊！你再叫叫门！”

甘洪又喊：“喂！我说这庙里有喘气的没？”

他一边大喊一边迈步向庙里走。昏暗的大殿里面空无一物，只有他的声音回响隆隆。忽然他发现在堂后的椅子上，蜷缩着一个形容枯槁的老和尚。只见那老和尚一动不动仰着头，仿佛盯穿了屋顶一样，不知是生是死。

“嘿！你个老秃驴！”

甘洪用半月枪的枪杆去扒拉老和尚。

老和尚这才仿佛苏醒过来一般，抬起混沌的双眼，打量眼前众人。

“你这有吃的吧。我们要在你这吃饱肚子。你快去给我们准备酒菜！”

“没有……”

老和尚脸色蜡白，有气无力地摇了摇头。

“什么没有！你这么大的庙怎么能没点吃的？”马元义上前一步，“你以为我们是谁啊！你睁大眼睛看清楚了！我们头上缠的是黄巾！我可是大贤良师张角的方将马元义！你等着，待我到你庙里搜一搜，要是发现你私藏粮草，我就要了你的脑袋！”

“你搜吧……”老和尚微微地点头。

马元义见状，不由得回头看了看甘洪：“看这老秃驴木呆呆的样子，这儿没准还真没吃的。”

老和尚干瘪见骨的胳膊突然举了起来，宛如枯枝一般指着身后的佛坛和墙壁：“没了！没了！都没了！这庙里连佛像都没了！什么都没了！”

他浑浊的双眼满是怨恨，激愤的声音在大殿中反复回响着——没了，没了，没了。

“什么都没了！所有的东西都被你们的同伙抢走了！就像蝗虫过境一般，全抢没了。”

“总能剩点东西吧，有点吃的就行了。”马元义讪讪地问。

“什么都没了！”

“没有吃的就算了，你去给我们打点水来喝。”

“井里已经被投了毒，没法喝了。喝了就要死人的。”

“谁给投的毒？”

“还不是你们这帮戴黄巾的同伙干的！他们去抢前面的村子，为了把人都赶尽杀绝，在所有的井里都投了毒。”老和尚愤愤地说。

“没有井水也罢，你这里总还有泉水吧。我看庙前不是有个水池么，还开着不少好看的莲花。那个水池里是不是有泉水啊？”

“你说那些莲花？你们觉得很美么？在我眼中，这些红白莲花都是无辜百姓的幽魂啊。每一朵莲花都在诅咒你们，每一朵都在哭泣，每一朵都是仇恨……”

“好你个老秃驴，少在那里胡言乱语！”

“你道我是在胡言乱语么？你们不妨自己去看看水池底下，那里面堆积了上百具的尸体啊！那些被你们的同伙虐杀的老弱妇孺，那些不愿入伙而被吊死的村民百姓，还有那些奋战而死的官吏都堆于池底。那些莲花就长在那数百具腐朽的尸身之上，你还觉得那莲花好看么？”

马元义清清嗓子又说：“那是自然的！凡是反抗大贤良师张角将军的人，都是如此下场！”

老和尚沉默不答。

“废话少说！你这和尚竟说没吃没喝的，那你自己吃的什么？”

“哼，不就是这些。”老和尚随手向地上一指。

只见地上零星散落些嚼过的草根、虫腿和鼠骨之类的东西。马元义恶心地直摆手：“真是服了你这老秃驴了。看来我们指不上你给张罗吃喝了。那个刘备、甘洪啊，咱们走吧。”

说完自顾自地走了出去。

直到这时，老和尚才注意到站在贼人身后的刘备。他直勾勾地盯着刘备半晌，仿佛要看穿他的脸。突然，他哇地大叫一声，骇得从椅子上站了起来。

老和尚那双眼睛深深凹陷在眼眶里面，此刻却瞪得溜圆。他一眨不眨地盯着刘备的脸。过了好一会儿，他才哼了一声，好似回过魂来似的连声大叫：“啊！啊！原来是你！”

说罢翻身跪倒在地，叩拜不止，仿佛见到了菩萨显灵。

刘备大惑不解，连忙上前一步，扶起对方问道：“老方丈，您行此大礼，究竟为何？”

当老和尚触碰到刘备的双手时，竟激动得老泪纵横，浑身颤动。他低下头来，用额头触碰刘备的手背，含泪说道：“年轻人啊！我这么久以来苦苦等待，我要等的人就是你啊！只有你才能驱除鬼魅跳梁，只有你才能扫荡暗世，只有你才能开辟乐土！如今这乱世如麻，生灵涂炭，也只有你才能救百姓于疾苦之中啊！”

“你何出此言。在下只不过是一个卖草席的穷小子，从涿县稀里糊涂地流落于此。老师父，请您起来吧！”

“非也！我看你吉人天相，骨骼清癯，绝非寻常人等。年轻人，你快告诉我，你的祖上如非帝王之族，也是王侯血脉。”

“这怎么可能！”刘备连忙摇头。

“先父和祖父不过是楼桑村的农户罢了。”

“那么再早一辈的先人呢？”

“这个在下就有所不知了。”

“你若不知，不妨一听老衲所言。我来问你，你这佩剑是何人所赠？”

“这柄佩剑么，乃是先父遗物。”

“那么这柄佩剑想必是很早就在你家里保管了，对不对？从剑鞘上的配饰花纹来看，虽已磨损，但这绝非一把常人所佩之剑。剑穗上原本该配有上好的琅玕玉珠，剑带上的皮革也原本配着皇室锦绣。至于剑身，必定是举世无双的宝剑。年轻人，你有没有曾经出剑一试呢？”

刘备闻言心中大惑，一时竟无言以对。

那厢马元义和甘洪原本已经走出庙外，但见刘备迟迟未跟上来，便停住脚步。他们回头见那老和尚拉着刘备滔滔不绝地说话，忍不住高声叫骂："喂！姓刘的！你跟他啰唆什么！还不赶快过来扛行李！"

老和尚本欲多说，闻言一惊，忽然语顿。刘备趁机放手，连忙走出殿外。

马元义待刘备刚刚跨出庙门，便吩咐甘洪暂时不用解下骡马，他对着刘备一指门外的大树墩，说道："刘备，你给我坐下。"

说罢自己也大摇大摆地坐在门口石阶之上，对着刘备说道："我刚才听老和尚说什么来着，说你小子有吉人天相，将来恐怕会当上王侯将相吧。依我说，我看你小子挺有前途，不如跟我干吧。裹上黄巾，做我的手下，你看如何？"

"多谢您的错爱，"刘备佯装老实，"只是我堂上尚有老母待养，承蒙您抬举，在下恐怕难以两全。"

"有老母待养啊，这也不成问题。你只要给她寄些饭钱不就行了。"

"常言道，父母在，不远游。家母生性老实，常为儿子担忧。在下此番出门在外良久，想必母亲日夜思念，身体也会消瘦许多。在下实在于心不忍啊。"

马元义挥挥手，打断刘备的话："话虽如此，你母亲消瘦也是因为你家贫寒。要是你加入我们黄巾党，就能衣食无忧啦，你母亲也不用再跟着你吃苦。你现在又不是三岁的小孩子，她不会太担心的。"

马元义一心想将刘备招致麾下，于是坐在庙前石阶上侃侃而谈。他对黄巾党的势力夸夸其谈，想要激起年轻人急功近利之心。

"有些人眼光短浅，会觉得我们在欺压百姓。但是有很多地方的人都赞赏我们，把我们的主将张角奉如神祇一般。"

以此为开场白，马元义开始滔滔不绝地讲起黄巾党的发祥之初。

在距今十几年前，张角还只是个无名之辈，他在巨鹿郡（今河北省）算得上难得的秀才。

有一天，他上山采药，遇到了一个长相奇特、手拄藜杖的老道。道士向他招手道："贫道已在此恭候多时了。"

张角上前，随老道来至一处白云深处的洞窟之中。老道在洞中赠书三卷，并再三叮嘱："此书乃是《太平要术》，你须得悉心详读，体味其中奥妙，便可拯救天下苍生，兴道施善。若你痴迷私欲，心生恶念，则定会遭天谴而亡。"

张角手握此书，再三揖拜，上前询问老道尊号。道士答道："贫道乃南华老仙是也！"

语毕，随即化身为一朵祥云，飘然而去。

张角下得山来，便将此番奇遇告诉乡民。巨鹿郡的乡民生性淳朴，立刻信以为真，皆言张角入山得到仙人指点，暗授真经，现已是仙人附体之身。故尊称张角为救世方师。乡民每逢大事小情，都会向他讨教。

张角从此闭门谢客。他身着道袍，吃斋持戒，并将南华老仙所赠之书随时带在身边，日夜详读，潜心琢磨。有一年，天降大疫，死殍遍野。张角暗暗思想："正是此时，此乃上天示我出关之日！"

于是张角整理衣冠，素正颜色，推开大门，意欲出关救人。据说，当时他的门前已经聚集五百之众，全部匍匐在地，叩求张角收为弟子。

张角遂令五百弟子奉他之令，携金银赤三色仙丹秘药，布施天下，传颂功德。弟子们深入疫区，广施善行，将金色仙丹赠予男人，银色仙丹赠予女人，赤色仙丹赠予儿童。这三色丹药的药效显著，一众患者服下，不日痊愈。

如果仍有病人服药后未有痊愈，张角便会亲自上门医治。他在患者家中高颂咒语，要将病魔从家中驱除，同时施以符水。他的这种方法颇见奇效，很多重病者自此可以下床了。

张角从此声名远扬，身患重疾者不远万里前去投医，就连一些患有心病的人也云集而来，欲在张角面前忏悔过错。聚集的人中有贫瘠之人也有富贵之人，有婀娜美女也有堂堂壮汉。他们争先恐后地拜在张角的帐下，哪怕是做些厨房的杂役，或者伺候在身旁也心甘情愿。只要能够被张角收入门下，大家都喜不自胜。

转眼之间，张角的势力已经遍布全国各州。他将弟子严格编制，设三十六方，划分严密的等级和官职。领头的成为军师，或被称为"方士"。颁授为大方者，可号令万人部众，小方则率六七千人。在部众中再设部将、方兵等职位。另外张角的两个胞弟张宝和张梁被尊奉为地公将军和人公将军，手握重权。而张角自已则君临最上，人称"大贤良师张角"。

由于张角本人常常头裹黄巾，这个做法也风靡全军，不知何时起，黄巾成为张角党人的象征符号。这就是黄巾党之由来。

另外，黄巾党的旗帜也皆为黄色大旗，旗上有字：苍天已死，黄天当立；岁在甲子，天下大吉。

黄巾党徒中有善音律之人，他们将此宣文配以动听的曲调，令党徒传唱。这简单优美的小曲连儿童也可朗朗上口，一时之间传遍人街小巷，各村各镇，无所不闻。

——大贤良师张角！

——大贤良师张角！

如今这名号连三岁稚子也都知晓。

在民间，每当唱完“苍天已死，黄天当立……”的童谣，党众便高呼张角之名。如此声势让人无不以为，那天上乐园即刻便降临人世。

地方官员对黄巾党人的侵扰防不胜防，频频向洛阳王城告急。可目前汉室朝廷腐败，内争不堪，无力自保，哪里还能有余力派兵镇压。自汉光武帝统一天下，建立东汉以来已近一百五十年之久，朝野内外分崩离析，一触即溃。

汉朝第十代恒帝驾崩之后，由年仅十二三岁的灵帝继位。辅佐众臣欺灵帝年幼，猥琐朝纲，奸人得势，而有真才实学之人却被摒弃在外，放逐山野。

有心之人不禁忧患：“这世道究竟会变成什么模样？”正当此忧患满怀之时，各地揭竿而起的黄巾军又将“苍天已死”的童谣传唱天下。这个暗指东汉末世的声音，传唱至皇都洛阳的大街小巷。

此时，又发生了一件大事，搅得人心惶惶。

某年，幼年灵帝驾临温德殿，突然狂风大作，一条两丈余长的大青蛇自梁上落下，正好落在灵帝的龙椅之侧。幼帝骇得大喊一声昏倒在地，不省人事。遇此情形，温德殿内一片大乱，禁军急忙执弓拿枪冲进殿来，意图救驾，斩杀青蛇。谁料此时又一阵狂风呼啸，大块冰雹砸得王城地动山摇。那条惊驾的青蛇却在狂风中化为云雾，升腾而去。自此之后，洛阳城中连下三天三夜的倾盆大雨，城中两万户居民被淹，数千栋民房被毁。溺死和受伤的百姓更是不计其数，简直是一场人间浩劫！

此外，红色彗星现世，被世人认为大凶之兆。在无风的白昼刮起一阵黑色旋风，吹走皇宫望楼，亦是凶兆。甚至五原山在一夜之间山崩地裂，将数十个村落埋入地下，更是大凶之兆。

如此凶兆连发，搅得人心动荡，朝野难安。

每当凶兆出现之时，百姓便不自觉地传唱“苍天已死……”的黄巾童谣。在此鼓动之下，各地民众纷纷揭竿而起，加入黄巾一党，其势力日益加强。

这厢思想陈腐，纲纪紊乱，道德腐朽的东汉王朝对此却难以招架。那厢黄巾党以星火燎原之势，不断扩大战果，如今已将青州、幽州、徐州、冀州、邢州、扬州、兖州、豫州等地逐一括入囊中。

各州诸侯、郡县长官及各地官吏全无作为，要么四散而逃，要么投降黄巾。百姓无人顾及，死伤无数。有钱的富豪尚可奉上财宝，乞求活命；而贫寒的乡民只得在寺庙、民宅上贴着大贤良师的黄符，发誓效忠，才可免于一死。一时之间，民众敬畏黄巾，如同祭奉鬼神一般。

话题再回到当下——

滔滔不绝讲述黄巾发家史的马元义顿了一顿，他仍坐在破庙门前的石阶之上，用下巴一指寺门说道："刘备啊，我料你必定看见那门上贴的黄符了，读了符上所写的字了吧。就连这个地方也是属于我们黄巾党的势力范围。"

刘备默而不答，从始至终他都一言不发。

马元义又道："不只是这八州，当今天下都将成为黄巾党的天下。汉室要亡了，要改朝换代了。"

听到这里，刘备才第一次开口问道："在灭亡汉室之后，良师张角就会自己登基吧？"

"非也！良师张角并非有如此打算。"

"那么，由谁来当下一个皇帝呢？"

"这个嘛……刘备啊，若你肯做我的属下，我自然会讲与你听。"

"嗯，在下会考虑的。"

"你此话当真？"

"家母若允许，在下自然不敢不从。"

"如此甚好。那我就明说了吧。这下一个皇帝由谁来当，那得容我们和匈奴慢慢协商之后才能定夺。"

"什么？凭什么汉朝的皇帝要与匈奴协商？历朝历代匈奴与我为敌，年年犯我边境，秦、赵、燕等国边境年年告急。凭什么中国的皇帝要外族来定？"

"这个嘛，自然是有原因的，"马元义一副理所应当的神情，"黄巾党就算势力再强，本领再大，如果背后没有人撑腰，提供军费和兵器，自然是不行的。要不我们怎么能在如此短的时间内就搅得汉室天下大乱呢？"

"哦！那么就是说，黄巾党的背后是靠外族匈奴撑腰了？"

"嘿嘿，你现在明白了吧，我们黄巾党是绝对不会失败的。怎么样啊，刘备？你也来加入我们黄巾党吧。只要为党众效力，就能谋个将来出人头地的机会！”

“如您所言，确是一件好事。家母听到想必也会欣喜的。不过请您念我想礼数周全，容我回禀了母亲之后，再正式加入吧……”

刘备一言未尽，马元义却忽然起身。只见他手搭凉棚向远处观瞧，说道：“哎哟！他们来啦！”

# 第三章
# 白色芙蓉

不远处，正走来一伙五十人上下的黄巾党人的小队伍。为首有三两个部将，手执铁鞭，跨坐骡背，懒懒散散地闲聊。没过一会儿，他们望见了马元义的身影，匆忙快马加鞭，向破庙赶了过来。

“哎哟！我说李朱范啊！你小子走得可够慢的！”马元义笑呵呵地说道。

名叫李朱范的部将连忙接口道：“我的大方，原来您在这儿呐！”

他和其他同伙一边应着，一边从骡背上跳下来，埋怨道：“大方啊，咱们不是说好了在山上的孔庙会合么。谁知我们一去就扑了空，大伙儿一时没了主意，只好兜着圈子找。这不就来迟了。”

一众汉子擦着满头大汗，七嘴八舌地抱怨，嘻嘻哈哈地打闹，马元义也不觉得受责怪，跟着哈哈大笑。

“说说吧，那天的收成怎么样？各地商人都去等着洛阳船，应该都住在临河村了吧？”

“其实也没什么。我们烧了个临河村，得来的财物都打了包，按例送到咱们仓里去了。”

“也是。近来财主们都学得机灵，把金银财宝藏得没了影儿，咱们搜来搜去也找不到。商人也大多结伴而行，逃也逃得快，让我们越来越不好下手了。咱们以前一出手一个准儿，可现在的日子难过喽！”

“可不是么。那天晚上在临河村，我们还让一个家伙逃跑了，实在可惜！”

“哦？此话怎讲？是不是那人身上藏有重金？”

“那人倒不是身藏金银珠宝，只是听说那天他特地去找洛阳商人买茶叶。我想着咱们盟主张角将军最好饮茶么，我们就打算无论如何也要抢了茶叶来孝敬给他老人家。兄弟们还特地在那小子住的店家前头做了记号，谁知等我们点起火来闯进去却不见他的踪影。真是太失算了！”

李朱范就站在刘备身旁，大声咒骂。刘备闻言大惊，忍不住偷偷伸手入怀，暗自摸了摸装茶叶的小锡罐儿。

马元义鼻子轻哼了一声，回头打量了一下刘备，接着问道："你说的那个人有多大年纪？"

"人没见着，多大年纪我倒不太清楚。听咱们兄弟说，买茶叶的人是个衣着朴素的青年。听说他颇有一番凛然之气，说不定是个不容小觑的人物呢。"

"你且看看，是不是这个人？"马元义回身指向刘备。

"咦？"李朱范满脸诧异的神情，再听马元义解释详情后，更加觉得奇怪，"没准儿还真是他！那个，丁峰啊！你快过来！"

李朱范抬高声音，挥手叫池畔歇息的部下过来。

那个叫丁峰的闻言立刻跑来。李朱范指着刘备问，那个在黄河边和洛阳商人买茶的青年是不是就是此人。

丁峰定睛一看，立刻毫不犹豫地回答："没错！就是他！我看得很清楚！"

"这就好办了！"

李朱范斥退了丁峰，和马元义一起上前，扭住了刘备的左膀右臂。

"好小子！原来你还藏着好东西呢！赶快把茶叶给我交出来！"马元义一边反剪刘备的右手，一边威胁。

"如果你胆敢不交出来，老子就要了你的小命！咱们良师张角最爱饮茶，但纵是大贤良师也难以觅到茶叶。你这贱民要茶叶做甚？倒不如交了我们，献与良师为礼！"

刘备自知难过此关，早已断念。只是一想到千辛万苦所得之茶，难以奉给堂前老母尽孝，刘备真是心如刀割一般。他强忍双臂剧痛，暗自思忖，能否有办法逃脱此劫。未等他说话，李朱范就重重地一脚踹上他的后腰，并大声叫骂："你少在这儿给我装聋作哑！"

刘备一个趔趄，险些摔倒在地。李朱范又上前一步，一把扯起他的领襟，中气十足地叫骂："你可要睁大眼睛看清楚了，那边有咱们五十多兄弟呢。大家饿了几天，正等着把你扒皮削肉，拿你当下酒菜呢！你还不赶快乖乖把茶叶交出来！"

刘备被推搡在地，俯倒在两人脚下。他满心不甘，明知交出茶叶就可脱离险境，却不甘心舍弃为母亲尽孝的心意。他挣扎着抬起头来，观察四周寻找机会。却发现先前那个老和尚正躲在庙门之内，朝外面窥探。老和尚使劲给他打手势，催他赶快舍财保命，隐隐说道："物不足惜，他们想要，便给他们就是！"

刘备立刻顿悟："正是！那些皆是身外之物，如若在此丧命，才是对母亲的大不孝。"

他虽已暗下决心，但仍迟迟不肯舍弃怀中的茶叶锡罐儿。他先解下腰中佩剑，对二人哀求："此乃家父遗物，在下将此物爱之如命。今日愿将此剑奉上，恳请二位准我将茶叶留下。"

马元义立刻上前，一把夺过剑来，乐道："甚好甚好！我早就看上这把剑啦。那这剑我便收下了！至于茶叶不茶叶的，我就不管啦！"

李朱范被抢了先机，颇为恼怒。他大声责问刘备为何只将佩剑交予他人，不将茶叶给自己。形势危急，刘备被逼迫之下，万般无奈，只得掏出怀中深藏的茶叶锡罐儿。李朱范如获至宝，双手捧着小锡罐儿，大声叫嚷："就是这个！就是这个！这就是大名鼎鼎的洛阳茶叶！待我献给良师，定会受到张角将军的赞赏。"

这一队黄巾贼人原本准备立刻启程，但这时闻得探子来报，说前方十里开外有一小河，河边驻扎五百官兵，似乎在搜索这一路黄巾党人。因此临时改变计划，就地扎营，度过此夜。于是五十名贼人以破庙的大殿为营，纷纷解衣休息，还拿出自带的干粮埋火造饭。

夕阳西下，炊烟袅袅，在众人一片忙碌之中，刘备瞅了个机会，就趁乱逃了出去。

"呔！你小子往哪跑？"

谁料刘备刚一出门，就立刻被放哨的黄巾发现，给马元义和李朱范捆了过去。

此刻，刘备被五花大绑，捆在斋堂立柱上。

这间斋堂是个石室，地上铺着硬砖。环顾四周，除了粗大的圆柱外四面空空，屋里仅有一扇小窗。

"好你个姓刘的！你好大的胆子，居然想跑！我看你不会是官府的探子吧！是不是？一看你准是县里的密探！你是不是听说十里开外有官军扎营，想跑过去给他们通风报信不成？"

马元义和李朱范气急败坏，轮番拷问。

"难怪我们瞧你面相不像寻常人，我看你若不是县军派来的探子，就是洛阳派来的密探！你以为你能瞒得过我们兄弟么？你赶快给我从实招来，免得再受皮肉之苦啊！"

两人联手对刘备拳打脚踢。

刘备却一言不发，似乎已看破生死，听天由命了。

"看样子，我们不动点真格的，你是不会开口了！"李朱范无计可施，只得向马元义建议道，“我本打算明天一早便动身，前往张角良师的大本营，献茶请安。不如我们把这家伙押回大营交给本部军法处理，说不定还可论功行赏呢。你道如何？”

马元义颔首应允。

夜阑人静时分，斋堂门扉紧闭。刘备努力抬头，从唯一的高高窗口，可以望见今夜的银河依旧澄净，秋夜凉爽。可怜我刘备今夜被困于此，终究难以逃脱。

这时，不知何处传来阵阵马蹄声响。刘备心头一动，以为是县兵至此剿匪。但再细听，不过是三两名返营的贼兵而已。四下又恢复了一片寂静，毫无人声。

“想我刘备，本只想买些茶叶献于母亲，以尽孝道。谁曾想被贼人所害，竟然落得如此地步。我死不足惜，但家中老母无人照料，徒增悲伤。若我这不孝之身横尸荒野，却又怎生是好？可悲可恼啊！”

刘备仰望窗外星空，嗟叹不已。只怪自己想买茶奉母，总痴想些与身份不符的奢望，才落得如此下场。

他暗自思量，与其被拉入贼窝受尽欺凌而死，倒不如自绝于此！想到这里，他四下环顾，如今他身上无剑，看来只能以头撞柱而死，或是咬舌自尽而亡。想来这自行了断的方法也难求痛快，只能在这浩瀚星空下，慢慢煎熬而终吧。

刘备正暗自苦恼，闷闷不乐之时，忽然眼前景物一晃。只见有一条绳索从高高的窗口之下，垂了下来，犹如神遣。

“咦？是何人相助？”

刘备抬眼观望，却不见人影，只有面前垂下的绳索，和一方窄窄的星空。他试图站起来，使劲扭动身体，却难以从五花大绑的捆缚中脱身。急得他满头大汗。

听得窗外有衣衫瑟瑟作响之声，刘备料的是有人相救，正在高墙外等候。忽见眼前绳索也颤颤地抖动起来，刘备这才发现，原来在绳索末端绑着一把匕首，吧嗒吧嗒地敲打在地砖上，如白鱼翻跳。

刘备心中大喜。他连忙用脚尖将匕首拨弄过来，再扭动身体，好不容易把匕首握在手中。他立刻割断捆绑的绳索，来至窗下。

墙外营救之人不便说话，只是不断地摇晃绳索，仿佛在说“快点！快点啊”！

刘备二话不说，双手握绳，踏石墙而上。当他终于手扶窗框，能向外张望时，忍不住“噢”了一声。原来临危搭救之人正是白天那位骨瘦如柴的老和尚。他那枯槁的身影在月色之下，被拉出一个细长的身影。

“快点跑吧！”

老和尚在窗下向他举手示意。刘备立刻跳到地上，随老僧一起向外跑去。他们二人一言不发，跑至寺外一处小树林。只见林间有一条小路，在夜色下显得分外清晰。

“老师父，老师父！请问我们要逃往何处？”

“请你在此稍候片刻。”

“哦？我们要等什么？”

“你先到那座塔那边去！”

老和尚一边快步走着，一边用手指点前方。只见树林深处果然耸立着一座古塔，塔尖略高于树梢。老和尚急急上前，推开塔门，他的身影立刻隐于其中。

“这究竟是怎么回事？”

刘备见四下寂静，不禁心头惴惴不安。他生怕有贼人追来，不断四下张望。

“年轻人！你来这里！”

不过多时，老和尚倏地从塔中出来，身后还跟着一个身影。

“嚯！”

刘备不禁睁大了双眼，只见随老和尚从塔中走出来的，竟是一匹通体雪白的骏马。

好家伙！只见这匹白马的毛色油亮，身上的马鞍尤其华贵。但更令人吃惊的是，紧随马后出现的竟是一位绝色美人。她步履婀娜，身姿楚楚，看似不食人间烟火。这位佳人更是生得美貌无比，眼波流转间，如愁似怨，自是一派风流韵味。或许是夜色迷蒙，在刘备眼中，这座古塔中的白马和美女现身，竟如同天女下凡一般。

老和尚将马的缰绳交到刘备手中，吩咐道：“年轻人，如果你念在我救你一命，有恩于你的情分上，就请答应我，带上这个姑娘一起逃走吧。以此向北十里开外驻有官兵的营寨，你把她送到那里就行了。只需快马加鞭，很快就可抵达。”

刘备本该对此请求毫不犹豫地应允下来，可他一时之间却有些恍惚。倒不是因为这个要求太过分，只因这位佳人十分动人。见他有一丝迟疑，老和尚会错了意。

“是啊，你怕是在顾虑这位姑娘的来历不明吧。请不必担心，她是此地县城里城主的女儿。只因黄巾贼人来袭，县城被烧毁，父亲被贼人所害，家人失联。这位姑娘流离失所，投奔到我这破庙中，我才将她藏于此古塔之处的。”

老和尚说着说着，忽然抬头望向塔尖树梢之处。在秋风吹拂过的树林之外，竟隐隐传来一阵人马嘈杂之声。

刘备正待回头观望，老和尚一把拽住他的衣袖：“且慢！此时还是不动为妙。咱们暂时静静地躲在此处，反倒安全些。”

虽然情势危急，但老和尚不为所动，继续说了下去。原来这位佳人姓鸿，名芙蓉。今夜在北方十里外河畔驻扎的官军，可能就是城主之前四散的残兵，集结起来追剿黄巾贼人的。

“年轻人啊，只要你把芙蓉送至营寨，那些官兵自会保护她的。你们二人赶紧共乘一骑，抄近道逃吧。”老和尚边说，边口诵佛号。

听闻此言，刘备也壮了胆量，应允下来。

“老师父，可是您该如何是好？”

“至于我么……”老和尚轻叹。

“是啊！老师父，若是让贼人发现是你放走我的，他们定不会轻饶于你啊！”

“这个么，你就不必多虑了。即使我今日躲得过贼人，又能多活几日？其实这十几天来，我每日以鼠骨草根度日，生不如死。只不过一心想苟延残喘，救得鸿家小姐逃得生天。如今我将她交付于你，已是完成了使命，对人间再无半点留恋了。”

言必，老和尚转身进入塔门，身影如风。

芙蓉姑娘见此状不禁惊呼一声，赶忙跟上，哪知塔门却从里面反锁。任她反复捶打却纹丝不动。

“老方丈！老方丈！求您开门啊！”

芙蓉潸然泪下，痛哭着摇晃着塔门。自她与家人离散之后，全凭老和尚照料才能活到今日。芙蓉敬他如敬自己的父亲一样。

这时，从古塔高处传来了老和尚的声音：“年轻人，你来看！看我手指的方向！在那树林的西北方向，有北斗七星在闪耀。你们可以向北斗星所指的北方而行。至于南面、东面、莲花池畔、寺庙附近，还有其他的道路上都有贼兵拦路。你们只能向西北方向逃走。现在就快走吧！再晚就来不及了！”

“明白了！”

刘备应着，抬头望去，只见老和尚的身影伫立在古塔顶端的石栏边，手指坚定地指向西北方向。他立刻转身对芙蓉姑娘说：“小姐，请你快些上马！现在没有哭泣的时间了！”

刘备扶着姑娘的纤腰，助她坐上马鞍。芙蓉姑娘身轻如燕，身上散发着柔和高贵的气质。她将双手搭在刘备的肩上上马，飘扬的发梢不经意地触到他的面颊。年纪方少的刘备并非草木，他只觉心头一动，热血沸腾。但这所有的念头都只限于扶姑娘上马的一瞬间而已。他口称一声："在下失礼。"

翻身上马，坐在芙蓉姑娘后面。他单手持缰绳，另一只手护住姑娘，拨转马头朝西北的方向，疾驰而去。

老和尚在塔顶目睹着这一切，似乎心愿已了，纵情喊道："看吧！看吧！凶云没，明星出。白马翔，黄巾灭。用不了几个年头啦！年轻人！快去吧！自己多保重啊！"

说罢，他咬断舌根，纵身一跃，坠落百尺塔下，摔得粉身碎骨。

# 第四章
# 小兵张飞

一骑白马在树林间的小路上疾驰而去。在秋风的吹拂下，林间树叶如箭矢一般掠过鞍上刘备和芙蓉姑娘的身影。

不过多时，两人便来至一处旷野。但仍有箭矢从两人身旁掠过，这就不是树叶了，而是来自于敌人铁弓的夺命箭头。

“呔！你们哪里跑？”

“兄弟们，你看那马上怎么还有个女的？”

“难道那逃走的不是刘备？”

“不对！肯定是刘备！”

“嘿嘿，管他是谁呢，都别想跑了！那个女的也跑不了！”

只听身后纷纷扰扰传来黄巾的呼喝之声。原来刘备二人跑出树林之时，就被一队黄巾军发现行踪，发出野兽般的怪叫声，向二人的身影扑了上来！

刘备边在马上奔驰，边回头张望，心说糟糕！一直俯在马鞍上的芙蓉姑娘，也吓得魂飞魄散，只会发出颤抖的悲鸣哭声。

刘备心里明白，这次可能难逃生天了，但仍对姑娘好言相劝，他柔声道:“没关系的！没关系的！你一定要抓紧马鬃和我的腰带，千万小心别落马受伤。”

然后奋力挥鞭，催马前行。

芙蓉姑娘却不答话，她紧咬下唇，筋疲力尽地将脸埋在马鬃里。她苍白的面孔简直如一朵雪白的芙蓉花一般，凄美绝艳。

“只要我们能跑到河畔，到了官兵驻扎的营帐，我们就能得救了！”

刘备用随手折的树枝为马鞭，奋力抽打白马奔驰。树枝已经被抽得外皮剥落，露出了里面雪白的木质实心。

他们奋力穿过了起伏的山坡，忽然远处出现一条白练般的河流。刘备心中大喜，连忙快马加鞭赶至河畔。谁知河畔之上，一片寂静，毫无人影。昨夜驻扎在此的官军可能是惧怕贼兵人多势众，早已撤退得不知去向了。

“你们快给我停下！”

刘备的前后左右被几名骑着骡子的壮汉团团围住，看样子他们应该是黄巾里的小头目。

那些没有骡子的小兵脚力有限，一时追赶不上刘备胯下的骏马。但是以李朱范为首的小方，仗着有坐骑立刻围捕了上来。他们怒喝道：“站住！”

“再跑我们就放箭啦！”

正在这时，不知从哪里射出来一支铁箭，正扎在白马的颈部。马儿中箭吃痛，昂起前蹄，一声悲鸣就轰然倒地。刘备和芙蓉姑娘也随之滚落一旁。

芙蓉姑娘这么一摔，便昏了过去，纤细的身体倒在地上一动不动。而刘备却蓦然起身，对着来人，大喝一声：“你们干什么！”

在此之前，刘备并不知道自己的声音如此洪亮。这一声大吼，力发丹田，声传百里，令百兽俯首。

来人也不由得一愣，他们被刘备的气势所慑，都不敢动弹。连胯下的骡马也被吼声喝住，止步不前。

可这短暂的平静瞬间就被打破。

“你瞎嚷嚷什么！”

“你小子活腻歪了！”

黄巾兵纷纷跳下骡马，手持利刃，挥舞刀剑，如同猛虎野兽一般向刘备扑来。

前有埋伏，后有追兵。刘备陷入一盘死局之中。

自从黄河岸边到此地，刘备不知有多少次徘徊在鬼门关前。他面临了种种考验，经过千难万险，如今再次陷入险境之中。

“我命休矣！”

刘备早已视死如归，眼看敌人包围而上难以逃脱，他誓要同贼兵决一死战。只可惜他如今手无寸铁。那柄亡父遗剑自刘备幼年起便从不离身，但却在不久前被部将马元义强行夺去。

刘备思忖道，我决不能白白送死！他猫腰捡起一块大石，猛地砸向近来的贼兵脸上。这个贼兵原本没有提防，一个躲闪不及被石头正中鼻梁，他怪叫连连，捂住脸倒下。

刘备乘机夺过贼兵的长剑，大声喝道：“你们这些为非作歹的贼人！我刘备如今是饶你们不得！今天我就让你们见识见识涿县刘备刘玄德的武功！”说罢他挥舞长剑，以死相拼。

小方李朱范忍不住嘲笑起来："你这个不知死活的乡巴佬！"

说罢提起半月枪来战。

刘备本非习武之人。虽然他在老家楼桑村里学过一点武功，但水平有限。他一向认为自己的当务之急是多编制些草席，赚得银两来孝顺母亲，而并非习武打仗。如今刘备背水一战，与几个贼兵纠缠在一起，还能抵挡一会儿。但没过多久，刘备手上的兵器就被打落一旁，一个趔趄摔倒在地。李朱范上前一脚将他踩住，把长剑抵在他的胸口之上。

在此危急险要的关头，只听远处旷野之上，传来了阵阵呼喊之声。

"喂！刀下留人！"

声音由远及近，犹如野人的嚎叫一般刺耳。贼人们也不禁住了手，回头观望。

只见有一个人影飞奔而来，他边跑边挥舞双手，高声呼喝，来势汹汹。待那人跑近时，大家才发现，原来那是一名身高丈七的巨汉。

"哟！那不就是张飞么？"

"可不是，那就是最近刚入伙的小兵张飞啊！"

贼兵们一见来人都有些莫名其妙，不禁面面相觑。跑来之人正是他们自己黄巾之中的一员小兵，名叫张飞。张飞原本和那些徒步的兵卒一道追赶，只是其他人不胜辛苦，纷纷掉队。而张飞仅凭脚力就追上了骡马的脚程，真是让人有些出乎意料。

这厢李朱范正将刘备压在膝下，右手掌剑抵住他的胸口。他转过头来问道："张飞，你要干什么啊？"

张飞跑至身前，答道："小方！这人不能杀！您把他交给我吧！"

"什么？是谁命你这么做的？"

"这个啊，是俺张飞下的命令！"

"混账东西！你不就是张飞么，你一个小兵如此胆大包天！"

话还没说完，李朱范的身子就已经被抡起两丈高，飞了起来。

张飞走到跟前，抓着李朱范的脖领子，二话不说就给他抡到半空中。

"好小子！你要造反啊！"

众兵将见势不妙，把刘备扔到一边，围上了张飞。

"喂！张飞！你干吗呢？你干吗自己人打自己人啊？捣什么乱？"

"你小子别胡闹了，小心我们饶不了你啊！"

“大家赶快把他拿下，军法从事！大家快上啊！”

黄巾党七嘴八舌地叫嚷着，而张飞却突然纵声大笑起来：“哈哈哈！叫吧叫吧！你们这些只会乱叫的野狗，有胆子就来试试吧！”

“什么！你敢骂我们是野狗！”

“我就骂了！怎么样吧！你们几个哪有个人样儿！”

“哼哼，你不过就是个新来的小兵！”

众人叫嚣着，持枪扑了上来。只见张飞用蒲扇般的巨手，一巴掌呼在对方脸上，同时一把夺过对方的长枪，照着他踉踉跄跄的背影抡了上去。只听咔吧一声，枪柄顿时断成两节，挨打的贼人更是腰骨粉碎，哇的一声惨叫，倒在一旁。

这一切都发生在转瞬之间，黄巾众人都有些惶惶，不知所措。他们原本轻视张飞只是一员小兵，只当他是个鲁莽大汉，没想到今日目睹他大发神力。一时之间，大家都难以相信，原来这是他的真正实力。

张飞挺起那石壁一样的胸膛，蔑视道：“你们还要上么？我告诉你们，今日要想活命，就乖乖滚回去。告诉你们主子，鸿家小姐和刘备是我张飞救走的。我本是鸿家旧将，与家主失散之时诈降于黄巾的。”

“什么？原来你是鸿家旧将！”

“正是！现在你们知道我是谁了吧。我乃鸿家部将，任县城南门卫少督，名张飞，字翼德。此前在我外出公干之时，县城被你们这伙儿黄巾党人烧毁。主公遇刺，百姓被害，家园毁于一旦。此仇此恨必报！我张飞誓与黄巾贼不共戴天。我佯装败兵混入你们贼窝，只为寻机报仇。你们这帮小贼听好了！回去好好禀报你们的大方马元义，还有贼首张角！我张翼德迟早有一天会找到他们报仇雪恨的！”

张飞声如炸雷，豹头圆眼，怒视贼兵，吓得这伙儿黄巾党人魂飞魄散。但他们仗着人多势众还一时没有撤逃，反而声色俱厉地叫嚣着：“嘿嘿，好你个鸿家的散兵败将，我们绝不能留你这条活命！”说罢，挥舞着刀剑想捉拿张飞。

只见这猛张飞毫不在意。他连腰剑也不拔，赤手空拳地将欺近身旁的士兵来一个抓一个，都随手抛出去，摔得一众士兵头破血流，动弹不得。不多时，满地躺满了伤军败将，血流成河，惨不忍睹。

刘备站在张飞身后，看到他与敌人拼杀的场景，只觉得他是一位燕飞龙翔、踢云啸风的人物。不禁心中暗赞：“好一个英雄真豪杰！”

剩下几个轻伤侥幸不死的贼人匆忙跳上骡马，落败而逃。张飞哧之一笑，并不追赶。他毫不在意地拍拍手转过身来，对刘备说道：“这位公子，让你受惊啦。”

张飞伸手从腰中的两柄佩剑中解下其中的一柄，又从怀里掏出一个熟悉的小锡罐递与刘备手上，说道：“这些都是你被贼人抢走的东西吧，请收好了。”

“不错！正是在下的东西。”

刘备的宝物失而复得，不禁大喜过望。他再三向张飞道谢，说道：“承蒙英雄搭救，又将宝物送还，在下心中不胜感激。适才听闻英雄的名讳，在下一定铭记在心，永志不忘。”

张飞摇了摇头，说道:“哪里，哪里！所谓德不孤，必有邻。公子将鸿家小姐舍命相救，我不过是报答了公子的恩情。刚才听到贼人的哨兵通报，有人从林中古塔乘快马逃跑了，黄巾贼人一片大乱。我就趁乱从马元义和李朱范的歇息之处夺回了公子的两样宝物，然后随着追捕兵卒赶来此地。想来上天也为公子的孝心所感，才让你遇难成祥，物归原主。”

张飞态度谦逊，毫不夸耀自己的骁勇，刘备闻言大为感动。他将刚刚归还的宝剑双手奉上，交予张飞，说道：“恩公，救命之恩，无以为报，请收下在下这区区谢礼。这锡罐中的茶叶是奉与母亲的，不能献给恩公。宝剑配英雄，这柄宝剑只有拿在您这样侠肝义胆的英雄手里，才是正途。”

张飞接过剑来瞪大双眼，深感意外：“当真？你要把这柄宝剑赠我？”

“区区谢礼，聊表心意，请英雄务必收下。”

“果然当真？老实说我也是练武之人，一看之下就知道此宝剑乃是稀世名剑，很是稀罕。但是我也听说了公子的来历，这个可使不得，我是万万不敢收下啊。”

“不不不！英雄的救命之恩，刘备无以为报。既然恩公了解这把宝剑的真正价值，那更是慧眼识珠。请务必笑纳，在下也就心满意足了。”

“如此说来，我就愧领了。”

张飞迫不及待地解下自己腰中佩剑，扔在一边，立刻将那把梦寐以求的宝剑系在腰际，喜形于色。他对刘备说道：“这帮贼人一定是搬救兵去了，他们肯定会立刻杀回来。我这厢拥立鸿家小姐，召集旧部将使，共谋重振鸿家之事。请公子也速速启程，赶快回到老家去吧。”

刘备闻言颔首：“英雄所言极是。”

他将芙蓉姑娘扶起，托付给张飞照应，自己则挑了匹黄巾党人扔下的骡马，翻身上马。

“此去涿县，路途遥远。请公子带上这把剑防身吧。”

张飞将自己原先的佩剑为刘备系上，然后抱起芙蓉姑娘上了白马，与刘备依依惜别。

“有朝一日，必再相逢。公子，请多保重！”

“好！后会有期！祝恩公武运昌盛，重振鸿家！”

“多谢！”

“再会！”

刘备单人一骑，张飞抱着芙蓉姑娘共乘白马。两人就此别过，各奔东西。

# 第五章
# 桑下人家

涿县的楼桑村虽然是个仅有二三百户人家的小驿站，但是每逢春秋之际，南来北往的商旅都在此处的客栈打尖歇脚。村里既有卖酒的旗亭，也有卖唱的歌女，小商贩云集，倒也十分热闹。

此地乃是太守刘焉所辖之所，由校尉邹靖设衙代管。由于最近几年来常常受到黄巾贼的骚扰，楼桑村每到傍晚时分，天未擦黑就会早早关闭城门。无论是往来商旅还是当地居民，都一律宵禁，不得随意走动。

城门关闭时，望楼上的衙役会击鼓六声作为信号，所以居民也称这城门为六鼓门。这天傍晚，当霞光万丈的夕阳映照在铁门之上时，望楼的鼓声准时响起，一声、两声、三声、四声……

“请等一等，等一等哟——”

远处一人一骑正策马奔来。要是他赶不上时辰，被关在城门之外的话，可就要露宿一夜了。于是此人挥鞭扬手，大声呼喝。

刚巧在最后一声鼓响之时，此人也策马来至城门以外。他翻身下马，拱手说道：“有劳各位差人老爷，请容我入城吧！”

当差的衙役注目观瞧，认清了来人的面目：“哎哟，你不是刘备么！”

刘备正是这楼桑村人，小地方人来人往，彼此都是认得的。

“正是在下。我此番出行，刚刚归来。”

“好说好说，也不用什么劳什子的搜身检查了。就凭你这张熟脸就能当通行证。我说刘备啊，你这次到底去哪了？我可有日子没看见你回家了。”

“正是。在下正是如常去做些贩卖生意。只是如今黄匪横行，哪里都不太平。生意也着实难做啊！”

“可不是么！我看这城门楼子里往来的商人都少啦！得嘞，不跟你聊了。你快点回家吧。”

“多谢差役老爷！”刘备拱手后翻身上马。

衙役又说道：“对了刘备！你的母亲每天这个时候都来城门口打探消息，问你回来了没有？我儿刘备可否归来？不过我有好些日子没看见你家老太太了。莫非是思儿心切生病了？你赶快回家看望母亲吧。”

“什么？我外出期间，莫非母亲病倒了不成？”

刘备不禁一阵胸口发闷，匆忙策马加鞭，一路飞奔入城。

暮色里许久未见的熟悉街景他也无心观赏，纵马一一略过，转瞬已驶过并不宽敞的街道。喧闹的街市过后，马儿踏上了村庄悠长的小路。

只见路边有潺潺溪水，绿绿稻田。时值秋季，村民们忙于收割粮食。此时正是傍晚时分，农夫们牵着水牛，三三两两地从田中归宅。

“啊！终于到家了！”

刘备坐在马背上手搭凉棚，遥望过去。夕阳的余晖里，可以看见孤零零的一处黑色屋脊，以及华盖如伞的一株大桑树。那里就是刘备生长于斯的故园老家。

“我此番出门，时间良久。母亲必定整日挂念。唉！我原本想要尽孝，却尽了如此不孝之事。母亲啊母亲，孩儿对不住你啊！”

他胯下的马儿仿佛懂得刘备的心思，加快了脚程，旋即来至日夜思念的大桑树下。

这株大桑树究竟经历过几百年的寒暑，连村里的耄耋老人也无从知晓。

但是若要打探那编草鞋制草席的刘备家在何处，村里老少都会说：“喏！他家就在那棵桑树下。”因为这棵桑树如此之大，在村中一望便知。

据村里的老人家说：“咱们这个楼桑村的名字由来，就是源自这棵大桑树。想当年这棵大桑树枝繁叶茂，华盖如伞，盛夏之时宛如一座绿色的楼台一般。因此咱们村才叫楼桑村呀。”

此等闲话先按下不表。刘备此时已经来至自家院中，他一边将马匹拴好，一边高声招呼：“母亲！母亲！我回来了！我是玄德啊，儿子回来了！”

这间房子已经有些年头了，虽然干净宽敞，但里面四壁空旷。中庭原本是刘备编织草鞋和草席的小作坊。但他此番离家，不曾开工，只有任其荒芜。

“咦？这是怎么回事儿？怎么连盏灯都没点？”

刘备又大声招呼老妈子和佣人的名字。仍无人回应。

他奔至母亲的门外，敲打房门，大叫道：“母亲！”

原以为母亲一定会立刻迎出来，问着“是我儿回来了么？”但他推开房门，才发现母亲那熟悉的身影并不在房中，不仅如此，原本房间里仅有的衣柜和床铺也不见了。

“咦？这是怎么回事儿？”

刘备心中茫然，心脏扑通扑通乱跳。正当他呆立在门口，胡思乱想之时，却突然听到黑暗的中庭方向传来“咔嗒，咔嗒”的声音。正是他熟悉的织席之声。

“咦？”

他连忙顺着声音走到廊下。只见昏暗的制席作坊的一角，闪耀着一盏昏暗的油灯，灯下坐着的正是他白发苍苍的老母亲。她正一个人弓着背，在油灯的照耀下编织草席。

老母亲仿佛没有发现儿子的归来。刘备急忙跑过去，大叫着：“母亲！我回来了！”

老母亲乍一看到刘备，仿佛一惊，她踉踉跄跄地站起来问道：“啊！果然是我儿吗？是我儿回来了吗？”

待看清真是刘备站在面前时，老母亲一把将他抱在怀里，仿佛怀抱幼儿一样不敢撒手。她还不及问些什么，就被欣喜糊住双眼。母子两人执手相看泪眼，良久不曾分开。

“儿子听城门口的衙役说母亲好像病了，实在是担心，于是一路打马归来。现在这夜深露凉，母亲怎么还在外面编席子呢？”

“谁说我生病了？哦，那都是城门口的衙役们胡说的。我之前总是去城门口打探你回来了没有。这十几天没去，他们就乱编排。你可不要信啊。”

“那您的身体无碍吧？”

“无碍，无碍，别担心啊孩子！”母亲笑着答道。

“可我看您房中的床铺和衣柜怎么都不见了？到底出了什么事？”刘备又问道。

“那些东西都被税官收走了。他们说要讨伐黄匪，军费激增，所以今年税金暴涨。你临行前留给我的那些银两不够交税金的了。”

“我怎么没看见帮忙的老妈子，她去哪里了？”

“官差说怀疑她儿子加入了黄匪一伙儿，就把她给抓走了。”

“那个帮忙的年轻佣人去哪了？”

“他啊，前些日子也被官差拉了壮丁了。”

“啊！母亲啊，儿子让您受苦了！”刘备不禁跪伏在母亲脚边，愧歉难当。

刘备觉得自己未能在母亲面前尽孝，又是自责又是愧疚，泪湿衣襟。刘母看着久别重逢的儿子，又是心疼又是难过。母子两人相拥哭泣了半晌。

良久后，刘母擦了擦眼泪，拉起刘备说道：“儿啊，咱们快别哭了。你也不必过分内疚。如今这世道沦落，也由不得你。为娘现在去煮点粟米粥，咱们娘儿们两个好久没有在一起吃顿团圆饭了不是。你一路奔波，一定乏了吧？为娘这就去烧水，你好好擦洗一番才好！”

说罢，刘母从织机前站起身来。

见到母亲没有责备自己，反而安慰体谅，刘备深受感动，他连忙起身说道：“母亲快歇息吧，儿子已经回来了，这些事儿就交给儿子来做。母亲不要再受半点辛劳了。”

“你先擦擦汗，明天再干也不迟。你现在是咱们家的顶梁柱。如今奴仆都不在了，这些厨房里的粗活为娘还是做得的。”

“儿子此番远行，阔别已久，家中发生如此变故，我竟然丝毫不知。让母亲您受苦了。如今儿子已经大了，就容儿子尽孝为您做饭吧。请您进屋去在床上好好歇息一下。”

说着，刘备搀起刘母打算送她入房，可忽然想起床铺早已被税官搬走。偌大的空房之中竟无处歇脚。

非也，岂止是床铺和衣柜，当他擎着烛火去厨房时，发现连做饭的锅灶都被拿走了。原来家里养的四五只鸡和一头牛也都被征走，充当太守的军需和税金。可以说家里稍微值点钱的东西都被搜刮一清了。

“太守的军费已经如此拮据了吗？”

刘备不免担忧自家的生计，更加担忧天下的安危。

“这些皆因官兵所害。如此以往，该如何是好啊？”

“……”

一想到世态炎凉，前景黯淡，刘备的内心也笼罩了一层阴影。

他暂且按捺下纷乱的心神，打开橱柜，想寻找装盛粟米的口袋。却发现不仅先前存下的干粮和肉脯不见了，连吊在房梁上的菜干也都荡然无存。巧妇难为无米之炊，他又一次陷入茫然，呆立在屋中久久不语。

这时，他听见被拉进屋里歇息的母亲房中传来一些响动。进去一看，却发现母亲正将一处地板掀开，从底下取出一个罐子，倒出仅剩的一点粟米。

“啊！原来您把粮食藏在这里啊。”

刘母闻声回过头来，有些羞赧地说道：“我提前藏了些粮食在此。若非如此，为娘也难以撑到今天啊。”

“……”刘备默然无语。

如今这世道已经急转直下，这种情形非同小可。普天之下，黎民百姓苟延残喘，饥寒交迫。

不久，刘母就在简陋的饭桌旁招呼道：“我儿啊！快把灯拿来。粟米煮好了。虽然是粗茶淡饭，也算我们母子两人一起吃顿团圆饭吧。怎么样，好吃吗？”

虽然如今家徒四壁，但母子二人久别重逢，共进晚餐，也是其乐融融。

“母亲，儿子这次远行，给您带了极好的礼物。我明天早上呈于您看，保管您会欢喜！”

“给我的礼物？”

“正是！儿子选了母亲最喜欢的礼物。”

“哟，你带了什么东西呀？”

“儿子记得听母亲说过，希望在有生之年再来一次的滋味。就是那个东西喽！”

为了给母亲意外惊喜，刘备特意卖着关子。

刘母能够感到儿子的这点心意，已经乐得眯起眼了。她一本正经地配合儿子，便问道：“是编织的布料吗？”

“不是的。我刚才说了嘛，是可以品尝滋味的东西哦。”

“那么就是好吃的喽？”

“差不多嘛。”

“到底是什么东西呀？我实在猜不到了。儿呀，我会很喜欢那东西吗？”

“那可是一件人们想要都难得弄到的东西。您可能自己都淡忘了吧。几年前，我记得您曾经说过，有生之年希望能再尝一次它的滋味。儿子一直记得母亲的话，想实现母亲的心愿。”

“是吗，你能一直将为娘的话放在心上，实属不易啊。儿啊，究竟是什么东西，请拿出来吧。”

“母亲，就是这个呀！”

刘备从怀里掏出小锡罐，放在桌上，说道：“这就是洛阳的铭茶。是母亲最爱喝的茶叶。明天早上我会早点起来，骑马去四里外的鸡村去。那里有清澈的泉水，我去打上一桶回来。请母亲在后院桃园里铺上草席等我回来吧。”

“……”

刘母难以置信地睁大双眼盯着小锡罐，激动得半晌说不出话来。良久，才视若珍宝地把小锡罐轻轻捧在手心，欣赏茶壶上贴着的诗笺文字。她叹了一口气，望着儿子的脸，低声问道：“儿啊，这究竟是怎么回事啊？”

刘备不想让母亲担忧，于是一五一十地就把自己的想法和买茶的经过告诉母亲。

最后还补上一句："虽说这茶叶确实在市面上罕见，但我的确是通过正当手段买来的，请母亲不用担心。"

"哎呀，你这个孩子呀！你真是太孝顺了！"刘母放下茶叶罐，向着儿子刘备合掌致谢。

刘备慌道："母亲，您怎能这样，儿子承受不起如此大礼。儿子只盼母亲高兴就好。"

母子俩又相拥而泣。刘备见自己万般辛苦得来的茶叶受到母亲喜爱，终于放心了，而刘母也为孩子的孝心感动得老泪纵横。

第二天早上，刘备趁着天色蒙蒙亮就起来，把水桶绑在马背上，前往鸡村去打水。

刘备出门时，刘母其实早就起来了。她煮了些豆荚作早饭，然后到房屋后边。

她绕过大桑树走到屋后。那里有间牛棚原本是养牛的，还有个鸡舍如今也没有一只鸡。原本热闹的后院，如今满目荒芜，杂草丛生。

再往前走百步之处是一片果树林，总共有十来亩的果林里都长满桃树。在这秋日里，落叶纷飞显得有些萧索。但往年一到春暖花开之时，绚烂的桃花煞是好看。缤纷的落花还会把整条蟠桃河染红。当桃子成熟之时，就会被运到集市上卖掉，所得的钱款会均分给村里各户人家。这是村民们一年生计的重要来源。

"哦——"

刘母抬头看到眼前的美景，不禁出声感叹。只见朝阳已从桃园尽头冉冉升起。金色的日轮仿佛要撕破密云，跃出云端。这一派壮观的景象仿佛预示着贵人将于世间现身。看到此情此景，她不禁满怀感动。

"……"

刘母拜俯于地上，对天三拜，似乎是为儿子祈福。然后她起身拿起扫帚，打扫落叶。

园中落叶缤纷。这十亩桃园本是村人共有，平日并无人打扫。她扫了片刻，打扫出一隅空地。

刘母将一面新草席铺在空地上，又搬来一个土炉和茶具。她原本是世家之女，刘家也是正统门第，但这些器具已经有几十年没用过了。

准备就绪后，她在桃园里清扫过的地方坐下，静心等待去鸡村打水的儿子快快回来。

桃园的树梢像一片静谧的湖泊，鸟儿翩然翻飞其中，清脆的鸣叫声声。太阳渐升，越过云朵，普照大地。紫色的晨雾尚未消散。

"老身我实在是个有福之人呐！"

她觉得此时此刻已经非常满足，真是死而无憾了。但转念一想，又觉得不妥。

“我还得守护儿子，直到以后啊！”

这时，她倏地向远处望去，只见刘备打水归来的身影渐行渐近。他骑在马上，鞍上挂着水桶。

“啊！母亲！”

穿过桃园的小径，刘备很快就来到母亲面前，卸下水桶。

“这鸡村的泉水清澈无比，用来煮茶一定不错。”

“我儿累了吧！为娘常常听人说起这鸡村的泉水。只是路途险要，为娘为你一路担心呢。”

“没有的事！这一路上也并不凶险。只是鸡村的清泉旁边有人看守，不能免费汲水，我又付了点钱才打到水的。”

“黄金之水，洛阳之茶，儿子孝心！即使是王侯之母也难有如此福气啊！”

“母亲，您把茶叶放在哪里啦？”

“我自己无法一人独享，就先供放在佛坛上，祭祀祖宗先享了！”

“原来如此。这茶叶若被歹人偷走可不得了。我这就速速去取来。”

刘备一路小跑回了家，不一会儿，就像端着宝贝一样把茶叶罐捧来了。

刘母这厢给土炉生火。刘备跪在前面递过茶叶罐。这时，刘母似乎察觉到了什么，她并没有伸手接过茶叶罐，反而不寻常地盯着刘备身上看。

忽见母亲异常的举动，刘备诧异地问道：“怎么啦，母亲？”

刘母神色严厉，与往常迥异地沉声叫道：“刘备你过来！”

“儿子在，怎么了？”

“你身上所佩之剑是谁的？”

“是我的呀！”

“一派胡言！你现在的佩剑与出门时所佩之剑完全不同。你那柄剑是父亲的遗物，那可是祖宗传下来的宝贝！我问你！你把剑弄到哪儿去了？”

“这个……”

“休想搪塞为娘！我千叮咛万嘱咐，此剑一刻也不能离身！你说！把那柄佩剑到底丢到哪里去了？”

“其实，那个……”刘备低下头去。

刘母的面色越来越严峻，看刘备支支吾吾的样子，不放松地追问：“莫非你真的把剑弄丢了？”

刘备两只手紧紧握在一起，低头说道：“儿子错了！其实，儿子是把那柄佩剑在回来的路上，送予别人了……”

“什么？你把佩剑送人了！”刘备的话音刚落，刘母神色大变，“天哪！”

刘备见状，只得将自己一路的经历一一讲给母亲。他先被一伙黄巾贼抓住，抢走了茶叶罐和佩剑，险境逃生后又被黄巾重围。在那危急时分，被一位名为张飞的英雄出手相救，才得以逃生。他感念恩人情谊，想赠礼为谢。但他当时身上仅剩一把佩剑和茶叶罐，因此才将佩剑赠予张飞。

“当儿子被贼兵抓住之时，还有被张飞解救之时，儿子觉得生死都可以置之度外。唯有这茶叶，我就算拼了性命也要带回来献给母亲。把佩剑送人，是儿子不对。但我历尽千辛万苦，终于把这贵如生命的茶叶带回家来。”

“……”

“那把宝剑虽是祖传之物，意义非凡。但是我想，咱们家以编草鞋制草席为生，恩人张飞给我的这把剑也应该够了。”刘备为了安抚母亲惋惜的心情，如是劝慰。

谁知刘母若有所思，忽然恸哭失声：“啊呀！我对不住你的父亲啊，我如今还有何颜面对亡夫！全怪我教子无方啊！”

“母亲！您为什么这样说啊？”刘备实在理解不了母亲的言语，见母亲如此悲痛，战战兢兢地问道。

刘母突然一把抓起眼前的小锡罐儿，又拉起刘备的胳膊，严肃地说：“起来，咱们走！”

“我们去哪儿啊，母亲？您要到哪儿去啊？”

“……”

刘母并不应答，她紧紧拉着刘备的手腕，向桃园尽头快步走去。来到蟠桃河畔，刘母突然扬手把锡罐扔到河水中央。

“啊！这是为何？”

刘备大惊失色，唐突地抓住母亲的手腕。但是已经来不及了。茶叶罐在河中溅起几朵水花，旋即沉到河底。

“母亲啊！母亲！您到底在为什么生气啊？为什么要把儿子千辛万苦弄来的茶叶

扔到河里啊？”

刘备的声音颤抖不止。那沉到河底的，可是他为了尽孝，一路拼了性命才带回来的珍贵茶叶啊！

他甚至怀疑，母亲莫非是高兴过度，得了失心疯了？

“你胡说些什么，少顶嘴！”

刘母用力甩开刘备的手，露出如亡父当年一般严肃的神情。

“……”

刘备看到母亲眉眼严厉，吓得后退了一步。这是他有生以来，第一次看到母亲如此威严。

“你给我坐下！”

“是……”

“为娘明知那是你为让我高兴，而千里迢迢辛辛苦苦带回来的茶叶，我现在把它扔到了河里。你能明白为娘的一番良苦用心吗？”

“我……不明白……母亲，玄德愚钝。儿子哪里做错了惹您生气了，请母亲训斥。”

“不。”刘母使劲摇头，“为娘不是任意训斥你。为娘把你养大，你却把传家宝剑给了别人。作为母亲，我对不住列祖列宗，对不住你死去的父亲啊！”

“都是孩儿的错。”

“住口！你这么回答就说明你还没明白我为什么训斥你。为娘之所以生气，是因为你的心气不知何时已经枯萎，你难道已经彻底变成了楼桑村的村民么？我在为你惋惜啊！”

刘母声泪俱下地训斥儿子，她用衣袖拭泪，继续说道：“难道你忘了吗？儿啊！你的父亲和祖父虽然也是编草鞋制草席谋生，一辈子和寻常百姓一样生老病死，但要追溯血缘，你乃是大汉中山靖王刘胜的嫡系血亲啊！你是位居正统的景帝玄孙。你的身体里流淌的是统一中国的帝王之血。那把宝剑则正如印绶一般。”

“……”

“为娘在你小时候是怎么教你的？自打你襁褓之时起，为娘整日将你抱在怀里，一边哼儿歌一边告诉你咱们刘家列祖列宗的故事。这些应该早已印刻在你的脑海里。如今只是时机未到，未成大事不能擅自行动。一旦时机成熟，你就要为了天下黎民，为了振兴汉室血脉，脱出草庐，执剑而起啊！”

“儿子明白。”

“儿啊儿啊，如今你把那祖传宝剑赠予别人，难道是打算一辈子都编草席吗？你难道认为这点子茶叶比宝剑更重要吗？？你难道觉得喝了这样不成器的儿子带来的茶叶，为娘会高兴吗？！为娘实在生气，也实在难过得很啊！”

刘母一边泪流满面，一边扯住刘备衣襟，抬起胳膊用力捶他的胸膛，就像孩子小时候不听话，母亲用家法责罚一样。

刘备跪在地上，一动也不动。他任凭母亲一下又一下地捶在他身上，体会到母亲深深的关爱和失望，自己的泪水也忍不住扑簌簌地滚落衣襟。

“孩儿错了！”

过了许久，刘备终于按住母亲的手掌，将已经打红的掌心贴住自己的前额。

“母亲，儿子真的知错了。都是玄德愚昧所致。母亲教诲的是，玄德整日身处百姓之中，过着贫苦日子，渐渐忘却了母亲的教诲，忘记天下苍生。”

“你真的知错了吗？真的有所醒悟了吗？”

“是的。儿子挨了母亲的责打，重新想起幼时母亲的训示，儿子都记得了。请母亲放心，虽然宝剑有失，但玄德的性灵不曾改变！”

听了刘备的话，刘母终于放下手臂，她用早已打得发麻的双手紧紧搂住刘备：“我的儿呀！你终于记得了吗，你是不甘成为寻常百姓的帝王后裔啊！你可千万别忘了，要牢牢将为娘的话记在心里啊！”

“儿子怎敢忘记！我身上流淌的大汉景帝后裔之血也绝不会忘记的！”

“你说得好！儿呀，为娘能听你这么说就放心啦。把你打疼了吧，你可不要怪罪母亲啊！”

“请您不要这样说！您责罚儿子是应该的，如此说话，岂不折煞儿子了！”

“唉！为娘也是气糊涂了，见你忘却了初心，一时气急才打了你的。”

“母亲的责打对儿子是恩是爱！母亲这顿当面棒喝，是儿子真正鼓起勇气的神军之鼓、佛陀之杖！如非今天目睹母亲的雷霆之怒，可能儿子心里已经渐渐忘却了初心，只想着母亲健在，就一辈子做个平民百姓也好。或许这样下去，儿子就真的只能做个乡下的小老百姓，不思进取，终其一生了。”

“如此说来，你为了让为娘能够平安度日，不为你担惊受怕，而勉力过着清贫无事的日子么？听你这么一说，为娘实在是对不住你啊！”

“儿子如今已经痛下决心了！我这次出门期间，目睹了各州各地的种种苦难，黄匪横行，百姓遭殃，生灵涂炭。母亲，儿子感到之所以生于此世，是因蒙受诸帝在天之灵所命。”

听到刘备如此吐露真心，刘母不禁默祷天地，母子两人坦诚地互表了心声。

但这天早上的一切都是仅仅属于刘备母子二人的秘密。从那之后，刘家还如往常一样，每天织机哒哒作响，仿佛什么都没有发生过。

刘备请了当地的村民来帮工，整日在院子里忙着打草鞋织席子。等攒多了就拿去市集变卖，换些粮食、布匹和给母亲的药物。

平常日子就这样转瞬即逝。那棵位于老宅东南面五丈多高的大桑树，依旧春天百鸟鸣唱，秋天落叶缤纷。如此时光匆匆，转瞬已经过去三四个春秋。

某个早春的一天。一位年迈的老人来到大桑树下。他牵着一只雪白的山羊，羊背上驮着两只酒罐。他独自一人，默默伫立在树下良久。

不知何时，老人已牵着白羊，踱进刘家的院子里来。

这厢刘备正和母亲一道编织草席。虽说老人是不请自入，但这院子的围墙坍塌，又没有门扉，就算人家误闯进来也并非过分。

“咦？”

刘备母子闻声回头，他们都被那只担着酒罐的山羊所吸引了。这山羊毛色雪白，煞是好看。一时间倒没有留意这位老人。

“你们这活计蛮辛苦的啊！”

老人自来熟地在织机旁坐下，不拘礼节地搭着话。

“老人家，您这是打哪儿来的啊？您这山羊可是真漂亮！”

刘备顺口应着。老人却是不答话，若有所感地摇晃着脑袋，他向刘母问道：“这位是令公子吧？”

“正是。”刘母答道。

“您家可养了一个好儿子啊！我这山羊可不赖，但也不及这个孩子厉害。”

“老人家，您这是要把这羊牵到城里集市上去卖吗？”

“那可使不得！我这只山羊可卖不得！这羊可是我的宝贝儿子啊！老朽今日本是去卖酒的，可是路上遇到歹人，酒都被他们喝光了，只剩如今这酒罐空空。唉嘿嘿！”

“那你这么大老远跑一趟，岂不是要空手而归吗？”

“我这不正要赶路回家，没想到走到这里，看到了一个宝贝啊！”

“什么宝贝？”

“这宝贝就是你们家门口的大桑树！”

“啊？大桑树？”

“我问你们，以前这成千上万的过路人都看到过这棵树吧？有没有人说过什么啊？”

“没有说过什么特别的。”

“哦？是吗？”

“大家倒都说这棵桑树能长这么大，实属难得。一般桑树少有长这么大的。”

“嘿嘿，那我来告诉你们吧！这可是棵难得的灵树啊！能得此树，说明这房子里必有贵人降生。你看那树上千万片树叶都在沙沙作响，他们在说啊，就在不久之后，来年春天，待这桑叶绿绿如盖之时，必有嘉友来访。到时，这房子的主人就会青云直上，宛如蛟龙入云，前途不可估量啊！”

“老人家，莫非您会占卦吗？”

“老朽乃是鲁国李定。终年漂泊，远离故乡。我成天就牵着我这只山羊，四处闲逛，饮酒买醉，人称羊仙是也！”

“羊仙？这么说世间的人都把你当成仙人咯？”

“哈哈！说来讨人嫌啊！不过老朽今天能见此稀罕灵树，又能跟贵人攀谈，着实是高兴啊！我说这位老夫人啊！”

“什么事？”

“我这只山羊就送与你们，以表老朽庆贺之意吧。”

“这怎么使得？”

“令公子可能从未庆祝过自己的生日吧。今年您可一定要好好给他过一次生日。就用这罐子去沽酒，宰了山羊，把羊肉做成羹，用这羊血祭祀神坛，切记切记！”

刘备母子二人起先只当老人家戏言，姑且听听，没想到这羊仙真的放下山羊，飘然而去了。

刘备慌忙追到院外，站在大桑树下四处张望，但老者早已不见踪影。

# 第六章
# 桥畔风谈

又一年春天如约而至，蟠桃河水又被缤纷的桃花染红了。

这两岸桃园红霞一片，熏得那弯新月也隐隐飘香。只可惜，这如斯美景中，既没有载着文人骚客的画舟在水中荡漾，也没有策杖而来的雅士踏绿寻春。

“母亲，我今天要去城里走一趟。”

“早去早回啊！”

“好的，我去城里给您带些点心回来。”

刘备说罢，收拾行装，出了门。

前不久，刘备将草鞋和草席已经送货给城里的商家，今天正是去收钱的。

这楼桑村距城里路途不远，不用赶早出门。刘备今日晌午出门，约莫着办完事太阳还没落山，因此没有骑马。

那日羊仙留下的山羊竟依依不舍地跟在刘备身后，也欲出门，遂被刘母唤回家。

一路红尘滚滚，久旱无雨，地面干燥，移步有声。

刘备先依次去众店家收了尾款，顺道在集市上逛逛，想给母亲买些点心。

只见这小城集市鳞次栉比，各个门脸油光锃亮。刘备随手买了些藕糖，可刚走几步又想：“这藕性寒凉，恐对母亲的病不利吧？”他一时驻足，犹豫是否回去更换。

忽闻十字路口人声鼎沸，众人云集。那里原本是贩卖烧鸭面饼之所，刘备只当众人买卖喧闹。但仔细观瞧一看，在攒动的人头上边，高高立着一榜。

“那是什么？”

刘备深感好奇，扒开人缝，向上仰望。只见上书“遍募天下义勇之士”，原来是一个布告。

**布告中书：**

诸州各地黄巾作乱，年年为害，毒如鬼畜，苍生惨无青田。今欲诛伐鬼贼，特告天下：太守刘焉感子民之磨难而涕泣，欲擂讨贼之天鼓。诚召隐于草庐之君子，潜于山野之义士，共举讨贼之大旗。本府诚招天下英雄，齐聚于府中。

**落款是：**涿郡校尉邹靖

“这上头写的是啥？”

“好像是官府在招募军队呀。”

“原来是招兵的告示啊。”

“要不咱们也去报名，跟黄巾贼干上一场怎么样？”

“我可不行，又不会杀敌，又没什么能耐。”

“官府招兵不都一样，谁是天生的英雄。人聚多了，不就显得威风嘛。”

“此话有理！”

“这黄匪太可恶！我不会使枪，就算让我割草喂马，只要能出上力就行！招兵算我一个！”

有人自顾自说着头一个离开，众人一呼百应，纷纷大步流星地朝官府赶去。

“……”

刘备仿佛听到了时局的召唤，人心的所向。他手里掂着藕糖，陷入深深的思考之中。他一直看着布告，直到人群散尽。

“啊……”

等他回过神儿来，才发现众人散尽。他正欲离开，就在这时，只听杨柳树后忽然有人喊他：“公子，请留步！”

刘备闻声回头，看见有位壮士正坐在杨柳树下，与贩酒的商人说话。

那人仿佛端详他许久了，刘备便转身向他踱了过去。

“公子，你读过布告了吧？”

那人说着，一手擎着酒杯，一手握着剑把，突然起身，朝这边走来。

刘备方才只是从背后看到此人，觉得他的肩膀仿佛比那杨柳树干还宽上几分。待那人站起来一看，真是一个伟岸丈夫，仿佛突然在眼前耸立起的一座大山一般。

“你是在问我吗？”刘备上下打量这位大汉。

“可不就是你，你身边也没别人啊！”

那汉子大嘴一咧，哈哈一笑。看他声音相貌，似乎与刘备同龄。这汉子从嘴角到下巴，留着满脸漆黑油亮的胡子。

“我看过了。”刘备的回答很简练。

“那你是怎么看的？”大汉一针见血地问道，目光锐利，盯着刘备。

“这个嘛……”

“这还用想啊？你不是盯着布告看了好久了吗？”

“这里并非讲话之所。”

“你倒是有趣！”

大汉回身把酒钱和杯子递给酒贩，然后大步走到刘备身边，模仿刘备刚才的口气说道：“这里并非讲话之所！答得爽快！你这话倒说得有诚意。那好吧，我们去哪里才是讲话之所？”

刘备略显尴尬，他硬着头皮说道：“不如我们先离开此处，这里是市集中心，人多口杂。”

“那我们走吧！”

大汉抬腿就走，刘备得小跑才能赶上他的脚程。

“虹桥这里如何？”

“这里甚好！”

大汉几步就走到城外一处所在。这里杨柳荫荫，池塘边有座彩虹般的拱桥，池塘那头有个破败的宅院。很久以前，有一位老先生在此挖下池塘，栽下柳树，兴办学堂，教授圣贤之道。可这时局兵荒马乱，与圣贤之道背道而驰，没有几个真心向学的学生。

老先生虽然兢兢业业地在虹桥边讲学，却被乡民孩童视为异类，甚至有人骂先生扔石块。直到后来先生真的得了失心疯，整日胡言乱语，在池塘边转悠，失足落水溺死了。这里从此荒芜，唯有杨柳石桥还伫立一旁。

“这里挺好的。你也请坐吧。”

大汉径自坐在虹桥石栏杆上，也招呼刘备坐下。

刘备一路跟来，暗中琢磨这汉子，觉得他举止光明磊落，判断此人并非伪诈之徒。因此他此时非常沉着冷静。

“在下姓刘名备，字玄德，乃是离此处不远的楼桑村人氏。敢问阁下尊姓大名？”

听了此话，大汉忽然大笑着拍刘备的肩膀说：“好汉！我早就知道你是谁啊。我的名字你不是也早知道了么？”

“哦？你我难道是旧识？”

“你怎么把我给忘啦？啊哈哈！”

大汉摇摇肩膀，摸了一把下巴上的黑髯。

“不过也不能怪你不认得我。我脸上受了刀伤，模样可能变得有点不一样了。而且，这三四年来各处流浪，风餐露宿。上次和公子相见时，我还没留这一把胡子呐！”

刘备上下打量大汉，仍是想不起来。忽然，他瞥见大汉腰间佩带的宝剑，禁不住叫出声来：“啊呀，是恩公啊！我想起来了。你不是几年前，搭救我性命的冯家部将张翼德吗？那时我从黄河岸边返回涿县途中路遇黄匪，身陷险境，承蒙恩公出手相救才侥幸逃生的呀！”

“这就对喽！”

张飞一把抓住刘备的手。那铁掌粗糙坚硬，如蒲扇一样。

“难得你还记得我啊！在下正是张飞也。我这几年不得志，只得留了胡子，改了相貌，隐于世间。其实我刚才这一路上是在试探公子能否认得我。多有失礼之处，还请公子多多海涵！”

张飞一改刚才粗鲁的神情，显得彬彬有礼。

刘备更加诚恳地说道：“恩公！是我该罚，竟然没先认出你来。无论你容貌如何改变，我也不该忘记的。请恩公恕罪啊！”

“哎呀，你这就言重啦，我不敢当啊。”

“恩公，你现在是住在县城里吗？”

“这个就说来话长了。我上次对你说过，为了夺回被黄巾贼抢去的县城，我兴兵讨伐。后来兵败只得藏身民间。如此多次举事，难奈黄匪势力渐强，我几乎已经到了箭尽刀折的地步。不久前我流浪漂泊，来到涿县附近。平日里就去山上猎些野猪，把猪肉拿到集市贩卖，聊以为生。让公子见笑了。我张飞如今真是弹尽粮绝了啊！”

“哦！原来如此，我竟毫不知情。果真这样，为何不到楼桑村来做客呢？”

“我确是打算去府上拜访的，不过，见面时尚有一事相求，该如何开口，在下尚未想好。”

“一事相求？究竟是何事，恩公但说无妨。”

“刘兄啊，”张飞目光如炬，胸中的烈火仿佛能透过那双眸子烧将出来，“你今天在集市上看到官府的布告了吧？”

“哦，十字路口那个布告吗？我看到了。”

“那你看了布告，有何想法？官府正在招募军队，打算讨伐黄匪呢！”

“我倒没有什么特别的想法。”

“当真没有？”张飞有些气急败坏，声音也大了起来。他似乎在强压着怒火。

“当真没有。我没什么想法。我家中上有老母，不适合外出当兵。”刘备平静地回答，仿佛心如止水。

凉风轻习，翠鸟掠过，荷叶扑簌簌作响。

池塘里荷叶和莲蓬随风摇曳，仿佛尾附彩羽的飞矢，又似翩跹飞鸟，映着水波，不住飞舞。

“你扯谎！”张飞突然大吼一声，一跃而起，“刘兄！你竟如此隐藏真心，连对我张飞也如此提防？我懂了，你是不信任我张飞啊！”

“恩公，我并未隐藏真心，也并未隐瞒什么啊。”

“那你说，看着当今天下，民不聊生，你难道没有任何感觉吗？”

“我确实看到黄匪之害。可我又能做什么呢？如今我家徒四壁，还要侍奉老母亲。”

“别人我不知道，但你对我说这些可没用！我张飞知道你绝非池中之物，也绝非一介草民。请你尽管实话实说吧。我张飞也算是条汉子，绝不会泄密的。”

“你这么说，我就为难了。”

“你说吧！”

“我着实没法儿回答你。”

“啊！”

张飞显得有些沮丧，任凉风吹乱满脸漆黑的胡须。突然，他仿佛想起了什么似的，解下了佩剑递与刘备，问道：“你还记得这个吗？上次你当作谢礼把宝剑赠予在下，我一直将之视若珍宝。但我一直思量着，有朝一日，一定剑归原主。因为此剑并非我一介匹夫所佩之物。”

“……”

“多少次我血战沙场，或是落败逃亡，都枕于剑上。多少次我挥舞宝剑，让剑端沾血。每次我都能听到这剑啸之声。”

“……”

“刘兄，你可曾听过这宝剑出鞘的峥嵘之声么？”

“……”

“一挥断风，宝剑啾啾泣泪。一剑刺星，仰观剑锋锐利锋芒，那剑光宛如星月流云。在我眼中，那剑光点点都是剑泪滴滴。”

“……”

“那是宝剑在对主人诉说，究竟你还要将我藏于剑鞘中到几时？究竟何时宝剑才能出世？刘兄，你若不信，我就让你亲耳听听这剑啸之声，亲眼看看这剑光之泪吧！”

“……啊！”刘备情不自禁站起身来。只见张飞宝剑出鞘，一挥斩风，宝剑龙吟铮铮，不绝于耳，惊心动魄。

“你听见了吗？”张飞一边怒吼一边舞剑，只见横纵交错，剑光飞舞。

“这是什么声音，你倒是说呀！”张飞怒吼。

见刘备始终一言不发，张飞十分恼火。他停下身法，手擎宝剑，单脚踏上石栏。望着桥下秋水枯涸，张飞长叹一声：“可惜啊可惜！想你本是治国安民的宝剑，如今却流落末世，难觅主人，无可奈何！若此剑有灵，就请饶恕我吧。与其挂在一介村野屠夫腰间，你倒不如葬身池中！”

说着，张飞抬手，作势要把宝剑扔到桥下。

刘备一见，大惊失色，慌忙冲上去阻拦。他一把托住张飞的胳膊，叫道：“恩公！且慢！”

张飞原本也只是作势扔剑，其实不愿宝剑沾泥。刘备如此一拦，正中他的下怀，可他仍嚷着：“你还有何话可说？”

说着，张飞故意后撤半步，等着刘备如何应对。

“请恩公稍安毋躁。”刘备见张飞神情激动，先安抚他道，“真勇士不动怒，请恩公莫要急躁，咱们有话慢慢说嘛。不过，在下这一见便知，恩公绝非是虚伪之徒。我刚刚一开始对你仍存疑心，看来是我以小人之心度人了，请恩公恕罪。”

“哦？此话怎讲？”

“皆因清风有耳，活水有眼，我恐隔墙有耳，不便将大事随意言之。其实恩公有所不知，我乃是大汉中山靖王刘胜之后裔，景帝之玄孙。如今落魄草庐，以编制草鞋席子为生，并非我所本愿。我作为帝王之后，看到汉室衰败，黄匪横行，如何能够无动于衷呢？”

刘备话音低沉，宛如耳语，但语气充满凛然之气。说罢，刘备莞尔一笑。

“恩公，此事不宜多说，我们择日再谈吧。今天在下出门在外已久，天色已晚，家母该担心了。”

张飞闻言，惊得虎目圆睁，半晌不语。过了一会，他不禁挠了挠蓬松如猛狮鬃毛的一头钢丝头发，长吐口气，胸脯起伏，喃喃言道：“原来如此啊！我张飞竟没看错！如今我忽然想起那个跳塔而死的老僧所言。他说你是天降贵人的意思，原来你是景帝之后，汉室宗人。如此兵荒马乱，战乱连年，皇室血脉早已如烟而逝。但只要有一脉相传，就能传承汉室。啊呀呀！感谢上苍，想我张飞今时今日，得见贵人！”

张飞言罢，突然倒身拜在石桥中央。他双手捧起宝剑，对刘备说道："请容在下谨将宝剑物归原主。此等传世宝物，本非我这等俗人所能佩之物。不知你能否收回此剑。佩剑之人，必当天命，与此剑共生共亡！"

刘备郑重地伸出手去，神色肃穆，"这柄宝剑，我收下了。"

宝剑终于物归原主。

张飞叩首，拜了又拜："改日张某必定前往楼桑村叨扰。"

"好啊，在下随时恭候。"

刘备也将腰中佩剑解下，还与张飞。那正是几年前彼此交换的信物。

"天色已晚，就此别过！"

昏黄暮色中，刘备先行告辞。微风吹动，他的湛蓝衣襟虽染上风尘，但腰中宝剑硕硕夺目，在黄昏万物之中，独放异彩。

"此人气质非凡，绝非常人。果然有大家风范！"

张飞独立桥上，目送刘备远去，许久才回过神儿来。他暗忖："对了！今日奇遇，一定要快说与云长兄来听。让他也高兴高兴。"

想罢，张飞起身便跑，行动身法全然不似刘备一样稳重。他大步流星，宛如一道黑旋风一样，飞奔而去。

# 第七章
# 童学草舍

天色渐晚，已是华灯初上时分。城楼上的关门鼓刚刚响过六声。

张飞奔回了集市，收起白天摆的猪肉摊子，胡乱把猪肉和屠刀包成一捆，拎起来就跑。

“哎呀，还是晚了一步！”

张飞赶着出城之时，发现城门刚刚关闭。

“喂！你们快把城门打开！”

张飞抬头冲着望楼大声呼喝，像个任性的孩子一样耍赖。

城门旁的兵营舍里闻声走出来五六个官差，瞅着张飞直乐。其中一个像逗傻子一样嘲讽着张飞：“嗨！你喊什么喊！没听见关门鼓声响半天了嘛！城门关啦，雷打也不开！你算老几呀？”

“你问我算老几？我是卖肉的！”

“没错儿，我认得他。这小子是市场里卖肉的。你怎么现在才出城？真是迷糊啊！”

“我这不是办事耽误了么，你们把城门打开让我出去吧。”

“你小子说什么胡话呢？是不是喝多了？”

“我可没喝醉！”

“嘿嘿！我看这小子肯定是喝多了。要不这么着吧，你现在原地转三圈，再给咱们磕个头吧。”

“你说什么？”

“我说啊，你现在原地给我们哥几个转三个圈儿，再给我们磕三个响头，咱们就放你出城。”

“磕头可不行，我给你们鞠三个躬吧。好啦，礼也行了，赶快开门吧！”

“去去去！就算你小子鞠几百个躬咱们也不能让你过去。这城门哪是说开就开的。你回去找个屋檐底下眯一觉，明天早上再出城吧。”

“嘿！你们怎么说话不算话！我要是可以等到明天再出城，也不来求你们。赶快开城门，要不小心老子踩着你们脑袋，从城墙上跳出去！”

“臭小子！”一帮官差变了脸色，“你喝了点猫尿就跑这儿来撒野了！好大的胆子！赶快退后，要不小心大爷们砍掉你的脑袋！”

“你们啰唆什么？到底开还是不开？刚才不是让我行礼么，怎么说变卦就变卦！”

张飞上下左右环视了一下，看了看周遭的地势情形。虽略感到有丝醉意，但他毫不在意，双目圆睁，气势汹汹，在一干官差之中径直穿了过去，三步两步就走到攀城墙的铁梯前。那铁梯就在兵营旁边，本是闲人禁入的地界。张飞一抬脚就踏上了铁梯。

“嘿！你想往哪里去？”

一个官差上前揪住了张飞的腰带，想把他拽下来。其他城门守兵也都把枪尖指向他。

张飞回头，龇牙一笑，说道：“你别那么凶嘛！”

他把成包的猪肉递给那人：“这是新宰的新鲜猪肉，送给各位大爷。当兵的平时也吃不着肉，就拿这个下酒，总比跟我打一架强吧！”

“你小子，胡言乱语什么呢！”

人群里又冲上来一个官差，几人一起拦腰抱住张飞。

张飞抄起一条猪腿，反手打翻几把钢枪；然后，他转身噔噔噔就爬上了铁梯，全然不顾那两个抱着自己的腰和大腿的官差。仿佛那两人只是轻飘飘的苍蝇，对他毫无阻拦。

“啊！这家伙跑了！”

“真是个不要命的家伙！”

“竟敢闯关！找死啊你！”

“快给我下来！兄弟们上啊！”

官兵们不敢上去追赶张飞，只得仰头乱喊一气。先前那两个抱住张飞的官差，又在城墙上被他踹下来，摔得粉身碎骨，血溅当场，压在底下的人也成了垫背的。

听得外面人声鼎沸，兵营里守城的官兵将士都跑出来一看究竟。而这时，张飞早就从两丈多高的城墙上跳到城门外边了。

“黄匪来了！”

“咱们城里出奸细了！”

城楼上立刻擂鼓示警，上下乱成一片。那厢张飞哪管这些，他头也不回地飞奔而去。

张飞一口气跑了五六里路，来到一条河边。这条河是蟠桃河的支流，河对面有一个大约五百户人家的村庄，都隐于墨色夜幕之中。张飞走进村子时，能看到有些人家窗户上摇曳着微暗的烛光。

来至一座寺院附近，四周杨柳环绕。张飞沿着墙根轻车熟路地大步而行，一个拐弯，有一处幽静的庭院，旁边还栽着五六棵枣树。幽深静谧，像是个隐居之所。只是屋子已经破败了，门扇全无。入口处悬挂着一块牌子，上书：童学草舍。

“嘿！你睡了吗？云长兄！云长兄！”

张飞走到里院，大力敲打房门。不多时旁边的窗里出现了淡淡的灯光。有人掀起窗帘，把头探出来问道：“是谁呀？”

“是我！”

“哦，是张飞吗？”

“正是，云长兄！”

窗帘落下，人影和灯光一起隐去。不多时，张飞面前的房门打开了。

“都这么晚了，你来找我有什么事儿吗？”

来人擎着烛火，映得脸色很清晰。只见他的身材高大魁梧，个头丝毫不亚于张飞，胸前垂着一束茂密的美髯，比张飞的胡须还长。人们通常认为须发粗硬的人性格粗野。而关羽的胡须比张飞的要细软许多，显得更加睿智。

他的面相生得也很端正，中庭饱满，天生一双丹凤眼，耳垂丰厚。虽然身材高大，但皮肤细腻，讲话声音也很沉稳。

“抱歉抱歉，我也知道天色已晚，但有件大事等不及明早，想要尽早告诉你。你听了准保惊喜！”

听了张飞的话，关羽微微一笑：“你不会找话当下酒菜，来找我喝酒的吧？”

“你又笑话我！你可别以为我整日只会喝酒，小看了我。我那只是喝几口解闷罢了。我现在清醒得很，专门跑过来跟你说个大新闻。不用酒菜咱哥俩也能好好聊一聊。当然，你这里要是有酒更好啦！”

“哈哈哈哈！你啊你啊，先进屋说吧！”

穿过昏暗的走廊，两人进入一个房间里。只见这墙上挂着孔子与弟子们的圣贤图像，屋里还摆放着许多桌子。正如门廊上所书的题匾，这里是村里的私塾，名曰童学草舍。此屋为私塾先生关羽所有。

“云长兄，咱们平时总是说起丈夫志向，如今咱们的志向终于能成啦！你还记得我曾经说过那个叫刘备的人吗？今天我在城里偶然碰见他了，我们长谈了一番，聊得很深入。这么一聊你猜怎么着，他果然不是普通的小老百姓，他其实是汉室血脉，景帝后裔。这个年轻人的前途不可估量啊！要不这么着吧！咱们现在就去楼桑村，到他的家里去拜访一下。你说怎么样？云长兄，咱们现在就收拾收拾出发！”

“你啊你啊！怎么还是这个毛躁样子！”

关羽微微颔首笑着，见张飞反复催促他动身，也丝毫没有起来的意思。

张飞火气有点上来了，反问他道：“我这样子怎么啦？”

关羽又笑：“你看看现在都几点了？咱俩要是现在动身去楼桑村，等走到那里都是半夜了。咱们初次登门造访人家，深更半夜上门成何体统。要我说，真要去拜访人家，明天或后天去都可以啊。你的性子总是这么急躁。大丈夫还是沉稳一些才好。”

张飞原本一心想让关羽高兴，没想到他不温不火，便说：“我说，云长兄，你好像对我讲的事半信半疑，所以才如此冷漠吧。你每次都说我急躁，我看你才优柔寡断呢。大丈夫，遇事当决，快刀斩乱麻才好！”

“哈哈哈！你倒学会回嘴了。不过我总觉得应该三思而后行。这个人自称汉室血脉，景帝后裔，我可得好好思量一下。要不然这世上信口胡言的人太多，咱们怎能各个都去上门拜访呢？”

“你看你，你果然是怀疑我呢！”

“有所怀疑是应当的。倒是你，脑筋不转弯，从不起疑心。”

“你这话说得我怎么这么不爱听！我怎么就脑筋不转弯了？”

“你平日里，不是总被别人蒙骗么？”

“我什么时候被人蒙骗过啊？”

“你这人啊，天真烂漫，被人蒙骗了也不自知。你骁勇善战却生活窘困，常常四处漂流、居无定所。这些皆因你疏于思考所致。再说，你性情急躁，点火就着，做事不计后果，很容易招来误会，被人当作恶人。这些你都应该好好思量，好好反省才是啊。”

“哎我说云长兄！我大半夜跑到你这来，可不是来听你教训的。”

“张飞啊，你我二人曾经互表大志，结拜成异姓兄弟，同心共德。若是看到弟弟的短处，我作为兄长怎能不担忧。更何况，你说这刘备，他只见过你两三次面，如此草率地就把这天大的秘密告诉你知，未免太大意了。你立刻不加思量就相信对方，还要三更半夜马上就去上门拜访。如此行为，实在过于轻率，我不得不担心啊！”

关羽几番话就表明的态度，明确指出深夜造访刘备家很不恰当。他对张飞而言是结拜兄长，深谙世故，常常说些道理让张飞心服口服。

张飞被关羽一通说教，显得有些垂头丧气。关羽见他可怜，就拿出他平时喜欢的酒递给他。

“不了，今晚我不想喝酒！”

张飞赌气不语，当晚就借宿在关羽家中。

第二天天亮之时，上学的村童纷纷前来，齐聚草堂上课。关羽便亲切地将孔孟之道读给孩子们听，还教孩子们提笔写字，俨然一派教书先生模样。

“我先走了啊，晚上再来。”

张飞离开前隔着窗子对关羽打了声招呼，便径自走了。

张飞其实是带着一肚子火气走的。他一出门就回头骂道：“真是优柔寡断！”

骂完了还不解气。他来到村里的酒馆时，昨晚的馋虫又被勾起，一进门就喊道：“老板！快拿酒来！”

张飞一口气灌了一斗酒，眼眶立刻被酒气熏得又红又黑。

不过这罐子酒下肚，他的怒气有些消散了，便和店家聊起天来。

“我说店老板啊，你家这只鸡老往我这钻，是不是想直接钻我嘴里啊？我真把它给吃了怎么样？”

“客官要是想吃，我立刻就给你杀鸡油炸。”

“炸鸡倒是美味，不过我看你家这鸡新鲜得很，干脆生吃吧！”

“生吃鸡肉啊！客官，您不怕闹肚子么？”

“鸡肉干净，马肉也干净，生吃没事！”

“这我倒是头回听说。”

“鸡和马都是血热的，不比那些冷血的动物，满身是虫。国家不也是这样么？”

“客官，您这话说得有意思。”

“哎？刚才那只鸡跑哪去了？你已经给我杀了油炸么？”

“客官，您还没付银子呢，那炸个鸡肉还不快么！”

“我可没带银子出来。”

“客官，您可别开玩笑了。”

“真的！我真没钱！”

“客官，您这是要赊账吗？”

“我说店家，这么着吧。你出门拐过寺庙旁边那条巷子，里面有个私塾叫童学草舍。你到那里找关羽我大哥拿钱就行。”

“客官，您这不是为难我吗？”

“你有什么可为难的？云长兄跟我一样是个武人，但他兜里有钱。那是我结拜的哥哥。你就告诉他，就说他结拜的兄弟张飞在你店里喝了酒了，他肯定不会赖账的。喂，你再给我来一壶酒！”

店家一听这话，就先倒了壶酒稳住张飞，又让老婆从后门出去到草舍找云长。店家老婆跑去关羽家对质，不一会儿就回来了，趴在店家耳边嘀咕了几句。

“既然有人结账，那就给他继续上酒，错不了。”

店家连忙笑脸相迎，给张飞布菜斟酒，有求必应，还让后厨油炸了小鸡给他端了上来。

“去你的！这鸡炸得干巴巴的，不合老子的口味！我要吃活的！”

张飞一见炸鸡就炸了，低头去抓脚旁的鸡，一直追到街上。鸡吓得拍打着翅膀横冲直撞，一下飞过他的肩头，一下钻过他的裤裆。

这时，正在挨家挨户巡查黄匪的捕吏发现了张飞的身影。他立刻命令自己手下十多个兵卒：“没错！就是这小子！他就是昨天晚上闯城关，打死卫兵又逃走的歹人！大家小心点儿，别让他跑了！”

“贼人别跑！”

张飞恍若未闻，仍醉眼迷糊地四下找着鸡。突然一把扑到地上，抓住了一只鸡。

只见那鸡被他倒拎起双腿，用力扑打翅膀，咯咯叫个不停。

“呔！大胆贼人！休想逃跑！快快老实过来受绑！”

张飞直到被捕吏和兵卒重重包围起来之时，才注意到他们是在和自己说话。

“你们这是要干什么啊？”

张飞呆愣愣地环视了一下周围指着自己的长枪，然后张嘴一口生扯下活鸡的大腿，连皮带毛，血淋淋地嚼在嘴里。

张飞有两大缺点，一是一喝就醉，一醉就闹，二是争强好斗，出手过重。云长一直提醒他要多加注意。

所以撕活鸡啃生腿这样的醉酒闹事，对张飞来说是家常便饭，可这血淋淋的场面把众捕吏和兵卒可吓坏了。再加上张飞豹头环眼，满脸是血，日露凶光，那场面实在恐怖。

“什么？就凭你们几个想来抓我？哈哈哈！等我把你们一个一个抓起来，像拎鸡一样倒拎着。”

张飞很不以为意地嘲笑包围他的捕吏兵卒，又把断了腿的活鸡举到脸前，向他们炫耀。

捕吏大怒，大喝道："大家听好了！都别听这个醉鬼胡说！此人是黄匪，当场格杀勿论！弟兄们都给我上啊！"

但是兵卒们都吓得不敢上前，只是举着长枪将他包围起来，枪阵摆得像一个屏风一样只围着张飞转圈。

这时张飞忽然做了怪异的姿势。他像一条狗似的趴伏在地上，摇头摆尾。他这副样子让捕吏和兵卒更加恐惧，他们还以为张飞马上要扑跃出去，随时冲上来杀人。

"你们等好了！你们这群大鸡！我要一只一只把你们脑袋拧掉，可不许逃走啊！"张飞大叫。

似乎他醉咕隆咚的脑子里一直在玩着抓鸡的游戏。那些捕吏和兵卒在他眼中，头上都长着鸡冠。

这些"大鸡"们又气又急，其中一人怒喊着："拿命来！"举枪向张飞刺去。长枪一击而中，正刺在张飞的肩膀上面，这下可捅了马蜂窝。

张飞原本只是酒后闹事，戏弄官差，现在被刺一枪后却陡生杀意。

"好啊！你敢打我！"

张飞一把抢过长枪，抡起来就打了出去。他力气大，长枪一扫而过，打趴下一众兵卒。他又嫌兵器不顺手，就仰手把长枪向空中掷去。只见长枪呼呼作响，如一道闪电就不知飞向何处了。

随着张飞长枪出手，只听得哀号四起，凄惨无比。但只一瞬，忽然所有声音都止住了，四下一片寂静。

店家、客人、往来行人以及附近居民，原本纷纷躲在屋里树后，屏住呼吸，生怕出事。但却忽然听不到任何声音了，周遭宛如墓地一样肃静。大家纷纷探头张望，不禁"啊"的一声，被眼前的场景骇得难以动弹。

只见尸横满地，官兵们各个身首异处，口眼歪斜，暴尸街头，血流成河。简直是一派人间地狱的惨况。

大街上空无一人，想必侥幸受伤没死的兵卒也早已逃跑。

再说张飞，只见他悠悠然朝村外头走去，轻飘飘来去无牵挂。

春风拂袖，随风轻摆，浓浓酒气四散飘远。

"哎呀！这可不得了啦！出人命了啊！老婆子，你快到关羽家通报一声。这人若真是他的结拜兄弟，那他也躲不过啊！"

酒店掌柜慌慌张张地喊自己老婆，可他老婆早就吓得四肢瘫软在地上，动弹不得。最后，他只得自己跌跌撞撞地向童学草舍那条巷子跑去。

# 第八章
# 三雄聚首

这日，刘备母子二人从一大早就在作坊里忙碌。他们专心致志地在织机前编制草席。

只听得安静的院中传来“咔嗒、咔嗒、咔嗒、咔嗒”的织机声。

单调的机器声如水车转动，不断重复。

可是今天这声音似乎充满了活力，带着快乐的节奏。

刘备母子虽然默默不语地在忙碌劳作，但他们心中如春回大地，仿佛长出希望的嫩芽，一派生机盎然的景象。

昨晚，刘备从集市里一回来，就立刻向母亲报告了两件大喜事。

“母亲，我此次进城一来是遇到了当年的救命恩人；二来是那柄当初赠予他的传家宝剑又物归原主了！”

刘母初闻这两个喜讯，反倒显得很冷静，她低声问道：“如此说来，峰回路转，看来你的时运到了。儿啊，你可是准备好了吗？”

母亲这一番话是在为刘备确认心意，让他早作打算。

隆冬已逝，春回大地。这十里桃园中花蕾绽放，草露新芽，枝头泛绿。好一派生机勃勃的自然景象。

“咔嗒，咔嗒，咔嗒，咔嗒！”

织机依然在重复着单调的声音，但刘备胸中却是一派生机。今年这个春天，与往年都不同，似乎是他记忆里最明媚的一个春天。

——我是个壮志青年！刘备很想冲动地对天高喊！

咦？忽见天上飘来一片桃花花瓣，正巧飞落到刘母肩头，为她的衣襟点缀上一点桃红。

这时，忽闻墙外传来一阵清脆的歌声。是一个十二三岁少女的声音。

妾发初覆额，折花门前剧。
郎骑竹马来，绕床弄青梅。

刘备竖起耳朵。

少女甜美的声音越来越近。

……

十四为君妇，羞颜未尝开。

低头向暗壁，千唤不一回。

十五始展眉，愿同尘与灰。

常存抱柱信，岂上望夫台。

十六君远行，……[①]

听声音，唱歌之人正是一位家住附近的少女。那是一位豆蔻年华的少女，青涩得宛如一颗青枣。她偷偷爱慕着邻居一个男孩，常常趁着繁星满天的月夜和寂静无人的午时，来到他家墙外唱歌。

“……”

刘备想起那个少女，总是头戴木兰花，耳戴金环，忽然就对邻家这男孩有些羡慕。

倏地，刘备心里浮现出一位丽人的倩影。那就是三四年前，他在黄河遇险时，被老僧自塔中引出的芙蓉姑娘。

“不知许久未见，芙蓉姑娘过得可好？”

鸿家小姐的近况，张飞一定知道。刘备思量着，下次见到张飞，一定要探问一下。

这时，原本在墙外一直娇唱的姑娘突然“啊”地叫了一声，仿佛被狗咬了似的，飞也似的跑了。

这少女其实没有遇见狗。

她是遇见一位黑髯大汉，大汉身佩长剑，不知道从哪里走过来。

来人问道：“喂！小姑娘，刘备家在哪里啊？”

少女闻言抬头，乍看到大汉的那副模样就吓得哇哇大叫，夺路而逃。

“哈哈哈哈！”黑髯大汉觉得小姑娘的样子很滑稽，不禁开怀大笑。

笑声稍歇，围墙内的织机声也戛然而止。

---

① 译者注：《长干行》唐代李白。

这一代的百姓为了防范贼盗，家家户户都用土石砌起长长的院墙。唯有刘家仍保持和平时代的传统，在家宅附近种植了一些灌木，又用细竹相连，编起篱笆。所以这所谓围墙，是个内外通透的竹篱笆墙。

张飞原本身材高大，他一探脖子就高过篱笆，把院内望得清清楚楚，于是一眼就看见了刘备。

“你来啦？”

“我来啦！”

两人熟稔地隔着篱笆互打招呼，亲如知己。

“啊呀，原来你家就在这儿啊！”

张飞大步推门进院，踩得地上咚咚作响。这静谧的小院里少有如此豪迈的脚步声。

“恩公快快请进。我昨天已经向母亲禀告了偶遇恩公，以及宝剑归还之事。母亲非常高兴，一整夜都乐得睡不着觉，我们母子一直叙谈到了天明。”

“噢？这位就是伯母大人吧？”

“正是！母亲，这位就是我的恩公，昨天我在集市上偶遇到的。他名叫张飞，字翼德。”

“原来如此。”

刘母迅速从织机前站起身来，接受张飞的行礼。不知为何，张飞感觉刘母身上有一种威严的气质。

刘母身上自然带有这种浑然天成的名门气质。她不似平时骄纵孩童的民间母亲一样，听到是儿子的朋友，就随便奉承。

“久仰久仰！我已经听刘备说过恩公的事迹了。老身一望便知，你是位堂堂正正的大丈夫。今后也请多照顾我这娇儿。你们要相互鞭策，共成大事！”

“我知道了！”

张飞听到刘母这一番铿锵之言，不由得心生佩服。他觉得这位刘母大有来头，不似寻常老妇。

“伯母大人，请您放心！我们一定努力施展抱负，一展宏图。我这番登门造访，是因为有件麻烦事，想和令郎一起商议商议。”

“既然你们有事要商议，那我就去里屋，你们慢慢儿聊吧。”刘母转身进到屋内。

张飞随手拉过织机后的一个凳子坐下，和刘备讲起自己结拜哥哥关羽的事来。

他说，关羽是他敬重的哥哥，彼此无话不谈。昨晚离开刘备后立刻去拜会了关羽，与他讲述偶遇的经历，却不知他并不高兴。不仅不高兴，哥哥还训斥了他，说什么自称是帝王后裔的人很值得怀疑。还责怪他不该轻信路人，将宏图大志随意说给人听，不成体统之类的。

“嗨！你说我这个云长哥哥啊！他总是这样，慎重再慎重。刘备啊，你干脆现在就跟我一起去趟他家，他要是亲眼见到你，就会相信我啦。”

张飞为人一向光明磊落，他很少怀疑别人，也讨厌被别人怀疑。但他万万没想到，最信赖的云长哥哥会不相信自己的话。所以他特地赶来，准备带着刘备去见关羽当面对质。这种直来直去的作风，非常符合张飞的个性。

可是刘备听了张飞一席话后，却只应声不答。

他觉得既然人家不肯相信自己，如果强行上门去对质，似乎有些不妥。

这时，走廊里传来刘母的声音：“儿啊，你就跟他去一趟吧！”

刘母应该是在屋里听到了他们的对话。当然，张飞本来就声如洪钟，在这房檐下，想听不到都难。

“正好！伯母大人也同意。刘兄，你就不要推辞了，跟我去吧！”

刘母也应道：“儿啊，机不可失，时不再来。现在正是你时来运转的好时机，不要拘泥于小节。你就应允了恩公的邀请，随他走上一趟吧！”

刘备一听刘母如此说，便欣然应允，他站起身来说道：“好吧，那就随你一道走吧。”

刘张两人并肩走向走廊，对刘母打了招呼：“我们去去就回。”然后就出发上路。

两人刚走出院墙，就看到远处飞驰而来一支百人左右的军队。人群中有骑马的士官，也有徒步的兵卒。刀枪剑戟在飞扬的尘土中闪着寒光。

“哎哟，怎么又来了。”

刘备听到张飞的自言自语十分不解，问道：“他们是干什么的？”

“大概是城里的官兵呗。”

“看情形，怎么来人好像是守城门的士兵啊。是出了什么事吗？”

“可能是来抓我的吧。”

“什么？”刘备大吃一惊，“莫非这些官兵是冲着你来的吗？”

“可能是吧。大概错不了！刘兄，你且在一旁稍候片刻，待我去把他们收拾了。”

“这可如何是好？”

“没事，没什么大不了的。”

“你若是与官兵厮杀，失手伤了人，恐怕就难以再留在城里了。”

就在两人几句话间，这呼啸而来的上百官兵已经把他们二人团团围住，喊杀喧天。

但是他们已经领教过几番张飞的厉害，官兵们没人霍然向前。但刘张二人也一时被困在重重包围中，难以进退。

“哪个敢挡我？我一脚踹死他！”张飞大吼冲向一处兵士，只见那边的官兵齐齐后退，但张飞背后的兵士却立刻投上飞矛铁枪来阻挠。

“你们可真麻烦！”张飞一怒之下，手抚剑柄，就要拔剑出手。

就在此时，只听得远处有一声断喝：“且慢！住手！”

只见一人一骑绝尘而来，一边飞驰一边呼喝。

官兵和张飞都闻声回头观望。只见来人身跨一匹深棕骏马，胸前一把美髯随风飘扬。他腰挂长刀，刀挂佩环哗泠泠作响，手舞鲸鞭，鞭头上缀有绯红缨子。此人策马前来，转瞬间已到众人眼前。

来者不是别人，正是关云长。

他平日里是童学草舍教学的先生，如此一身戎装更显得威风凛凛。关云长如此打扮，才是他的本来面目。

“诸位！刀下留人！”

关云长策马来至包围圈子，滚鞍下马，分开众人走到中间，他未与刘张二人搭话，只把他二人拦在身后，双手摊开，对包围的官兵说道：“你们原本是太守派来守备城门的官兵吧。可就凭你们区区百十号人马，想要抓捕这个人，实在是不自量力啊！”

他侧头用下巴指了指张飞，接着说道：“你们可想好了，这个人的本事你们也见识过。倘若来个几百上千的人，要想抓住他，恐怕大半也要横尸当场。此人名叫张飞，字翼德，力大无穷！他以骁勇善战扬名天下。当初在幽州鸿家任家将时，曾经挥舞一杆九十斤重的丈八蛇矛，冲入黄巾贼的大军之中。打得敌人尸横遍野，血流成河，令黄匪闻风丧胆。今天你们这才来了几个人，带了几样兵器，要想抓住他，简直是自寻死路。倘若你们各个以死相拼，可能才能伤他毫厘。不过我奉劝各位一句，请大家莫要白白丧失了性命。不如将此人交给我关云长，我自有法子。”

关云长的口才好生了得，一口气讲到这儿，只听得众官兵胆战心惊。他又接着说道：“诸位听我如此说，可能会疑心我是何许人也，怀疑我存心放走张飞。大家大可不必担心，区区不才乃是关羽，字云长，在村里开办童学草舍，教书办学，尊师重道，尊君守法，以身作则，教诲子弟。不瞒诸位，这位莽汉张飞是我的结拜兄弟。但是，我听说他自昨晚起到现在，私闯城关，酒后闹事，杀害了一众官兵士卒。我决不能轻饶于他。不劳众位官爷动手，我是他结拜的哥哥，自会亲手抓住他，把他押到官府。因此披挂上阵，一路策马，来至此处。请众位为我作个见证，我这就把他拿下！”

说罢，关云长转身，对着张飞大喝一声：“你这个莽夫！还敢造次！”

他扬手策鞭，打向张飞的肩膀。

张飞肩膀受疼，立刻虎目圆睁，一脸气愤。关云长并不理会，继续怒喝：“你还不速速受绑！”

说着，关羽扑将上去，把张飞一把按在地上，双手反扭到身后。

张飞先是一愣，但他深深相信自己的结拜兄长，于是并不挣扎，而是乖乖受绑，老老实实地坐在地上。

“看到了吧，诸位？”

关云长倒背双手，环视了一圈目瞪口呆的官兵，说道：“我自会将张飞押到县城。各位就请先行请了吧。如若你们有所怀疑，那我现在就解开绳子，任由这头猛虎与你们厮杀，你们看如何啊？”

听得关云长如此一席话，官兵们二话不说，一溜烟退走了。

等到官兵走远后，关羽立刻给张飞松绑，告罪道：“多谢贤弟信任，没有节外生枝。我用计救下你们，却也动手伤了你的肩膀，请贤弟莫要怪罪啊！”

听到关羽道歉，张飞顿时忘了肩膀的痛楚：“兄长说的哪里的话。若不是兄长相助，我怕是又要大开杀戒了。”

他眼瞅着关羽一身戎装，有些奇怪：“我说兄长啊，你这一身行头是打哪来的？好像为了救我就要披挂上阵似的。”

“张飞，你说些什么糊涂话。昨晚你特地跑来我家，说时运来了，偶遇良友。还说咱们要一起成就事业，一展宏图。难道是在扯谎？”

“我没扯谎，但你不是不同意嘛，昨晚我说什么你都不肯相信啊！”

“昨天晚上是个什么情况。我那草舍里下人们都在，你这声如洪钟，要是再兴奋起来，肯定把如此秘密之事嚷得人尽皆知。我是佯作冷漠才含糊过去的，要不岂非酿成大祸。”

“噢！原来哥哥是相信我的喽，要和我们一起共谋大计！”

“我可不只是听了你的话，我是听到你说良友是楼桑村的刘备先生，才当场就下的决心。我们村人皆知，刘备可是一个著名的大孝子。我已经暗中调查了他的来历和为人。”

“哎呀哥哥！你这个人老是玩弄智谋，不跟我说实话。”

“哈哈哈！你竟然说我不说实话！你这家伙，喝酒赖账，杀害官兵，我得跟着给你收拾烂摊子。真让人受不了！”

“哦？店家去找你要账啦？”

“你要光是赊账倒好办了。如今众人皆知，杀死官兵的人是我关羽的结拜兄弟，谁还敢送孩子来我这上学？官府迟早会找我去审案的。”

“嘿嘿，原来如此啊。”

“你这话说得真轻巧！”

“嘿嘿，哥哥，都怪我不好！”

“不过话说回来，这倒是个机会。我想这就是天意吧，所以今早就遣散了下人，又召集了学生家长，告知他们学舍因故关闭了。现在我已无后顾之忧，一个人来去无牵挂，于是立即赶来了。咱们现在就去刘备府上，去叨扰一番。”

“哦，刘备就在这儿呢。”

“哦？”关羽转头看向张飞所指的方向。

刘备一直就站在不远的地方，当他看到张飞和关羽二人亲密无间的情义和信义笃厚的情形，不禁心向往之。

“请问阁下就是刘备先生吗？”

关羽正了正衣襟，走上前来，深施一礼：“幸会幸会！我乃河东解良（今山西省运城）人氏，名关羽，字云长。浪迹江湖数载。四五年前来至此处，开办学堂以此聊生。久仰先生大名，今日有幸拜会，荣幸之至。如蒙不弃，愿与先生相交为友。”

刘备不卑不亢，立刻还礼。

“您太客气了。在下是本地楼桑村的百姓，名刘备，字玄德。我一直听说蟠桃河上游有个村子，民风淳厚如世外桃源，想必就是受先生的高风亮节所教化而来。对了，在此处谈话多有不便，请各位移步到寒舍一叙可好？”

“我正有此意，先生有请！”

于是三人同行，一同来至刘家。

刘母看到儿子去而复返，又带了位新的客人，不免有点诧异。经张飞介绍，再细细打量关羽人品后，刘母面带微笑，招呼：“你们快请进来吧。”

当晚，众人彻夜倾谈，刘母也在一起，倾其所有地讲述了刘家旧史，有些话就连刘备也从未听说过。

“他肯定是汉室血脉，景帝后裔无疑。”

张飞、关羽听后深信不疑。他们同时心中暗定，要推举刘备为首领。但是，二人都清楚刘备是个大孝子，如果刘母反对，不让儿子参加这个计划，可就麻烦了。关羽思虑至此，想要探一探刘母的心思。

没想到他话刚出口，刘母却仿佛知道了他的心思，说道：“儿啊，现在天色已晚，快去给客人铺床，你也要早些歇息。明天一早，你们三人要好好商量一下未来大计，如何一展宏图。为娘要好好给你们准备一顿酒菜庆贺。”

听到刘母此言，关羽和张飞都心生佩服，也明白了她宽广的心胸。他们一起施礼，向刘母道谢。

刘备道：“既然明天母亲要设宴为我们庆贺，我们自然不能独享美食，还要设坛祭祖才是。”

“现在后院桃园里桃花正艳，咱们就在园里设席吧。”

张飞拍手叫好：“太好啦！那我们明天一早就去打扫桃园，一起设坛祭祖。”

刘备为两位客人铺好床，安顿他们睡下，自己和母亲在黑暗的厨房角落垫上稻草，暂且睡下。

第二天一早，待刘备醒来之时，刘母早已起床。天色已亮，只听得阵阵山羊叫声。

厨房灶下堆满劈柴，炉火旺旺地烧着。这种情形，似乎刘备从小就没有见过。

春天翩然而至，既来到了十里桃园，也来到了刘家破败的厨房。

# 第九章
# 义结金兰

待刘备走入后院桃园，发现关羽和张飞二人已经雇了附近的村人，在园中设好了祭坛。

祭坛四面竖起竹子，拉上净绳，又挂满金纸银箔。以泥捏的白马当作活供品祭天，又宰杀乌牛祭祀地神。

“你们起得好早啊！”刘备招呼道。

“噢，你起来啦。”张飞、关羽闻声回头。

“这祭坛设得真是气派，你们莫非一夜未睡准备好的？”

“是呀，张飞实在兴奋，躺在床上不停讲话，我们几乎一夜未合眼。”关羽笑道。

张飞走到刘备身旁，有些担心道：“祭坛摆得再漂亮，没有酒怕是不好。刘兄，哪里能搞到些酒吗？”

“这个不必担心。我听家母说她会设法弄些酒来。母亲还说，今天很重要，一定要隆重庆祝一番。”

“那我就放心了。刘兄啊，你有一位好母亲。我昨天晚上在一边看着羡慕得不得了。”

“正是。不是我自夸，但家母确实不同寻常。”

“令堂身上有一种特别的气质，非常高贵。”

“恕我冒昧，刘兄似乎尚未婚配吧？”

“确实没有。”

“那你可得赶快讨个媳妇啊，令堂年事已高，事事操劳，未免太辛苦了。”

忽然被张飞这么一提醒，刘备心头又浮现出芙蓉姑娘美丽的倩影来。

他一时恍惚，忘了答话。只见林中朵朵桃花，翩然而落，似有情人的信物，飘落于眼前。

“儿啊，你们准备得如何了？”一直在厨房里忙碌的刘母，走入桃园问起三人。

刘关张回答已经准备妥当了，刘母又急匆匆走回厨房。

刘母今天请了邻居来帮忙，有那个昨天一见张飞就吓跑的小姑娘和她所爱慕的邻家小伙子，以及一些村人邻里。

不一会儿工夫，一大坛酒被搬来，众人合力把它搬到祭坛席子上。

然后一道道丰盛的美食也被端上酒席：油炸乳猪、山羊高汤、牛酪白菜、陈年酱菜……三人看着杯碗盆勺的美味佳肴，不禁大开眼界。

刘备一边佩服母亲的手艺，一边暗忖，这不像母亲平日节俭的作风："到底是怎么回事儿？"

不久，村民又帮忙从村长家借来华丽的花梨木桌椅，摆在一旁。

"好家伙！真是一场大宴会啊！"张飞像个孩子一样，兴奋不已。

待祭坛和酒席都准备就绪后，帮忙的村人都退进堂屋。刘关张三人在席前落座。

他们对天虔诚祈祷："愿上苍保佑，我等能共谋大计，共展宏图！"

这时，关羽忽然双手正了正衣冠，说道："二位，且慢！"

"刚才在这个祭坛前落座之时，我忽然有一个想法，不知当讲不当讲。"

关羽对刘张二人没有隐瞒，当下就展开了详谈："世间万事万物，皆有根基。若无根无据，则难成大事。我等三人，因机缘巧合在此聚首。志向宏大，欲谋大计。但若没有根基，形式松散，则难成一体。今日我等三人虽人单力薄，但志向相同，应当结为一体。世上众人，合则成事，遇事则散，如此前例众多，举不胜举。我等绝不愿半途分家，否则难成大事。因此我想，今日仅仅设坛祭祖是不够的，只听天命而不尽人事，更不能成就宏愿。"

关羽说得有理，但如何结为一体，不轻易分散，张飞、刘备二人一时之间并想不出什么主意。

关羽看了看他们，又继续说道："虽然我们现在起势之初，手下暂无一兵一卒，粮草、兵器更是尚待筹措。但若我们三人就此结义，已成一军。而军不可无将，士不可无主。我等起义，为的是伸张正义，解救天下苍生为已任，救助黎民疾苦为准则。如若群龙无首，则军心涣散，终将化作乌合之众。我和张飞一直隐于草莽，等待时机，久久寻主而不见。今得机缘，得遇汉室之后刘公玄德，更有幸与你结拜为结义兄弟。今日此刻，我欲拜玄德兄为自己的主公。张飞，不知你意下如何？"

"云长兄，你此言正合我意！不如就如兄长所言，我等三人对天起誓，结为兄弟，推刘备为主公，这样才好嘛！"

"刘先生，我等二人，真诚所愿，望先生务必答应才好。"

刘备初闻此言，略感压力，他先稳了稳，说道："二位且慢，容我想一想。"

刘备先稍微安抚了一下二人的情绪，又沉思了片刻，他正色回答："正如云长所言，刘某身有大汉宗室的血统。可能以此家谱而言，我理应居于主位，发号施令。但刘某生来愚钝，一直以来隐身田野。如此才疏学浅之人，德不足行，还不足以成为主君之材。有关此事，不如我们少安毋躁，且再等等吧。"

"先生所言，是要等什么呢？"

"请容我慢慢积德修身，一起成事之后，再来看看刘某是否有德有能，值得成为二位的主君之材。等到那时，你我三人，再议君臣之事，也为时不晚吧。"

"关某认为大可不必！先生的为人行事，我们已经有目共睹了。"

"话虽如此，我还是觉得现在的时机尚未成熟。不然我们如此约定吧，待咱们已得一城一池之时，再议这君臣盟誓可好。就在今日，你我三人，在此桃园，结拜成兄弟。刘某宁愿我们三人，无论是君是臣，今生永远是兄弟！"

关羽捋了捋胸前一口美髯，重重地点了点头。

"我看甚好。张飞，你看如何？"

"我当然没有意见了。"

于是刘关张三人在祭坛前斟上牛血，倒上清酒，然后三人跪拜于地，向天地众神起誓。

结拜之时，要排列兄弟次序。从年龄上讲，关羽年纪最大，刘备其次，张飞比他们都小了几岁。但因是结义，也不必拘泥于此。于是关羽对刘备道："请由刘兄来当大哥，要不这张飞太过任性，我怕是制不住他。"

张飞也表示赞同："必定如此！我们俩一定会拜你为大哥，你就别推辞了。"

刘备此番不再推辞。于是三人席地而坐，畅谈宏图，又结下刎颈之誓。之后三人走下祭坛，来到桃树下的酒席桌前坐下。

"今日你我三人结义，永不改变！"

"绝不变心！"

"正是！至死不渝！"

三人共同举杯，再次相约，兄弟同心，合力报国，拯救万民于涂炭之中，一辈子都要做顶天立地的大丈夫，度此一生。

几杯酒下肚，张飞渐渐有了醉意，他站起身来，声如洪钟，大声说道："来啊！咱们兄弟再干一杯！你我三人，成为兄弟，老张真是高兴啊！"

他殷勤地替刘备斟满酒。乐得手舞足蹈，像孩子一样叫道："痛快！今天着实痛快啊！"

见张飞有些酒后失态，关羽连忙制止："我说张飞啊！今天我们兄弟结拜你就兴奋如此，回头我们大事成功，你恐怕要得意忘形了吧？"

可张飞这一兴奋起来，根本不理会关羽的劝阻。他倒拍着巴掌笑话起关羽太古板："哈哈哈！今天童学的先生也失业啦！从今往后咱们弃笔从戎，浪迹天涯，海阔天空，豪放磊落，结伴而行！是吧，大哥？"

张飞开怀得搂住刘备的肩膀打趣。刘备也不扫兴，笑笑陪张飞一同畅饮。

张飞胡吃海塞了一通，忽然想起来："对了！这美味佳肴的酒席上怎么能不请出伯母，这可不行！如今咱们三人已经成了结拜兄弟，那大哥的母亲就是我的母亲。我得把母亲请来，敬她一杯吧。"

说着，张飞慌慌张张地起身进屋，硬是把刘母背了出来，一路踉跄地回到酒席上。

"好啦！你们看我把母亲大人背来啦。还是我最孝顺吧！母亲大人啊，您现在不止刘备这么一个儿子啦，您现在有我们三个孝顺儿子！咱们是不是得好好喝一杯啊！我们可不只是母亲的孝子，还是当今世上数一数二的忠良之人、忠义之士。来来来！母亲大人啊，儿子们敬您一杯！祝您长命百岁，祝大汉宗室万世长青！"

一顿豪饮之后，这猛张飞第一个喝得酩酊大醉。他一头倒在桃花树下一睡不起，鼾声大作，直到夜深露重都不曾醒来。

在此桃园之中，刘关张三人从此义结金兰。虽然他们如今两手空空，但却志在天下。

"我们接下来该如何行动？"

第二天，三人不再饮酒庆贺，现在到了冷静下来，思考如何迈出第一步的时候了。

吃早饭时，他们三人就开始合谋，该如何实现大计，如何行事。

"只要咱们三个人一条心，总会有办法的！"

张飞既不是理论家，也不是策划者，他有一身的力气，顽强的执行能力，是个实干家。

"你说有办法倒是轻松，可是成大事不能一味地靠蛮力。我们首先得有百姓支持，有一郡之土，还要有冲锋的兵卒，有一旗之兵；而要招兵就要有军饷、军粮，还有枪支和马匹才行。"

关羽思虑慎重，学识渊博。如果能将张飞和关羽二人的话总结一下，恰好有勇有谋，总能得出非常中肯的意见。

听罢二人的说法，刘备缓缓点头：“你们说得对，只要你我弟兄三人齐心，必成大事。不过目前的当务之急应该是招兵买马，这个任务举足轻重，一定要做好。”

“咱们现在既没有马匹粮草，也没有金银器械，不知能不能招得来兵卒啊？”

刘备微微一笑，打消关羽的忧虑：“若是论招募兵卒，刘某还是有点自信的。在我们这楼桑村之中，就有不少志气相投、忧国忧民的青年，我们平素也有来往。我想，只要向附近乡邻分发招兵檄文，就能吸引很多有识之士前来投靠，召集三五十人是不成问题的。”

“如此甚好！”

“因此，有劳云长贤弟执笔，起草一篇招兵檄文。我会拜托熟悉的乡邻青年四处分发。”

“岂敢，关某不善辞藻，还是烦劳大哥起草檄文才是。”

“云长贤弟不必推辞，你执教学堂多年，教化子弟，最了解他们的心思。这篇檄文由你来写，责无旁贷啊！”

张飞也在一旁敲边鼓：“我说二哥啊，你这样推脱不像话啊！”

“此话怎讲？”

“咱们昨天不是对天发誓，大哥的话，绝不违背么？”

“哎哟，张飞！原来你在这儿等着教训我呢。如此说来，我这就动笔。”

关羽即刻展开纸笔，撰写檄文，一挥而就。

他的文采极好，檄文慷慨激昂，充满忧国忧民之情，观者无不动心。

檄文很快就分发到各乡各户。不久之后，刘备家的院墙外，聚集了七八十位青年。他们都是爱国志士，愿为民效劳。

张飞走出院门，对众青年问道：“你们都是看了檄文，想来应征入伍的吧？”

他权充面试之人，对各位青年一一点名，又记录下每人出生之地以及志向理想。

“正是！我们久仰诸位大人威名，决定响应义举，前来投奔麾下。”青年们异口同声答道。

“如此甚好！我张某见各位仪表堂堂，忠义非常，准许你们加入我们旗下。但是我们志向远大，不似黄巾贼之流。他们整日烧杀抢掠，而咱们誓在为民剿贼，拯救百姓，安定天下。建和平之国，求永世之福，与百姓同乐。我说这些，你们都听明白了吗？”

张飞按照刘备的嘱托，对众人训示了一番。

“今日既然你们投靠我们旗下，就要严守军纪。我现在宣读，你们可要听好了！”

张飞小心翼翼地从怀里掏出一叠文纸，高声诵读起来：

一、服从军令，坚守礼节；

二、不图近利，胸怀大志；

三、浅思一己，深思一世；

四、掠夺者斩；

五、虐民者处以极刑；

六、扰乱军纪之行为一律处以死罪。

“这些军纪，你们都听明白了吗？”

一时之间气氛有些肃穆，众青年沉默思索了一番后，异口同声答道：“听明白了！”

“好！那既然如此，你们就是我们旗下的兵士了！只不过咱们创业初始，条件艰苦，一时不能分发军饷，食物装备也要众人共享，你们可不要有怨言啊！”

尽管条件艰苦，前来应招的青年人人精神抖擞，听从刘关张的号令。

看到四五天的时间，刘备麾下就已经聚集了七八十人，关羽十分惊喜，没想到初试即能成功。

但人员一多，分发的粮食就显得匮乏。剿匪之事，刻不容缓。

如今有很多地方都深受黄匪之苦，百姓被烧杀抢掠，苦不堪言。若是刘关张的队伍能首先到这些地方去，将那些黄巾贼赶走的话，就可以收取正当的税金和食物。

这一天，一名哨兵前来急报。

“张将军，张将军！我见到附近有个马队正在过路，他们有很多马匹啊。”

哨兵说，不远处忽然来了一个马队，一行人赶着几十匹马，正在翻越前边的山岭。

张飞一听有这么多马匹，大喜过望，乐道：“我们要是能把这些马弄到手就好了。”

以刘关张目前的情况，急需马匹钱粮。但军纪如山，既然是兴义举，就不能下令手下如匪徒一般将马匹强抢过来。

张飞一时有些为难，于是去与关羽商量：“二哥啊，现有探哨来报前方出现一个马队。你说咱们能否设法将马匹留下？我觉得这实在是天赐机缘。”

关羽听闻有那么多的马匹，也很高兴：“不如这样！我去与他们攀谈攀谈。”

于是他带着几名属下赶往山岭。来至山麓之处，他们正好遇到那一行人。果然哨兵说得不错，这一队人马约赶着四五十匹马。看他们的衣着打扮，都是行商贩卖的模样。

关羽暗忖，既然是商人，那就有的商量，说不定这些马匹能够尽归我有。他暗自思索，如何发挥雄辩口才，说服他们。

这一队马商的领队是来自中山的富商，为首的一位叫苏双，一位叫张世平。

关羽赶到马商队伍的前面，主动把刘关张三人结义，结成义军的事情给他们描述了一番。言之切切，情深义重。关羽还说：如此乱世之下，黄匪当道，黎民受苦，若无人整治河山，一统大业，则难以拨乱反正。

他最后还感叹道：咱们这中原的大汉天下，可能有一天被北方蛮族所统治啊！

张世平和苏双二人听了关羽的一番陈词之后，低声商议了片刻，回复道："你说的道理我们都听明白了。我们这次出门带了五十四马，若能派得上用场，也算我们为平定天下出了一份力。这些马就权当送予你们啦。"

他们言辞干脆，态度决绝，倒有些出人意料。

关羽原本以为这次交涉会很难，对方不见得会轻易同意，所以听到如此痛快的回复有些意外。

"承让了！请恕我直言，商人本是逐利而行，何故你们二人如此痛快，仅凭我关某一席话，就将这众多马匹拱手相让呢？"

谈判已成，马匹到手，关羽本不想多生事端，但实在是百思不得其解，才特地发问。

张世平笑了起来："哈哈哈！看来我们是答应得太爽快了，反倒叫人起疑。这也难怪，那我就解释给你听。首先，我们可以看出您绝非歹徒，而是心存天下的英雄，再者，我们觉得你们结成义军，此事颇得时宜。另外，我们还想借你们之手，为自己报仇雪恨。"

"哦？此话怎讲？"

"我们二人对黄巾之贼，张角匪徒怀有深仇大恨！说实话，我们二人曾经是中山一带首屈一指的富商巨贾。但黄匪侵入了我们的家园。贼人们毁我家园，夺我财产，掠我子弟。女子们不敢上街走动，小鸟儿不敢在园中鸣叫。我们名下的众多店铺被洗劫一空，损失惨重。最后连我们的妻子、女儿也被暴兵掳走，如今都不知去向。"

"噢，原来如此！"

"正因生意受损，我后来与外甥苏双二人不得不沦为马商。我们这次从市场上买进了五十四马，准备拉到北方贩卖。可是走到半途，听说北边山岳常有黄匪劫道，抢人钱财，害人性命。无奈之下我们只得又牵着马群，折路而返。如今这天下东南西北，四面是贼，我们都心知肚明。倘若继续牵着这些马匹，四处游荡的话，总有一天会遭遇贼人。到时候马匹会被夺走，我们自身性命也难保。与其任这些马匹被贼人所用，变成他们烧杀抢掠的坐骑，倒不如送给你们这样的英雄，成为战马。若能为除暴安良、平定天下出一份力，我们觉得也是值得的！”

“哦，原来如此！”听了张世平一席话，关羽的疑惑尽消。

“既然如此，关某就请你们二人一起牵马到楼桑村走一趟吧。我想请你们见见刘备刘玄德，他是我们的盟主大哥。”

“那是当然，我们本是商人，总是要考虑成本的。此次虽是无偿赠马，我们也想到总有回报的。”

“这个嘛……恐怕即使见到刘公玄德，我们暂时也难以付出买马的银两啊。”

“这都好说。我们不看一时，重在将来。如果你们行事顺利，大事能成，取下一城，平定十州，最终得以号令天下。到那时请再连本带息地将今日的欠银付给我们。我们已经听了你所说的计划，认定这绝非白日做梦，而是万众所期，势必成功。今日免费赠马，一方面我们能将难处理的货物出手，另一方面也算长期投资。作为商人，这是一件两全其美的好事。”

张世平说完，便带着外甥苏双随着关羽一起将马匹赶至楼桑村。一路走着，他还向关羽提出了一些中肯的建议：“若要兴义举，你们如今要人有人，要马有马。不过这人马众多，就要考虑财务问题。你们如今有没有计划，该如何筹备粮草军费，如何管理钱财呢？如若没有计划，我建议你们还要多加考虑为好。”

经张世平这么一提醒，关羽立刻意识到自己的队伍中确实存在不足。这几个人的确都不善经营之道。

关羽自己是个教书先生自不必说，而刘备和张飞亦无什么经营概念。他们几个都认为：习武之人，视金钱为粪土。一旦谈起钱财，则显得有损他们清高的名誉。他们自视清高，不重钱财。可这一点在治国安邦之时，就稍显不足了。

如今刘关张三人已经拥有一支军队，而如何应对粮草军费的问题，势必要考虑经营之道。如若不然，军中无粮，则只能依靠暴力掠夺，并非义军之道。自古以来，有多少义军，兴于举义，却因经营不善，而暴行天下，最终沦落为抢匪盗贼。

“您的意见非常中肯，我一定将此话细细禀报大哥。”

关羽十分庆幸听到这两个从商之人的意见，不仅自己长了见识，而且他们所提之事关乎义军的前途。

一行人不久就赶马来到了楼桑村。

关羽立即将张世平和苏双二人引见给刘备。一听到二人愿意无偿赠马，刘备和张飞都非常高兴。

张世平一见刘备，觉得相见恨晚，他不仅无偿奉上五十匹马，又追加了马匹所运的货物，包括一千斤铁、一百担兽皮织物，以及金银五百两。他拱手奉上："就请先生笑纳，权充军费吧。"

张世平又道："我在过来的路上对关羽先生说过，在下终究是以利为重的行商之人。正如武人有武道，圣贤有文道，商人也有逐利之道。今天虽然奉上马匹金银，但在下绝不以此夸耀义心。待十年、二十年、三十年后，在下希望今日所赠之物能产生巨大利益。而这利益我也绝不会一人独吞。唯愿天下受苦的黎民百姓，都能分得此红利，这才是我的心愿，也就是所谓的商人之魂。"

刘备和关羽闻言大为感动，欲将此人留在军中，以充谋士。但张世平回绝道："岂敢岂敢！在下胆子实在太小，没有勇气与你们一起奔驰沙场。如若下次还有所需，在下必当前往。"

说完，张世平和苏双二人带着伙计们匆匆返乡而去了。

刘关张的义军意外得到这五十匹马、一千斤铁、一百担兽皮织物以及五百两金银的军费，三人喜出望外，乐道："此真乃是天助我也！"

他们迅速请来附近的铁匠，为张飞打造了一把长有一丈多的蛇矛，关羽则打造了一把重达八十二斤的青龙偃月刀。同时还打造了兵卒的铁甲、头盔、刀枪剑戟。夜以继日的赶工，很快军队就装备整齐了。

日月之旗、飞龙之幡。如今刘关张这支队伍里配备了马鞍铁箭，军容齐整。人数已近二百人。

这支二百人的小队伍，原本不足以称霸天下。但经过张飞的严格操练，关羽的严肃军纪，以及刘备崇高的德望，军队已经初具规模。二百兵士令行禁止、整齐划一。

"母亲！我们出发了！"

这一日，刘备全身披挂盔甲，告别了母亲。

他带领众将士，整装出发，离开故乡楼桑村。而刘母则久久伫立于大桑树下，目送儿子出征。她努力忍住泪水，如若不然，早已泪流成河。

# 第十章
# 南征北讨

在他们出征之前，关羽曾携刘备手书，前往幽州太守刘焉府中。

太守刘焉不知他的来意如何，于是将关羽引入厅堂接见，问他所为何事而来。

关羽向太守施礼后问道：“我们听说太守如今正在四方求士，是真的吗？”

刘焉一见关羽，觉得他威风凛凛，绝非常人，也就没有责备他的唐突之辞。他回答：“正是！我已派人在各地路口驿站高悬榜文，招募仁人志士。莫非你也是响应檄文，前来应征的英雄吗？”

关羽回答：“正是！关某见如今天下受难，黄匪横行，军队连败，百姓遭殃。而国主无力，贼人得利，苍生无助，黎民泣泪。”

关羽此言铿锵有力，掷地有声：“我等众人蒙受国恩已久，在此非常之时期不能袖手旁观，偷闲于草庐。而今我与张飞等二百多位仁人志士，集结成队，拥刘备为盟主，希望纳入太守的麾下，以尽报国之心。不知太守能否应允，准许我等投靠？”

说完，关羽双手呈上刘备手书，请太守过目。

太守闻之，非常高兴，道：“今蒙诸位豪杰前来相助，此乃天助我也，刘某不胜感激。刘某诚心欢迎之至，又怎么会推辞呢。待众位将士来临之际，刘某自当泼街扫城，遍插彩旗，恭候大驾光临。”

“如此说来，关某感激之至。我等即刻投靠而来。”

关羽告辞了太守，旋即回府。他还特意禀告太守，自己的结拜兄弟张飞曾在此地犯案，在城门闯关、在市集伤人、在楼桑村也误伤了太守的属下众人。关羽请求太守念在他是爱国义士，愿为国剿匪杀敌，宽恕他的罪行。

太守应准，自此也再没有捕吏前来上门查问。而且，似乎太守有令，当刘关张等二百将士浩浩荡荡从楼桑村向涿郡县城出发时，沿路并未遇到任何阻碍。抵达城门之时，还见到城墙之上遍插彩旗，守兵差役列队相迎，真是阵势浩大。

沿路之上，有些百姓认出队伍的首领是刘备和张飞时，都不禁瞠目结舌：“哎？我看那个前面打头儿的不是村里卖草席的刘家后生吗？”

“是啊是啊！他旁边骑马的，就是那个卖猪肉的醉汉啊！如今他倒挺威风的！”

“没错！就是那个卖肉的张飞啊！”

“哎哟，那个卖肉的原本还欠着我的酒钱呢，这下可要不回来啦！”

众人议论纷纷，酒贩子却不住叹息。

不久，一行人就浩浩荡荡来到了涿郡府衙。沿途之上，又有众人感其精神，投靠到了日月旗下。因此当队伍抵达府城时，人数已经达到数百人之众。

太守刘焉亲自降阶迎接刘关张三将，并在当晚于府内大排酒宴，欢迎义军将士光临。

太守刘焉在正厅接见了刘备等将士。他发现刘备虽然年仅二十多岁，却少年老成、沉着冷静，颇有些刮目相看。再得知刘备乃是汉室宗亲，中山靖王之后时，更是频频点头，高呼难怪如此，对刘备的两位义弟关、张二将更是优待有加。

正值此时，哨兵来报，有号称五万余众的黄巾贼在青州（今山东省，济南以东地区）大兴山一带猖獗作乱。太守刘焉速派校尉邹靖为将官，拨付大军，前往平乱。

关羽和张飞得知此事后，立刻向刘备建议：“如此酒席欢宴并非长久之计。如今黄巾匪徒猖獗，我们不妨主动向太守请缨，加入剿匪阵营，出征杀敌。”

刘备点头应允：“你我兄弟不谋而合！我这就向太守请战。”

当下求见刘焉，表示剿匪的决心。刘焉闻言大悦，不仅准其参战，更任命他们为校尉邹靖的先锋。

于是刘备这五百余骑的队伍，首次披挂上阵。他们志在必得，一路飞奔，赶到大兴山下。而此时，五万黄匪贼兵早已据守险要，以守为攻。并在山谷峡地之中，开挖了不少长期阵地。

此时正是初夏时节，雨季已过，满山绿草。贼兵有心恋战，拖延战时，又占据地利之优势，善于纵横奇袭。各州的黄匪也闻讯赶来，企图一举断掉官军退路。如此前后夹击，官军难免深陷重围，极易被就地歼灭。

刘备思虑至此，便同关、张二人共商对策：“二位贤弟，敌阵如此凶险，我们要好好考虑如何应战。此番出征，乃是我们义军的首次应战，如能首战告捷，才能鼓舞士气。太守刘焉、校尉邹靖也一定想考验一下我们的手段，观察我们的实力。如今我军为先锋，就不能恋战，若陷入长期对阵的局面，则对我军不利。我想出其不意，杀入敌阵，迎头痛击，不知你们意下如何？”

“原当如此！”

关、张都点头同意。于是他们下令，将五百余骑布置成变化多端的乌云阵，在逼近山麓时才突然擂鼓呐喊，以山呼海啸之势向贼军挑衅。

贼兵早占据了半山腰，他们架起铁弓，连发弩箭，以守为攻。

“这股来兵不过百十号人，看起来也不像朝廷的正规军。不知他们是从哪儿凑来的乌合之众。咱们这就下山，杀他们个片甲不留！”

贼军副将邓茂守关，他号令骑兵，打开寨门，俯冲下山，来至阵前，大声叫骂：“哎！你们这帮吃糠咽菜的土包子！是想充当炮灰，为官兵垫背的吧！我说你们啊，别被那帮当官的给蒙骗了，为他们卖命有什么好处！我劝你们啊早早投降，献上战马和兵器。我呢，会替你们向大方程远志将军求个情。看在我的面子上赐给你们头扎黄巾，加入我们的队伍。从此你们就能大口吃肉，大碗喝酒，何乐不为！总比你们这帮干瘦猴子吃不上喝不上要强得多！胆敢不从，老子立刻将你们统统歼灭，杀你们个片甲不留。有耳则听，有口则答，你们倒是回话啊！”

这时，来军阵前有人应声而出，刘备拍马上前，关羽、张飞护其左右，来到绿地中央。

“大胆狂徒，无良鼠辈！”

刘备策马上前，来至主将程远志面前。他对着蠢蠢欲动的黄巾大军，振臂高呼：“自盘古开天辟地以来，从未有兽族嚣张长久的先例！纵使一时贼党乱政，以暴力夺权，终究失败，化为白骨！尔等听好了！我等乃是弘扬正义之义军，看这日月幡旗高高飘扬，誓将光明重回人间。你们速速投降，不要白白丢了性命！”

程远志闻言，仰天大笑：“你这简直是痴人说梦！近来不知死活的家伙越来越多，少说废话，纳命来！”

说罢，他挥舞着人称八十斤重的青龙刀，策马冲向刘备。

刘备并非骁勇善战的猛将，见敌人冲来他立刻回转，而护在一旁的张飞大喊一声：“竖子看招！”

他举起蛇矛长柄冲上前去。张飞这新锻造的蛇矛顶端安着牙形钩子，他举矛一挥，向贼将程远志当头劈下，连人带马，断成两截。

“大胆狂徒！来人啊！给我冲啊！”

贼兵副将邓茂一见主将被斩，怕兵卒乱了阵脚，立刻一边招呼一边冲向刘备。护在一旁的关羽怎容贼人造次，他拍马上前，断喝一声：“竖子！前来送死！”

关二爷挥起偃月刀，砍向贼将，只见血光横飞，邓茂也被立斩于马上。

瞬息之间，贼兵两员主将被斩，剩余残兵群龙无首，抱头鼠窜。刘备率兵乘胜追击，将余党包围歼灭。斩获贼首一万有余。投降的贼兵收容归编，斩获的首级高挂村口，以震慑敌人。

——“天诛如斯！”

“首战告捷，此乃吉兆！”张飞兴奋地对关羽说道，“二哥，我看咱们照这样下去，不到半年时间就可以剿灭各州贼军了。到那时候，各县各州都能插上咱们的旗帜，日月飘扬。造就咱们这立国安邦的乐土时代指日可待。这可太好啦！咱们这个仗打得如此顺利，我还没出汗就结束了，不过瘾啊！”

“三弟，你这话就错了！”关羽摇摇头道，“你要这么想就是大错特错了！不要以为每次上战场都能如此顺利，这世上万事可不都这么简单啊。”

随后，刘关张率领义军，离开大兴山，一路凯旋，返回幽州。

太守刘焉得知大获全胜的消息，喜不自胜，他命五百乐工列队城门，大吹赞歌，又在城门上遍插彩旗，并亲自出城，迎接凯旋之师。

回到幽州不久，刘备的兵马尚未来得及休整，又闻青州城来的快马报告：“大事不好！有请太守，立刻增援！”

“来者何事？”

太守刘焉打开使者奉上的牒文，原来是青州太守的求助之信：

此地黄巾贼徒于县郡为祸作乱，青州城池被困多日，恐遭烧城之险。如今形势危急，急待友军前来增援。

——青州太守龚景

刘备闻讯，又主动请缨：“我等义军，愿往救援。”

太守刘焉闻言大喜。他立刻调拨校尉邹靖的五千余骑作为援军，又命刘备义军充当先锋，即刻出发。

此时已是夏季时分。

当刘备义军赶到青州城外时，发现城外有数万贼军，他们高举黄旗，旗幡上画着八卦图案，围困城池，声势震天。

“贼军狂妄，不过如此！”

刘备依仗初战告捷的经验，又想如法炮制。于是他率领五百骑兵，冲进敌营，没想到此番竟大败。军队损失惨重，退至三十里后，暂且休养。

“看样子，这股敌人，实力很强。”

刘备在营中与关羽一起谋划战略。

关羽献策道：“敌众我寡，如此以寡敌众，我们唯有善用兵法。”

刘备从善如流，立刻派人前往剿匪大将邹靖的帐中共商对策，重新制定战略。

根据新的战略，由关羽率千人作为右翼包抄，张飞率千人隐于山坡之后，暂时按兵不动。

以邹靖和刘备为首的主要兵力作为中军，正面进攻，佯作对敌人主力发起总攻态势。然后再把握时机，故意落败而逃，诱敌深入。

“追呀！”

“杀呀！”

黄巾大军果然中计，他们一味追击，错失阵形。

“来得正好！”

待敌军进入包围圈后，刘备拨转马头，转身迎击。而此时，关羽和张飞率领的两支队伍，从右翼和后方杀出。一时山坡之上，旷野粮田中杀出众多兵士，敌人主力被完全包围，全部剿灭。

战况惨烈，血流成河，天地都被这一场混战染得一片血色。

“别让贼人跑了！速速追赶！”

官军一路追击落败的贼军，直至青州城下。

“援军到啦！”

青州城守兵见增援部队前来，立刻打开城门，冲出杀敌，加入战事。

黄巾军慌不择路，逃至城下，纵火烧城。却不料被官兵前后夹攻，反被火焰吞噬，全军覆没。

事后，青州太守龚景诚挚道谢：“若非友军及时赶来，此城恐怕早已陷落贼人手中，变成他们恣意妄为之所了。”

他下令重赏三军，又大排酒宴，庆祝胜利。一连三天三夜，城里夜以继日的狂欢，歌舞升平。

待庆祝结束后，邹靖号令队伍，班师而归：“承蒙太守好意，我等现在要告辞回幽州去了！”

这时，刘备趁机向邹靖请辞：“刘某有一事相求。很久以前，在我尚为孩提之时，有一位卢植先生来到我老家楼桑村暂居过一段时间。他为我的启蒙老师，教导我读书写字，兵法之道。刘某时常感念先生恩德。最近听闻卢植入仕为官，封中郎将，现奉敕令在遥远的广宗（今河北省）作战。听说那边的贼兵乃是黄匪首领张角所直属的主力部队，必定恶战难堪。因此刘某准备赶赴广宗，以还师恩，协助剿匪，以助恩师一臂之力！”

刘备请求邹靖将军将此形势转告太守刘焉。

刘备所率本是义军，因此大将邹靖并未阻拦：“既然如此，你且率兵赶去增援吧。邹某这厢的军粮物资，你也可以任意使用。”

习武之人，自是痛快。邹靖说完，立刻辞别而去。

话说卢植那头，他官拜中郎将，获得朝廷印绶，率五万官军领命剿匪。他率军一路从都城洛阳来到黄河下游的广宗原野，平定匪患。

“你说什么？有一位刘备来访？这刘备到底是何许人也？”

卢植听到下人来报，一时诧异，左思右想不记得刘备是谁。

此处虽为战地，但不愧是打着汉朝征旗的军营大寨，硕大的将军营位于一座大庙正中。院里院外，三步一岗，五步一哨。兵士众多，戒备森严。

“正是！来人自称名叫刘备，字玄德，求见大人一面。”前来通报的传令兵如实回禀。

“他一个人前来求见？”

“不，他身后带着五百多号人马。”

“来了五百人？”

卢植更是满脸惊诧，问道：“如此说来，这位刘备带来了众多手下一同求见？”

“正是！他有两员副将，名唤关羽和张飞，年纪轻轻，威风凛凛。”

“这刘备到底是谁呢？”

卢植再三回想，仍想不起到底哪里认识的刘备。传令兵道：“我刚才忘记说了。那人还说，他老家是涿县楼桑村的。说将军当年在那里隐居时，曾蒙受先生教诲，学习读书写字。”

“噢！我想起来了，他应该是那家制卖草席的刘家后生。这么说起来，已经过去十多年了，论年龄，当初那个少年应该已经长成一个有为青年啦。”

卢植不禁缅怀过去，于是下令请刘备进来相见。五百兵士在门外等候，关张两位被引到厢房歇息。

不多时，刘备走了进来。

卢植一见之下，立刻认出了故人：“哦！果然是你！变成大小伙子啦。”

“十年不见，先生一向可好？学生听闻先生名满洛阳，着实为您高兴啊。”

刘备说着，几步来到卢植面前，拜倒行礼，如当年从师时一样恭敬。

落座之后，他向恩师卢植表达了自己的报国之志，希望能够加入恩师的军队，同官兵一道，为国效力，共同剿匪。

“你此番来得正好啊！刘备，你能心念当初的点滴师恩，专程前来率军增援，我感到十分欣慰。你虽为义军，已似朝臣。既然你怀有如此爱国之志，那我欢迎你加入我军，来一起建功立业吧。”

在卢植的首肯下，刘备及其率领的五百义军被纳入剿匪大军。经过一番侦察，刘备发现贼军主力为官兵的三倍之多，且兵强马壮，优势非常。他在卢植营中已盘桓两个多月，仍无出力之处。

而官军也只得以守为攻，白白拖延时日。

“我看啊，这些洛阳官兵，虽然武器精良，衣着华丽，但个个都是毫无斗志，整天满脑子想的只是都城里的老婆孩子，美酒佳肴。”

张飞见这两个月毫无建树，也总对刘备发牢骚：“我说大哥啊，咱们再跟他们混在一处，自己都变得松懈了。咱们要不早早离开这里，去寻别的地方剿匪，让弟兄们痛痛快快去上阵杀敌吧。”

刘备觉得不妥，他们刚刚前来投靠老师，如今毫无建树，又怎能径自离开。

不久之后，卢植忽然召唤刘备，向他交代有关军机要情。

卢植告诉刘备：此处地势险要，对贼军布阵有利，易守难攻。若官兵想要一举攻破，恐怕会造成大量人员伤亡，得不偿失。因此他们也不得已，安营扎寨，做出一个打算长期作战的态势。而当时，贼军总帅张角的两个胞弟，张宝和张梁二人正在颍川（今河南省许昌）一带作威作福。

当时，皇甫嵩、朱儁两位将军也奉了洛阳朝廷之命，率领官军前去颍川剿匪。但是两兵对阵，胜负未决，陷入苦战。相比之下，颍川战事吃紧，如得援军，突破僵局，则对广宗之地的战事大大有利。一旦此地的贼军听到张梁、张宝二将战败的消息，就会害怕退路被断，而失去斗志，溃逃而去。

“刘备，为师想请你前往颍川，不知你意下如何？”卢植商量道。

“刘备遵命！”刘备此次前来，原本就为了增援恩师，因此对恩师的嘱托一口答应。

他立刻整备人马，率手下五百骑兵，以及卢植派来的千余兵卒，共一千五百人，日夜兼程，赶往颍川。

不久，刘备一行就抵达了颍川阵地。他们立刻求见将军朱儁，奉上卢植牒文，并真诚表示：“我等受卢植之命，前来增援。”

“哼！也不知你们是从哪里凑来的杂牌军！”

朱儁冷漠地回应道：“行啊，那你们就好好干吧。等回头要是有了军功，说不定就能编入正规军，到时候能得到朝廷的赏赐，说不定还能当上地方小吏。”

张飞闻言十分生气：“他们怎么这么小看咱们！”

刘备和关羽只得好生安抚，然后赶往前线阵地。

义军一行赶到前线之时，在军粮军务等方面都备受冷遇，但是给他们分派的战场，却对着贼军主力，正是官军最为头疼的艰难战场。

刘备立刻前往观察地势。一看之下，他发现这里的地形与广宗完全不同，官军的阵前是一大片平坦的原野，其间密布湖沼。

时值盛夏，野草和野黍子生长茂密，有一人多高。而贼军就以野草为掩护，时不时地偷袭官军阵地。官兵对此束手无策。

“我倒是想到一个办法。”刘备看罢阵地，与关羽和张飞共商对策。

“此计甚好！大哥还会孙子兵法，真是高明！”关张二人听罢大加赞赏，对刘备十分佩服。

于是，当晚二更时分，他们趁着夜深人静之时，派部分兵力悄悄迂回到贼兵后方，接近敌阵。关羽和张飞则率军悄悄摸过漆黑的原野，潜入敌营。

“冲啊！杀呀！”

兵卒们趁其不备，在靠近敌营时才突然爆发出呐喊之声，每个兵卒都背着十支火把，点燃后拥进敌寨，宛如无数火球，向黄巾进攻。

黄巾多日参战，已经放松警惕，如此深夜遇袭毫无防备。一时之间，手足无措。刘备义军趁机将火把掷向敌寨，一时火光冲天。

火光之下，草木成灰，营地混乱，抱头鼠窜的贼兵也尽被火焰吞噬。

这时，从火焰尽头忽然冲出一队人马。他们打着红色旗帜，不似黄巾贼匪。打头的一员大将红盔红甲，就连佩剑马鞍都是红色。煞是醒目！

“喂，来将通名！你们是敌还是友？”关羽冲到刘备身旁保护，向对方大声喊道。

“你们是官军还是贼军？”对方也在怀疑他们的身份，一时暂停了队伍。

红旗军里有人回道：“我等乃是洛阳南下的五千骑官军。你们莫不是黄匪贼人？”

刘备闻言，暂留兵士在后方，只让关羽张飞护其左右，驱马上前："战场混乱，多有失礼，请将军海涵。我乃刘备刘玄德，来自涿县楼桑村，率领义军，起于草莽。矢志奉公，前来剿贼。敢问对面将军如何称呼，愿闻大名！"

听到刘备的介绍，对面那位红盔红甲的将领面露微笑："多谢刘公如此客气，待我近前说话。"

说着他催马向前，宛如一位红衣夜叉。其身后围绕着同样红盔红甲的七名侍从，一起走向刘备。

但见此人年纪尚轻，皮白肉薄，细眼长髯，胆量超人。那一双狭长的眸子里，闪烁着智谋和勇气。

他谦虚地自报家门："我乃曹操，字孟德，小字阿瞒，又名吉利，沛国谯县（今安徽省亳州市）人士。我乃大汉相国曹参第二十四代之后裔，大鸿胪曹嵩之嫡子，在洛阳官拜骑都尉。此次奉朝廷之命，率五千骑官兵赶来增援。恰幸贵军施以火攻之计，我等趁机追剿逆贼，斩获贼人首级无数。如今两军会合，当同为天下太平，共唱凯歌。"

"如此甚好。那就请曹将军举矛，带领两军欢呼吧。"

"曹某认为，今夜之大胜，全因贵军火攻而得。这欢呼理应由玄德先生指挥才是。"曹操谦虚地相让。

"既然如此，不如我们共同举矛，一起指挥吧。"

"如此也好。"曹操不再推辞，与刘备一起并辔立于两军之间，三次举矛，众将士三呼万岁，震动山河。

野火四处蔓延，将贼军营寨焚烧殆尽，无处安身。散落贼兵只得慌忙四散，逃得毫无踪影。

"这仗赢得痛快！"曹操回首笑道。

得胜收兵，两军打扫战场，准备归营。刘备和曹操两骑并驾在前，进一步攀谈。

曹操方才的一番自报家门毫无自夸之意。刘备也因此对他充满敬意。在两人的交谈中，曹操指点江山，轻松自如。他既笑晋文公全无匡扶之才，又嘲赵高王莽无计无谋。虽然他夸夸其谈，自视甚高，但论军事才能曹操确是熟读《孙子兵法》，论学识他又以孔孟儒家弟子自居。刘备越和曹操攀谈，越感到他的才识渊博，智慧深厚，是个了不起的人物！

与其相反，颍川大将朱儁对刘备的大胜毫无嘉奖，待刘备归营后，他立刻下令："如今你们这一仗将盘踞颍川的贼军打散。他们此番定会前往大兴山，投靠广宗张角的队伍。到时候卢植将军就会深陷麻烦。汝等须立刻赶回广宗，助卢植将军一臂之力。时间紧迫，今晚人马稍事歇息，明早立刻出发！"

# 第十一章
# 卢植遭囚

虽然名为义军，却无一官半爵；虽然骁勇善战，却无官旗在手。刘备的军队无论走到哪里，都只被别人当作私人部队、杂牌军。

义军打了胜仗，原以为回营后能听到主将一声“打得好”的鼓励，甚至获得犒劳，不料朱儁将军连休息的时间都不给。还当即下令：“你们在这里的任务结束了，速速赶回广宗，增援卢植将军去吧！”

刘备听了这话，并不多言，领命而归。但关羽和张飞一听明早就要离开，显得十分不悦：“什么？他们命速速离开？”

尤其是张飞，他气得手按剑柄，怒吼出声：“真是欺人太甚！咱们就算是官军将领，这样的命令，也断断不能接受！咱们义军众人，从昨天夜里就一直不眠不休地连天苦战，如今打了胜仗，却被人家赶走了。谁能下出这样的命令呢！”

张飞按捺不住激动之情，跳起来：“大哥，你怎么能答应他。咱们义军在他们洛阳城里人看来太好欺负了。不行！我现在就去找他理论理论！”

说着他就要冲去朱儁将军的营寨，刘备和关羽赶忙将他拦下。

“贤弟且慢！”关羽也是极力按捺着火气，“这里是军营！咱们不能在这里闹！咱们义军此番前来，就是为了增援官军，你要是一闹所有的功劳都会化成泡影。这帮都城里来的家伙原本就是高傲自大。只要咱们兄弟带领义军拳拳报国，默默奉献，终将诚意动天。咱们目前只是碰到一些小磨难，若因此大闹军营，岂非小人做派。咱们不和他们计较，因为咱们是胸怀天下才来此助阵的。”

“可是，老张实在心里窝火啊！”

“三弟，还是不要意气用事。”

“这帮人，太可气了！”

“消消气吧，贤弟，这些我们都知道。”

关羽总算安抚好张飞不要冲动，又转身安慰刘备：“大哥，想必你也难免气愤。这鏖战沙场也宛如大千世界的一个缩影。世间万事，各种情况，也不少见。我们不要过于介怀，还是速速离开此地吧。”

许是因为刘备天性醇厚，其实他倒并没有动怒。关张二人所说忍字当头一把刀，他倒并不在意。而朱儁将军担心广宗有失，令他们速去增援，他也觉得并非无理。因此他虽然有些失落，却未曾介怀。

于是当夜刘备吩咐众将士好好歇息，饱餐一顿，又备好军粮。直到夜半时分才启程前往广宗。

这支义军，昨晚还在西边沙场杀敌，今天又赶赴东边增援。

刘备整日带着这五百将士南征北战，却受人排挤，他有时也会感到一种难言的辛酸。

每当路过一处村庄，村里的老百姓见他们衣着寒酸，也有些看不起。他们并不知道这支义军，身怀大义，誓将百姓解救于黄巾的暴行之下，建立和平安定之国度。

“这算哪门子军队呀！我看这些当兵的，既不是正规官军，也不是黄巾贼子。看样子是个杂牌军啊！”

农民们在田间停下手中活计，手搭凉棚瞧着热闹，对这支队伍充满嘲弄之情。

不过，打头的刘关张三人气度不凡，十分引人注目。见他们三人威风凛凛，有大将之风，众农民中甚至有人向他们磕头叩拜。

然而无论是受人叩拜，还是遭人冷落，刘备并不介意。因为他从小一直生活在乡间，了解农民单纯的内心，并不觉得他们愚昧无知。

关羽和张飞并驾而行，对朱儁的无礼仍然无法释怀。他们边走边骂，鄙视官军的风纪和洛阳城人的浅薄。

“我最恨的就是这帮官僚，仗着身有一官半爵，就大发官威，不将别人看在眼里。要我说啊，如今这天下之所以大乱，并非祸起民间，而全因官僚腐败所致。这帮洛阳出身的官僚和将军当中，这种狐假虎威的人可不少呢！”关羽高声骂道。

张飞点头接话：“可不是嘛！我当时就该冲着朱儁的脸上啐他一脸唾沫。”

“哈哈哈！你若当真啐他一口，那个姓朱的肯定大吃一惊。不过，摆这种官僚架子的可不止他一人。如今这整个汉朝庙堂都已衰败，他也不过是众多官僚中的一个罢了。”

“二哥，这个我都懂，但我就是咽不下这口恶气啊！”

“我看啊，即使天下黄匪尽数被剿灭，如若朝廷的这种官僚恶习无法肃清，这天下也终究不会太平的。”

“唉！这黄巾之匪易剿，庙堂之鼠难除啊！”

“言之有理！”

“如此想来，想实现我们的救国大志，确属不易啊！”

两位英雄一边催马向前，一边眺望前路，对星月长叹。

刘备策马在前，一直听着二人的对话。他突然回头说道：“我看，朝廷命官也不可一概而论。这洛阳军中也有了不起的人物啊。”

他接着感叹道：“两位贤弟，你们是否还记得在颍川一战中，踏着野火而来的红衣大将曹操曹孟德。他虽然年纪轻轻，但无论人品还是谈吐，都令人钦佩，着实了得。他同样来自洛阳，却不仅睿智，又骁勇善战，人品出众。像他这样的人物才配得上将军之名。我觉得在乡夫草莽之中，难以找出如他那样的英武之士吧。”

关羽和张飞对此亦有同感。只因二人皆是出身民间，身为草莽英雄，只要一提到官军朝臣就难免心生鄙夷。无论对方人品如何，他们都先入为主地摆出厌恶的态度。若不是刘备对曹操大加赞赏，他们对曹操其实并无好感。

“哎？前方怎么有旗子？”

这时，义军中一名属下指着前方大喊。刘备勒马，回头问关羽：“你看来人是谁？”

关羽以手遮阳，眺望远方道路。只见远处山峦阴影之处，道路蜿蜒曲折，阳光无法直射，因此只能看见有一支队伍打着旗帜行进而来。一时之间无法看清到底是官军还是黄匪，抑或是如他们一样的流浪义军。一行人不禁严阵以待。

待那队伍渐行渐近，他们终于看清旗帜上的标志。关羽回禀刘备，来者乃是官军。义军的士兵一见来者是友非敌，也不禁放松下来，七嘴八舌地议论纷纷。

“看那旗帜是官旗吧。”

“正是！来人是官军！”

“看人数大约有三百来人吧。”

“奇怪得很，队伍里还拉着槛车。他们莫不是抓到野熊啦？”

只见一个巨大的铁栅囚笼被架在马车之上，囚车前后左右都有官兵严防死守。守卫的官兵持枪拿棍，戒备森严。槛车前后也各有百余人押车。

槛车被围在队伍的正中间，七旒朝旗飒飒飘卷。随着槛车行进，在里面颠来晃去的并非熊豹之类的野兽，而是一个可怜人。只见他双手抱膝，埋头垂地，看不清面目。

前方队伍也发现了刘备一行，一名部将率领一队兵卒跑过来，朝他们大喝：“呔！你们还不快赶紧给我站住！”

张飞立刻拍马冲到刘备前面保护，应声答道：“你想干什么？你们这帮蝼蚁之徒！”

此话原本多余，但颍川一行后，张飞对朝廷官兵的狂妄做派难以容忍，因此一怒之下才脱口而出。

这句话宛如金石相撞，立刻激起官兵的怒火。

“什么？！你小子敢冲着官旗喊我们是蝼蚁之徒！”

“知礼乃人伦之始。人若不知礼，与蝼蚁有什么区别？”

“你给我住口！我等乃是洛阳敕使左丰的队伍。你抬眼看看我们举的旗帜！认不得吗？”

“你们若是朝中大臣的队伍，就更要知礼而为。我们也是忠君报国的义军，举着自己的日月旗帜。你上来就拦住我们，让我们站住，是何道理？如若你们以礼相待，我们自然以礼回之。要不你重新再行一次礼，咱们按照礼节重新来一次！”

张飞斜扛一杆丈八蛇矛，怒目而视，气势逼人。

官兵有些胆怯，却因阵势摆开，有些骑虎难下。他们面面相觑，无言以对。刘备见状，示意关羽，上前应对。

“这位官爷，我们乃是涿县刘备刘玄德的义军，刚刚追随颍川朱儁、皇甫嵩两位将军剿灭黄匪。如今奉命返回广宗，增援剿匪。我这位兄弟说话急躁，言语上多有冒犯，还请诸位官爷恕罪啊。请容我一问，诸位这是去往何处啊？那囚车中所关的人，是不是贵军活捉的贼将张角？”

关羽打了个圆场，该道歉的地方道歉，该说明的地方说明，态度不卑不亢。

官兵部将闻言好像松了一口气，态度也端正了许多：“我们押的不是黄匪，而是朝廷罪犯。乃是之前负责广宗军务的中郎将卢植。”

“什么？那位是卢植将军？”刘备不禁惊呼出声。

“具体的罪名我们也不太清楚，只听说是左丰奉敕令去各地视察军情，查到广宗一带后，参了卢植一本，说他治军不力。因此卢植被褫夺官职，变成囚犯。现在我们正押解他到洛阳受审。”部将据实回复。

“这？怎么可能？”刘关张三人面面相觑，一时难以接受。

沉思了一会儿，刘备向部将求情：“这位将军，其实卢植将军是我昔日的恩师。如今在此相遇，请容我与他话别，不知军爷能否通融一下？”

“哈哈！你说这囚车里的罪犯卢植是你的恩师？还要见面话别是么？”

押解的部将闻言并不推辞,反而别有用意的语气暧昧:“通融倒不是不可以,不过啊,我也是有公务在身啊!”

关羽拽了一下刘备的衣袖,低声说道:“这厮是在明着索贿。咱们虽然所带的银两不多,但也能凑出一些给他。”

张飞一听就急了:“凭什么给他们银两?这帮官兵只认钱不认人。咱们不如跟他们硬碰硬,若是不让大哥话别恩师,我就冲到囚车旁边,替他们照顾卢将军。你们看我的!”

“三弟,万万不可冲动!咱们是剿匪义军,怎能对朝廷官兵动武。我与恩师有师徒之情啊,今日一别不知何日相见,让我务必与卢将军相见话别才是。”

刘备于是让关羽从军费中周转一些银子,悄悄塞给押解的部将:“烦劳军爷,高抬贵手。”

拿到银两之后,部将的态度明显好转。他命令停下战车,又命守卫士兵:“原地休息!”

于是,兵士们原地坐下,将枪棍放在一旁,转头佯作视而不见。

刘备趁机赶忙下马,一路小跑地赶到囚车旁边。他攀住坚牢的铁栅,低声喊道:“恩师!恩师!我是刘备啊!您怎么落得如此地步?”

卢植正蜷缩在囚车之中,埋头屈膝。他闻言才茫然地抬起双眼,神情呆滞地寻声望去。

“啊!”

卢植如同一只困兽,扑到铁栅边上,颤抖着声音叫了一声:“是刘备吗?”

“刘备啊!没想到能在这里见到你!你听我说啊!”卢植一见到刘备,老泪纵横,当年英姿勃发的中郎将如今憔悴万分。

“事情是这样的。我在派你们增援颍川后不久,一位洛阳敕使左丰前来督军。我勤于公事,疏于人情,也没有像其他将军那样赠他金银细软,献上贿赂。没想到这左丰居然厚颜无耻,公然向我索贿。我只当这军中金银财物,乃至一针一线都归公有,乃是军资,为购置兵器、发放饷银之用。我自己又一向清廉,无甚私产,便一口回绝。还告诉他,如今人在军中,哪有什么金银细软能送予他用!”

“原来如此!”

“听说左丰对我的所作所为大感受辱,怀恨而归。不久之后,我就被以莫须有的罪名褫夺军职,落得如此地步,如今还被囚车押解到洛阳去。如今想来,可能我是太过固执死板。但我始终不愿和洛阳官僚同流合污。他们整日只想中饱私囊,上不忠君,下不顾民，如此徇私枉法，丑态百出，实在令人可恨可恼啊！如此做派，长此以往，这汉室江山可能会败在他们手上。唉！如今这世道，竟变成如此模样！”

卢植大放悲声，一边为自己的遭遇而感怀，一边为天下的衰败而嗟叹。

刘备站在囚车外，竟然无言以对。他很想安慰一下恩师，但却只能隔着铁栅握紧卢植的双手，陪他一同感慨落泪。他哽咽着鼓励卢植：“恩师，您的心意我最明白。您要相信无论世道如何没落，无罪之人终将昭雪，奸诈恶人终得报应。即使偶尔日月星辰被乌云蒙蔽，山川河流因岚雾隐形，但这些都会过去。有朝一日，您的冤情会大白于天下，也会东山再起。请恩师多多保重身体，静待时机啊。”

“承蒙你能体谅！”卢植慢慢冷静了下来，“没想到我能在这里遇到你，实在是意料之外。原本我一直紧悬的心忽然放松下来，就不禁泪湿衣襟。我已老矣，这清素世间，拨乱反正的任务就交给你们这些前途远大的青年啦。刘备啊！请你念黎民之苦，百姓之殇，要加倍努力才是啊！”

“谨遵恩师教诲！”

“另外呢。”

“您请讲。”

“我虽虚长些年纪，仍中了奸人之计，落得困在囚车之中，生不如死。你们这些人的年纪还轻，涉世未深，更要时刻当心，处处留意，否则也容易身处险境。人啊，一旦放松了警惕，可能要比鏖战沙场更加危险百倍啊！”

“恩师的训诫，我一定铭刻在心。”

“此地不宜久留，免惹是非！”

卢植边说边用眼神催促刘备尽快离开，生怕为刘备招致麻烦。这时，一直站在一旁的张飞终于按捺不住，大声说道：“我说大哥啊！咱们怎么能眼睁睁看着恩师平白无故陷入牢狱呢？我老张听到方才这一番话，实在觉得憋屈得很！咱们干脆来个一了百了，把这些押车的官兵统统干掉，劫了囚车，救恩师出来吧！”

说着，张飞又回头示意关羽：“二哥，你待如何？”

张飞说这番话时完全没有顾忌，简直是对天怒吼，嚷得人尽皆知。

原本背过身去，佯作视而不见的官兵们也不能再假装了。他们纷纷站起身，拿起枪棒武器，聚拢过来。一时之间，气氛变得非常紧张。

但张飞对这些官兵仍是视而不见。仿佛一群苍蝇乱舞一般。

“你们怎么都不吱声？难道是忌惮这几个官兵不成？所谓见义不为无勇也。好吧，你们不出手我就一个人来！这个破鸟笼子似的囚车，有什么了不起的！”

张飞猛然抓住槛车铁栅，使出猛虎一般的蛮力，用力撼动囚车。

“张飞！你想要干什么！”平日里温文尔雅、和颜悦色的刘备，忽然大喝一声，“你不过一介村夫，他是朝廷钦犯，你难道要劫囚不成？我今日见到恩师，不忍于心乃是出于师徒情重，但终究不过是私情。既是天子之命，纵有不甘，亦当服从。所谓上命不可违，此乃我辈军纪第一条。你若胆敢造次，莫怪刘备替天行道，依军纪斩了你的首级！张飞，你给我住手！”

刘备紧握剑把，双目眦裂。如此血性模样，与他平日里的温和形象大相径庭。

押解囚车的队伍渐渐远去。

张飞一时挨了责骂，心灰意冷，扭过脸去，闹着别扭。

刘备则呆立无语。他默然目送恩师的囚车远去，泪水洒满衣襟。

“我们上路吧。”关羽上前，打破了沉默。

刘备神情恍惚，闻言只是默默地上马。经过刚才目睹了恩师卢植的一番命运巨变，他备受沉重打击。他长吁短叹地上了马，仍然一步一回头地望向早已没有踪迹的囚车队伍。

张飞也黑着脸。他没想到要解救卢植的义举却招来刘备的雷霆之怒，一向宽厚仁慈的大哥，这可是头一次训斥他。

义军的将士们看到张飞挨了训，竟有人偷偷嘲笑起来，张飞更觉得没有面子。

“看来不行啊！咱们家大将军好像受了孔子的影响。”

张飞意兴阑珊，垂头耷脑地信马由缰。

一行人通过峡谷地带，来到了一个岔叉路口。关羽勒马问道：“大哥！这里是两州的岔路口，顺着这边的路向南能到广宗，顺着那条路往北是回老家涿县的方向。您说咱们怎么走啊？”

“既然卢植先生被囚，押往洛阳，我们以义增援也失去了意义。先回涿县吧。”

“那就全听大哥的。”

“你看如何？”

“我刚才脑子里想了很多。咱们不如暂时回老家休整一段时间吧。”

“东奔西跑，南征北战。咱们弟兄带着这五百义军奋勇杀敌，却无半点共鸣。现在回老家，真有点愧对家乡父老。唉！也罢！就先回涿县吧。”

“如此也好！”

关羽拨马，指着方向，对着五百将士下令：“队伍向北！向北前进！”

之后队伍又陷入了沉默。

“呵——欠——”张飞伸了个懒腰，显得疲惫不堪，“咱们这么辛苦地打仗，到底为了什么啊？我现在都有点糊涂了！我啊，现在就想赶快回到涿县城里，找一家酒铺，一边啃着猪肘子一边大口喝酒。”

关羽瞪他一眼：“三弟！你当着手下人胡说些什么呢！你可是为将之人啊！”

“我不就说句心里的实在话么。”

“要是为将之人都这么说的话，军纪必定会涣散的。”

“要是军纪涣散了可不该怪我。咱们是义军，比不上那些官兵。人们一提到官兵就怕，咱们算什么啊！”

张飞仍然愤愤不平。

刘备其实能够理解张飞的心情，因为他自己也感到愤愤不平。如今他那慷慨激昂的斗志也松懈下来，无可奈何。在他的内心深处，他牵挂着家中的老母亲，也惦念着美丽的芙蓉姑娘。一想到芙蓉那“巧笑倩兮，美目盼兮”的，仿佛能让疲惫的内心聊以慰藉。

这时，一侧山峰后突然传来山呼海啸般的呐喊声。

“出了什么事？”

刘备侧耳倾听，分辨出山谷回声中混杂着铜锣、军鼓的声音。他立刻下令：“张飞，速去打探！”

“得令！”

张飞立刻抖擞精神，策马前去打探。旋即回告，道：“前面貌似是广宗落败的官兵。他们正被一伙黄巾贼追赶，贼军旗上写着大贤良师，应该是黄巾主帅张角的军队。”

刘备闻言大惊，不禁叹道：“这样看来，广宗的剿匪官兵竟被打败啦？想必是因为卢植将军无辜被囚，押往洛阳，这官兵群龙无首，反倒被贼人乘虚而入了。”

张飞却有些幸灾乐祸，他对关羽笑道：“不仅如此，不止这些。官军风气已经习惯长期和平，流于懦弱，人人自大。”

关羽不答，他问刘备：“大哥，你待如何处置？”

刘备毫不迟疑地说："咱们从兴义军之处，就定下了铁律，要尊崇皇室，讨伐逆贼，保民安宁。虽然如今朝廷和军队中有些为官不敏、为将不严之人，但我们不能因此见到官兵落败却见死不救。"

他立即下令，增援官兵。一方面他派出一支队伍在山路上阻击黄巾兵的追击，另一方面设计打乱张角主力军队的攻势。最后义军和官军汇合一处，击溃黄巾军，并连追五十里方才撤兵。

这支在黄巾党人手下落败的军队主将名叫董卓。

他好不容易才整顿部队，挽回败局，总算松了一口气。董卓向幕僚询问："刚才在险要的山路之间，忽然遇到增援的部队，截断追兵，助我一臂之力。那到底是哪个方面的部队啊？"

"这个嘛，我们也并不清楚啊。"

"哦？连你们都不知道吗？"

"刚才阵前混乱，并未问清对方是谁啊。"

"既然如此，那我就亲自见一见对方的主将，当面道谢吧。请传他过来。"

董卓的幕僚立刻找到刘备，并请他们来帐中一叙。

刘备于是带着关羽和张飞二人，来至董卓的帐中。

"请恕眼拙，董某似乎并未听说过洛阳王师里有如此勇将。请问各位现在身居何位啊？"

董卓初一见面，就先询问对方的身份。

刘备不卑不亢地回答："我们并非有编制的官军，而是一支自发组成的义军，我等众人因心怀天下，而立志起义，讨伐贼党。"他并不为自己无爵无官的身份感到有什么不妥，反而很自豪。

"原来如此！你们都是涿县楼桑村起义而来的私兵是吧，也就是杂牌部队。"

董卓闻言，态度为之大变。他一改之前的彬彬有礼，反而在言语间露出一股轻蔑之情。他接着说："既然如此，那你们就跟着我干吧，你们的饷银和军资，我自会派人处理的。"

言毕，董卓立刻避到帷幕之后，仿佛与刘备等众将同处一室有失他的身份似的。

刘备的义军在董卓部队溃败而逃之际，施以增援，本应是大功一件，对主将董卓而言，更算得上是救命恩人。

然而，刘备三人在董卓帐中受到的无礼待遇，令人气愤。即使不知恩图报，也应尽起码的礼节。

“……”刘张关三人见董卓匆匆离去，竟一时不知如何应对。

“去你娘的！”张飞第一个按捺不住，怒目圆睁，手按剑柄就要闯入董卓的后帐之中。

“三弟！不可！”刘备见状大惊，连忙从背后抱住张飞，制止他道，“此乃军中重地，不要莽撞行事！”

“我可咽不下这口气！”张飞拼命挣扎，义愤填膺。

“这帮混蛋！就认得当官儿的！见谁官儿大就拜谁！他们把咱们这帮人当什么了！这么小看人！他也不想想，刚才要不是我们帮忙，自己早被贼人打得屁滚尿流了！”

“三弟，休得无礼！”

“大哥，你快放开我！”

“我怎能放手！二弟，你快来帮我！我按不住张飞啊！”

“二哥！你也别拦我！我这次可忍不住了！咱们立了大功，不给赏赐也就罢了。可他那是什么态度！真是狗眼看人低！咱们是义军怎么了？凭什么说咱们是杂牌部队就嗤之以鼻！大哥你放开我！待我给他一蛇矛，砍下那董卓的脑袋！”

“二弟，你少安毋躁，少安毋躁！我也生气，但是又能如何。咱们要是整天都和小人置气争风，可成不了大事啊！如今这天下，尽是小人当道！”

刘备紧紧抱着张飞不放手，使劲安抚。

“那董卓是汉室武臣，无论如何我们都不能砍杀朝臣。否则别管我们是否有理，都会被判为乱臣贼子。而且，我们正在董卓帐中，外面驻满官兵，如果造次，我们都会命丧当场。三弟，你听我说！我们此番前来，不是为了白白送上性命的呀！”

“这帮混蛋！气死我了！”

张飞抬起大脚，哐哐跺地，踩得山响。这堂堂七尺大汉，气得泪水横流。

“真他妈憋屈！”

他一屁股坐在地上，抹起眼泪。一想到今天若不忍此辱，就不能为天下而战。如此忠义英勇的义军却被别人轻视，实在可恼！他越想越生气，咧着嘴哇哇痛哭。

“好啦好啦！咱们现在就回去啊！”

刘备和关羽二人连忙把张飞架起，像哄小孩一样安抚着他走出帐外。他们生怕夜长梦多，再让张飞待下去，恐怕又会莽撞冲动了。

当晚，他们立刻拔营离开董卓的部队。与这五百名义军将士一道，披星戴月，在风凉露重的荒野中行军。

几个无官的将士率着一支孤独的义军。

义军又开始了四处奔波的生活，夜以继日。弯弯月牙，茂茂平原，露湿裤脚。

大雁飞过，已是秋天时分。

刘关张三人原本打算回老家涿县，却又在这样夜以继日的行军中打消了这个念头。现在大事未成就回老家，未免为时过早。张飞也答应了两位哥哥，以后遇事不能急躁，一定要忍耐。于是刘备决定，再次回到颍川，继续讨伐黄巾的征程。于是这支义军队伍，也跟随大雁，继续赶路。

# 第十二章
# 秋风瑟瑟

待到刘备率领义军来到颍川之后，他们方才得知，原先的剿匪大部队现在只剩一小支分队还留在当地。朱儁、皇甫嵩两位将军为了追赶贼军，已经率领大部队移驻到河南曲阳和宛城一带了。

关羽说：“别看当初黄巾贼的势力那么壮大，如今在各地洛阳王师的围剿下，也逐渐土崩瓦解了。”

“这就没意思了！”张飞有些起急。

“我们义军若不趁现在立些军功，不知道何时才能乘势而起。”

“义军无须思小功，忠胆不必借风云。”刘备默默低吟。

这支义军队伍只得又随着大雁，继续南行。

这一日，队伍渡过了黄河。兵卒们稍事休息，在河边饮马。

刘备站在黄河岸边，远眺浑黄的河水，陷入回忆之中，他不禁喃喃道：“这滚滚黄河依旧如故啊！”

四五年前，刘备来到黄河岸边，那时所见的黄河和如今，并无不同。而千百年后，这河水滚滚依旧吧。

一念之间，刘备十分感叹。这天地悠悠，人生短暂。虽说英雄不思功小，但他作为汉室后裔，仍然想在这天下做一番事业，留下一些遗产，任人评说。

“想当年，我也曾在这黄河之畔盘桓良久，思绪万千。还曾向洛阳商船买过茶叶呢。”

一提起买茶叶，刘备心头立刻涌起思母的乡愁。

不知道母亲她老人家这个秋天是如何生活的？她以前腿脚畏寒，不知现在好些么？变天时膝盖是否仍会发病？

可能母亲她老人家自己反倒顾不上身体的病痛，她时刻期盼着儿子能够有朝一日，成就大业。可任凭母亲有见识，也不会了解沙场之上是如何混战血腥，更不会了解即使在军营之中，人际关系亦是错综复杂。恐怕母亲很难想象到，这群爱国忠军、自发起义的义军，很难凭借理想而出人头地。

刘备此番离开楼桑村以来，一直杳无音信。母亲一定十分牵挂自己，时常挂念儿子在做什么。她是否会觉得儿子没出息，而焦虑万分呢？

“我怎么忘记给母亲写封家书，报个平安呢。”

刘备思虑至此，立刻下马，从系在鞍上的行囊之中取出笔墨，埋首给母亲写信。

兵卒们饮马完毕，正在歇息。他们看见刘备奋笔疾书的样子，也纷纷效仿。

“我也写一封家书报平安。”

“俺想写给俺媳妇哩。”

谁人无有故乡，谁人没有手足兄弟。刘备体恤地说道：“写好家书的人，可以交给我。咱们都给家人报个平安吧！”

于是兵卒们都在树皮纸片上写些只言片语，权当家书。刘备把这些信件都封到囊中，又选了一位可靠的部下，交予他一些路费，又叮嘱道：“由你来负责送信吧。请将这囊中之信，送到每个人家里。”

这时已是黄昏时分，昏黄的落日染得河水泛红。那位背着信囊的信差涉过浅滩，撑筏过河，渐行渐远。

朱儁将军移驻河南后，与屯集此地的数十万黄巾贼兵对垒，陷入苦战。贼军势力强悍，官兵死伤众多，损失惨重。朱儁一连数日愁眉不展，心中烦闷：“这该如何是好？”

正值此时，有幕僚来报：“那支从颍川回广宗的刘备义军，由于形势变化，如今中途折返，现已抵达阵地了。”

朱儁闻言大喜：“他们来得正好！快快请进！不可怠慢！”

朱儁此番将刘备义军奉为座上贵客，礼遇有加，态度大为转变。他还不顾人在军中，大排酒宴，奉上洛阳美酒，宰牛设宴，精心款待：“众位将士一路奔波，实在辛苦。我敬你们一杯！”

张飞人很实在，被朱儁的一番热情感动不已，将往日的不平和委屈都忘在脑后：“所谓士为知己者死，正该如此！”

但是，朱儁的这番热情款待，几乎要了全体义军的性命。

第二天，朱儁就与刘关张三将商议剿匪之事。

“诸位英雄，朱某有一处对敌重地，希望能请义军上阵！”

朱儁派刘备义军到距此三十里远的一处阵地，那里是一块敌人占领的高地，非常棘手。

义军难以推辞，于是刘备率领五百义军再加上朱儁分拨的三千人马，前往阵地。

当刘备一行队伍刚刚靠近山脚之时，原本晴朗的天气突然起了变化。乌云密布，狂风大作，山脚下的湖水蒸腾出浓浓雾气，将前进的道路遮掩得看不清方向。

“糟糕！这天气突变，莫不是那贼将张宝在施展妖术来对付我们啊！大家得当心啊，抓紧身边的树根野草，别被狂风刮跑了！”

从朱儁分拨的人马中传来如此说法。众人一听，无不紧张异常，觉得前路恐怖不已。

“妖言惑众！”

关羽闻言大怒。他大声鼓舞士气：“世间哪有什么妖术！不过是骗人的把戏罢了。咱们都是习武之人，却被这点儿风就吓得趴在地上，成何体统！大家都站直了！向前行军！我关羽不畏鬼神，所到之处，妖魔退避！”

“不可能的，你敌不过他们的妖术的。我们向前只会白白送死！”

朱儁的官兵一个个吓得魂飞魄散，止步不前。

原来官军已向这个高地发动过多次攻击，但屡屡战败，伤亡惨重。号称大贤良师张角的胞弟张宝正是在此驻营，号称他的妖法厉害，能够呼风唤雨。

张飞对此说法不屑一顾：“所谓妖术都是旁门左道的小把戏。你们谁听说过，开天辟地以来，哪个人凭方术得天下的例子？妖术都是遮人耳目、迷惑人心的小伎俩罢了。你们都给我打起精神来！不用怕他！凡抗军令，不肯前进者，我按军纪处斩！”

张飞跑到队伍最后，手持蛇矛，负责督战。

朱儁的官兵虽然十分畏惧贼人的妖术，但他们更害怕张飞的蛇矛，只得硬着头皮，顶着狂风，一边呐喊仗胆，一边继续前行。

天上乌云密布，狂风大作，而战场的形势更为恶劣。贼军所占据的高地形成了一个天然障碍，易守难攻。

这里是一个山谷地带，两旁山峰高耸，中间一条狭长的道路，整个地形宛如一道铁门一般。其实只要突破此关口，官兵就可以顺着山涧冲上高地，与山地间的敌人展开肉搏战。但难就难在，此关难开。

“以前每次进攻的队伍还没冲到铁门峡口，就被敌人歼灭了。各位英雄，咱们不可莽撞行事啊！还是撤兵吧！”

朱儁军中的部将发出如此畏敌退避的言论，士兵们更是吓得魂飞魄散，哪里还有一点斗志。

张飞不管这套，仍在队尾声嘶力竭地督战：“他们没成功是因为他们的攻势不强。

你看今天换我们义军当前锋，肯定比他们厉害。习武之人能战死沙场，原是应当！大家不要怕，给我上啊！”

义军前锋在前面已经登上沙丘，马上就能攻到铁门峡附近。而朱儁的士兵也跟在后面，被张飞的蛇矛所迫，慢腾腾地向前移动。

突然之间，雷声动天，又一阵狂风袭来。地上的草木石子被卷到天上，甚至士兵战马都被吹得站立不定，摇摇晃晃。正当此时，从铁门峡一侧的山顶上传来了震耳欲聋的战鼓之声，贼兵们擂响战鼓，敲打铜锣，呐喊声声。

“冲啊！杀呀！”

听到这雷鸣呐喊之声，义军和官兵们都为之一惊，吓得趴伏在地，蒙住耳眼。有胆大一些的士兵偷偷抬头观望，才发现从山顶的一处平台上，冒出贼兵。他们高举“地公将军”的大旗，还打着印有八卦符号的黄色旗幡。

“你们这帮不知死活的官兵，这是急着去投胎啊！天堂有路你不走，地狱无门你闯进来！”

贼人们齐声大笑。

在贼兵之中，有一个身高过人的巨汉，非常惹眼。只见他面目狰狞，口咬符咒，在不停地念咒结印。而一时之间，狂风愈烈，直刮得昏天黑地。从山顶上飘下众多鬼面人形的纸片，如五色火焰，扑面而来。

“了不得了啊！是魔军来了啊！”

“都是那个贼将张宝念了咒语，招来妖怪援军啦！”

朱儁的兵卒被骇得口不择言，晕头转向地四处逃，人挤人，人踩人，自己先乱了阵形。

张飞虽然不畏妖术，但是任他如何拼命督战，都已经管不住吓破胆的士兵了。朱儁兵卒的恐惧氛围也传染给了义军将士。在飞沙走石的巨风中，军队已经完全失去进攻能力。漫天飘落的各色鬼面人形的纸片，更像妖兵降临，把兵士们吓得斗志全无。

与此同时，贼军从山顶投下无数箭矢巨石，并掷下大量火器。官兵们一时之间被火焰所包围，又被箭矢巨石攻击得毫无还手之力。全军陷入一片绝望之中。

“情况有变！速速撤退！”

刘备见势不妙，立刻下令撤退。他虽然心有不甘，但是非常明白，这一次他们确实打了败仗。

“关羽！张飞！速速退兵！快撤！”

刘备招呼完，自己也拼命掉转马头，与滚石沙砾一起，飞也似的奔下山去。

刘备当即下令，休整队伍，退兵二十里。当晚，刘关张三人齐聚帐中，商讨对策。

“这仗打得憋屈，一个敌人都没杀死就败了！”张飞怒道。

关羽双手抱臂，琢磨着：“没想到朱儁的士兵一到战场上就先吓破了胆，那个地方莫非有什么蹊跷不成？这贼兵张宝的幻术看来不能小觑啊。”

“我觉得不然。这种种异象皆因那铁门峡的地形所致。那里终年云雾缠绕，而一旦起风，就会顺着狭长的峡谷刮向山下，峡口一带就转变成巨风。所谓幻术都是依势而成。”

刘备冷静地予以分析。

“言之有理！”关张二人恍然大悟。

“因此一旦天气变化，此处的风速就能比别的地方强上数十倍。即使晌晴白日里，峡门一带也总会乌云密布，砂石横飞，或连降烟雨。”

“原来如此！”

“我们此次进攻，没有做好准备。看来要想战胜贼军，就要先了解天气地形。这贼将张宝还真是一个颇有诡计的人，懂得利用铁门峡这种地形气象，让人们误以为是自己的妖术。又在战斗中装神弄鬼，洒下鬼面人形的纸片，迷惑人心，将一众无知士兵吓得不敢对阵。”

“大哥的分析确是准确。不过，我们要想与山上的贼军交锋，就势必要先拿下铁门峡，似乎别无他法。”

“嗯，所以那个朱儁将军才特意派咱们来啃这个硬骨头。”

刘备思虑至此，有些沉重。

关张二人也暂无良策，他们都紧咬双唇，远望旷野中的地形。

此时已是中秋前后，一轮皎洁的圆月高挂天际，向这广袤的旷野投下洁白的月光。夜露在月光下晶莹闪烁。而二十里外，就是今天义军首次败北的铁门峡战场。那连绵的山岳远看宛如一头黑黢黢的卧牛。白日里的飞沙走石，狂风大作的鬼天气，也仿佛从未发生过一样。铁门峡在这中秋月色中，显得静谧而平和。

“哎！我有办法了！”张飞突然一拍大腿嚷道，“大哥！我想到别的法子攻打铁门峡了！”

“哦？速速讲来！”

“咱们只要能爬上峡谷旁边那个绝壁，就能出其不意地攻到贼兵背后。这样不就行了么？”

“那面悬崖峭壁么？爬上去谈何容易？”

“要是人人都能爬的矮坡，怎么能叫奇袭呢？就是这种悬崖峭壁，贼兵肯定想不到咱们能爬上去，打他个出其不意，这才是用兵之道呢！”

“难得！难得！张飞此番确实言之有理！大家都觉得绝无可能攀上悬崖，但不试一试怎么知道呢？如果我们突破了这个心理障碍，奋力一搏，说不定会发现其实爬上去并不那么艰难。如此出其不意而成功的例子，数不胜数啊！”

三人一拍即合，又坐下来，严密谋划进攻的对策。

第二天，刘备派出约一半的朱儁兵卒前往铁门峡口佯作正面强攻。刘备让他们举着两倍的旗帜，显得人数众多，又鸣锣击鼓，吸引贼兵的注意。

另一方面，由张关二将率领义军，刘备亲自带领另一半的朱儁士兵，悄悄地从一处离峡门以北十里左右的断崖攀岩而上。虽然一路艰险无比，但是将士们互相协助，终于成功登顶。

待到所有兵卒全部抵达之后，刘备等人还特地焚香祭祷，祈求上天保佑可以一战克敌，降妖除魔。刘备此举是为了鼓舞士气。

虽然身处战场，时间紧迫，但是刘备还特地举行祭祀仪式，是为了打消士兵心中的顾虑。经过昨日的一番经历，义军队伍中也有很多兵士心生畏惧，害怕贼将张宝的妖术。

待焚香仪式结束后，刘备指着晴朗的天空，大声说道：“你们看！今日这天上没有妖魔，也没有惊雷。我们已经焚香祭祀，张宝的妖术已被破除啦！”

兵卒齐声呐喊，声如雷霆。

关羽和张飞见士气大振，立刻下令：“咱们一鼓作气！拿下贼兵的老巢！”

于是兵分两路，向张宝的大寨攻去。

此时，贼将张宝还如昨日一样，举着“地公将军”大旗到铁门峡顶应敌。他正掐符念咒，装神弄鬼地吓唬官兵，忽闻背后的山中传来震耳欲聋的喊杀之声。张宝不禁皱眉，回头问手下：“怎么回事？咱们大营里出叛徒了不成？”

这峡门山顶易守难攻，从未被官兵攻破过。因此听到背后传来的喊杀之声，贼兵们都以为肯定是出了叛徒，大家议论纷纷。

张宝大怒，提着宝剑冲回营地：“到底是谁？胆敢叛变！待我亲自收拾他！”

他一边命将士继续防守铁门峡山顶的阵地，一边带领一队士兵，快马加鞭地赶回老巢。黄巾军的大营建在一处溪谷之处，地形恰似一个螺壳。

突然，从溪谷旁边的密林之中飞来一箭，正中将领张宝的太阳穴。只见他哇呀一声，滚落下马。但那张宝力大无比，他一手按住伤口，一手握剑，掰断了箭杆。但箭头还深深地留在他的头骨之中，乌黑的血顺着他的脸颊不断流下，张宝一命呜呼。

“贼将张宝中箭啦！贼将张宝中箭啦！刘备在此将地公将军——张角之弟杀死啦！”

随着响彻山谷的呼喊声和战鼓声，官兵们从密林深处冲将出来，杀入溪谷中的敌营，把贼军打了个措手不及。

与此同时，贼营起火，那是关张二将率领的义军，在施以火攻。一时之间，山谷深处黑烟滚滚。

刘备率军与贼兵主力展开了殊死搏斗，尸殍满地，溪谷中的清澈溪水也被染成一条猩红血流。士兵厮杀的呼啸之声响彻山谷，大火逐渐蔓延，直烧了三天三夜。

义军一战，斩获贼首万余。而被大火所焚的贼兵更是不计其数。此战声势浩大，持续七日之久。待打扫了战场，刘备凯旋，回到朱儁寨中。

朱儁将军见到刘备，只是微微一笑：“没想到你的运气这么好啊！看来行军打仗有时候也得靠点运气啊！”

“运气么？原来军人打胜仗败仗都是靠运气喽。”刘备闻言，并不动怒，只是付之一笑。

朱儁接着道：“你负责的山地相对轻松，贼军宛如瓮中捉鳖。你看我负责的平原地区就麻烦多了，贼兵一打就散，不打就合。这战事一时难分胜负，真是让人头疼啊！”

“原来如此。”刘备仍然微微一笑，并不多言。

正在此时，有传令兵来报，前方战场形势有变。

据传令兵报告：“贼将张宝之弟，名叫张梁，人称人公将军。他一直在贼军旷野阵地的后方督战。时闻胞兄张宝被讨没，立刻纠集大军，屯守阳城（今河南登封市），加高城墙，貌似要以守为攻，固守一冬。”

朱儁将军闻言惊慌，他布置道：“待寒冬来临，此地冰雪覆盖，军粮运输极为艰难。若是久攻不下，战况传回京师，更是不妙。众将听令！立刻攻打阳城，势必在入冬之前破城！”

官兵立刻包围阳城，发起急攻。但这阳城城墙高筑，易守难攻。城内屯有多年积粮，供给丰富。朱儁急攻不下，陷入持久战，耗时月余，仍不得手。

“麻烦了！这让我如何是好！”朱儁急得在帐中团团转，而刘备只是置若罔闻。

张飞有些幸灾乐祸，没忍住嘲笑朱儁道：“朱将军啊，你之前平原作战，贼军一打就散，难分胜负。如今贼军就在城里，宛如瓮中捉鳖，轻松得很吧。”

朱儁闻言，颇为尴尬。

这时，又有信使带来远方的信报，朱儁闻讯，更加焦躁。

来人通报的是董卓和皇甫嵩二将的消息。此二人与朱儁一样，同为剿匪大将军，负责在曲阳战场对阵贼军主帅张角。他们运势极好，不但七战七捷，而且恰逢黄贼主帅张角病死军中。于是二将趁机发动总攻，全歼贼军。此战大胜之后，收编降兵十五万，斩获贼首数千。他们还掘开张角的坟头，将其首级送至京师。

圣心大悦。此贼首张角，号称“大贤良师”，正是黄巾一党之主帅。其胞弟张宝已没，还剩胞弟张梁一人，不过只是张角手下的将军而已。因此皇甫嵩斩下张角贼首，为“征贼第一功”，朝廷封其车骑将军，拜冀州牧。此外还有多人获得赏赐，红衣红甲的骁骑校尉曹操也因功封为济南之相。

朱儁心胸狭窄，自己的战事胶着，不见战功，而别人频频受赏，他颇为焦躁。于是勒令众将：“我等应速速攻下阳城，立下战功。你们也必当获得朝廷赏赐，获得封地，从此可以享受荣华富贵！”

刘备率义军自然义不容辞，为剿灭敌军，他们连番发起攻击。攻城的战事一直没有停歇，使得守城的贼军疲惫不堪，难以招架。

城内的黄巾军之中，有一人名叫严政。他识时务，断定黄巾一族大限已到，此时正乃降城的良机。遂暗与朱儁密通，暗中斩下贼将张梁的首级，开门投降。

严政带领众多降军，打开城门，高呼：“皇恩浩荡，我等归降，愿得恕命！”

朱儁攻陷阳城，又欲乘胜将黄巾余党一网打尽。于是命六万大军逼近宛城（今河南省南阳市宛城区）。那里尚有黄巾残党孙仲、韩忠、赵弘三将固守城中。

“如今宛城为孤城一座，再无援军。且城内收容众多败兵，粮草耗尽，自会投降。”

朱儁立于阵前，断定此战必胜。于是他领六万官兵包围宛城，四面布阵，滴水不漏。而贼军似乎已经自暴自弃，他们一连数日，每天开城对阵，使得双方每天都伤亡惨重，尸堆成山。难奈城中军粮耗尽，贼兵忍饥挨饿。贼将韩忠只得派出降使，愿降城归顺。

朱儁却怒斩来使，称：“贼兵遇难则降，得势则任意妄为。实在可恨！我对你们，仁慈已尽。”

刘备谏言：“恳请将军三思。昔日汉高祖能一统天下，也多赖受降之人，善加利用才是。”

朱儁却反唇相讥：“你这是一派胡言！汉高祖那是什么年代的事！当时秦末战乱，才会有项羽等无赖横行妄为，而天下无主。汉高祖才不得已将仇人招降，前嫌尽释，留为已用。如今的黄巾之党与秦朝乱世相比，大为不同。城中贼人已经山穷水尽，断无生路。若我们今日高抬贵手，收为降军，岂不是助纣为虐，反而助长世人作恶吗？此时不应怜悯贼人，而要斩草除根，方为对策！”

“言之有理。”刘备并不反驳，“既然如此，将军应当立刻发起总攻，全歼贼兵。不过，如若再强四门，只怕贼兵会没有退路，殊死反抗。那样的话我军也必将损失惨重。不如我们放开一个城门的攻击，而从其他方向进攻。贼兵必然会弃城而逃，到时候我们再进行追剿。”

“此计甚好！”

朱儁立即下令，撤去东南门的包围，再向其他三面施以火攻。不出所料，贼兵果然纷纷从东南门溃逃而去。

朱儁在乱军之中发现了贼将韩忠，便令人以铁弓射杀。他得意地将韩忠的首级挑于枪尖，任人观瞧，还大声喊道：“剿匪大将军朱儁已将贼将韩忠杀死！你们哪个还敢再战！”

这时，贼军残将赵弘和孙仲二人回顾韩忠惨状，勃然大怒。他们掉转马头，报名而来，大呼：“朱儁小贼！如此残暴！你休走啊！”

贼将来势汹汹，朱儁竟然一时不敌，只得逃回军中。而一众黄巾贼兵也因韩忠之仇大为义愤，穷追不舍。贼兵一队一直深入官兵之中，打乱阵形，搅得朱军大乱而败。

朱儁遁走，贼将英勇，官兵不敌，只得连退十里，大败而回。

而那厢贼军重整精神，返回阳城。又扑灭了城头之火，加固四面城门，重摆阵形：“随时再战！奉陪到底！”

是日黄昏时分，明月初上。官军寨中的伤兵败将横七竖八地躺于地上。寨中一片惨淡之时，忽然，从远处来了一队人马。

“来者何人？”

刘备等人来到帐前观望，发现这队人马已经快要抵达寨门。

这是一支约有一千五百人的队伍，整齐有序，声势浩大。

“如此精锐部队，不知统帅为何许人也？”

只见一班旗鼓手之后，有一人一骑，立于队前。人物威风凛凛，马匹毛色黝黑。

此人想必就是领军大将。只见他宽额阔面，唇色如丹，眉如新月，剑眉高挑，身材威而不猛，熊腰虎背，颇有大将之风。

“他们是什么来头？”

“究竟是何方神圣？”

关羽和张飞也都各自揣测不已。不久，就从寨门处传来通禀姓名的声音：“我乃吴郡富春（今浙江省杭州市富阳区）人氏，名孙坚，字文台，为孙子之后，官拜下邳之丞。听闻官军在各州征讨黄巾逆贼，特率一千五百名兵士，欲助王师一臂之力，以报皇恩浩大。烦请通报朱儁将军。”

孙坚态度从容，声音清朗。

“……”

关羽和张飞闻言不禁对视一眼。他们之前曾在颍川战场偶遇红衣曹操，如今又在宛城见到孙坚这号精彩人物。真是让人感慨，这世间之大，人才济济，若非乱世倒显露不出罢了。

这孙坚人物风流，他带来的一千五百士兵更是各个兵强马壮，不容小觑。朱儁听说有孙坚带兵来助，心头大喜，赶忙亲自欢迎：“久仰久仰！人说吴郡富春豪杰辈出，承蒙相助，朱某不胜自喜！”

今天原本吃了败仗，士气低落，但又逢孙坚来助，朱儁得以重振旗鼓。于是第二天，他立刻下令孙坚的一千五百将士纳入王师，以期打个翻身战，一举破城。

朱儁派初到的孙坚主攻南门，刘备主攻北门，自己则带兵主攻西门。故技重施，将东门留出，权作通道。

“孙某莫要叫京城王师的将士耻笑！”

孙坚初到，求胜心切。他率兵急攻南门，又亲自领兵冲过护城河，三步两步攀上城墙，对着贼兵大喝：“你们认不认得我吴郡孙坚！”

孙坚英勇异常，挥舞兵器冲入贼兵之中，转眼间已斩贼二十余人。所到之处，贼兵血溅当场。

贼将赵弘见状大怒，他喝道：“无名之徒！何足畏惧！”

他扑向孙坚，与其力战二十多个回合，但仍是不敌。孙坚始终毫无疲色，瞬息之间，立斩赵弘。

另一贼将孙仲见状不妙，慌忙混入败兵之中，从东门逃出。

只听箭声凌厉，呼啸而过。

一支离弦之箭从东门望楼射出，于万军之中直奔贼将孙仲而去，孙仲马上就要逃出金兰桥外，却被一箭射得跌落马下。黄巾贼兵正争相逃出东门，哪里看得见这些，于是踩踏之下，孙仲也一命归西。

“速去取他首级！”

刘备手执铁弓，立于城墙之上。正是他刚才引弓射杀贼将孙仲。

另一面，朱儁和孙坚早已攻入城中，斩得贼首数万。一战而胜，于是官兵扑灭了各处的火势，又将孙仲、赵弘、韩忠三名贼将的首级高悬城头，布告百姓。如今宛城已下，城头的未尽余烟之中，朝旗遍插，昭示胜利。

“汉室万岁！”

“王师万岁！”

“朱儁大将军万岁！”

于此之后，南阳各郡也逐一平定。

当初大贤良师张角贴在各家各户门上的黄色咒符早被揭去，黄巾逆贼销声匿迹，天下百姓似乎终于迎来了太平盛世。

但是归根到底，这黄巾之乱的根源并非始于民间。乱世之灾总是起于庙堂之上，而非民间。正如洪涝泛滥总是源起上游，殃及下游。天下之乱则源起朝堂弄权之人，累及众人。从中央到地方，皆受其害。

可是，庙堂之上，又有几人能洞察如斯。所谓腐败之人，难以看到自己的腐败之处，更看不到时代变化的暗潮汹涌。

如今众人只见讨贼之师取得大胜，征贼大将军威名远扬，凯旋还朝。

洛阳全城遍插彩旗，欢迎讨贼之师回京。夜里更是张灯结彩，彻夜庆贺。一连七天七夜，洛阳城中歌舞升平，酒醉癫狂。

京师所在，洛阳都城，千万居民，熙熙攘攘。此城历史悠久，物资丰饶，文化绚烂，人才济济。达官显贵锦衣华服，川流不息。皇城之上红墙碧瓦，华丽无比。群臣百官，穿梭于翡翠门前。此一番盛世华景，仿佛天下太平。

在这一派太平盛世的歌舞升平之中，又有谁能忧国忧民，又有谁能惦记贫苦百姓，又有谁能忧心乱世之兆？那就宛如痴人说梦一样的不合时宜。人们只能看到歌舞妖娆，繁华如梦，万斛灯油，一夜燃尽。

但是若踏出城外，就能看到秋色已浓。满山遍野草木枯黄，城墙之上杂草丛生，夕阳西下之时，一片昏黄之景，让人徒生悲秋之凄凉。秋风瑟瑟之中，偶能看到沼泽之间，畏寒悲鸣的野牛。万里长空之上，形单影只的孤鸿时而掠过。

出城二十里外，有兵卒驻扎。此刻他们见不到洛阳华景，只是点燃枯木衰草，聊以驱寒。

这些兵卒就是刘备的义军队伍，他们受命驻扎此地，看守城门。

实际上，义军无官无爵，无编无制，只是杂牌私兵。因此三军凯旋，他们却没有资格领赏受恩，只能留在城外，不得入城。

鸿雁飞过，只见雪白的野芙蓉花在秋风中摇曳不已。

“……”

目睹此情此景，刘备和关羽却是垂头不语。

这支南征北战、战功显赫的义军队伍，此刻独守空营，百般寂寞，洛阳城中的歌舞升平与他们似乎毫无关系。

在一旁的张飞也是无聊之至，沉默不语。他偶尔抬头，望着天际掠过的鸿雁发呆。

# 第十三章
# 十常侍之乱

“刘先生！请留步！刘先生！”

某日，刘备因故进城要去朱儁府邸登门求见，路过禁门附近时听到有人召唤。

刘备回头一看，原来是郎中张钧。张钧此刻似乎正要入宫。他乘坐随从抬的轿子，一见果然是刘备，于是停轿下来。

“我听到有人招呼，原来是张钧先生！”刘备连忙施礼。

此人曾随同陷害卢植的黄门左丰等人，赴颍川担任督军，巡视战场。他于那时结识刘备，两人还曾共谈国事抱负。因此刘备在此偶遇张钧，颇为高兴：“张先生别来无恙。刘某没想到能在此与先生相见，实感安慰！”

张钧见刘备孤身一人，未带随从，而且身上还穿着过去那套讨贼征袍，形影萧索。他十分不解，问起刘备的情况：“刘先生现在哪里高就？官拜何职？怎么看起来清减了不少？”

刘备对他并不隐瞒，他将自己的情况据实以告。他说义军队伍虽然屡立战功，但自己并无官职，属下兵卒仍为私兵，未曾予以收编。如今三军将士凯旋，而义军却被下令不许入城。此时秋凉风紧，将士们暂无犒赏也就罢了，但分不到一件军衣过冬，实在难挨。刘备今天携带请愿书，打算拜访朱儁，请他开恩，分拨些军服军粮，让城外的兵士们勉强挨过寒冬。

“竟有此事！”张钧闻言，十分诧异，“刘先生，那你至今尚未封官，也未得到朝廷赏赐么？”

“确有此事。官府一直通知我们要静候消息，暂驻城外。可这寒冬将至，将士们衣衫单薄，我无奈之下，只得进城走动，替兵卒们讨棉衣过冬。”

“我听说皇甫嵩将军因军功显赫，立即官拜冀州太守。朱儁将军凯旋回都后也官封车骑将军，拜河南尹。那位吴郡孙坚，也因其在朝内有人，被封为别部司马。若是论军功的话，刘先生完全不在孙坚之下啊。或者说，此次剿灭黄匪的战事中，义军的表现最为优良，对朝廷最为忠义，军功应该是最大的才是！”

“……”

刘备闻言不答，面露忧郁。他一直遵从皇命，奋战杀敌，如今却沦落如此下场，不免心生不平。此番张钧说到他的痛处，他只得咬紧双唇，心中愁苦。

“嗯，我明白了！”张钧一思之下，便了然于胸，他对刘备说道，“刘先生这样的境遇我能体会。即使王师扫荡了地方乱贼，但是只要朝廷之上的社稷之鼠一日不除，则难保四海之内的长治久安。如今这朝中之内，不仅赏罚不公，还有很多可恼可叹之事。刘先生敬请放心，我会将你的情况奏禀于皇上的。这皇恩浩荡，可能不久而至。请你少安毋躁，耐心等待！”

郎中张钧将刘备好生安慰了一番，匆匆别过，入宫觐圣去了。

张钧面圣之时，难得皇帝身边并无闲人。

灵帝端坐龙椅，请张钧回话：“张郎中，你说有要事禀告，朕已经屏退近侍内臣。你有话但讲无妨。”

张钧跪于阶下，奏请皇上：“吾皇圣明，微臣张钧今日斗胆，有一事相奏，唯恐龙心不悦，微臣先行请罪，望陛下容禀。”

“但讲无妨。”

“微臣所奏之事，有关君侧的十常侍。”

一听到有关十常侍，皇帝面色有变，目光移到旁处。

张钧心中明白，皇帝不喜听到有关十常侍之事。但他坚信如实禀告方为忠君之道，于是冒死进言。

“皇上圣明，应该对十常侍的所作所为早有察觉。现在黄巾逆贼之乱已平，天下太平。与此之时，正是清扫君侧，整肃朝纲之良机。待朝堂之上的为乱之人被除，天下百姓才能真正消除忧患，安居乐业，国泰民安！”

“张郎中啊，你为何今日忽然要参十常侍之事呢？”

“皇上容禀。这十常侍紊乱朝政，使得皇上圣德蒙尘。此等乱状，已非一日。微臣深为忧虑，天下百姓也怨声载道！”

“天下百姓怨声载道？”

“正是！此次平定黄巾之乱的奖惩之事，十常侍也私心安排。倘若无功，只要行贿也可加官晋爵，而真正有功之臣，却因不向他们行贿而不得赏赐，甚至反遭贬官。”

皇帝闻言，脸色阴沉，却始终缄默不语。

这所谓十常侍，实际就是十个宦官近侍。民间称他们为宦官阉党。他们把持了君侧大权，在后宫也有庞大的影响力。这十个人以议郎张让、议郎赵忠、议郎段珪和议郎夏恽等人为中心，抱团制约朝政。所谓议郎，职为可以参议。如今所有朝中政事，甚至枢密大事都需经此十人的裁决。如今皇帝尚幼，这十名老宦官诡计多端，势力庞大，以致朝廷的恶政不绝。

灵帝尚处年幼，他即使察觉恶弊，也无能力应付。因此他虽然被张钧苦谏的热诚所动，却难以立刻做出答复，只得将目光投向宫外，避而不答。

“微臣恭请皇上明察！此时正为良机，请陛下决断！”

张钧满怀忠良，泪洒衣襟。他不断进谏，甚至跪行至龙椅之前，扯住皇帝的龙袍哭诉起来。皇帝颇为矛盾，他问张钧：“张郎中，你倒叫朕如何是好？”

张钧趁机进谏：“请皇上下旨，将十常侍押下大牢，斩首于南郊。再将其罪状公诸天下，昭告百姓。此举一出，必能安定人心。”

正在此时，从龙椅背后的帐中传来一声断喝：“竖子住口！我们倒先要砍了你的头才是！”

只见从龙椅之后冲出十名常侍，他们个个怒发冲冠，对张钧怒目而视，包围过来。

张钧见状大惊失色，竟昏然倒地。

太医奉命抢救张钧，但张钧服下太医之药后，一觉不醒，一命呜呼。

张钧此番冒死进谏，原本凶多吉少。他若不是当场毙命，此番进谏之言被十常侍得知之后，也难保性命。

经过此番变故，十常侍也格外留意：“我们不可掉以轻心，否则又有此等愚忠之人，扰乱皇上圣听。”

他们不仅加强了皇帝周围的戒备，也更加严密地把控内政朝政。

不过，经过张钧的谏言，皇帝也了解到有很多有功之臣未获封赏，处境艰苦，心怀不平。于是下旨，特意重新调查战功赏罚情况，以便进行再次封赏。

十常侍鉴于张钧所奏，对再次封赏之事未加阻拦。他们借机粉饰辞令，将此次封赏又变成自己的功劳。这次补充封赏的众人之中，也加上了刘备。他被封为中山府安喜县尉（今河北省定州市）之职。

这个所谓的县尉，实际相当于乡间的警察局长。既然出自皇命，刘备谢恩之后，即携关羽、张飞走马上任去了。

由于是异地就职，刘备并不能将所率义军将士全部带走。于是，刘备请求洛阳的军府收编他的五百位义军士卒，自己仅率二十人随员赴任。

于是，刘备在任地度过了那年的冬天。

自刘备任职以来，过了仅仅四个月，当地的治安情况就大为好转。不仅盗匪之徒销声匿迹，良民百姓也安于德政，县中太平。

“二弟、三弟，你们才干卓越，可能对现如今的官职境遇并不满意。但我们现在应该安于现状，勤政为民，等候时机才是啊！”

刘备时常安慰两位义弟，其实这些话也是他说给自己宽心听的。而且自上任以来，刘备从未将二人视为属下官吏，反而经常同卧而寝，同甘共苦。

不久，春回大地，新芽初发。此时传来敕令：“天子钦差将来此地巡视。”

皇上有诏曰：

朕闻自平定黄巾之乱后，有虚报军功者，依靠朝廷内戚，私授官爵。又有谎称军功者，在地方州郡恣意妄为。此番严查，此风必止。

此敕令来得很快，刚刚宣了圣旨，督邮就已经抵达安喜县城。

刘备闻讯，立刻率关羽和张飞，迎接督邮。见钦差如见圣上，因此众人拜倒于地，以臣子之礼迎接。

那位督邮大人威风凛凛，他端坐马上，悠悠问道：“这里就是安喜县吗？好一个穷乡僻壤的乡下地方！这里连个像样的县城都没有吗？我问你，县衙在哪？赶快把此地县尉给我叫来！速带我们去客栈歇息。”

他目中无人地四处环视。

关羽和张飞一望便知，这位趾高气扬的督邮，也不是个善茬。他肯定又拿官职压人。他们强压怒火，跟随钦差队伍来到县衙。

很快，刘备更换官服，来到督邮面前请安。

督邮大人令一众随员分立左右，自己则居中坐在堂上，一副居高而傲的样子。

“你是干什么的啊？”督邮故意端着架子，居高临下地明知故问。

“我乃此地的县尉刘备刘玄德。迎驾来迟，请督邮大人恕罪！”刘备上前施礼。

“哦！你就是这儿的县尉啊。我们一路到此，沿路总有衣衫褴褛的百姓靠近车马，指指点点，猥琐不堪。你们到底是怎么安排的？沿路疏于管理，是不是平日就是如此松懈不堪？你们应该沿途接待，让百姓知道皇威浩大才是。”

“遵命。”

“我们歇息的客栈都准备好了吗？”

“乡下条件有限，难免招待不周，还望督邮大人见谅。”

“你们可得准备好了啊。我们最是讲究卫生，注重饮食。虽说乡下这种土地方条件有限，但我们正要看看你们是什么态度，有没有尽心尽力地招待我们。”

督邮此话其实话中有话，这一点刘备却不能理解。他只道督邮大人是奉旨而来，巡视各地，自然别无他念，诚心诚意地接待。

刘备刚想退下，又听督邮发问：“我说县尉刘备啊，你是本地出身，还是从别处调来上任的？”

“回督邮大人的话，在下本是涿县人氏，家中为中山靖王之后。只因率领义军，参与剿匪略有小功，才被封为县尉，来上任时间不久。”

“岂有此理！”刘备话音未落，督邮突然高声斥责，“好你个小小县尉，竟敢自称中山靖王之后！你好大的胆子！此番皇上特命我们巡察各地，就是因为听说有人谎报军功，狂妄自大，依仗官威，横行霸道。你这安喜县的小小县尉，居然还敢冒充汉室宗亲，欺瞒百姓！实在可恶！我要立即禀告皇上，看怎么处置你们这种狂妄之徒。还不速速退下！”

“大人容禀！”

“速速退下！”

刘备本欲辩解，但只怕多说无益，便不再多言，施礼退下。他心中暗忖：“究竟这是为何？”

刘备百思不得其解，于是悄悄请来一位督邮的随员，到房间一叙，私下打听为何敕使如此大怒。

随员说得坦白：“你这县尉，要识时务啊！今天初见督邮之时，就该奉上金银财宝，权当孝敬。更要对我们这些当随员的，上下打点一番。这你都不懂，还要我来教你么？督邮大人刚才不是说了嘛，我们要看你们是如何孝敬我们的，看你们的诚意啦。”

刘备哑然无语，只得先行回到住所。

回到住所，刘备仍然闷闷不乐。

“百姓贫寒，赋税深重，县吏又怎么能剥削他们的血汗钱，去贿赂巡察敕使和他们的随从？若要置办金银珠宝，奉上贿赂，必定要搜刮民脂民膏。没想到其他县吏居然能做出如此下作之事！”刘备只得长叹一声。

第二天，督邮见刘备仍没奉上礼物，立刻叫县中小吏：“那县尉刘备居然胆大包天，竟以汉室后人自居。我听此处百姓传言，刘备还常常抱怨，嫌皇室不公。我这就要立刻上本奏禀皇上，我命你赶紧起草诉状。”

县里小吏其实对刘备十分敬重，也想不出他有何罪过。只是被督邮吓得浑身颤抖，不敢应答。

督邮见他不应，又威胁道：“你胆敢不写诉状，我就治你同罪！”

县里小吏迫不得已，只得按督邮所说，写了一纸诉状，编造了许多刘备莫须有的罪名。督邮下令将此诉状急送洛阳，就等着皇上下旨，严惩刘备。

“这日子过得没劲透了！”

一连好几天，张飞都一个人躲着喝闷酒。他这么酗酒要是让两位哥哥知道了，一定责罚于他。但看刘备和关羽这两天的脸色也很阴郁，于是他干脆躲起来喝个痛快。

酒酣饭饱，张飞满面通红地爬上马背，随意溜达。路过的百姓认得他是县上小吏，都客气地点头行礼。而张飞迷迷糊糊地打着瞌睡，在马背上晃晃悠悠的，仿佛一不留神就能掉下来。

“我说！马儿啊马儿，你要驮着我去哪儿啊？”

张飞忽然一个激灵睁开眼睛，有些茫然不知身在何处。他拍着马脖子随意问道。而马儿自然不会回答，只是咔嗒、咔嗒地迈着步子，一路向前。

“咦？这是怎么回事儿？”

张飞这才发现原来已经来到县衙门前，七八十个老百姓聚集在县衙门口。他们都跪在地上，不住磕头，嘴里不知道在嚷嚷什么。

张飞一偏身就下了马，大声问道：“你们这是在干什么？有何冤屈要来县衙哭诉啊？”

“张大人，你难道还不知道吗？那个巡察的敕使命令县里小吏写了诉状，早就派人送到都城去啦！”

“什么诉状？”

“那个敕使命县吏参了刘备大人一本，说他欺压百姓，榨取赋税，中饱私囊什么的。听说编造了二十多项罪状，已经送往京师洛阳。皇上要是看到这个胡编乱造的诉状，一定会降罪给刘大人啊！我们仰慕刘大人，视他为百姓父母，因此大家商量着到这里来向敕使求情。没想到我们刚到就被小吏们打了出来，如今这县衙大门也关上了。我们这是无奈之下，才在这里长跪不起，求见敕使大人啊！”

张飞听罢，怒气满怀。他紧紧地拧起眉毛，豹眼圆睁，狠狠瞪向紧闭的大门。

# 第十四章
# 鞭打督邮

“我说大家都回去吧！”张飞请跪在地上的百姓起身，劝道，“你们都回家吧！这里就交给我，也别连累你们！”

大家听从张飞的吩咐，纷纷散开，但是见张飞满面通红，似乎饮酒了，又不太放心，于是在附近徘徊张望。

张飞走上台阶，大力打门：“开门！快开门！如若不开，我可就把门撞开啦！”

“谁在打门？”

看门的小卒探头观瞧，只见一个满面通红、怒目圆睁的巨汉在那里撼动大门。

“谁啊？谁在那嚷嚷啊？”

督邮的部下闻声出来询问，听说是县尉刘备的部将在砸门，赶快下令：“千万不能开门！”

他们赶快加固大门，还筑起几层人墙，生怕张飞撞门。

张飞见状，更加怒不可遏：“好啊你们！敢拦我！真是好大的胆子！”

只见他将双手搭在大门上，发起蛮力，猛力摇门。这县衙大门被他晃得嘎嘎作响，地动山摇。门内众人骇得不敢动弹，紧盯着大门。这时只听哐当一声巨响，大门轰然倒地，溅起满地的尘土。

门里搭起人墙的兵卒和部将有几个侥幸逃开，还有几人被大门压倒在地。而这时张飞已像豹子一样跃过门板，四处环顾着大叫：“那个督邮在哪里？我要找他算账！”

兵卒们见状，都慌乱大叫：“不能告诉他啊！快点抓住他！”

张飞根本不把这些兵卒看在眼里，他左一拳右一脚，把挡路的兵卒们打得人仰马翻。然后他又黑旋风一般，朝后院奔去。

虽说现在是白天，但敕使督邮的房间内却帐幔低垂，这位奉天子之命各地巡察的督邮大人正沉浸在歌女的温柔乡里。

张飞顺着胡琴的靡靡之音，来到一处房前。他来到窗前探头一看，只见帐幔下的卧榻上躺着一个大官。他正怀抱美女，饮酒作乐。果然正是那个督邮大人。

张飞踹门进屋，扯开帐幔，一声怒吼：“呔！狗官！你好大的胆子啊，竟敢诬陷我大哥刘备！还敢捏造罪名，伪造诉状，送去洛阳！老子早就瞧你不顺眼了！摆什么臭架子，要什么贿赂，还抱着姑娘寻欢作乐！今天我张某人就要替天行道，好好地教训你！”

张飞张开血盆大口，大骂贪官，那瞪起的一双豹眼仿佛燃了火苗一般。

“哎呀！”

歌女慌忙扔掉胡琴，躲到床铺下面，瑟瑟发抖。督邮也吓得缩成一团，颤抖着声音问道：“你！赶快住手！莫要胡来！”

他找个空当子，想趁机逃跑。张飞哪肯放他，断喝一声：“你往哪里跑！”

上前一拳就把督邮打翻在地。只见那督邮下巴歪斜，趴在地上，动弹不得。

“你给我老实点！”张飞像拎小鸡一样，一把拎起督邮，大踏步奔出大门外。

张飞奔出大门以外，抬手就把督邮掼在地上。

“你这种狗官，杀了喂狗都不配！如今这天下大乱，全因有尔等腐败官僚所致！乱贼有人来讨，而贪官却无人去治。今天，俺老张就要替天行道，打死你这贪赃的狗官！快睁开你的狗眼看清楚，俺就是那义军将领，张飞是也！”

张飞说着一脚踩上督邮的脑袋，把他狠狠踩到地上。

督邮吃痛不已，手脚乱蹬，尖声呼救：“来人啊！快来人把他给我抓起来！”

“嚷嚷什么！”

张飞伸手一把薅起督邮的发髻，将他从地上拽起，拖着他走向县衙门口的大柳树前：“你就在这里当街示众吧！”

张飞随手扯下衣带，一端绑住督邮双手高举过头，又把另一端绑到柳树上，将他吊在树前。

督邮被吊在树上，双脚不及地，只能乱蹬乱踹，身体空摆。张飞把绳子牢牢系紧在柳树之上，任凭他如何挣扎都掉不下来。他坏笑着问道：“督邮大人，你现在感觉如何啊？”

说着，张飞随手折下一根柳条，狠狠地抽了督邮一鞭。

“哎呀！痛煞我也！”

“疼啊？疼就对喽！”

张飞反手又是一鞭。

“你可知道，百姓被你们这帮赃官恶吏所害，更加痛苦！你们这帮朝廷的鼠辈之徒，都是那十个太监宦官的走狗！俺老张今天就让天下人看看你的丑态！你再给老子叫大声一点！抬起你的狗脸，让老百姓都看清楚了！就这样！”

柳枝没打几下，就被张飞抽烂了。张飞随手扔掉，又折下一根柳条，继续抽打督邮。抽烂了就再换一根。三十、四十、五十，一直打到二百多下。

督邮吃痛，再也顾不得体面，只得哇哇地叫唤：“英雄！张大人！打不得了！求你饶了我吧！”

见张飞不理，他涕泪横流，哭求道：“求求你了！不要打了！我都听你的！”

“你早干吗去了！现在求我，晚啦！”

张飞根本不停手，继续胡乱抽打。

刘备一连几日都把自己关在家里，闷闷不乐。这时忽闻有人敲门，他出来一看，门口来了几个百姓，他们慌慌张张地告诉他：“刘大人啊！可不得了啦！你快去看吧！张大人喝了酒，打进县衙。现在正把那个督邮大人吊在柳树上，一通好打呢！”

刘备闻言大惊。关羽也在一旁，咋舌道：“这个张飞！怎么又犯了老毛病！”

他们二人连忙向县衙奔去。

等二人赶到县衙门前，才发现里三层外三层围满了看热闹的百姓。分开众人，只见那督邮大人被双手高举吊在柳树上。他鼻青脸肿，一副惨状，衣裳也被打破了，身上鲜血横流。如果刘备二人再晚一步来，恐怕要被张飞打死在当场。

刘备立刻冲到前面，抓住张飞的手腕，大声骂道：“三弟！你要干什么！”

张飞见哥哥来了，喘了口粗气：“大哥你别拦我！这个狗官，欺人太甚！你放开我，让我打死他以解心头之恨！”

说着，他甩开刘备的双手，继续挥舞柳条，不断抽向督邮。

督邮正被张飞抽打得痛不欲生，拼命挣扎。这时他隐约透过树枝看到刘备赶来的身影，连忙大叫：“哎！是刘大人来了么？可是县尉刘备大人来救我了么？你赶快放我下来！你的部下张飞喝多了要杀我呢！你赶快救我下来，我就不会向张飞问罪。我还会赶紧派人去洛阳，撤回诉状。许你高官厚禄，报答你今日救我之恩！”

督邮慌不择言，不断哀求：“刘大人！快快救我！”

刘备前来原本是要救他的，但听了督邮这番话，顿时心生厌恶，反倒迟疑了。但他转念想，即使此人再是不堪，好歹也是天子使臣，于是对着张飞骂道：“张飞！还不快住手！”

刘备边说边从张飞手中夺过柳枝，反手抽了他一记。张飞被打之下有些发愣，这是刘备第一次打他。他呆立在一旁，满脸不平。

刘备迅速将系在树干上的衣带解开，把督邮放回地面。这时，一直在默默旁观的关羽突然上前，制止刘备道："大哥，且慢！"

"二弟，这是为何？"

"我想，这个人不救也罢。"

"我也不想救他。我救此人并非为了高官厚禄，只是尊其所奉的天子威名。"

"大哥说的我都懂，可又有谁能明了你的苦衷？咱们以前抛家舍业地为国剿匪，屡立战功，如今却只落得个小小县尉之职。连这等贪官恶吏都能将咱们弟兄欺负，受其之辱。大哥若是再不伸张，恐怕就会被他所害，不得翻身。"

"可是，我却不能。"

"为何不能？对待这种恶吏就当一脚踢开。方才我就一直在想，凤凰择良木而栖，而这枳棘丛中，并非鸾凤所栖之所。我们现在可能找错了栖身之所，因此难展大志。大哥，我们兄弟不如趁此机会抽身而去，另谋良所，再展大计才是啊！"

关羽饱读诗书，学识渊博，总是能分析事实，予以谏言。

刘备向来善于纳谏，听了关羽一席话后，他深以为然，于是重重地点了点头："二弟，你说得不错啊！我们确实是找错了栖身的所在。"

说罢，刘备解下县尉印绶，扔给督邮："像你这种残害百姓的贪官，我们兄弟若想将你斩首示众简直易如反掌。但是听你刚才苦苦哀求，我就大发善心，把你权当作是野猫野狗放了就是。我把这块县尉印绶就交给你了。朝廷这官我也不做了，你记得向上面禀告吧。"

说完，他决绝地回头，看着关羽和张飞二人，毅然决然地说："好了！我们走吧！"

于是三人转头而去。

县衙门口，柳枝树叶散落一地，只剩督邮一人在地上翻滚呻吟着，一直到刘备他们不见踪影，仍无人上前搭救他。

# 第十五章
# 岳南佳人

刘备等人一路飞奔回府。他们把所有私信文书等旧文件扔进火炉烧掉，又打点行装，准备立即离开此地。

对于这次的弃官归野，张飞非常赞同。他立刻召集起全部的部下和侍从，宣布道："咱们主公临时决定辞去县尉的官职，归于田野，过一段悠闲日子。当然，这些皆因我鞭打敕使督邮而起。你们之中，谁若有地方去的话，就只管去吧。倘若无处可去，就可继续追随主公，我们自然还是一家人，无论身在何处都甘苦与共。"

于是，有一部分人领了应得之物后自行离去，也有一部分人决定留下追随刘备。最后清点下来，一共留下二十多人。

待天黑之后，大家牵出马匹车辆，将随身物资装上车。之后众人头也不回地离开了安喜县，进入了茫茫夜色之中。

而那位挨打的督邮大人，在刘备等人离开后良久，才有手下侍从赶来，将他抬入县衙疗伤。他浑身被抽打得皮开肉绽，痛如火烧，又发起高烧，时而晕厥不醒。待他时而清醒时，立刻大叫："那个县尉刘备跑哪去了？"

侍从回话："刘备已经解下官印，辞官逃跑。他带来的侍从也连夜逃走了。"

"什么？你们怎么能让他们跑了？那个打人的张飞也跑了不成？"

"正是。"

"你们这帮废物！不早点动手，怎么能让他们跑掉！还不快给我派人！"

"大人是要派人去都城禀告吗？"

"你们这帮糊涂蛋！现在派人去都城干什么？那还来得及么？我是让你们派人去找定州（今河北省，保定和正定之间）太守。"

"遵命！我们立刻派人前去。"

"你们回头见了太守，就禀告说安喜县的县尉刘备欺压百姓。这次本敕使巡察之际，刘备胆大包天，反向敕使施暴，还煽动百姓造反。后来他发现罪行暴露，于是带领手下，连夜弃官而逃！"

"是！属下这就去。"

“且慢！我们不能就这么饶了他。你要催太守速速派兵，捉拿刘备等人，把他们都押往洛阳处置。”

“遵命！”

督邮的手下立刻快马加鞭飞奔定州。

定州太守闻讯后大惊，他一方面觉得此事非同小可，另一方面畏惧敕使的名号，更轻信了督邮的一面之词。于是他立刻派出属下，四处打探刘备等人的下落。

几天后，有人来报：“我们发现有一伙人正从安喜县方向前往代州（今山西省代县）方向。他们赶着马车，驮着行李财物。一行大约十几个随从。领头的三个人骑马，都带着兵器，看起来是练家子。这伙人现在一路向北，正在赶路。”

“可能他们正是那罪人刘备及其同伙。你们速速出发，将他们拿下，押往洛阳！”

定州太守立刻下令派出二百铁甲快兵，兵分两路，一路追赶而去。

一路向北，一路逃亡。刘备率众随从，赶着车马，匆匆赶路。

这一路上，他们多次遭遇各州兵马的攻击，也多次中了捕快的计谋。历尽千辛万苦，躲过千难万险，这一日，一行人终于来到代州的五台山下。

关羽问道：“张飞啊，我们跟着你来到这里。你是否知道前方何处可以安身？咱们已经到了五台山下了。”

刘备也显得有些疲惫，他也问张飞：“三弟，你想带我们去何处落脚？”

“你们就交给我吧！”

张飞拍着胸膛打包票，他领着众人来至一处村庄，那里依山而建，显得十分静谧，他回头告诉众人：“你们大家暂且在这里休息一下，等我去去就回。”

说完，他转身进村，过不多时便回来，宣布道：“刘大人答应我啦。你们就放心跟我走吧，咱们这下有地方去了！”

“刘大人？是哪个刘大人？”

“刘大人是本地的一个大乡绅。他的宅邸宽敞，门客众多。我记得平时就有近百名食客，所以加上咱们这二十多人，他是不在意的。而且，他是本地的名门望族，官府之人也会忌惮三分。咱们在此落脚正好！”

“哦？如此说来，就再好不过了。不过，你是怎么认识他的啊？”

“哦，这位刘大人如今隐居于此，自称为岳南隐士。他跟我的旧主鸿家是亲戚，以前还给鸿家当过军粮兵马的顾问咨询，两家一直有来往。我当年为鸿家做事时，也与刘大人有过交情。鸿家衰败之后，我也没少麻烦他，帮我付酒钱，帮鸿家遣散人员。”

“原来如此！不过我们这二十多人同时上门叨扰，刘大人怕是会不悦吧。”

“不用担心，刘大人向来行侠仗义，热情好客。我给他讲了大哥的身世经历，还讲了咱们这些义军兄弟抛官弃爵的英雄事迹，他非常欣赏，让我们放心住上两三年都没问题。”

刘备听到张飞如此解释，终于放下心来：“既然如此，我们就去投靠于他吧。”

于是一行人赶上车马，随着张飞一同进村。

不久，他们就来至一处山脚下的树林，树叶掩映下露出旁边一道壮观的高墙。张飞一边带领刘备等人前行，一边骄傲地夸耀：“你们看！这就是刘大人的府邸。怎么样？是不是非常阔气啊？”

刘备抬头观瞧之时，忽然发现远处宅邸旁边有一条小路，路旁栽满杏树。只见一位绝色美女正骑着白马经过。马后跟着一个担琴的童子，他迷迷糊糊没睡醒似的。

“咦？那位佳人我似乎在哪里见过。”刘备忽觉心头一动。

虽然相距甚远，那位骑白马的丽人倩影却撼动了刘备的心神。刘备心想，或许是自己一直在战场厮杀，身边充满了阳刚的男子汉之故吧。他们又从穷乡僻壤而来，一路躲避路人，是以才会觉得此女子甚是美丽吧。

他远远望见那位女子走进了这座高墙环绕的豪宅的大门。既然张飞说这里是刘大人的府邸，所以刘备猜想着，那位可能是刘家的女儿吧。

张飞很快带领刘备一行来至大门前。大家纷纷下马停车，彼此拍打着染满尘埃的衣衫。

虽说这位刘大人热情好客，又经常豢养众多食客。但是在正式见面之前，刘备和关羽都不禁各自揣测着，这家主人究竟是何许人物呢？

张飞又带着大家来到了南边的厢房。只见乔木成行，绿树成荫，宛若世外桃源一般静谧悠闲。看来这家主人不仅行侠仗义，更是一个爱好风流的风雅贤士。

待众人安顿之后，主人刘恢过来打招呼：“在下刘恢。欢迎各位英雄光临寒舍。我方才已经听张飞讲过各位的事迹，刘某非常钦佩。请各位不要客气，尽可以在此盘桓一两年。只是乡下地方，恐怕照顾不周。不过，刘某这里有不少好酒啊。”

张飞一听就乐了：“多谢多谢！只要有酒，我怎么都行啊。”

刘备连忙施礼，感谢主人收留：“多加叨扰！”

关羽通名报姓，感谢刘大人多加关照。

刘恢很有气派，稳重寡言。他立刻唤来下人打扫出南苑客房，作为三人的房间。又交代如果有任何需求，尽管吩咐，之后便离去任他们安顿。

“怎么样，这下可以放心了吧？”张飞得意扬扬地问道，似乎在向关羽邀功。

“确实很好，”关羽放松地笑道，不过也提醒张飞不要过于放肆，“你可要多加注意才是！”

不知不觉之间，度过一年，又到了春天。

这个五台山下的静谧村落，治安极好。大乡绅刘恢兼任村长，此地既无恶吏欺人，亦无匪盗伤财。

可是，这种安逸清闲的日子很快就让关羽和张飞这样的习武之人厌倦了。而刘备更加沉默寡言，显得颇有心事似的。

“大哥最近是不是也怀念征战沙场的时光了？像他这样的人物，并非池鱼，在这浅滩停留会丧失斗志吧。”关羽又一次和张飞聊天时说道。

“那倒不是，大哥现在肯定不想去打仗。”张飞连连摇头。

“那莫非他在思乡？惦记家中的老母亲？”

“这倒有点可能。不过大哥如此沉默其实另有原因。我正是知道这点，才故意不让他们二人会面的。”

“噢？你莫非知道什么隐情？”

“那是当然了。”

张飞忽然面露不悦之色。关羽也忽然想起一些事情。

最近南苑的梨花开了，尤其是月夜时分，梨花如雪，梨园之中一片美景，宛如仙境一般。园中常有一位闭月羞花的佳人徘徊。而每当此时，刘备也会忽然不见了踪影。

听了张飞一席话，关羽隐约明白了一些事，因此他更加留意刘备的举动。

过了几日，一个月色朦胧的春日之夜。半座五台山都被云雾缠绕，霞光染白了天际，一片银装素裹的幽静风景。

“咦？大哥怎么又不见了？”关羽莫名地嘀咕着。

他们兄弟三人原本围坐一桌，一起赏月。张飞大口灌酒，关羽也举杯相陪。刘备不知什么时候走了出去，桌上只剩他的酒盏。

关羽暗忖，今天倒要查明白大哥的行踪。于是也不告诉张飞，独自一人走出房间。

他顺着小径，来至南苑的梨花园中，四处张望寻找刘备的身影。

关羽一直走至接近内苑之处仍不见刘备的身影。在那里透过树木掩映，可以望到这里主人刘恢及其家眷居所的灯火。

“咦？大哥总不会跑去内苑了吧？”

关羽站在原地，正在思索。忽见一个袅袅婷婷的身影穿过树林，渐渐走近。那正是这家主人刘恢的侄女，一位妙龄女子。

“果然如此！”

关羽觉得亲眼所见果然印证了之前的隐约猜想，不禁感到一丝寒意。他这个人一向不关心别人的私事或者什么八卦消息。但这次，他却在背后跟踪别人。

此时，刘恢的侄女已经穿过梨花树林，来至一处草坪上。那里没有树荫遮挡月色，只见她的纤纤身姿在月下异常动人。她四周的草地上露水凝结，如晶莹的宝石一样闪耀无比。

这时，梨花园中的小径之上忽然显出一个身影，原来有位男子从刚才起就一直躲在树后。

“是刘先生么？”

“正是在下。芙蓉姑娘！”

两人相视而笑。芙蓉姑娘深情地望着刘备，笑容比春月还要灿烂。

两人的身影旋即靠拢，刘备道：“我可把你给等到了！”

“嗯，奴家这不是来了么。”芙蓉轻声答道，娇羞地低下头。

两人互相依偎着走进梨园深处。

“刘先生有所不知，那个刘恢其实性情非常严厉。他在食客以及众人面前，总表现得温文尔雅，而对家眷却完全不同。奴家每次来这梨园，都是费了一番工夫呢。”

“芙蓉姑娘，这些在下都是懂的。像我们这样好几十名食客生活在一起。我和两位义弟，还有其他兄弟们都同住一室。我每次想瞒过他们来到这里，也是不容易的。”

“那你这是何苦呢？”

“此话怎讲？”

“既然你我都这么辛劳，为什么还一定要来到此地呢？”

“我也不知究竟为何，竟然连自己的心意也不了解了。”

“你看，今晚的月亮真美啊！”

“这春夜的月光多么美丽，比夏秋之时更为动人。如此美景，让人感觉如在梦中。”

两人在梨园小径下信步徘徊，这时光宛如梦境，令人流连忘返。

眼见大哥刘备和深闺佳人共度良宵，如此亲密无间，关羽不免有些尴尬。

“果然这太平日子会销蚀英雄大志啊！”他嗟叹不已。

关羽生怕看到一些不该看的情景，于是匆忙离开后苑梨树林。回到住所之时，他看见张飞还坐在原处，自斟自饮。

“我说三弟啊！”

“哎！二哥你去哪儿啦？”

“你怎么还在喝酒呢？”

“咱们这清闲日子过得无聊，我要是不喝酒，还能干点什么？难道我们要整日感叹这时局混乱，无出头之日，虽然身为蛟龙却只能潜于渊底不成？唉！二哥，你不如也跟我一起，醉卧酒乡如何？”

“好吧，我就陪你喝一杯吧。真想长醉不醒啊。”

“二哥今天是怎么了？出什么事儿了么？”

“我说三弟啊！”

“哎！”

“关某其实不像你，我觉得如今的时局和时运并非那么糟糕。但是我今晚真是失望啦。关某一直以为身为蛟龙，即使暂时潜伏于渊底，终有一日会再起风云的。”

“二哥今夜怎么看起来那么失落啊？”

“唉！咱们兄弟再干一杯吧！”

“二哥，我很少看你喝酒如此痛快。”

“待我喝了这杯再和你说。”

“到底出什么事了？”

“说实话吧，我今天撞见大哥的秘密了。”

“大哥有什么秘密啊？”

“是这样的。你之前不是说知道一些隐情么。所以今晚大哥出去的时候，我就跟了出去。没想到，我发现他竟然那般……唉！这话我真说不出口。关某确实没想到，大哥他竟然是如此意志薄弱的人！”

“你看到什么了？”

“我也不清楚看得真不真切。此刻大哥正在后院梨园和刘家侄女，就是那个芙蓉姑娘幽会！真不知道这两个人是何时相识相恋的。大哥身为义军的盟主，居然把心思都耗费在女人身上，那咱们的大事何日能成啊！”

“哦，原来你说的是这个啊。”

“怎么？难道你已经知道此事？”

“我确实略有所知。”

“那你怎么不早点告诉我？”

“他们两人已经都这样了。我还有什么办法？”

张飞也是满脸的不悦之色。他以一只手拄着下巴，另一只手倒酒自酌。他摇头叹道：“都说这英雄难过美人关啊。所谓饱暖思淫欲，也难怪大哥变成现在这副样子。”

“若是大哥因为不得志，而将精力都耗在女人身上，那可不行啊。而且那个女子到底是谁啊？听她说话好像并非刘恢的家眷。她到底是什么来路呢？”

“你要是追问起来，我恐怕就没面子喽。”

“此话怎讲？”

“其实那个芙蓉姑娘是我旧主鸿家的女儿。只因刘恢跟鸿家交情深厚，因此我在鸿家没落后，就把芙蓉小姐领到此地，请他替我照顾周详。”

“什么？芙蓉姑娘是你旧主的女儿？”

“其实在咱们兄弟结义之前，他们二人就相识了。那时芙蓉姑娘和刘备都被黄巾贼子追杀，身处险境。皆因机缘巧合，这两个人在一处古塔之下相逢。因此这二人的缘分从那时就已经结下了。”

“哦，原来他们早就相识！”关羽闻言非常吃惊。这时，从屋外忽然传来一阵脚步声。

来人正是这里的主人刘恢。

他在门口停下，看到关张二人正在屋中饮酒，于是开口说道：“刘某深夜打扰，敬请恕罪。”

关张二人连忙起身相邀。刘恢进屋坐下，与二人商量道：“最近出了一些麻烦事。再过几日，从京师洛阳派来的巡察使和定州太守将来此地巡视。他们要征用我的府邸作为落脚之处，一行人不日即将抵达。不过这样一来，你们恐怕就不能再藏匿在此了。不如你们暂时转移到别处藏身，以避风头。”

关羽和张飞闻言都一时语塞。这官府的巡视竟然来得如此之快，莫不是上天在惩罚他们的闲散懒惰。不过他们也知道刘恢的苦衷，回复道：“我等众人已在贵府叨扰多时。即使此番并非官府前来巡视，我们也该适时而动，以求转机了。请容我们兄弟三人稍加商议，即刻便回复您。”

“抱歉抱歉！若诸位一时为难，我也会设法帮你们介绍其他安全之所。”刘恢说完，抱拳而出。

关张二人面面相觑。

“莫不是刘恢察觉了大哥和芙蓉姑娘的关系，才以此为借口，赶我们离开啊？”

“这个就说不准了。”

“不过，说不定这是我们逆境逢生的机会。”

“正是。尤其是对大哥来说，是该做取舍的时机了。”

第二天一早，二人立刻将主人之意如实转告刘备，打算商量对策。

刘备的神情一时有些恍惚，不过他很快镇定下来，对两位义弟说：“我们理应立刻离开。刘大人已经为我们帮了很多忙了，不能再给他添麻烦了。而且你我兄弟确实不应一直在此悠闲度日。”

刘备一边说着，一边露出深深自责的神情。

而关羽坦率地问道：“大哥！理虽如此，但你不留恋这里么？还有这里的深闺佳人？”

刘备微微一笑，面露赧色：“那倒不会。儿女情长抵不过大丈夫之志。”

关羽闻言，终于放下心来，于是不再纠结。

“大哥果然不忘初心！见你如此，我们就放心了。说实话，我和张飞原本担心你会为女人丧失斗志。大哥身为我们义军的盟主，又有远大抱负。若真因为此事而不再大展宏图，那就太不值得了。那么，你会对那芙蓉姑娘如何解释呢？”

“我对她确实是真心，”刘备也很坦然，“我对芙蓉姑娘，并非逢场作戏。两人相处，也确是我的本心。”

“如此说来？”

“不过请二位贤弟放心。这段儿女私情只是刘某人生中的一个阶段。我会很快收拾心情，找回初心。我还是那个中山靖王之后刘备。想当年，刘某还只是一介山野村夫，而今已举义两三年了。而今后究竟是马革裹尸还是登堂入室，仍未可知。更何况，我尚有老母亲在故园苦盼，又岂敢沉沦不起呢。请两位贤弟相信刘备，定会处理好这些事！”

# 第十六章
# 故园探母

第二天一早，刘备等三人回复主人刘恢，他们会即刻启程，离开刘府。

刘恢也并不强留，他在临别之际安排酒宴，为几位英雄送行。他说道：“今日一别，不知何日再聚。有朝一日，请诸位英雄一定再回寒舍一聚。你们的二十几名随从佣人，若不便一路相随，可以暂留在此处。等诸位回来之后，东山再起。如今虽然黄巾之乱已平，天下稍安，而京师洛阳却已露出破败之兆。请各位多加勉力，自重自爱，为国尽力！”

“多谢刘大人关心！”四人起身干杯。

于是，就按刘恢的安排，他们将随行的二十几名随从佣人留在刘府。刘关张三人暂时别过，另谋去处。

为避人耳目，当三人离开刘府时，刘恢并未前来相送。而府内的楼台之上，却站着一个美人，独自垂泪，一直目送三人身影离去。那自然是伤心欲绝的芙蓉小姐。

张飞心知肚明，却不说破。刘备也不回头，兀自沉默。

当三人已经离开刘府，远远将五台山甩在身后之时，张飞才对刘备说道：“大哥，我们二人听了你昨晚的一番表白，早已对你不存疑心。大丈夫英雄气短，儿女情长也是难免的。就像我爱酒如命一样嘛。”

在张飞的概念里，这爱酒和爱美人都是一样。只不过刘备此时的感伤，他是无法体会到的。

“大哥也不要难过，”张飞回头看了看刘备，说道，“自古英雄皆爱美女，此乃人之常情。大哥也总要讨个媳妇。如若你当真看上了芙蓉姑娘，我老张就替你张罗张罗，让她当上我的嫂夫人。其实我觉得吧，芙蓉姑娘是我旧主之女，如今又无依无靠，托付给大哥我更放心呢。只是现在时机不行，等有朝一日，大哥出人头地之后，再做计划吧。”

“这些我都知道。”刘备点头应道。

三人驱马来至一处州界的分岔路口。刘备驻马言道：“你我兄弟就在此处分别吧。我会暂回故乡涿县。不过，总有一天我们会再回五台山下的。”

关羽和张飞也打算在此分别。几年来形影不离的兄弟三人，一时离愁萧索。

“我们何日再次相会？”

“大概在今秋时分，就是你我重逢之时。”刘备说道，关张二人点头响应。

“大哥是打算回涿县，探望母亲吧。”

“正是。此番离乡已久，十分惦念母亲。刘某欲回去故园探母，即刻便回。这世间风云，并不待人。待到今年的凉秋八月，你我弟兄三人再回五台山，共赏明月吧。”

“一路走好！”

“多加保重！”

“来日再见！”

于是三人三马，分头而行。兄弟三人，频频回望，恋恋不舍。

在与关张二人分别之后，刘备乔装打扮成一个普通农民的样子，独自一人悄然回到了故乡涿县楼桑村。

“啊！原来我家门前的桑树依旧如此啊。”

一别数年，近乡情怯。当刘备踏进自家院门之时，不禁抬头仰望这棵华盖如伞的大桑树。

咔嗒，咔嗒，咔嗒，咔嗒……

织机编制草席的单调声音从院中传来，刘备闻声，心中记忆的大门被倏然打开。他上马执抢，征战沙场不过两三年的光景，而今却似乎早已忘却这织机的声响。那是他自幼整日劳作，维持生计的必用之物。现如今，织机仍在日夜开动，未曾停歇。

而几十年如一日，坐在织机前日夜操劳的人又是谁？不用问，当然是刘母。她将儿子送上征途，如今独自一人在家，年事已高。

“母亲一定思念孩儿，孤独寂寞。”

只闻听得织机声声，刘备便已经泪洒衣襟。他这几年之间，征战沙场，转战各地，从未向母亲寄过任何衣食财物，而仅有的几封家书也寥寥可数。

“母亲啊！是孩儿不孝啊！”

刘备进门之前，内心就充满了愧疚。他进了院子，快步跑向宅中织机的方向。

一位白发苍苍的老妪正坐在织机前，默默编织草席。刘备三步并作两步，跑到老妪跟前，双膝跪倒，匍匐在她脚边。

“母亲！母亲！不孝儿刘备回来啦！”

“……”

刘母惊讶地停下手中的活计，回过身来，仔细辨认着。她问道：“是我的儿吗？”

“儿子不孝！这么长时间，家书也甚少寄回。母亲一定多为挂念。儿子身在沙场，四处转战，身不由己啊。请母亲恕罪！”

刘母不容他多加辩解，立刻打断刘备，反而问道：“儿啊，你何时回来？此番回来做甚？”

刘备仍然跪在地上回话：“儿子此行，大志未展，此次回来拜见母亲，身上无功无名，并非衣锦还乡。不久之前，儿子弃官归野，要躲开捕吏的追赶，因此只得悄悄回来，探望母亲。不知母亲近日可好？”

刘母的双眼被泪水渐渐打湿。不过几年工夫，她的头发已经悉数变白，宛如雪白的梨花。皮肤也日渐松懈，显得十分苍老。她的两手因常年劳作，被稻草磨得满是老茧，粗糙干裂。

但是，她眼中望着儿子的深情却一如往昔。片刻，刘母止住泪水，轻声唤道：“儿啊！”

“儿子在！”

“你此番回来，就是专程来探望为娘的么？”

“正是。儿子甚是思念母亲。”

“就没有别的缘故了？”

“母亲何出此言？”

刘备欲起身拉住刘母的双手，却被她轻轻挥开，仿佛是挥去衣衫上沾落的草屑一般。刘母忽然厉声叱道：“你怎么能现在就回来？就像个孩子似的，只会依恋母亲？你不是忧国忧民，壮志未酬，要做顶天立地的好男儿吗？既然你此番归家，我也奈何不得。但你不可久留，歇息一晚，明天速速给我走吧！”

刘备见母亲不悦，有些意外。但他懂得，母亲是在强忍泪水，来激励自己。一想到母亲的隐忍，他又忍不住扑到母亲膝上，痛哭起来。

刘母并不伸手扶起儿子，而继续责骂道：“你此番离家不过两三年时间！想当初你带领一众乡野青年，拿起刀枪就走入乱世，意欲平定天下匪患。如此短短时间之中你就想着立功扬名，还要衣锦还乡？为娘可不曾有过如此奢求。那简直是在做春秋大梦，这世间哪有那么简简单单就能成事的道理！”

“母亲！孩儿知错了！儿子只是觉得，虽胸怀正义四处征战，却总是遭受挫折无人问津。免不了烦恼失意，甚至心生怀疑，不清楚自己到底是为何而战。”

“男儿持枪，都会打仗。但若你不能克服自己的懦弱，不能坚持为正义而战，是绝不能成就大事的！”

“儿子明白。”

“我相信你一定会明白的。你也老大不小了，三十岁的男子汉，这些都应该清楚才是。”

“儿子记住了。”

“有些人的志向短浅，他们趁天下大乱，攫取一州一郡便已满足。可你与他们不同。你是大汉宗室之后，中山靖王之孙。你拔剑而起，是为了天下的黎民百姓啊！”

“儿子知道了。”

“为娘年迈，又有何足兮！与那天下万民之福相比，为娘一人又算得了什么呢？如若你的雄心壮志因我而顿挫，那为娘宁肯折去阳寿，让你为天下黎民勉力而为！”

“母亲！万万不可啊！”

刘备闻言，大惊失色。他慌忙扯住刘母的衣袖，连连道歉：“都是儿子不好！儿子绝不会懦弱不前，让母亲失望。明早天亮之前儿子就会立刻出发。今晚就请让儿子陪伴母亲，聊尽孝道吧。”

“……”

刘母踉跄地跪坐在地上。她轻轻拥着刘备，满头白发止不住的颤抖。她轻声说道：“儿啊！为娘是在替你已故的父亲责骂于你啊。他若知道你今日所言，定会如此恼怒啊。趁着明天早上，天色未明之时，你便速速上路吧。小心别让邻居们看到才好。”

说完，刘母挣扎着站起身来，走进里屋。

不久，从烟囱里冒出阵阵炊烟。那是刘母正在做饭，聊以慰藉儿子的失落。

刘备则走近那台熟悉的织机，坐在前面，耐心地把母亲刚才剩下的半匹草席织完。

天色渐晚，星星已在天际闪烁。刘备起身，信步走向后院的桃林。此时已是晚春时节，桃花开罢，早已落尽，树梢上只剩残蕊尚在。

“想不到如今这故园依旧，而人事全非。”刘备不禁暗暗感叹。

——待到来年春天，桃花依旧会绽放，而母亲的如霜白发，却不能再次变为黑发。时光一去不复返，而人生短暂，如白驹过隙。我身怀大志，总有一天一定会成功，到那时，母亲才会真正感到慰藉。但不知那梦想何时能够实现啊？

思虑至此，刘备不禁长叹一声。

“儿啊！我的儿啊！”

天色已晚，堂屋里也掌起灯来。刘母呼唤刘备饭已准备好了。刘备仿佛还是当初那个无忧无虑的孩童，一边答应着一边跑回家去。

# 第十七章
# 大乱之兆

时值中平六年[①]之夏。

京师洛阳皇宫里，灵帝罹患重病。

灵帝自知病情严重，于病榻之上传旨："传何进觐见。"

大将军何进立刻入宫觐见。那何进原本是一介屠夫，其妹是洛阳城里的绝色美人，因其美色得以入宫当上贵妃娘娘。后来何氏受皇帝宠幸怀上龙种，生下皇子辩，晋升皇后，人称何后。

她的哥哥何进也受其恩泽，身居要职，手握大权。

何进安慰病中的灵帝："请陛下放心！无论如何，何某都会守护皇上，守护皇子殿下的。"

"嗯……"

何进退下后，灵帝仍然惴惴不安。他心中烦恼，忧愁未解。

在后宫之中，除何后之外，还有一位宠姬王美人，她生下皇子协。

何后非常嫉妒，竟然暗中下鸩毒杀死了王美人。而皇子协则交由董太后照顾。

董太后非常疼爱皇子协，而灵帝也可怜皇子协自幼丧母，与皇子辩相比，更加偏爱皇子协。

于是，十常侍中的蹇硕曾至灵帝病榻前，为其谏言："若皇上欲立皇子协为太子，必先诛杀何后之兄何进，永绝后患。"

"也罢！"

灵帝脸色苍白，点头答应。

灵帝自知病入膏肓，时日有限，于是立刻下旨再传何进。

何进听到皇上再传，不禁起疑："皇上昨日刚刚召我觐见，怎么今天又传？"

他以为可能是灵帝的病情突有变化，于是派人打探，结果却发现病情稳定。不过他打听到十常侍的蹇硕等人似乎在密谋于己不利的决定。

---

① 译者注：公元 189 年。

“区区宦官，使出雕虫小技怎会陷害我何进！”

于是何进拒绝进宫，且将朝廷重臣都请到家中，密谋商议：“十常侍意图谋害朝廷重臣，事实确凿！如今这天下黎民将十常侍之徒恨之入骨，恨不得杀之而后快。何某认为应该借此机会，将其一举拿下，为天下除害。不知众位大人意下如何？”

“……”

众人闻言，并不表态，只是面露惊色。就在此时，从厅堂一隅站起一人，该人仪表堂堂，气质卓越。他大胆直言：“何将军言之有理！只是如今这十常侍在宫中势力庞大。何将军虽然实力雄厚，但倘若一着不慎而失手的话，恐怕会招来灭门惨祸啊。”

该人正是典军校尉曹操。何进只当他是一个区区小将，并不把他放在眼里。于是沉下脸来，责骂曹操：“岂有此理！你一个毛头后生哪里懂得朝中大事！还不速给我退下！”

众人更是缄口不言。而正在此时，传来灵帝驾崩之讯。

何进得此消息后，立即传达给众位大臣：“何某刚才得知一个重大情况，此事事关重大，尚未公之于天下，请诸公听好。”

他先稳住众人，之后沉声宣告：“当今天子染恙已久，不幸于今日，在嘉德殿中驾崩。”

“……”

听到何进此言，席间众人陷入一片死寂之中，久久无人出声。众位大臣虽精于政治，但仍难掩惊讶之色。天子病入膏肓，时日已久，因此这个消息已是预料之中。但众臣的心中仍不禁忧虑，不知今后朝廷的变局如何，也不知自己的命运如何。这时局终将有何变化，无论如何思考，前景都是一片黯然。

这厢何进密谋如何除掉十常侍；而那厢十常侍也在暗中策划，试图杀死何进。

这灵帝之死，将是何种征兆？

众臣一时人人自危，似乎身边危机四伏。莫非这预示着汉朝四百年天下，就要至此崩塌瓦解了吗？大家似乎不约而同地产生这种预感，而这动荡的时局之中有此想法也不足为奇。

在一片短暂的默祷中，人人心中都不禁忆起这几年的情景。后宫众妃争风吃醋，权臣宦官争权夺势。人人贪污，人人施恶，以致朝野内外恶政横行，日渐颓废。思虑至此，众臣不免发出嗟叹。

灵帝生而不幸。

他死于愚昧无知。在他短暂的人生之中，只能看到十常侍伪造的假象，而对人世间的真实情况却一无所知。

对十常侍一派而言，灵帝即为“盲帝”，不过是他们手中的一个傀儡。而禁宫内外则是他们玩弄权术、号令天下的舞台。

这十常侍的恶政如山，罄竹难书。以近年而论，王师平定黄巾之乱后，他们暗中索贿，提醒那些建功立业的部将：“你们能受到如此封赏恩典，全都仰仗十常侍在朝上为你们的仗义美言。如若不知恩图报，对十常侍毫无谢意，未免太过不近人情。”

有些将士畏惧他们的权势，在十常侍的恩威并施之下，立刻奉上金银财宝。但像皇甫嵩、朱儁这样的建功大将则一口回绝。

“休得一派胡言！”

十常侍见二将不识好歹，于是在皇上面前恶语诽谤，导致朱儁、皇甫嵩被削去官职，由赵忠任车骑将军取而代之。

另外，十常侍又迫使皇上将张让等十三个阉党宦官封为列侯，司空张温任太尉。那些借机得利之人自然对十常侍阿谀奉承，百般讨好，使其羽翼进一步扩张。

而敢于冒死进谏、指出实情的贤良之臣则被他们打入大牢，遭到斩首或是毒杀。

禁门之内的乱象早已影响到民间。那些曾被平定的黄巾余党，以及心生反意的逆臣再度出现，遍布各地。而这些危机也屡屡传到京师洛阳。

时局动荡，风云再起。乱世中人的命运也遭到巨大冲击，而随之改变。刘备曾征战沙场，又走进仕途，后弃官归野，被代州刘恢所收容。他起伏不定的命运在这时局的冲击之中，终于迎来了幸运的转机。

黄匪之乱已平，但又有乱党在各地兴风作乱。在乱党之中，以渔阳（天津市北部）的张举、张纯，以及长沙、江夏（今湖北省，麻城县附近）一带的土匪最为猖獗。

然而十常侍总是谎报皇上：“如今天下太平，人们安居乐业，一片大好！”

但他们另一方面急派孙坚赴长沙讨贼，又迅速提拔刘焉为益州牧，刘虞为幽州牧，命其平定四川、渔阳等地的乱臣贼子。

此时刘备早已告别故园涿县，重赴五台山下的代州刘恢宅邸。有一日，刘恢交给刘备一封信函，说道：“如今是你重出江湖的良机。你可携我手书赶赴幽州。如今的幽州太守刘虞是我的好朋友，他见到我的推荐以及你的人品，必定会予以重用的。”

刘备谢过刘恢的知遇之恩后，立即带关羽和张飞及众随从投奔刘虞而去。

适逢刘虞受命，正准备招兵买马奔赴渔阳讨贼。因此他一见到刘备率众来投，便大喜过望：“你们来得刚好！请随我一同征讨逆贼！”

遂以收编，同赴渔阳剿匪。

不久，渔阳之乱暂获平定。刘虞上表朝廷，对刘备等人的功劳大加赞赏。

同时，公孙瓒也一并保举刘备，称：“此刘备曾率义军，在平定黄巾匪徒之时，表现不俗，战功累累。”

因此，朝廷奖赏刘备屡次剿匪有功，封刘备为平原县（今山东省平原县）的县令。

刘备接旨后立刻率领手下众人赴平原就任。待众人抵达后，发现当地土地肥沃，储粮充足，官库饱满。于是众人皆精神大振，刘备也感叹：“果然上天眷顾，助我聚兵养马。”

举义军至今，刘关张等众人终于获得应有的奖赏，有了自己的根据地。于是他们每日练兵不倦，尊义尚武，圈养骏马，饲以燕麦。他们以此地为根基，静观世间的风起云涌。

——大事可成?

果然在这乱世之中，难得太平。虽然乱臣贼党被肃清于野，但京师洛阳皇城的琉璃殿中，却百鬼横行，魔魅跳梁，后宫妇人和恶毒宦官轮番兴风作浪。而正在这时，命运不幸的灵帝，又忽在一夜之间驾崩归西。

在此朝野震荡之时，已经统治了四百年的汉室天下，终于发出最后土崩瓦解的巨响。大势已去！当灵帝驾崩的噩耗传来之时，众人皆骇得血色尽失，无法动弹。就仿佛大地崩裂，地狱门开，落入深渊一般。他们对于时局的突变难以应对，令人唏嘘。

这时在何进府中，众人闻讯仍然一时难以消化，瞠目结舌，鸦雀无声，一片死寂。忽然外面又匆忙闯进一人：“何将军，小的有密情禀报！”

来人正是禁门武官潘隐，他暗通何进已久。

“哦？何事惊慌？”

何进起身离席，扔下席间众人，快步走到廊外听潘隐的密报。

潘隐来报：“灵帝驾崩后，十常侍聚集密谋密不发丧，而是趁机召您入宫再将您秘密处决。之后再昭告天下，立皇子协即位。何大人，这假传圣旨之人可能马上就到。小的拼命赶来送信。”

何进闻言大怒：“无耻之徒！他们设计害我，我自有办法对付他们！”

他转身回到席间，向文武众臣通报了潘隐的密报。不多时，宫中来人果然抵达何府，传旨的老太监装模作样地宣旨：“天子已危在旦夕，急召何将军进宫，以托汉室后事。请何将军随咱家速速入宫吧。”

“你这老狐狸！”何进对潘隐下令，“给我杀了他！”

随后，他聚集群臣，大声宣布：“这帮阉党欺人太甚，如今我已忍无可忍，将做个了断！”

这时，典军校尉曹操再次发言，他不顾刚才进忠谏被何进斥责的前情，再次上前谏言：“何将军，若您今日打算做个了断，则应先正天子之位，然后再行讨贼。”

何进不再轻视曹操，而是赞同地深点头。他问道：“有谁愿与我一同拥立新帝，共讨宫内乱贼？”

他目光炯炯地环视众臣。有人应声而起：“司隶校尉袁绍，愿为将军解忧！”

大家望向说话之人，看那袁绍身材魁伟，肩宽背厚，威风凛凛，一派习武的勇将模样。

袁绍乃是汉司徒袁安之孙，袁逢之子。他字本初，出自汝南汝阳（今河南省，淮河上流的北岸）名门，门下文官武将，人才辈出。现任汉室的司隶校尉之职。

袁绍昂然说道：“请何将军调拨精兵五千，我可率军直入禁门，拥立新帝，诛讨多年盘踞宫廷的阉党之流！”

何进闻言大喜，立刻下令：“请速去吧！”

随着何进的一声号令，洛阳王城登时变为一片血腥战场。

袁绍身披铁甲，率五千御林军杀入大内。他下令紧闭王城八门和城中卫门，又下戒严令，除自己以外，所有人等一律不准进出。

在此期间，何进也披挂上车骑将军的戎装，率何颙、荀攸、郑泰等人，以及三十多位朝廷重臣，昂首迈进宫门。他们就在灵帝的柩前，立他的外甥皇子辩为太子，并当场即位，拥为新帝。何进率百官山呼万岁，以示礼成。

# 第十八章
# 舞刀飞首

大丧之中，百官礼毕，山呼“新帝万岁”之声撼动禁苑上下。袁绍拔剑号令御林军：“即刻捉拿阴谋魁首蹇硕，格杀勿论！”

他随即亲自带兵在宫中搜查，当发现蹇硕的踪迹时，口中大骂，紧追不舍。

蹇硕见势不妙，拼命逃窜。最后他只得躲在御花园的花坛之后，被人从背后一枪挑死。

据说杀死他的是十常侍中的郭胜，也有人说是一名士兵。而此乱状只能出现在禁门以内，此时混乱无比，人人敌我不分，乱杀一气。

袁绍仗剑回禀何进：“何将军！请下令吧！我们应该趁此机会，清理宫闱之乱，将十常侍这些宫廷毒瘤、社稷鼠贼统统斩杀，以绝后患！倘若今天错过时机，恐怕今后定会遭其报复！”

“这个……”何进无意识地点着头，却全无刚才的决断之势。

这何进原本出身贫贱，处事谨慎。刚才只因一时气急，才下令闯宫，谋此大事。如今他眼见禁门之中血流成河，宛如人间地狱，不禁有些胆颤。而他又听说意欲加害自己的蹇硕已被斩杀，怒气已然消去一半。他只呆立在当地，被这场自己点燃的熊熊大火无边蔓延之势吓呆了。

而那帮宦官阉党十常侍则吓得屁滚尿流。他们以张让为首，仓皇逃至内宫，跪在何进妹妹何后的裙下，摇尾乞怜。这是他们穷途末路的唯一希望。

“我都知道了，你们放心吧。”

何后立刻派人叫来哥哥何进，她斥责道：“我们兄妹出身卑贱，全因十常侍的举荐扶植，才能享受今天的荣华富贵。”

何进被妹妹这么一骂，忽然想起自己以前屠牛宰羊时的落魄样子，也就不再坚持。

“我也并无意害他们。只要杀死谋害我的蹇硕就行了。”

何进走出内宫后，遂对四处逃窜的宦官以及属下安抚道：“蹇硕因欲加害于我，才被诛杀。而其他无意害我之人，我也没有害他之意。你们都放心吧！”

“何将军，何出此言！”

袁绍闻言，立刻提着血刀来找何进，向他进言应该坚决。

“我们已经率兵举事，形势至此，而将军此刻却如此犹豫不决，却让众将官无可适从！我们现在应该立刻去除宫廷后患，斩草除根，否则将军日后必然后悔！”

“话非如此！若今日之事再扩大，这乱子就会从宫内烧到全城，再从洛阳进而燎原天下。到时天下大乱，我等难以收拾。”

何进一时软弱，没能听从袁绍的忠告。

不久之后，禁门兵乱似乎已经风平浪静。

而何后和何进一族又认为“灵帝之母董太后是最后的阻碍”。

董太后在后宫的势力单薄，不及何后。又因她十分宠爱先帝宠妃王美人所生的皇子协，而遭何后等人嫉恨。被何后和何进毒计陷害，董太后无奈之下，只得挥泪离开京师，被发放至远离洛阳的河间（今河北省河间市）的穷乡僻壤，一处偏僻乡下。

之后何后和何进仍觉不妥，遂派出刺客暗中刺死董太后。

于是董太后不久之后便得以再回洛阳，只是此番她是被灵柩所裹，回来安葬的。

董太后发丧之时，何进称病在家，足不出户。

这个何进敏感易怒，却又谨小慎微。他一方面敢为家族利益而举兵闯宫，但另一方面，他又瞻前顾后，自责不已。他出身卑微，家势贫寒，却又一跃而居高位，高处不胜寒。此人权术不足，不足以谋大事。又贪恋权位，畏首畏尾，终不能成大器。

何进长期称病，闭不见人，于是有一天，袁绍亲自登门造访：“何将军，是否贵体欠安？”

“倒也无妨。”

“那您是否精神不济？”

“精神也还好。”

“有一件事，不知何将军听说与否？”

“究竟何事？速速讲来。”

“那宫中宦官频放流言，说董太后之死全因何进所为。”

“原来如此。”

“何将军，请听末将一言。此时讨贼，为时不晚。宫中那些宦官阉党应立刻斩草除根，若留他们不死，终成祸患。他们必会重振旗鼓，再度作恶，施展阴谋，终致难以收拾的局面。”

“这个……”

“请您立做决断！”

“你暂且容我考虑考虑吧。”

何进仍是瞻前顾后，犹豫不决。

袁绍见何进态度不决，只得作罢。

而何进的下人中混有宦官派来的耳目，他们随即回去密报：“袁绍刚刚来过，他们如此这般说的。”

“大事不妙啊！”

宦官们闻听后惊慌失措。只好故技重施，又跑到何后宫中求饶。

“好吧。”

何后虽贵为新帝之母，却被一群宦官调遣于股掌之间。她立刻传何进进宫，以示其威严。

“传哀家懿旨，速传何进进宫！”

何进进宫，何后又是旧话重提：“哥哥，你该不会又被部下怂恿，要将我这太平后宫又搅得天翻地覆吧。这宦官掌管大内之事乃是祖宗留下的传统，你若要杀他们，就是藐视宗庙啊。”

“我并无此意。”

何进无奈，应付一句便退了出来。

何进刚刚退出宫门，等候在他车辇旁的武将就来询问入宫消息：“将军，怎么样？”

“哦？袁绍，你怎么在这里啊？”

“属下听说何太后召见，非常担心您此次进宫是否是因十常侍之事？”

“确是此事。”

“那么您是否已将决断告知太后？”

“我尚未开口，太后就已经出面调解，我反倒不好再说。”

“这可断断不可啊！”袁绍毅然决然地说道，“这正是他们的阴损之处：这帮宦官阉党一方面大放流言，栽赃于你，而另一方面，一旦罪行败露，又跑去哭求太后。他们是料定了太后心软，而您又不敢违抗太后，才会如此毫无顾忌，一直暗中成事的啊！”

“此言有理！”

袁绍一番坦率之言，终于点醒了何进。

“现在正是良机！现在不为，更待何时！请何将军立刻向四方英雄飞传檄文，才能一举而定万代之计。”

何进终于被袁绍的一番热烈言论所动，认为很有道理。他终于下定决心，说道：“既然如此，我们就如是而为！你我心意不谋而合！”

他们二人的密谈，被躲在车后树荫的一个人偷听到了。此人正是典军校尉曹操。

曹操闻言暗暗窃笑：“这二人密谋如此而为，实在是愚蠢之至。他们只需借刑吏之手，拔掉宦官之首即可，何须煽动天下英雄来相助。一旦飞书天下，各地势力就会察觉汉室紊乱。到时群雄争霸，各国勾结，天下才真的一片大乱啊。”

他看着何进的车辇远去，暗忖：“这位何将军势必难成大事，此事必败。不知这今后世间风云会如何变幻？”

从此之后，曹操再不将自己的想法对何进直言。因为他既不似袁绍，事事直言不讳，也不像何进，处处胆小谨慎。

他刚才暗笑各地英雄会觊觎汉室天下，而其实他自己就是这其中的一员。曹操生得皮白肉薄，眉毛清秀，丹唇紧闭。他貌似整日唯唯诺诺，只不过是个区区典军校尉，但他的心思可要比马上车里坐的高官将领更加深不可测。他的心肠更黑，器量更大。

而另一方面，身处西凉（今甘肃兰州）的董卓，由于先前讨伐黄巾贼时率兵不力，待平乱后被朝廷问罪。董卓于是行贿收买了十常侍，结果不仅逃过问罪，反而加官晋爵，升任西凉刺史，拥兵二十万。

有一天，洛阳来了密使，将一纸檄文交给董卓。

何进依袁绍所言，向各州英雄飞传檄文，文中说道：

天下之府，枢庙之弊于今已除。宜汇集公明之旌旗，以成正大之云会，于昭昭日月之下，愿与诸公共商万代之革政。

发完檄文，何进便在洛阳静候佳音。不久之后，各地诸侯先后遣使者而来，纷纷回复“某愿赴京参会”或“我等定会提兵相助”。

从西凉快马加鞭而来的使者，终于抵达洛阳。他敲响何府大门，递上回复“西凉董卓必带兵来相助”。

侍御史郑泰来与何进议事：“将军也把檄文发给董卓了？”

“应该发了。”

“据说董卓此人如虎狼一般。如今我们引狼入京师，他会不会乱吃人？”

“老夫亦有同感。”一员老将接话说道。他本在房间一隅，正与众幕僚们查看地图。此人正是中郎将卢植。

卢植此前遭贪官所害，说他征讨黄巾贼子时率军不利，而遭囚车押解回京。幸亏当时陷害他的左丰失势，他原被判有罪，后被赦免。后来他又官复原职，重任中郎将。

“那董卓一见檄文，必定窃喜，以为此为良机。他喜的正是朝廷之乱，而非革政伐贼。趁此大乱，他大可举兵来京，以谋自己的野心。老夫深知董卓为人，若准他率兵进京，则祸害深重，恐怕到时我们难以控制啊。”

卢植貌似面对郑泰议事，实则是希望何进纳谏。但何进哪里肯听。

“若我也似各位这样疑神疑鬼，何以号令天下英雄？”

“可是，何将军……”

郑泰欲再进忠言，而何进却满面不悦，说道：“尔等众人，尚不足共谋大事！”

“如此也罢。”

郑泰和卢植于是不再多言，各自退下。之后又有其他朝臣听到何进此言，他们终于认清了何进的本质，于是纷纷离他而去。

“董卓的兵马已经抵达渑池（今河南省，洛阳西方）附近。”

何进听到来报时，立刻差人去迎接：“他们来得好快！速速迎进都城！”

但董卓总是推托，说一路远道而来，先让兵马稍作休整，要不就借口需要准备军备。无论何进如何催促，他总是搪塞不动。何进的催促被他当作耳旁风，而董卓却瞪大豺狼般的双眼，密切注意洛阳的动静。

另一方面。十常侍虽身处宫城之内，但他们也早已发觉何进飞檄诸侯，而董卓等人响应檄文，已经抵达渑池附近屯兵。

“咱们索性一不做，二不休！”

他们惊慌之下，密谋设计斩杀何进。他们以张让为首，派出禁兵的一队人马埋伏在嘉德门和长乐宫一带，又假冒何太后写下召见何进的旨意。

他们派了往日传旨的太监前往何府，而且特意假装成平常模样，驾着美车金鞍，若无其事地到何府传旨。

“将军万万不可！”

何进的近臣立刻看出，这肯定是十常侍的陷阱。他们力谏道：“何将军现在不可入宫。

即使真是何太后召唤，也不可前去。此时正乃千钧一发之关头，何将军此行太过危险，万万不可出府啊！”

而何进偏偏听不得这种话，近臣们越是力谏，他越是要显示自己的器量。

“何险之有！我何进祛除宫中毒瘤，维护政权稳定。如今新君即位之时，那十常侍之辈又奈我何？若天下英雄听说我畏惧宦官鼠辈，而吓得不敢出府，岂不让人小看于我！”

何进在这时倒显得异常强悍。他立即派人准备车骑，带着五百精兵，身着铁甲，护卫森严，一路簇拥着他去入宫见驾。一行人来到青琐门前，有守卫说道：“兵马不得进入禁门，请在门外等候！”

于是何进只得让五百精兵在门外等候，自己只身带几名随从进入宫门。尽管如此，他仍未意识到危险，反而昂首挺胸地大步向前。当这几个人来到了嘉德门前，突然从阴影处传来一声断喝：“好你个杀猪的！留下命来！”

顷刻之间，何进就被十常侍的手下团团围住。

张让跳出大骂：“何进小儿！你不就是个在洛阳街头杀猪卖肉的贱人吗？你也不想想，你今天的荣华富贵都是靠谁的功劳？要不是我们上下活动，把你妹妹推荐给皇上，她哪能当上皇后，你哪能当上大将军！好你个忘恩负义的混账东西！”

何进吓得面无血色，大叫一声：“大事不妙！”

他再想逃跑却为时已晚。此时十常侍下令将各处宫门紧闭。何进身边早被刀枪斧箭包围，难逃生天。

“天绝我也！”何进绝望地惨叫一声，试图拼死一搏，冲出重围。

张让骂道：“竖子！让你看看咱家的厉害！”

他手起刀落，将何进砍成两半。

青琐门外的五百将士听到宫内喧嚣，觉得气氛有异，预感不妙。兵士们交头接耳，一片嘈杂。

“何将军怎么还没回来？”

“请何将军速速回府！”

将士们对着宫门，不断叫喊。

正在这时，一个武将从宫门上探头出来，他喊道：“你们都安静点！何进已因谋反被查，他早就伏法被发落了。你们快带着这个，速速回府吧！”

说罢，他抛下一个黑乎乎的东西。士兵连忙捡起一看，竟是何进的首级！

# 第十九章
# 流萤彷徨

何进的幕僚——中军校尉袁绍怀抱何进的首级，怒瞪着青琐门，暗将钢牙咬碎："你们欺人太甚！"

另一位何进部下，吴匡也怒发冲冠，骂道："这是你们自作自受！"

于是他们下令火烧宫门，又率五百精兵闯入大内。

"杀死十常侍！"

"烧死那帮宦官！"

转瞬之间，愤怒的士兵们攻占了整个皇宫。刚刚太平几日的洛阳皇城又似被一阵旋风所席卷，充斥着火焰、黑烟，以及无数人的哀号和流箭呼啸之声。

"太监纳命来！"

"杀的就是你！"

将士们发现一个宦官模样的人，就立刻当场处死。反正这些士兵并不认得十常侍的面容，于是所有无须男子，或女气的内官都难逃一死。这些人一旦被发现，就会被愤怒的将士们立斩于当场。

十常侍中的赵忠和郭胜逃到后宫翠花门，却被弓箭逼得寸步难行。他们吓得匍匐在地，被追赶上的兵士砍成肉泥，任凭翠花门顶的乌鸦啄食。他们的脑袋则被扔进西苑的湖水之中。

一时之间，禁门内杀得天昏地暗，地动山摇。

嫔妃女眷所住的后宫也响彻哀号之声，不绝于耳。

十常侍的首谋张让、段珪二人，从一片混乱之中找到新帝、何太后和新帝之弟皇子协（新帝即位后被封为陈留王）。他们打算挟持人质，逃出北宫翡翠门，以寻生路。

这时一员老将，策马而来。此人正是中郎将卢植。他一听闻宫门有变，又看到皇宫内黑烟滚滚，便立刻提戈着甲，飞奔而至。

"恶贼！休走！你们携着皇帝和太后，打算逃到哪里去？"

卢植断喝一声，策马追逐。而张让等人早就驾着新帝和陈留王的马车逃之夭夭。他只救下何太后一人。

这时，刚好遇到曹操正在指挥部下，拼命扑灭宫中的各处大火。卢植与曹操二人同请何太后道：“我等立刻前去救驾，请太后在新帝回来前，暂时执掌大权。”

他们立刻下令，派兵四处搜寻新帝和陈留王的身影。

这宫中大火逐渐蔓延到洛阳街巷之中。百姓们生怕被兵乱波及，于是都携家带口地出门逃难。一时之间，城中乱成一团。在如此人仰马翻的拥挤之中，张让等人拼命逃窜，载着新帝和陈留王的马车一路不顾行人，横冲直撞，肆意碾压，终于逃出城门，来到郊外。

可是，马车已跑得散了架，张让等人的坐骑也身受重伤。一行人不得不弃马下车，徒步而逃。

“唉！”新帝踩着泥泞而行，心灰意冷，大声嗟叹。

入夜时分，回望洛阳，只见黑烟滚滚，天空都被火光染红。

“再坚持一下。”

张让等人挟着天子，以保性命。他们是决计不会放皇帝离开的。

他们一路逃亡，直到能在草原尽头隐约望见北邙山的轮廓。在夜半三更之时，忽闻一队兵马追来。张让听到马蹄之声时，就知道追兵已到。

“我命休也！”

张让万念俱灰，投河自尽。

如今只剩新帝与皇弟陈留王两人。他们藏在茂密的芦苇之中，相拥瑟瑟发抖，只听得兵马之声渐行渐近。

追兵正是河南中部掾史闵贡率领的兵马。

他们策马渡河，急如骤雨一般，却丝毫没有发现躲在一旁的新帝和陈留王。这队人马很快又消逝在夜色之中。

“……”

“呜呜……”

新帝终于再也忍不住，在草丛里抽泣出声。

皇弟陈留王连忙安慰皇兄。他小小年纪却装作镇定：“皇兄，你肯定是饿了吧。臣弟也从一大早到现在滴水未进。咱们一路奔波，人生地不熟的，想起来就忍不住发抖呢。”

他又安慰着新帝。

“咱们可不能一直待在这里。河边露水重，要是被露水打湿，怕是会生病的。咱们向前走走吧，说不定能碰到民家借宿。”

“……”

新帝微微点头答应。

于是两人将衣袖挽在一起，说着："咱们俩可千万别走散了。"

于是两个小兄弟摸黑前行。

黑暗之中的草丛满是荆棘，还有好多草刺儿扎脚。新帝和陈留王自幼生活在宫中，从未体验过如此窘境，简直苦不堪言。

"看！那有萤火虫！"陈留王忽然叫道。

只见不远处，有一大群萤火虫飞过，点点微光，让兄弟二人略有慰藉。

他们几乎跋涉了一夜，直到凌晨时分，两人再也走不动了。

新帝腰酸腿疼地跌倒在地，难以起身。陈留王也瘫软成一团。两人又累又乏，饥寒交迫之中昏昏沉沉地迷糊过去。直到有人将他们叫醒。

"小孩儿，你们是从哪儿来的？"

听到有人询问，他们抬头，才发现不远处一道土墙圈着一座老旧的房舍，这人可能是当地住户。

"你们是谁家的孩子呀？"

陈留王喉咙干咳，勉强发出声音，介绍道："那是刚即位登基的皇帝陛下。只因十常侍之乱，胁迫出宫，又与侍臣失散，不知方向。我们二人一路奔波，才来至此处。"

那人大惊，圆睁大眼，道："那你又是谁啊？"

"我乃皇弟陈留王。"

"竟然如此？！"

那人赶紧将两人扶起，架到旁边那所老房子之中，稍事休息。

"请容我介绍。我是前朝的司徒崔烈之弟，名叫崔毅。只因那十常侍之流妒贤嫉才，频施暴政。我不愿与之为伍，于是辞官归野，来到此处。"

崔毅以君臣之礼相待，又赶紧拿出水和干粮，给二人充饥。

黎明时分，十常侍之中的段珪，不顾张让投河而死，自己慌张逃亡。闵贡的搜寻队伍发现他时，质问皇上的行踪，他竟答不知。闵贡大怒，骂道："你这个不忠不义的家伙！"

闵贡在马上挥刀，将他立斩于马下。之后把他的首级绑在鞍上，对士兵说道："看来皇上确实到过这附近，肯定走不太远。"

闵贡命众人分头寻找。他自己也催马前行，在草丛间细细分辨，搜寻皇上的下落。

崔毅赶紧埋火造饭，不多时烟囱里冒出阵阵炊烟。

为了慎重起见，他暂将皇帝和陈留王二人藏在茅屋里面。待做好饭后，送来这里，歉然说道："乡下地方，照顾不周，我这里仅有些热粥，请两位殿下凑合喝些吧。"

新帝和陈留王虽然委屈，却不推辞，端起热粥就喝。

崔毅看着不免辛酸落泪，他见二人困乏，于是告退："请两位殿下在此歇息片刻。我会在外面负责看护。"

崔毅退出茅屋，负责地一直在院外守望。忽闻树林后面，传来阵阵马蹄之声。

"来者是谁？"

崔毅佯作镇定，挥着扫帚，假装扫地。

"劳驾！这位老乡，能不能讨碗水喝？或者有没有吃的东西？"

崔毅抬头，原来来者正是闵贡，他马鞍上还挂着一颗人头。于是答道："吃的倒有！只是这位大人，您马上挂的人头究竟是谁？"

"这个嘛，乃是段珪的首级。他与张让一伙，被称为十常侍，是盘踞朝野、祸害天下的乱贼。"

"是么？那你又是何人？"

"我乃河南掾史闵贡，自昨夜以来，一直搜寻皇帝陛下。"

"原来如此！"

崔毅扔下扫帚就往院子里跑。闵贡见状奇怪，便下马追了进去。

"陛下！陛下！是自己人！他们来接驾啦！"

新帝和陈留王正依偎在稻草上打盹，听到崔毅此言大喜过望，宛如还在梦中。他们冲出茅屋，看到闵贡时，更如见亲人，喜极而泣。

帝非帝，
王非王，
千乘万骑走北邙，
草野夏茫茫。

这首歌谣自夏初就在洛阳孩童中流行。看来居然是天意，以这无心的童谣，来预言今日之事。

"国不可一日无主。请两位立刻随我回京！"

崔毅听到闵贡此话，立刻牵出一匹瘦马献给新帝。闵贡则请陈留王骑自己的马，他徒步而行，牵着两匹马的缰绳，出门招呼四散的兵士。

大约步行了两三里，校尉袁绍驰马奔来："万幸万幸！皇上平安无事！"

不久之后，司徒王允、太尉杨彪、左军校尉淳于琼、右军校尉赵萌、后军校尉鲍信等众将官各率数百骑兵马赶来接驾。一见皇帝，众人皆是喜极而泣。

"御驾还朝一定要隆重，以安洛阳百姓之心！"

于是先用快马将段珪首级送回洛阳，当街示众。同时公告天下，皇帝平安，即刻还朝。

当皇帝的御驾一行走到郊外之时，忽见对面山后掀起漫天红尘，大队兵马迎面而来，挥舞的旌旗遮天蔽日。

"来者何人？"

随驾的将士百官都大惊失色，呆立当场。

"莫非是敌人？"

"这究竟是何人的军队？"

新帝及护驾众人皆不知所措，一阵惊慌。

袁绍一马当先，来到前方大喝："前方军队是何人领兵？如今御驾还朝，竟敢挡路，真是胆大包天！"

"噢，是我领兵！"

对面军中传来一声犬吠般的回应。只见旌旗翻滚，队伍分开，一匹骏马扬起前蹄，人立而出。骑马的乃是一个彪形大汉，他策马而来，转瞬就来到袁绍跟前。

来人正是西凉刺史董卓！他原本驻军在洛阳郊外的渑池一地，任凭何进再三催促也始终不肯入城。

董卓字仲颖，陇西临洮（今甘肃省岷县）人氏。据说他身高八尺，腰壮十围，肉脂丰重，眼睛细长，智慧如豺，目光似针。

袁绍却不识他，大声叱道："来者何人？还不报上名来！"

董卓并不理会于他。他一边驱马向前，一边傲慢地反问道："天子何在？"

皇帝一时惊骇，难以出声。众人畏缩，不敢言语。就连袁绍也被董卓的气势所迫，一时未及阻拦。

这时，只听得皇帝御驾后面有人冷冷地训斥一声："还敢造次！"

这凛凛之声使得董卓勒住缰绳，他瞪眼问道："什么？是谁在说话？"

"你先报上名来！"

人群中一人策马上前，原来是一个威严的俊美少年。

“啊！原来是皇弟陈留王殿下。”

董卓看到竟然是陈留王，赶忙在马上行礼。

陈留王则始终昂首挺胸，沉声问道：“正是本王！你是何人？”

“臣乃西凉刺史董卓。”

“董卓，我来问你！你此番前来，究竟是来恭迎圣驾的，还是来劫持皇上的？”

“这个……”

“还不速速回话！”

“臣是来恭迎圣驾的。”

“既来迎驾，天子在此，你怎能还安坐于马上！岂有此理，还不下马！”

陈留王虽然年幼，身材矮小，但气势威严。董卓一时动摇，匆忙下马退到路旁，对着皇帝车驾行跪拜之礼。

陈留王见董卓跪拜于地，就代替皇帝赐他平身，说道：“此乃大仪。”

之后皇帝的队伍一路顺利回到京师洛阳。而董卓暗中感叹，这少年陈留王颇有天子威仪，不怒而威，令人不得不服。

“看此情形，我倒不如废掉新帝，改立陈留王为帝。”

董卓的野心，已从此时开始在他心中生根发芽了。

# 第二十章
# 人中吕布

洛阳城里，一连燃烧几天几夜的冲天大火终于被扑灭了。

而此时还朝的新帝和陈留王也抵达了宫门。

何太后出来接驾，母子一见，便抱头痛哭。

哭了良久，太后才擦拭眼泪，向皇上问道："玉玺现在何处？"

兵荒马乱之中，那代表至高皇权的传国玉玺居然不知所终。

此事重大，要严格保密。因为传国玉玺乃汉室四百年树业之根基。但仍有消息走漏出去，闻者无不皱眉，叹道："竟有此事！莫非又是大凶之兆不成？"

董卓将军队从渑池移到城外，又每天亲自率领千骑铁甲武士上街巡逻。一时之间，京师内外被铁骑包围，董卓的队伍更是肆意横行，好似洛阳已成他的囊中之物。

洛阳百姓惊见铁骑横行，无不惊慌避让。

"别过去！那边有董卓的军队！"

"小心他们抓人啊！"

当时，并州刺史丁原、河内太守王匡、东郡太守乔瑁等人纷纷响应之前何进的檄文，先后率兵赶至洛阳。他们比董卓晚到几日，见此情形，却都不知所措。

一日，后军校尉鲍信悄悄对袁绍道："如今这情形到底如何是好？那帮人整日横行霸道，就连出入禁门都如入无人之境一般。"

"你所言何事？"

"明知故问！我说的当然是董卓，还有他的爪牙了。"

"你莫要高声！"

"究竟为何？如此一来，不是引狼入室么？"

"可此时又有何办法？宫内之乱稍平，不可再生事端。"

鲍信无奈，于是向司徒王允表达忧虑，讨教对策。但王允身为朝廷重臣，却对一手遮天的董卓毫无办法。

如同渔夫捕鱼一般，当遇见鲸鱼这样的庞然大物，却奈它不得。

"你所言之事，我亦有同感。而今日之时，却无可奈何。"司徒王允捻着稀疏的胡须，摇头叹道。

“如此也罢！”鲍信见众人皆无动于衷，只得作罢。他却不愿与之为伍，于是率领部下避到泰山去了。

如鲍信这般，愤而离开者有之，攀附权势，投奔董卓者有之。如此一来，董卓在洛阳的势力愈发壮大了，而他的野心也越来越露骨了。

“李儒！”

“属下在。”

“我欲改弦更张，你看如何？”

一日，董卓与他的亲信李儒暗商大计。他已在心中勾勒出一个远大的计划，即废去当今天子，而改立陈留王。到时他就可以操纵朝廷，乃至天下了。

李儒认为此事可行，并告诉董卓，此时的时机正好，欲行大事，则需从速。李儒此人之暴逆不亚于董卓，两人经常一拍即合，因此他颇受董卓的赏识。

第二天，董卓下帖邀百官至温明园，大摆筵席。而众臣畏其淫威，皆前往赴宴席，几乎无人缺席。

“众位大臣，皆已到齐。”

董卓待众人落座后，才缓缓入场。他腰佩长剑，镶满宝石，径自登上主人之高位。

酒过三巡，菜过五味之后，董卓忽然起身，缓缓道来：“欢迎诸位今日大驾光临。董某不才，有个提议。”

席间众人皆停了酒杯碗筷，安静下来，不知道他又要做什么。董卓将他肥壮的身体向上挺了挺，又说道：“我认为，为天子者，须天禀玉质，才足以受万民景仰。同时天子需兼备坚定不移之仁德，才可以使宗庙社稷能够长久巩固。然而，当今皇上意志薄弱，举止懦弱，实属黎民之不幸。我等臣民，不免常忧汉室之万世基业。”

众人没想到他竟提起如此话题。事关重大，闻者脸色皆为之一变。

董卓环顾席间，见百官皆低头缄默。他以左手扶剑，右手挥舞，继续说道：“其实各位也大不必有此担忧。我在此斗胆一议，所幸皇弟陈留王聪敏好学，天资聪颖，实是可当天子之良才。如今天下多事，应趁此时机，改立陈留王以取代新帝。我欲断然而行帝位废立之事。不知诸位意下如何？如有异议之人，请当场起身道来。”

如此改弦更张的大逆不道之事，却被他轻松道来。一时之间，这偌大的酒席宴上鸦雀无声，甚至无一人咳嗽。董卓甚为得意，环视席间，似乎相信自己的提议立刻就能实现。

这时，席间忽然站起一人，众人立刻回头望去。

此人正是并州刺史丁原。

“此事不妥，我等反对！”

董卓闻言大怒，瞪大双眼看他：“你别呆愣愣地站在那不动。若要反对，就说出你的理由！”

“天子之位乃是天授，皇位传承全依圣意，岂是我等臣下可私议之事？”

“我今日并非私议。开诚布公与诸公商议。”

“当今圣上乃是先帝嫡出长子，并无瑕疵，又何谈罪责！废立帝位乃大逆之事，你却于今日在此妄议，又有何居心！此乃篡权夺位之言，你竟然胆大包天，岂有此理！”丁原仗义执言，毫不畏缩。

董卓喝道：“给我住嘴！你竟敢违抗于我，难道你不怕死么？”

说着，他甩开衣襟，以手扶剑，杀气毕露。

“你欲何为？”

丁原岿然而立，毫不畏惧。

这也难怪，就在丁原身后，俨然立着一位彪形大汉。他怒目而视，仿佛在说：“有我在此！哪个敢动丁大人一个指头试试看！”

此人双眸炯炯有神，站姿威风凛凛，颇有猛豹之气质。

董卓的心腹李儒急忙阻拦。他暗中扯住主公的衣袖，低声说道：“主公息怒。今日乃设宴宴请群臣之日，实在机会难得。主公若要议国政，不妨改日而行。在这酒席之间，难得结果啊！”

“哼！也罢！”

董卓这才不情不愿地松开剑柄，坐回席上。他其实对站在丁原身后的大汉，心有顾忌。

不过，董卓此人的野心膨胀，是不会因丁原反对就轻易放弃的。

刚刚的剑拔弩张，使得酒席宴上变得冷场。待歌舞登场，几轮酒下来，董卓忍不住又起身，将那旧事重提：“董某刚才所说之事，可能说中各位心中所想。此事已成天下公论，不知诸公以为如何？”

这次，老中郎将卢植也起身仗义执言，说道：“此事董将军休要再提。若固执已见，一意孤行，倒叫天下人怀疑董将军欲假借废立天子之名，行篡权夺位之实。此事古有殷太甲无道，被伊尹将其流放于桐宫之例在先，又有汉昌邑王登位……”

老将卢植学识深厚，他引经据典，规劝董卓不要造次，但董卓却闻言大怒。

“速速住口！莫非你也想被我立斩于此吗？”董卓气得手指颤抖，指着卢植大吼，“给我把他斩了！现在就动手！”

“万万不可！”

李儒扑上去拦住提剑而来的武将，对董卓谏言道：“卢植乃是海内大儒，其学识之名胜于中郎将之职。若被天下人知道董将军杀了卢植，则有损将军之德啊！”

“那速速将他给我赶出去！”董卓怒发冲冠，吼道，“即刻摘了他的乌纱帽！若哪个敢再让卢植为官，就是与我董某人为敌！”

此事已经无人可挡。于是中郎将卢植又被免官。卢老将军早已参透人世，径自归隐山林去了。

一场盛宴酒席在如此变故之中，匆匆收场。废立帝位之事，只待改日再提。众人匆匆干了杯中浊酒，纷纷散场，唯恐避之不及。

司徒王允等重臣率先离场。而董卓对丁原刚才的公开反对耿耿于怀，他手扶宝剑站在园外，只待丁原出门就斩杀他。

可是，园外早有一个风貌非凡的大汉。他身跨黝黑战马，手持方天画戟，守在园子门口，查看四散的宾客。

董卓唤来李儒，询问此人是谁。李儒一看便说：“此人正是刚才立于丁原身后之人。”

“原来是他！他的衣着似有不同。”

“他可能刚刚更换了一身戎装，取了兵器而来吧。此人不容小觑！他乃是丁原的养子，名叫吕布，字奉先，五原郡（今内蒙古五原县）人氏。此人擅长弓马，号称天下无双。若吕布出手，恐怕我们不能抵挡。大人不如暂且回避，莫要见他为好！”

董卓闻言，突然忆起酒席当时吕布的凛凛之风。他心生恐惧，慌忙避入园内一座小亭。

他屡次欲除丁原，却总因吕布而失败。董卓心中畏惧，就连入梦，都会因瞥见吕布的身影而连连噩梦惊醒，惊得满身大汗。

这一日，丁原忽率大兵突袭董卓大寨。

董卓闻言，登时大怒。他立刻披铠带甲，来至阵前。只见正是昨日那吕布，他头戴黄金盔帽，身着百花战袍，肩披唐猊铠甲，腰缠狮蛮宝带，凛凛正义，好不威风！那吕布手持方天画戟，纵横于沙场，单枪匹马斩杀敌人无数。

董卓立于阵前，只吓得胆战心惊。

# 第二十一章
# 马中赤兔

首日之战，董卓大败。

那吕布骁勇异常，于沙场之上无人可挡。并州刺史丁原也纵马提枪，战于疆场。他于乱军之中发现了董卓的身影，于是大喝一声：“篡逆之贼，原来在此！”

丁原打马便追：“阉党作恶，始乱我大汉天下，致使万民涂炭，民不聊生。你既然身为朝廷命官，任凉州刺史，寸功皆无，不为皇上分忧，却欲废帝立新，实现你的狼子野心。如此大逆不道之徒，谋权篡位之党，真是岂有此理！来来来！我今日就要替天行道，将你的人头砍下，以示洛阳百姓，以慰天下众生！”

丁原边骂边打，气势如虹。

董卓见此情景，心中畏惧，不敢答话，匆忙拨马逃回大营。而当日董卓的大军也士气大挫，董卓无奈，只得退阵而居。

是晚，董卓将属下一众部将招致帐中，商讨对策。他不禁叹道：“那个凉州刺史丁原果然了得。而那吕布乃是人中豪杰，有他上阵，我们难有胜算。若能将那吕布招致麾下，这当今天下，岂不是我的掌上之物！”

只听众将官中有人答道：“将军！此事简单！”

众人闻声望去，看到发言者乃是虎贲中郎将李肃。

“哦？李肃，你莫非有何良策？”

“办法倒是有的。不过，需要将军将您的赤兔马和一袋金银珠宝暂交于我。”

“要马做甚？”

“我与吕布恰为同乡。此人虽骁勇善战，却有勇无谋。我只要带上这两样东西，以及我的三寸不烂之舌，去游说吕布一番，定能实现将军所愿！”

“噢？此事能成？”

“请将军拭目以待吧。”

董卓依旧满腹狐疑，他问心腹李儒。

“李肃此言，你看如何？”

李儒答道：“为得天下，一匹赤兔马又有何足惜！”

“此话有理。”董卓重重点头，下定决心，就用李肃之计。于是他将爱马赤兔和一袋金银珠宝交于李肃。

赤兔乃是稀世名马，号称日行千里夜走八百。此马周身通红，奔驰起来，项上的鬃毛摇摆，仿佛一条流动的火焰。此赤兔马虽为董卓将军的心爱之物，但名声在外。可谓天下无人不知，无人不晓。

次日晚上，李肃命两个随从牵上赤兔马，马背驮上金银珠宝，悄悄来到吕布营中拜访。

吕布见他，甚为惊喜：“啊呀是你！好久不见！”

他立刻携手将李肃迎至帐中：“李兄，你我虽为同乡好友，但久无音信。你一向可好啊？”

李肃也与他一叙久别之情，答道：“为兄不才，如今在汉朝为官，任虎贲中郎将之职。听说你也在匡扶社稷，投身国事。于是今夜特来祝贺。”

忽然，吕布仿佛听见什么似的，竖起耳朵，他问李肃：“方才听到帐外马嘶之声，莫不是你的坐骑？这嘶鸣之声惊世不俗，看来你有一匹骏马啊！”

“这马么，确是名马，但不是我的坐骑。我今日特地牵献给足下的。不知吕兄是否喜欢，咱们共同一赏！”

李肃起身相邀，引吕布来至马厩。

吕布一见之下，惊叹出声：“好马！此乃稀世逸骏啊！”

“李兄，吕某无功受禄，难以为报啊。”

吕布难掩喜爱之情，立刻于帐中设宴，与李肃把酒言欢。

待到酒兴正酣之时，李肃趁机说道：“吕兄啊，这匹名马我此番特地献于你。不过这赤兔美名，天下皆知。若是你的父亲向你要马，我就太遗憾啦。”

“哦？你何出此言，莫非是醉了？”

“我并未喝醉。”

“家父早已过世，怎会来与我夺马？”

“非也！我说的乃是你的养父丁原。”

“哦！你是说养父啊。”

“吕兄啊，恕我直言！我看你骁勇善战，文武兼备，如今却如绵羊一般，被养于笼中，不得施展才干，着实可惜！”

“唉！李兄有所不知，自从家父过世，我便被寄养在丁宅，被丁原大人抚养长大。如今即使想有所作为，也是难以为之啊。”

“哦？竟有此事？”

“自然如此。我如今风华正茂，正是大展雄才之机啊。”

“吕兄啊，正所谓良禽择木而栖。这日月易迁，光阴如梭，你如此这般的空度青春，实在是太过可惜了！”

“这个么……李兄，那依你所见，如今这天下之中，朝中群臣，又有谁能称得上是真英雄？”

“若论英雄，自然是凉州刺史董卓将军啊！”李肃趁机游说，“董卓将军敬贤礼士，兼备宽仁德望。这天下英雄非他莫属！将来能成大业之人，必定就是董将军！”

“果然如此么？”

“吕兄以为如何？”

“哦，其实我也一向敬仰董卓将军，但他与养父关系不睦，因此无缘相识。”

听到吕布如此言说，李肃立刻取出那一袋金银珠宝呈于面前：“实不相瞒，此次我所来正是受董将军所托，此为他送你的礼物。”

“这如何使得！”

“想必你也知道，这赤兔马乃天下名马，也是董将军心爱之物，给一座城池都不肯相换的。但董将军爱吕兄之才，让我务必带来送给你。”

“啊！没想到竟得董将军如此厚爱。我该如何报答他的一番好意呢？”

“这有何难！来来来，请附耳过来。”

李肃在吕布耳边如此这般的密语一番。

此时夜已深沉，大营之中士兵沉睡正酣。只听见桀骜不驯的赤兔马在马厩中，不时以蹄蹬地，发出阵阵嘶鸣。

“如此也罢！”

吕布闻言，重重点头。

李肃附在吕布耳边密语一番之后，见吕布双目放出精光，于是继续煽风鼓动道：“若要成事，必须从速！若吕兄决心已下，现在不办，更待何时！李某就在此斟满酒杯，静候佳音！”

吕布下定决心，立刻快步出门。他来到丁原的大帐外，向帐内窥视了一下。

丁原此时正在挑灯夜读，发觉有人进来，便转头问道："是谁在那里？"

丁原回头看见吕布满身酒气，面目狰狞，手持宝剑站在当下，不觉愕然。他起身问道："吕布，出了何事？你的脸色怎么如此怪异？"

"哼！想我堂堂男儿，何须一直当你的养子，受制于你，阻我大展宏图！"

"逆子！口出狂言！"

"无须再说！"吕布冲上前去，一刀砍下丁原的首级。

大帐之中，血溅当场，只见灯火黯淡，夜色惨然。

吕布提着染血的宝剑，如疯似癫。他站在中军帐外，大声呼喝："丁原死了！他不仁不义！我吕布已将他斩杀！军中有志者，跟随于我，不服之人，速速离开！"

他在营中边跑边喊，沉睡的士兵们都被恍惚惊醒，闻讯后难免一阵骚乱。有人留下，有人离开。最后大约有大半兵士选择留下，追随吕布。

待军中骚乱稍平，李肃抚掌大笑："大事成矣！"

李肃随即带领吕布回到董卓的营盘，并报告了事情的经过。

"李肃！你可立了大功一件！"董卓欣喜若狂。

第二天，董卓特地大排酒宴，隆重地将吕布迎至帐中。

吕布则骑着董卓所赠的赤兔宝马而来。他跪倒在董卓面前，效忠道："所谓士为知己者死。我吕布今日弃暗投明。承蒙董公收留，不胜荣幸！"

董卓连忙将他搀起："董某欲成大业，而得足下这般骁勇猛士，助我一臂之力，实如久旱逢甘露。董某更加喜不自胜啊！"

董卓与吕布一起携手入席，共享酒宴。

吕布乐而忘形。席间董卓拿出黄金铠甲和锦袍，作为见面之礼。他们二人饮酒贪杯，最后大醉而归。

说来可惜啊！吕布这样的英雄好汉，却被眼前的诱惑蒙蔽了双眼。他徒有青云大志，却投错了主人。

此时，吕布已入董卓笼中。

而董卓此番再也无所忌惮。他的威势正旺，如旭日东升，野心也日益膨胀起来。

他自封为前将军，其胞弟董旻被封为左将军，而吕布则被封为骑都尉中郎将，为都亭侯。

万事俱备，只差行动。

董卓最后需要解决的问题就是帝位的废立。他的心腹之臣李儒不断谏言，助他实现此计划。

“也罢！这次大事可成！”

于是，董卓重操盛宴，再邀文武百官齐聚府中。

在这京师洛阳，人人热衷宴乐。尤其是朝廷百官，个个都是美酒佳肴的行家里手。彻夜畅饮，歌舞升平，此乃家常便饭。

“今日酒宴的气氛，比上次和谐多了。”酒至半酣，董卓环顾四周，颇感得意。

此时正是时机！

“诸位！”

董卓执杯而起，向在座各位问候。

一开始，他身为主人难免寒暄客套一番，在座诸君也共同举杯，纷纷感谢将军的款待。一时间掌声雷动，气氛热烈。

董卓以为这场面热烈，皆因自己人气过旺，于是忽然旧事重提。

“上次酒宴，董某提及一事，尚未得到在座诸公明判，因此终未决议。今日，老夫欲借此盛会吉日，邀请诸位将未尽之大事做个决断。如若各位同意，我们不妨共同举杯庆祝。不知诸公意下如何啊？”

他再一次提出废除新帝，改立陈留王之事。

原本喧嚣的宴会酒席，忽如沸水遇冷，刹那间变得鸦雀无声。

……

如此重大的问题，闻者皆三缄其口，不肯发声。

突然，有人喊道：“不可！万万不可！”

发声之人正是中军校尉袁绍。他敢冒董卓的压力，点燃反对的导火索。

“袁某敢问董将军！为何总是平地起浪？为何总是徒生是非？为何一再要求废黜现帝，而改立陈留王？出此阴谋，究竟为何？”

董卓以手扶剑，怒道：“住嘴！我哪有什么阴谋！”

“身为人臣，私议废帝之事，还不叫作阴谋？”袁绍毫无畏惧之色。

董卓面色铁青，怒骂道：“老夫哪里密议朝政？今日百官都在这里，我们是开诚布公地交流意见！”

“这只是一个私人宴会。董将军若要议论朝政，理当在朝上。为何偏不在皇上面前议政？为何不请满朝文武百官和太后商议？”

“好生啰唆！若是厌恶我这私宴，还不快滚出去！”

“我偏偏不走！我倒要看看，有谁会赞成这阴谋诡计！”

“哼！我倒要你知道，董某的剑够不够快！”

“口出狂言！诸位，董将军刚才所说，大家都听到了吧？”

“如今这天下之事尽在我手。若有谁不满，就随袁绍速速离开！”

“董卓！你妖言惑众！一手遮天！”

“竖子！你若在此造次，老夫就一刀下去，让你命丧当场！快滚！”

“哼！如此肮脏之地，哪个愿留！”

袁绍气得全身发抖，踢翻酒席，纵身离去。

是夜，他立刻递交辞表，远遁冀州之地。

袁绍踢翻酒席，愤而离去之后，董卓满腔怒火未消。他指着客席一角下令：“太傅袁隗在哪里？把袁隗给我带上前来！”

袁隗是袁绍的叔父，他早已吓得脸色苍白，被家将一路从宴席桌后拖到董卓面前。

“袁隗你看见了吧！你的亲生侄儿当面羞臊于我，简直无礼之至！你现在要代袁绍受罚。砍你人头之前，老夫来问你一事，你可要想好了再答。如今你可站在人世和冥界的岔路口上了。”

“遵……遵命。”

“董某刚刚所说，帝位废立之事，你是持何意见呢？是赞同于我，还是跟你那侄儿一个鼻孔出气？”

“谨听尊命。”

“什么叫谨听尊命？你给我说清楚了！”

“就是微臣以为，董将军所言极是。”

董卓高举宝剑，喊声如雷：“也罢！既然如此，暂留你一条狗命。不知在座诸公是何意见啊？董某此番大事必成，若有反对者，一律军法处置！”

百官见状，慑于其淫威，无人敢言反对。

于是董卓逼迫百官效忠，他一一点名，逐一核实：“侍中周毖！校尉伍琼！议郎何颙！”

董卓见众人听令而起，下达命令：“想那大胆袁绍，竟敢背叛于我！我料想他今夜必定逃往冀州。袁绍掌兵，万不可掉以轻心！你等须即刻带精兵捉拿袁绍，务必将他的首级取来！”

“属下得令！”

伍琼和何颙立刻领命，就要出发。但是侍中周毖回禀董卓：“董将军！请恕属下直言。现在捉拿袁绍，恐非上策。”

“大胆！周毖难道你要违背军令吗？”

“非也。董将军容禀。如今取袁绍人头，对将军而言易如反掌，但却极易引发大乱。袁绍此人平时广布恩德，门下官吏甚多，治下财富甚重。若其故人听说袁绍举旗反对，那么山东各地必定骚动。到时会给将军徒增烦恼。”

“董某怕他不成！若敢反我，征讨就是！”

“可是，袁绍此人其实是个想法颇多，却无决断能力之人。他不能洞察天下大势，只因为一时愤怒就离席而去。他实际上是非常惧怕您的，不足以妨碍您成就霸业。此时，将军不妨以利诱之，暂封他为一郡太守，暂且置之不理就是。”

“此计如何？”董卓环顾左右，征求意见。蔡邕认为很有道理。

“既然如此，那就暂留袁绍一条狗命。”

“如此方为上策！”

董卓听到大家异口同声，表示赞同，立刻改令：“立刻派人去传我的命令，封袁绍为渤海郡（今河北省一带）太守。”

九月初一，董卓请皇帝到嘉德殿，并于当日广告文武百官：“今日不登朝者一律斩首！”

随后董卓在殿上拔出剑来，完全不顾御驾在前，他对其心腹之臣命道：“李儒，宣读文告！”

一切都按预定计划而行。李儒答应一声，展开宣文，高声诵读起来：

策文

孝灵皇帝，不穷眉寿之祚，早弃臣民于不顾。皇帝承嗣，海内侧望。而新帝天资轻佻，威仪不恪，性情慢惰，凶德已显，损辱神器，宗庙蒙尘。太后亦教无母仪，统政荒乱。众论是起，大革之道……

李儒不顾众人反应，提高声音继续诵读。

百官闻听，皆脸色大变。新帝蜷缩在龙椅之上颤抖不止。一时之间，嘉德殿上死寂一片。

只听皇帝身边的何太后“呜呜……”的呜咽出声。太后满面热泪，紧紧拉着皇帝龙袍，哭求：“你大汉皇帝！绝不能因别人所言而改变！请皇上不要离开御座啊！”

董卓举剑大喝：“正如李儒所宣，皇帝昏愚无仪，太后疏于教诲，亦无母仪天下之德。从今日起，今帝废为弘农王，与何太后一同打入永安宫，改立陈留王为当今天子！”

董卓冲上前去，把皇帝拉下龙椅，押他北向而立，塞进臣子的行列之中。

大哭失声的何太后，也被董卓命人剥去绣满龙凤的朝服，而仅着普通衣裳，押至后排。如此惨状，众臣不敢造次，只得捂住眼睛。

众臣之中，只有一人大呼：“休得猖狂！逆臣董卓！你竟如此猖狂，一手遮天，竟私自废黜当今圣上！我今日要拼得和你同归于尽！”

只见一人从群臣之中冲出，挥起短剑刺向董卓。

挥剑之人正是尚书丁管，他是一个年轻纯真之人。董卓大为吃惊，一边躲闪，一边尖声呼救。

“哼，休得造次！”

李儒冲上前来相救，他拔刀砍下丁管首级。董卓的士兵们也将丁管的身体扎得满是血窟窿。嘉德大殿尽被这位年轻义士的鲜血浸染。

尽管临时有变，但董卓终究达成所愿，废今帝而改立陈留王为天子。文武百官皆慑于董卓淫威，不得不山呼万岁，以示礼成。

新帝称为献帝。而献帝年幼，凡事皆须听从董卓之意而行。

即位典礼结束之后，董卓自封为相国，封杨彪为司徒、黄琬为太尉、荀爽为司空、韩馥为冀州牧、张资为南阳太守。从上至下，从中央到地方，所有官员都被改为董卓自己的心腹之臣。从此，董卓自恃相国位重，横行宫中，着履佩剑，视禁门之内宛如自己的私宅。

同时，改年号为初平元年[①]。

---

① 译者注：公元 190 年。

# 第二十二章
# 春园走兽

废帝与何太后二人被打入永安宫，两人幽禁于此，整日哭泣。即使春天已到，每日只得空对花月，嗟叹不已。

董卓严令卫兵，对其二人一定要注意监视，不可懈怠。

一日，卫兵放哨之时，正要打盹。却听到宫中传来哀伤的歌声，便侧耳倾听。

嫩草绿凝烟，袅袅双飞燕。
洛水一条青，陌上人称美。
远望碧云深，是吾旧宫殿。
何人仗忠义，泄我心中怨。

卫兵将歌词记在纸上，呈给董相国，告知此为废帝弘农王所唱。

董卓立刻唤来李儒参谋："看歌词中所云，这废帝仍盼着有人相救。如此留着这母子必为后患。李儒，我就将这二人交给你处置。当杀则杀！"

"属下遵命！"

李儒心黑手冷，领命而动。他随即率十强悍兵卒，直奔永安宫。

"弘农王何在？"

此时弘农王与何太后正在永安宫的小楼上兀自悲伤，忽闻一阵脚步之声，看到李儒的身影，都不免心惊胆跳。

李儒怪笑："二位殿下不必惊慌。我此番前来是因相国赠酒。这延寿酒，强身健体，可延年益寿，正应这春日美景。请赏光喝一盏吧。"

说着，李儒斟满酒杯，递给废帝。弘农王紧锁双眉问道："这不会是毒酒吧。"

何太后也垂下泪来，骂道："董相国怎会容我们延寿？李儒，若非毒酒，你先饮一杯吧！"

李儒瞪眼骂道："不识抬举！非要我拿出此物么？"

他派士兵送上七尺白绫和匕首短刀。

“这是何意？董相国是要我们自行了断么？”

“少说废话，你们自己选吧！”李儒态度冷淡地说。

弘农王无奈饮下毒酒，吟出最后的悲歌：

天地易兮日月翻，
弃万乘兮退守藩。
为臣逼兮命不久，
大势去兮空泪潸。

话音刚落，就毒发倒地而亡。

何太后见状，目光炯炯地瞪着李儒，骂道：“国贼！匹夫！你们休得猖狂！你们的日子也长久不了！唉！皆因我的哥哥何进太过愚蠢，竟然引狼入室啊！”

李儒嫌她聒噪，好不耐烦。他一把揪起太后的衣领，将她扔下楼去。

“事情办好了吗？”董卓在府上一边品酌美酒，一边等李儒汇报。

李儒回来之时衣角沾满斑斑血迹。他呈上两颗人头，道：“回禀相国，事已办妥！”

他带回来的正是弘农王与何太后的首级。这两颗人头含冤而死，虽然眼睛紧闭，但董卓总觉得被怒目瞪视，很不自在。

董卓皱眉：“将这东西放远一点，拿去城外埋了吧。”

从此以后，董卓更无忌惮。他整日在宫中把酒作乐，骄奢淫靡。而身边伺候的宦官宫女，只要他不顺心，就立刻处死。晚上更是睡在龙榻之上，享受皇帝的感觉。

这一日，董卓前往阳城赏梅。他带了一车美女同行饮酒还嫌不过瘾，还执起鞭子，驾车而行。只觉得城外梅花开得正艳，香车美女，一路逍遥。

当日恰逢村里庙会，青年男女们都穿着新衣，前呼后拥地赶庙会。

董卓见到这副情形，却忽然勃然大怒，他骂道：“这帮农夫不去耕地，反而趁着大好天气出来闲逛。简直太过懒散！来人呐！把他们都给我抓起来！”

原本兴冲冲去赶庙会的人们忽然被相国的士兵驱逐，大家纷纷四散奔逃。而有几个逃得慢的，就被抓住押来。

董卓耍起威风，下令道：“将他们以牛车裂尸！”

于是这几个无辜的村民被士兵捆住手脚，绳子的另一端分别绑在两头牛身上。士兵使劲鞭打壮牛，随着两头牛向不同方向狂奔，村民的手脚随之被撕断，他们不断哀号，鲜血染红了梅园。

“有趣有趣！这可比赏花有意思多啦！”

一日游罢，相国的车马在傍晚时分抵达阳城。

“逆贼！纳命来！”

当车马路过一个巷口时，忽闻有人大喝一声。一个身影扑向董卓的马车。

车上的美女都吓得惊叫连连，马儿也受惊狂奔，好不混乱。

“大胆！你想做甚！”

董卓虽然身体肥重，不够敏捷，但他力大无穷，一时也没让刺客占上便宜。

扑进马车的刺客十分精悍。他拔出短剑，对着相国的肚子便刺。董卓将短剑打落，扑上去紧紧抱住刺客，令他难以逃走。

“大胆狂徒，快说！是谁派你来的？”

“逆贼！可惜我今天杀你不死！”

“速速报上名来！”

……

“你意图谋逆，必有同党，快说，究竟是受何人指使？！”

而那刺客虽然被董卓勒得喘不上气来，仍拼命挣扎，他叫道：“我不是你的臣子，何谈谋逆！我乃朝廷之臣，越骑校尉伍孚！”

“给我杀了他！”

董卓将伍孚踢下马车，随行兵士立刻冲上去，将他乱刀砍死。

再说那袁绍，他自酒宴那夜逃出洛阳后，被董卓封为渤海郡太守，身处边疆。每当他听到洛阳的形势时，都感到胸中憋闷。后来终于难以忍耐，暗中传书给好友司徒王允，催促他设法举事。

可是，王允收到书信之后，日夜煎熬。他虽位列三公，却想不出对付董卓的好办法。

司徒王允虽然每日上朝处理政务，却心有旁骛，怏怏不乐。

这一日上朝之时，他发现恰巧董卓的心腹高官都不在，只剩前朝旧臣齐聚一室。王允暗自高兴，认为这是“天赐良机”！

他急忙邀请诸位大臣来家中一叙：“今日恰为老朽的生辰之日，不知诸公能否赏光，到别馆竹里馆同饮一杯如何？”

“既然如此，我等定去叨扰，为王公祝寿！”大家皆欣然同意。诸位大臣也希望能够躲开董卓的耳目，与旧友一聚。

于是司徒王允先返回竹里馆准备，天色渐暗时，这些前朝公卿们便暗中聚集而来。

席上众人皆为前朝旧臣，如今不得时运，因此虽为酒宴，但气氛沉闷。王允在敬酒之时，站起身来却一时语塞，不禁泪洒衣襟。

一位宾客见状，宽慰他道：“王公，今日乃您的寿诞之宴。为何伤心落泪？”

王允一声长叹：“在如今这乱世，我又哪里有心庆祝寿辰？我虽自前朝以来，位列三公之位，替天子承办政务。但如今却对董卓的势力无可奈何。我整日双耳可闻万民嗟怨，双眼可见汉室衰亡，却无能为力。哪有心思饮酒贺寿呢！”

说完，他忍不住频频拭泪。

听者闻言皆感同身受，叹道：“我们怎么生在如此乱世之中。想当年高祖皇帝手提三尺之剑斩杀白蛇，平定天下。如今已有四百年。而我等不幸，生在末世！”

“如此动荡时局，令人嗟叹，命运难料啊。”

“当今这朝廷之上，有谁敢得罪董相国及其心腹朝臣，若有不慎，则小命休矣！”

众臣各自嗟叹落泪，席间气氛压抑，连烛光都为之昏暗无光。这时，从角落传来一人击掌大笑之声：“哈哈哈！可笑可笑！”

众人回头观瞧，只见一位年轻朝臣正独擎酒杯，乐不可支，一张白皙面孔泛起红潮。众人正在伤心难过，他却如此开怀。

王允瞪他一眼，说道：“我当是谁，原来是校尉曹操，你因何发笑啊？”

“恕罪恕罪！在下实在难忍笑意。在座诸公皆为朝廷大员，却只知道日夜啼哭，哭天抹泪。若朝臣们如此，那天下百姓岂不是要终日大哭，难以生活了！今日我等皆为王大人祝寿而来，却难道是特地前来落泪的么？哈哈哈！在下觉得实在可笑得紧啊！哈哈哈！”

“口出狂言！你乃相国曹参之后，四百年来一直蒙受汉室大恩。当今朝廷如此乱状，你竟丝毫无动于衷么？我们忧国忧民又有何可笑？你给我好好作答，否则定不饶你！”

“王大人莫要动怒。”曹操收起笑容，正色说道，“在下并非无故发笑。在座诸位大人皆为朝廷重臣，而今却只是伤怀落泪，似那女流之辈。若说起诛杀董卓之计策，却都毫无办法。既然大家都如此无能为力，那又何须感慨时局？倒不如怀抱美女，听曲作乐，落几滴伤春悲秋之浊泪消遣，岂不更好？思虑至此，在下不得不笑啊！”

曹操一番话说得直白，王允及众位公卿皆闻之有愧，面有愠色，却难反驳。

“你莫说大话！若要诛杀董卓，莫非你有良策不成？”

王允步步紧逼，责问曹操。众人也纷纷屏息，视线集中在曹操那张白皙面孔，待他如何作答。

“自然有计！”曹操毅然答道，“请王大人放心。在下有计，定可斩得董卓首级，悬于洛阳城门！”

他年轻气盛，说得痛快。

王允闻言大喜：“曹校尉，若你所言为实，则实为天降义士，拯救万民。你究竟有何妙计，请速速讲来！”

“各位大人容禀。在下如今接近董卓，谄媚侍奉，其实只为等待时机，刺死老贼。”

“如此说来，你莫非早已下此决心？”

“在下决心已下，因此才敢在众位大人面前如此造次。”

“哦？曹操果然是天下义士吗？”王允闻言，颇为感动。众臣也都面露喜色。

曹操又道：“在下对王大人有个不情之请，不知当讲不当讲。”

“你有何求，但讲无妨！”

“在下听说，王大人府中珍藏一把稀世名刀，刀上镶嵌七颗宝石。希望借刀一用，以刺董贼！”

“此事能成？”

“必定能成！董相国最近对我宠爱有加，视为心腹，若我可持刀接近，必能将其立斩于刀下！”

“只要大事能成，乃是为天下除害。一把名刀，又有何足惜！”

王允立刻命人取来七宝刀，交于曹操。他不断叮嘱道：“此事重大，请万万小心！若事情败露，则难以收拾啊！”

“请大人放心！”

曹操收起宝刀，踏上归途。只见那七宝刀璀璨夺目，挂在他腰际，宛如一条夜光珠带，夺人双目。

# 第二十三章
# 白面曹操

曹操年纪尚轻。虽然他肯充当义士，刺杀董卓，形象伟岸，但仍不过是个白面青年。

他以二十岁弱冠之龄，即任洛阳北都尉。短短几年之间，他的才干就得到上司赏识，成为朝廷少壮派武官。在如此纷乱多事的宫廷时局之中，他从未失职，反而地位越来越稳固。曹操能与新旧两派势力的高官打成一片，虽然年纪轻轻，却崭露了头角，不知不觉间成为朝臣之中的一员。

在竹里馆的寿宴上，王允曾说曹操出自名门，为汉初助高祖皇帝创立霸业的相国曹参之后。

他生于沛国谯县（今安徽省亳州），其父曹嵩曾任宫内官职，归野后居住在陈留（今河南省，开封东南），如今年事已高，健在人世。

曹父自幼疼爱曹操，说此子生有“凤眼”。所谓凤眼，指双眼如凤凰一般细长，眼光有神。

曹操一直是一个肤白发乌、丹唇明眸、骨骼均匀的美少年。而学舍先生和邻里乡亲都知道他颇有鬼才，称他为“聪明得让人害怕！”

他少年时曾经有过这样一件故事：少年曹操脑筋聪明，对私塾先生所教的学问闻一知十，因此从不下功夫看书。他喜欢打猎，常常引弓射箭抓捕野兽。他少年早熟，常勾结不良少年诱拐村女。整天吊儿郎当，四处晃荡。

“这个孩子必须严格管教！”曹操的叔父担心孩子再不严加管教恐怕会走上歧途，于是向曹父建议，“你过于溺爱曹操，这样反而会耽误孩子的。一般在父母眼中只能看到孩子好的一面，却容易忽视孩子的缺点。你要好好管教他！”

曹嵩闻言大怒，他平日里也听说过曹操的所作所为，于是将曹操叫来，狠狠地训斥了一番。

第二天叔父到他家时，忽见曹操倒在院中，仿佛抽风一样，显得痛苦不堪。叔父为人老实，不晓得他在装病，于是惊慌跑去通知曹父。

曹嵩一听爱子得病，吓得脸色大变，冲到院中。而曹操却一副若无其事的样子，在院中玩耍。

“我儿在哪！曹操快来！”

“父亲我在这里，您因何事惊慌？”

“你有没有哪里不舒服？你的叔父刚才跑来说你抽风倒地，好像生了大病。我这不是赶紧查看，生怕你出了意外！”

“叔父为何说谎？我并未生病啊！”

“真是奇怪。”

“叔父才是奇怪。别人都说他喜欢说谎，喜欢看人家惊慌的样子。他们还说，叔父似乎很不喜欢我，总说我调皮捣蛋，现在又和您说我生病抽风了。”曹操对着父亲和叔父，一脸无辜地撒谎。

从此之后，曹父不肯再轻信叔父的话了。

“父亲真是太好骗了啊！”

曹操愈发忘形嚣张，经常偷奸耍滑，却再也无人可以管束于他。

曹操在二十岁前一直不务正业。一来家境殷实，二来出身名门。如他叔父所言，从未严加管束。

但是，曹操虽然有诸多缺点，却又有很多优点。比如他侠肝义胆，在同辈青年中颇有人气。

“曹操是个聪明人。”

“他思虑细密，这个人靠得住。”

在他的同辈之中，桥玄、何颙等人认为曹操的纵横才华是一种特别的本领。还曾有人断言：“天下大乱之时，若无奇才则难以收拾。曹操这种人啊，到时候说不定能出其不意地安天下呢。”

有一次，桥玄对曹操建议道：“你如今尚无名无势，但我认为你将来一定有所作为。你不妨找机会去见一个叫许子将的人。”

“他是何许人也？”曹操问。

“此人非常善于鉴人，还是个学者。”

“那他就是个相面算卦的人嘛。”

“别说得如此不堪。他可是个了不起的品评家，相人更是独具慧眼。”

“这倒有趣！待我去找他拜访拜访。”

于是曹操择日去许子将府上拜访。当时许府中有许多弟子和客人在场。曹操通上名姓后，就想听他如何评说。谁料许子将只是瞥他一眼，漫不经心地不予理睬。

“哼！”

曹操又显露出自幼那耍滑头的样子，揶揄他道：“许先生，你是不是只懂鉴识池中之鱼，却未曾见过海中巨鲸吧。”

许子将这才从那黑薄的嘴唇后露出满口残牙，他开口说道：“竖子！你不用出言激我。我料你将来会成为治世之能臣，乱世之奸雄。”

听到他的回答，曹操满意而归：“乱世之奸雄？正合我意！”

不久，曹操于二十岁这年任为北都尉。

北都尉的实际工作相当于禁宫守卫。曹操初上任之时，要求严格。任何违背宫中规定之人都会受到惩罚，即使高官也一视同仁。某次，就连那十常侍蹇硕的一个亲戚，破禁带刀入宫，都受到了曹操的棒责。

“小心那个年轻的都尉，他严守规定，若是违反，他可不会轻易通融的。”

曹操反倒因此受上司重视，很快就升任为骑都尉。在黄巾之乱时，曹操加入王师，征讨转战各地。他总是一身红衣红甲，队伍也执红旗，马匹配红鞍，因此他的队伍无论走到哪里都煞是醒目。在转战到颍川之际，遇到刘关张三人火攻张梁、张宝，令他们三人见状都忍不住暗挑大拇指，觉得他是个难得的不俗人物。

而那红衣红甲的不俗人物，正是那骁骑校尉曹操。

曹操在竹里馆接过司徒王允的七宝名刀，誓要刺杀董卓。是夜回家，他抱着宝刀睡在床上。

这一夜，他会做一个什么梦呢？

第二天，曹操如常来到董卓的相国府。

“相国何在？”他询问小吏。

“相国大人刚进小阁，正在书房歇息。”

曹操立刻来至小阁，向董卓请安。董相国正斜倚在榻上饮茶，而吕布侍立一旁。

“你今天来得好迟啊。”董卓一见曹操就如此责备。

当时已经日上三竿，相国府各处的工作都已完成，曹操到时正是午休时分。

“相国恕罪！只怪我那马儿太不中用，跑得不快。”

“你怎么连一匹好马都没有吗？”

“回禀相国，实在惭愧啊，我的薪饷不多，买不起好马呀。”

“吕布何在？”董卓笑着回头，“你现在去，到我的马厩，给曹操选匹好马。”

“遵命。”吕布领命去了后院马厩。

曹操暗忖：“现在机会正好。”

他一时紧张，心脏怦怦直跳。虽然现在没有吕布在一旁阻挠，但那董卓身体肥胖，力气很大，也很难对付。万一失手，恐怕自己也会难逃一死。于是他按下心神，寻找时机。他知道董卓体肥，坐久了总会疲劳的。

正在这时，董卓果然在床上翻了个身，将后背正对曹操。

“此乃天赐良机！”曹操心里一阵狂喜，他偷偷拔出七宝刀，慢慢靠近床边。

而宝刀此时却折射了一道光线，恰巧映在董卓的床头镜中。

董卓被闪光一晃，略有所惊。他立刻坐起身来，瞪视曹操问道：“那是什么在闪光？”

曹操手中仍握着宝刀，来不及隐藏。但他毫不慌张，反而笑道：“回禀相国，那是在下新得的一把稀世名刀。不敢私藏，特地拿来献给相国。若您中意，则请随身佩带。刚才我擦拭了一下刀鞘，这宝刀果然了得，一擦之下闪耀无比。”

曹操面上毫无惊慌之色，微笑着双手呈上宝刀。

“什么宝贝？呈上来给我看看。”

董卓正将七宝刀拿在手上鉴赏之时，正巧吕布挑完马回来了。

董卓好像很中意，对吕布说道：“这还果然是把好刀！你来看看如何？”

曹操接着说：“这个是刀鞘，你看这七彩宝石多么漂亮啊！”

说着把宝刀和剑鞘都递给吕布。

吕布接过宝刀和刀鞘并不多言。他拿刀在手，对曹操说道：“马已经挑好了，你快去看看吧。”

曹操谢道：“有劳了！我这就去看！”

他跟着吕布来到院中，欣喜地抚摸着马鬃，道：“多谢相国赐马。这果然是匹好马！我真想骑给相国看一看啊。”

董卓并不以为意，随口应道：“行啊，你就上马试骑一圈吧。”

曹操得令，飞身上马。他先慢慢在院中兜转一圈，又扬起一鞭，策马驰出相国府大门，绝尘而去。

“曹操怎么试马这么久还不回来？”董卓立在院中等了半晌，有些不耐烦。

“他不就是试骑一下嘛，怎么跑这么远还不回来？曹操这小子！”他再三问道，此时已心生怀疑。

吕布到此时才开口说道："相国大人，恐怕曹操不会回来了。"

"何出此言？"

"他刚才特意在属下不在之时，才向您献刀，这一点着实可疑。"

"嗯！我也觉得他今日之举非常异常。"

"此时曹操得此宝马，恐怕早已逃出城外了。"

"若此事当真，曹操此人绝不能轻饶！来人啊！把李儒叫来！"

李儒来到相国跟前，听了前后经过之后说道："糟糕！让曹操驱马而逃相当于放虎归山。他的妻儿老小都住在城外，此番前来，一定是专程要取相国的性命来的。"

"真是可恼！李儒，你说现在如何是好？"

"属下认为，现在相国应该立刻派人去曹操住处，谎称相国有事要立刻召见于他。如那曹操真无隐情，则必会立刻前来。不过我猜测，他早已逃之夭夭，不会老实在家里等候了。"

话虽如此，李儒仍然立刻派人去探，不一会，就有士兵回来禀报："就在刚才，曹操骑着一匹骏马飞奔出了东门。东门守卫见状起疑，就飞马去追，将他在城外关口截下后，曹操说他是奉了相国急命而外出的。又说若是官兵阻拦，耽误了大事，会受相国的责罚。因此官兵们便不再阻拦，任曹操扬鞭出关了。现在去往何处，竟无人知晓。"

"岂有此理！"董卓气得怒火填胸，"这曹操小儿，平时我对他多加提拔，他却背叛于我。实在可恨！我定要将他捉拿到手，严加惩罚！来人啊！"

"属下在。"

"速速派人，将曹操的相貌服装描画下来，将画像分发各地，张榜悬赏，严令缉捕！"

"属下遵命。"

"榜上就说，若能活捉曹操，则封万户侯，若有献曹操首级到相国府者，则重赏千金！"

"属下即刻布置。"

"且慢！"李儒正要退下，董卓又把他叫回来，补充说道，"曹操献刀的计谋周密，绝非他一人能为之，背后一定有其他同党。"

"想必如此。"

"如此看来，事态严峻。你在追捕曹操的同时，还要捉拿他的同党。将这王城之中的可疑人员一一甄别，若有嫌犯则要严加拷问。"

"属下遵命！此事事不宜迟，属下一定办好。"

李儒领命，大步离去。他立刻召集捕吏，抓捕曹操及其同党。

第二卷

# 群星之卷

## 第一章
# 伪忠狼心

抓捕曹操的悬赏布告被立刻分发到各州各郡，各处捕吏闻风而动。

另一方面，曹操自从董卓的相国府中逃出之后，便快马加鞭，日夜狂奔。他一路向南，只为远离洛阳。这一日，他来到了中牟县（今隶属于河南省郑州市）附近。

“来人站住！”

“赶快下马！”

曹操刚刚抵达中牟县的城门，就立刻被守城士兵拉下马来。

“我们刚得到洛阳的悬赏布告，要捉拿一个叫曹操的通缉犯。看你的样子和布告上所画之人，简直一模一样。你赶紧跟我们到府衙走一趟吧！”

守城的士兵根本不听曹操辩解，将他五花大绑，押到县衙审讯。

中牟县令陈宫一见之下，立刻断定：“此人即是曹操！无须再审。我一直在京城洛阳任职，直到去年才调任此处。在洛阳之时曾见过他。你们此番立了大功！相国的布告上说，若能生擒此人，押送相府，我就能封上万户侯啦。到时候肯定也少不了你们的好处啊。咱们今晚大排酒宴，好好庆贺一番！”

曹操立刻被押入铁槛囚车，只待天亮之后即刻押往京师洛阳，换悬赏酬劳。而守城将士和县内大小官吏都赴县令的酒宴，痛饮庆贺。

天色渐晚之时，庆祝之宴也终于落幕。守城将士关闭城门之后，醉醺醺地各寻去处，乐呵呵地做自己的春秋大梦。

曹操被独自留在阴冷的囚车之中，心灰意冷。他只得紧闭双眼，斜倚在铁槛之上，默默倾听黑暗山谷中的风声呼啸。

待到夜半三更时分，有人悄悄走近囚车，低声唤道：“曹操！你醒着么？”

曹操睁眼，借月色看出正是那位中牟县令陈宫。曹操心下奇怪他为何半夜前来，但仍装出一副若无其事的样子应道：“你有何事？”

“我一直听说，你深受董相国的宠爱和重用，为何今日会落到这般地步？”

“燕雀安知鸿鹄之志！你此时问这做甚？如今我已被你生擒押在囚车之中，你还来说这些废话！你不就是想押我回洛阳，当你的万户侯去么？这下该称心如意了吧！”

“曹操啊，可惜你一条好汉，却无鉴人之明啊！”

“此话怎讲？”

“请你少安毋躁。你莫要因我是朝廷官吏，刚刚将你捉拿就要误会我的立场。实不相瞒，陈某也是胸怀大志之人，一直苦于没有可以共忧国患的同道之人，只得独自幽怨，虚度光阴。今日见你，特来相叙，不知你的志向为何？”

曹操闻言，听出陈宫的话外之音，于是收起敌对态度，回答道：“既然如此，我也不妨告诉于你。”

他重新在囚车中坐下来。

曹操缓缓开口说道：“诚如你所言，董卓对我颇为看重，视为心腹。但我乃是高祖之相曹参的后裔，四百年来世代蒙受汉室隆恩，又怎会甘愿委身于汉室逆贼董卓的手下！”

他一旦开口，就越说越激动：“我此番决心刺杀逆贼董卓，以报汉室之恩。但是可惜我一时失手，险被董卓所抓。我此番逃至中牟，却又被你的官兵所捉拿。如今深陷牢笼，无处可逃，但我无怨无悔！”

曹操即使在囚车之中，仍然是一副白脸细眼、泰然自若的神情。不愧为名门之后，镇定沉稳，不容小觑。

“……”

县令陈宫闻言，沉默良久，他忽然开口说道：“你且稍候片刻！”

说罢，他从怀中掏出钥匙，打开铁锁，又一把拉开囚车铁门，将曹操从中拽了出来。

“曹公，你此番逃至本县，原本欲往何处而去？”

“我本欲回老家……”曹操被陈宫拉出囚车，站在当场，一时惊讶无比。他一边回答，一边思索陈宫的用意，“我原本打算回到故乡谯县，之后号召天下英雄起义再攻洛阳，堂堂正正地讨伐大汉逆贼董卓此人。”

“原应如此！”

陈宫牵着曹操的手，悄悄将他引至自己房中，又摆上酒菜。之后他倒身拜在曹操面前。

“曹公果然是一位忠义之士。今日得见，陈某三生有幸！”

“哦？莫非你也与董卓有旧怨？”

“非也！陈某与那董卓并无私怨。我同曹公一样，同天下万民一样，同为大汉子民，对董贼憎恨不已。”

“原来如此！”

“今日得见曹公，我心已决！这官我不做也罢！请让陈某同你一道出走，容我助你一臂之力。召集天下义兵，共同举义！”

“此话当真？”

“自然当真！我已将曹公从囚车中救出，已表诚意了！”

“真乃天助我也！”曹操这才如释重负，他颇有一种重获新生的喜悦之情。

“请问阁下如何称呼？”曹操问道。

“容我介绍，在下名叫陈宫，字公台，现任中牟本地的县令。”

“陈公家住何处？”

“我家住在附近东郡。我们现在即刻起身，回我家里准备一下，立刻上路为妙。”

陈宫悄悄从县衙马厩牵出马来，与曹操一起出发。两人快马加鞭，不多时已将东郡远远甩在身后。

两人日夜兼程，一连赶路三天三夜。这一日，来到成皋（今河南省，隶属于荥阳县）附近。

“天色渐晚，我们找个住处歇息一下吧。”

“既然已经来至此处，应该安全了一些。你看，今天的夕阳似乎格外昏黄啊。”

“看天气，要刮西北风了。”

“噢，你说的是大漠以北的沙尘风暴吧。”

“今晚我们到哪里投宿为好？”

“我们再往前赶一赶，附近应该能有村庄。这一带叫什么地方？”

“我看见道旁路标，写着‘成皋’二字。”

“已到成皋了吗，那我们今晚可以投宿于一个熟人之处。”曹操舒展开纠结的眉头，以手指前方，那有一片树林。

“哦？曹公在如此偏僻之所，也有熟人吗？”

“成皋这里有一位家父的朋友，名叫吕伯奢。他与家父情谊深厚。”

“如此甚好！”

“正好我们今晚可以前去，到他家借宿一晚。”

曹操和陈宫二人一边说话，一边骑马进入树林。他们来至一处林间的宅院，将马匹拴于桩上，走上前去扣响吕家大门。

吕伯奢开门之后，见到曹操非常惊讶。他热情地将两位不速之客请进房中，说道：“我道是谁，原来是曹家公子嘛！”

“世伯许久未见，一向可好？”

“很好很好！你们快快请进。你来告诉我，你究竟出了什么事？”

“世伯所问何事？”

“我听说官府在各地发了你的画像，正在悬赏通缉于你。”

“原来您问的是此事。那是因为我欲刺杀相国董卓，不料失手，因此逃出洛阳。虽然官府称我为逆贼，悬赏捉拿于我，但那董卓才是汉室之大贼。天下大乱皆因董卓而起，人人杀之而后快，我曹操又岂有坐视不理之理！”

“原来如此。那请问这位怎么称呼？”

“容我介绍，这位才是真正侠肝义胆的英杰！他名叫陈宫，原是中牟县令。他的手下官兵认出我的相貌，将我抓捕至官府。但幸遇陈大人，我们共商大志，志向相投，同为忧国忧民之士。他因此将我放出囚车，还弃官舍业，助我一路奔波，才能逃至此处。”

“竟然如此！”

吕伯奢当即跪倒在地，拜谢陈宫，他说道：“陈大人真乃义士！若非陈大人所救，曹门一族恐已灭门矣。今后也请多加提携为是。”

吕伯奢不愧为曹父的手足挚友。他以一个长辈的身份向陈宫托付，恳请他照顾曹操。

吕伯奢又说：“你们二人且在此歇息片刻，待我去邻村买酒，去去就回。”

他匆匆上马，出门而去。

曹操和陈宫于是稍事休息，擦洗身体，掸下旅途尘埃，在房中休息。但那吕伯奢却迟迟不归。

将至初更时分，不知从何处传来一阵异动。曹操侧耳倾听，却是一墙之隔，有人在磨刀霍霍。

“这是为何？”曹操心中狐疑。他轻轻推开窗户，仔细分辨声音。

“没错，的确是磨刀之声！看来吕伯奢出门时说是到邻村买酒，实际可能已经去报了官，他们现在打算绑了我们，向官府领赏吧。”

曹操心里暗自狐疑。他又听到厨房那边黑黢黢的，里面有几个人纷纷说着要绑起来，杀掉之类的话。

“看来错不了了！这家人是想先把我们稳住，然后伺机加害于我们。可是他们的毒计被我们发现了，我们要先下手为强！”

曹操匆忙将他的发现告诉陈宫。于是两人提剑蹿入厨房，将吕家全家老小，总共八口人统统杀掉。

曹操擦干刀上血迹，催促陈宫说道："官兵说不定马上就到，咱们快逃吧！"

忽然，他们又听到窗外有异样的呻吟之声。两人赶紧蹿到门外，只见厨房外边的树上吊着一头活猪。它被绑住四蹄，倒挂树上，正在不断哀叫。

"哎呀，糟糕！"陈宫至此忽然了悟，不禁后悔不已。

他刚刚明白，这家人是刚买了一头猪，正在商量要杀猪做菜。

曹操见状并不理会，只是想着要快些逃跑。

他又在催促："陈宫，怎么还不快走！"

"嗯。"

"你还在磨蹭什么？"

"唉！我真是后悔！心里实在难受！"

"这是为何？"

"我们居然杀害了这家无辜的人！可怜这一家老少八口人啊！他们其实为了抚慰我们旅途劳顿，特地买了猪来，原本准备给我们做一顿好饭菜的。"

"所以你现在是在合掌念经，忏悔你的罪恶么？"

"我想，我们应该至少念经拜佛再走，毕竟我们乱杀了无辜，罪孽深重。"

"哈哈哈！你这作风可不像习武之人。现在人已经死了，再怎么说也无可奈何。在战场上，一天要死成千上万的人，哪有时间一一念经。更何况，我们自己也不知哪天会被别人杀死。"

曹操和陈宫信奉各自的人生观和价值观，两者之间的区别很大。但两人现在同为天涯沦落人，一起逃亡，也不便在此辩论孰是孰非。

于是两人飞奔而去，各自解开马匹的缰绳，迅速逃离了吕家宅邸，一口气跑出去两里多地。

这时，迎面来了一个人。只见他牵着一匹马，马背上驮着两个大酒坛。走近之时，还能闻到水果的扑鼻香气，原来他手上还提着一篮水果。

"咦？曹操你们怎么出来了？"

原来是碰见吕伯奢从邻村买酒回来了。

曹操此时遇见他实在尴尬，他匆忙回道："世伯，是这样的。我们今天过来的路上遇到一个茶馆，刚想起来落了东西在那里。我们现在去取来。”

“取东西的话，你吩咐人去就是了。”

“不用麻烦，我们骑马更快的。”

“那你们早去早回啊，我早就吩咐家人杀猪做菜，让你们好好吃一顿。你看，我还买到了美酒。今晚咱们爷儿俩好好坐下来喝一杯。”

“明白了，我们这就回来。”

曹操随口应道，赶紧别过吕伯奢，打马急奔。

刚跑了几步，曹操突然勒住马，仿佛想到什么似的，让陈宫稍等，又策马折回。

“曹操这是去做什么？”陈宫心中觉得纳闷，只得耐心等待。不久曹操就回来了，看起来心事已了。

“我们现在可以走了！我刚才回去把他也刺死了。”

“什么？你刚去杀了吕伯奢？”

“正是。”

“我们已经错杀了他的家人，为何还要将他也杀死？”

“我想他若一会儿到家，发现妻儿老小都被我们杀死，恐怕会视我们为仇人的。”

“我们错杀他的家人，他恨我们也是应当的。”

“如果他一怒之下，前去报官，那我曹某人就要大祸临头了。我杀他也是不得已而为之。”

“可是我们一路滥杀无辜，实在有悖人道啊。”

“非也！”曹操仿佛吟诗一样大声说道，“宁教我负天下人，休教天下人负我！”

“曹操此人实在可怖！”听到曹操这一番话，陈宫不禁在心中重新审视曹操的为人，忽然心中感到莫名的恐惧。

他根本不是志在拯救天下苍生之人，亦非忧国忧民之士。曹操的本质只是一个想为一己之利，夺取天下的野心家。

“看来我是看错人了！”事到如今，陈宫不禁悔恨难当。他忽然觉得，自己抛官舍业地追随曹操，却是把全部身家押在一个不值得的人身上。而如今他已走上这条不归路，一条充满荆棘的弯路。

“如今为时已晚，我真是追悔莫及啊！”

长夜漫漫，月高星稀。两人已在月光下奔驰了十里地。

路边出现一个小破庙，他们决定稍事休息。

“陈宫啊！”

“怎么？”

“咱们要不稍微小睡一下吧。现在离天亮还有一段时间。若不休息一下，明天路上会很辛苦的。”

“也好！那我先把马藏好，要是这马被盗了就麻烦了。”

“说得有理。不过，我还是忘了一事。”

“忘了何事？”

“我刚才杀了吕伯奢之后，却忘了把美酒和水果给抢来。看来我还是不够冷静啊。”

“……”陈宫无语，他竟无勇气回答曹操。

陈宫在树林深处将马匹藏好，不一会就回到破庙。这时曹操已经在屋檐下和衣而睡了，他的全身都沐浴在月光之下，睡意正酣。

“曹操此人竟如此胆大！”陈宫注视着曹操的脸，心中又是憎恨又是佩服。

一方面，他恨自己之前对此人的评价过高。曹操才不是真正忧国忧民的忠臣良将，他只是一个虎狼之心的大野心家。

但在陈宫心里，也有佩服曹操的一面。他认为曹操不论是野心家还是奸雄，这个人非常大胆和热情，而且有着卓越的口才。曹操才华横溢，与他人不同，必能独当一面，成为出世英雄。

陈宫心里矛盾挣扎着。他扪心自问，究竟自己该如何选择？

他现在完全有机会趁曹操熟睡之际，将其杀死。若任曹操肆意妄为，早晚有一天会成为一方枭雄，为祸天下。此时正是他替天行道的好时机！

陈宫思虑至此，刀剑出鞘。

曹操此时睡意正浓，浑然不觉宝剑已经横在自己颈前。陈宫注视着他俊美的睡颜，实在难以下手。

“且慢！如此不可！”

在陈宫心目中，将一个熟睡之人杀死，绝非武人之道，而是不义之举。

更何况，曹操诞生在如此乱世之中，若真的成为一个奸雄，说不定是天意亦未可知。若自己今天在他熟睡之际夺去他的天寿，或许反而有违天意。

“唉！我这思前想后的，不过是自寻烦恼。不如趁着月色正好，赶紧睡上一觉吧。”

一念至此，陈宫轻轻收剑回鞘。他和曹操躺在同一个屋檐下，也蜷身而睡了。

# 第二章
# 南风竞吹

两人一路奔波无话，终于抵达了曹操的故乡。

曹操故乡位于河南陈留。这里土地肥沃，物产丰饶。南方的文化气息更加积极进取，这一点与北方的务实厚重有所不同。这里的人们更加机敏、灵活，擅长寻找机会。

“父亲大人，请一定要助我一臂之力。”

曹操回到家后，将洛阳所发生的一切都对家人和盘托出。他请家人给予协助，不容拒绝的样子好似向大人要糖吃的孩子一般。

“我已下定决心，要举兵起义。这一点是无论如何都不会动摇的。”

曹父曹嵩一时震撼不已，他喃喃说道：“你竟然要做如此大事！”

他并未责备儿子，因为曹操是他最疼爱的孩子，于是问道：“如此大事，你要我如何帮你？”

“我首先需要军费物资。”

“这军费么，咱们家的财产有限，恐怕养不起几个兵啊。”

“这倒无妨！儿子已经想好了，只要父亲能出面介绍几个富豪给我就可以了。咱们曹家虽然资产有限，但是名门之后，既远承夏侯氏血脉，又身为丞相曹参之后。我可以利用这个关系，向大富豪们借来军费。”

“如此说来，我可以问一问卫弘。”

“卫弘是何人？”

“他可是本地一流的富豪啊。”

“如此甚好！那就烦劳父亲设一桌酒席，再将他请来。儿子好去会一会他。”

“你想向卫弘借钱，哪是一桌酒席就能办妥那么简单的事？”

“不试试看怎么知道不行？说不定就会一举成功呢。”

于是父子商议好对策，摆下酒席，请卫弘前来赴宴。

宴席之上，卫弘看到曹操便说道：“许久未见你回来。我听说你在京师洛阳做官，看来你已经长大出息了。”

曹操在席间殷勤地招待卫弘，伺候得他很高兴。曹操又瞅准时机，将自己心中的计划和壮志宏图讲了出来，希望得到卫弘的帮助。

曹操此次设宴的目的明确，他竭尽全力鼓动唇舌，争取卫弘的帮助。另一方面，他也早已暗下决心，若是卫弘不同意出资，则不会让他活着回去。因此在言谈话语之间，曹操虽然态度恭谨，但目光锐利，宛若刀锋。

谁知卫弘闻听了曹操的一席话之后，当即拍板应道：“说得好！你这忧国忧民的忠义情怀实在难得，我不妨就助你一臂之力。现如今这天下大乱，我却只能袖手旁观，空为嗟叹。而你却能有胆有识，毅然举兵起义，实在难能可贵。这样吧，你告诉我需要多少军费，我来帮你筹措资金。”

曹操闻言大喜。

“实在痛快！承蒙您的厚爱！既然军费已有，我就可以立刻招兵买马，准备起来。”

“好好干吧！不过你一定不能妄自冲动而打败仗啊！尤其是做大事，你一定要有充分的准备，才有胜算。”

“您放心吧！只要不愁军费，我定能办成大事！到时候我们举义的士兵将遍布河南，您可静候佳音。”

在父亲曹嵩的眼中，曹操不论年纪多大都始终是自己的儿子。因此他听到曹操的一番豪言壮语时，反倒有些担心。他怕曹操过于自信，也担心卫弘过于乐观。不过，当他目睹曹操的行事能力之后，才越来越放心了。

曹操首先广招壮丁，又做了两面旗帜，一面上书“义”字，另一面上书“忠”字。他还宣称：“我是奉了朝廷密诏，来到此地招募义兵的。”

曹家虽然现在只是地方上的普通乡绅，但毕竟是名门之后。曹操又是个不俗的风流才子，因此他的名声也远近皆知。

“曹某是奉密诏而来的。”

曹操首先以这个说法打动了一些附近乡村的壮丁和乡绅。

“陈宫，现在我们招来的义兵只是一些乌合之众。我们该如何打动最有实力的各州刺史或太守呢？”

曹操时常与陈宫共商对策，陈宫建议道：“我们目前只是将‘忠’‘义’二字写在旗上，这恐怕力量还是不够。我们应该更加打动人心，将忧国忧民的情怀抒发出来。”

“如此甚好！那我们该如何抒发情怀呢？”

“我们最好的方法就是广发檄文于天下。”

“这个主意好！就由你来起草檄文吧。”

“也好。”

陈宫很快就拟好了檄文。

他原本就是一位真正的忧国忧民的志士，因此他写的檄文发自肺腑，众人读之无不深受感动。

“果然是篇好文章！若我是某郡太守，读了你这篇檄文，一定会带兵来投的。”

曹操满心感动，立即派人将檄文飞传到各州郡。

英雄若仅仅是一个人，很难成大事。而成就霸业者必须同时具备三样东西：天时，地利，人和！

这三样缺一不可。

曹操发放的这篇檄文，正可谓占了天时。

不出数日，就有各地的英雄才俊源源不断地前来投奔，大家都被招至曹操的“忠”“义”大旗之下。

有人单枪匹马而来：“在下生于卫国，名叫乐进，字文谦，特来投奔，愿加入义军，共讨逆贼董卓。”

也有人带兵来投：“我们兄弟乃是沛国谯郡人，名叫夏侯惇、夏侯渊。今日率手下兵马三千来投义军。”

想当初曹家还在谯郡时，这对夏侯惇、夏侯渊兄弟是曹家抚养长大的养子。因此他们见到檄文，就第一个赶来投奔义军。而其他精兵强将也络绎不绝地赶来，每天军簿花名册上都登记得满满的。

前来投奔的还有很多大人物，比如山阳巨鹿人，名李典，字曼成；徐州刺史陶谦、西凉太守马腾、北平太守公孙瓒、北海太守孔融等手握重兵的众臣。他们各自率领成千上万的将士前来响应。

曹仁和曹洪，这两位曹操的堂兄弟也来到他的帐下。

另一方面，曹操特意从卫弘所提供的军费之中，划拨了一大部分给这些前来投靠的将士，供给他们充实武器和粮饷。

“既然曹操的军费如此丰厚，他的檄文就绝非一纸空文。或许他手中真握有朝廷密诏。”

有些人之前犹豫观望，但眼见曹操的势力如此扩张，军备如此丰厚，都不免觉得：“事不宜迟！我也要早点去投曹操的义军，否则晚去一天就是自己的损失。”

于是，又有更多的人员兵马，从四面八方投奔而来。

“让河南遍布义军！”

这句曹操曾信誓旦旦对卫弘许下的诺言，如今早已不只是一句美好的空想了。

富豪卫弘见状，更加信任曹操，他毫不吝惜地投入了全部的身家财产，用以支持曹操举义。另外，还有很多大富豪大地主都不请自到，主动奉上金银财宝："敬请义军笑纳！"

而此时，曹操已经坐拥一众将士追随左右，能够泰然自若地稳坐中军帐中。当有士兵来报，又有富豪前来献上财物之时，曹操也只是淡淡地说一句："也好，那收下就是了。"

他根本不去接见。

曹操的檄文飞送到了袁绍手里。渤海太守袁绍是最先反对董卓的，他被迫逃出京师洛阳，如今在偏远一隅坐着冷板凳，不被朝廷重视。

"曹操发来檄文，欲举兵起义，我们应该如何应对为妙？"

袁绍立刻召集心腹，商量对策。

他的帐下聚集着很多年轻气盛的大将，还有一些年轻将校，比如田丰、沮授、许攸、颜良，还有审配、郭图、文丑等，都是鼎鼎大名的人物。

"谁来将檄文给大家念一念？"

颜良应了下来，大声读起檄文：

檄文

操等谨以大义布告天下。董卓欺天罔地，灭国弑君，秽乱宫禁，残害生灵，狼戾不仁，罪恶充积。今奉天子密诏，大集义兵，剿戮群凶。望携义师，前来会忠烈之盟，上扶汉室，下救黎民。檄文到日，其速奉行。

"此篇檄文，慷慨激昂！此乃我们志同道合之人久盼之音。太守大人，我们必定要前去助曹讨贼，时不我待啊！"

众将官闻听此檄文都纷纷摩拳擦掌。

袁绍依旧显得有些踟蹰犹豫："曹操是怎么得到密诏的？"

"这有何要紧的！他行的乃是忠义之事，有否密诏并无大碍！"

"此话有理！"

袁绍终于下定了决心。他凭借自身实力，以及多年人望，很快就集合了三万兵马。然后他率领众将官以及这三万骑兵，共赴河南陈留。

当袁绍来到陈留，目睹了曹营的盛况，不禁大为震撼。他亲自提笔在军籍花名册上签到，同时翻阅前面的签到情况，发现来投奔义军的阵容颇为壮观：第一镇即为后将军南阳太守袁术，字公路；第二镇，冀州刺史韩馥；第三镇，豫州刺史孔伷；第四镇，兖州刺史刘岱；第五镇，河内郡太守王匡；第六镇，陈留太守张邈；第七镇，东郡太守乔瑁。

此外，还有济北相鲍信，字允诚；西凉马腾；北平公孙瓒，以及四海之内数之不清的名将猛士，他们纷纷云集于此。而袁绍率领的三万骑兵也按抵达的顺序，被编为第十七镇。

“幸好袁某此番前来，也不落人后。”袁绍暗自庆幸，另外他也对时局的紧张程度，感到十分震惊。

这些从第一镇排列到第十七镇的诸位将军，皆为率兵万人以上的大军统领。他们之中藏龙卧虎，有不少举世闻名的英雄豪杰。

尤其是在第十四镇的部队里，还有潜在深渊的蛟龙，在伺机勃发。

第十四镇为北平太守奋武将军公孙瓒所率的军队。他接到檄文后，立刻率一万五千余骑去投义军。队伍行进到冀州平原县（今山东省，津沪线平原）附近时，忽闻有人大声呼唤：“且慢！公孙将军请留步！”

“是何人召唤？”

待他们回头查看之时，只见路旁有人打着两三面旒黄旗，正分开桑田向队伍赶来。

“咦？来者何人？”

公孙瓒正在纳闷，只见来了十几个人，为首的三人率领众人来至他的马前，单膝跪下说道：“公孙将军，我等不才，拟率众随从加入义军，为国尽忠，讨伐逆贼，供将军驱驰。我们已经恭候将军多时了。”

公孙瓒刚开始还以为他们都是附近的乡民，但他觉得其中一人似曾相识，便试探着问道：“来人莫不是刘备刘玄德？”

“正是！难为公孙将军还记得在下，我正是刘备。”

“果然是你！”公孙瓒颇感惊讶，“自当年黄巾之乱后，你我曾在洛阳城外匆匆一见，不知你现在官居何职啊？”

“此事说来惭愧。刘某无功无业，只能当一个小小县令。”

“如此太过委屈你的才能了！那这二位又是何许人也？”

“容我介绍，这两个人是我的结拜兄弟。”

“原来如此！”

“这位名叫关羽，字云长，另一位叫张飞，字翼德。”

“他们的官职为何？”

“关羽为马弓手，张飞为步弓手。这二人目前身无官职，只是兵卒。”

“实在屈才了！他们都是顶天立地的大丈夫，却只能做个地方小卒。既然大家志向相投，就请各位加入我军，一同投奔义军去吧。”

“承蒙公孙将军恩准！”

“哪里哪里，能得三位英雄相助，乃是在下之幸。”

“我们誓讨逆臣董卓，以正朝纲。”

刘备和关羽一同感谢公孙将军，再拜起身，却听见张飞独自唠叨：“早知现在，何必当初。当年董卓在颍川讨黄巾匪人之时，我本可以将他杀死。可当时哥哥们都不让。若我当时得手，也不会有今天这些乱子了。”

刘备制止他道：“三弟！休得胡言乱语！你快随大军一起动身吧。”

说完刘备也加入了队伍之中靠后的位置，一同前往投奔义军而去。

到目前为止，曹操的义兵阵营已经初具规模。他的布阵、战略皆已具备。

共计十八路诸侯齐聚曹操麾下，兵力达到数十万之众。从第一镇到第十七镇，兵营阵地绵延长达二百余里。

曹操择选吉日，筑坛设祭，屠牛宰马，以供祭祀。誓师仪式举行得庄严肃穆。众人共立誓言：“我等起义，誓讨汉室逆贼董卓！”

仪式上有诸将提议道：“既然我们已兴义兵，讨伐逆贼，便应推选一位三军盟主，统一指挥，以便调遣。”

“必当如此！”众人异口同声，赞成通过。

“如此，当推举何人为首将？”

大家都互相谦让，无人承认自己可胜任，也无人自荐。

曹操于是指名道姓地提议：“不如推举袁绍如何？他本乃汉朝名将之后，父祖四代位列三公要职，门下人才辈出，遍布海内四方。曹某认为无论名望或地位，袁绍必可胜任盟主之位。”

袁绍闻言，连忙谦让：“岂敢岂敢！在下惶恐。”

在众人一致的推举之下，他谦让再三，已显示了礼仪。最终袁绍表示接受大家的厚爱，甘当此职。

第二天，仪式场地上高筑三层祭坛，遍插五方旗帜。众将列队，手捧白旄、黄钺、兵符、印绶等物。袁绍整理衣冠，佩剑登坛，大声宣布：“今日，诸位将士齐聚于此，结成赤诚同盟。我等在此立誓，清除汉室逆贼，拯救天下黎民。袁绍不才，受众望所推担任指挥。唯愿皇天后土，祖宗神灵，共仰明鉴！”

之后焚香祭天，待到礼成之时，众将士无不感然落泪。大家纷纷说道：“时机到啦！”

“咱们终于盼到黎明啦！”

“我们誓将洛阳逆贼一扫而光！”

将士们人人摩拳擦掌，慷慨激昂。待典礼结束之时，山呼万岁之声经久不绝，直冲九霄。

袁绍接受诸将之拜后，下达了第一道命令：“不才在下既被推为三军盟主，袁某必当令行禁止，赏罚分明。有功者必赏，有罪者军法处置。希望诸位将领严格律己，约束部下，切勿怠以职守。”

“万岁！万岁！”

三军山呼海应，震动山河。

袁绍又下了第二道命令：“吾弟袁术略有理财之术，因此命袁术总管粮草，负责各地营寨的运输军粮，以及诸将部队的调拨补给。”

大家纷纷表示同意。

“我军即刻踏上征途。请问诸将谁愿打头阵，一举攻破汜水关(今河南省，汜水)？”

“我愿先往！”

一人应声而出，自报姓名。正是那长沙太守孙坚是也。

# 第三章
# 江东之虎

拂晓时分，京师洛阳的丞相府中乱成一团。

不断有飞报送来，信使的快马拴满了武卫门前的杨树。马儿们累得气喘吁吁，不断刨地。

“丞相！大事不好！快快醒来！”李儒用力叩打董卓寝室的大门，焦急异常。

过了一会，内室的值夜兵士终于打开房门，将他请入帐中。

帐内有妖艳的美女和可爱的女童，她们正端着玉盘盛水，伺候董卓洗漱。看见董卓的心腹之臣李儒进来，就施了礼退下了。

“这么大清早的，你聒噪什么？”

董卓照例吃力地晃动着膘肥肉厚的巨大躯体，朝卧榻走去。

“回禀丞相！大事不好！”

“哦？宫里出事了吗？”

“非也！这次事发地相距洛阳甚远。”

“那是有草贼作乱吗？”

“非也！这次义军起义，规模空前。”

“哪里起义？”

“此次起义以陈留为据点。”

“陈留么？那不就是曹操或者袁绍干的么？”

“正是。曹操谎称奉朝廷密诏，一时之间竟有十八路诸侯带兵相助。如今的义军队伍庞大，连营长达二百余里。”

“哦？他们怎么找来那么多兵马？那我可就得注意一下了。”

“正是。”

“还有什么详细报告吗？”

“从昨晚半夜到现在，信报快马频频赶来。信报中说敌军已拥袁绍为统领，曹操为参谋。义军的先锋队伍由孙坚率领，已经攻到汜水关附近了。”

“孙坚不就是那个长沙太守么？这人能力如何？”

“孙坚此人善战，他号称是孙子后裔。”

“孙子？就是擅长兵法的孙武之后么？”

“正是。此人乃吴郡富春（今浙江省杭州市富阳区）人氏，姓孙，名坚，字文台。他在南方颇有些名气。”

李儒倾其所能，将孙坚的为人，尽数道来。

据说在孙坚十七岁那年，曾随父亲去钱塘旅行。当时钱塘江口的海盗猖獗横行，旅船游客常受骚扰。

一天傍晚，孙坚与其父正走到港口之上，遇到数十名海盗正在卸货分赃，吵闹不停。

孙坚虽然只是一个十七岁的少年，却愤然拔剑，冲过去将海盗头目立斩于剑下。他高声喝道：“我要伸张正义，守卫沿海百姓！”

之后，孙坚又将众海盗一通砍杀，直杀得他们死的死，伤的伤，慌忙逃走。

孙坚还将海盗们聚敛的财宝都返还给失主。那堆积如山的宝藏里还有一件宝石匣子，是钱塘富豪的传家之宝。失主感其大恩，欲赠谢礼，但孙坚却坚持分文不收。

自此之后，孙坚仅以弱冠之龄，就将威名传遍南方地区，声望更是异常高涨。

“如此看来，这个孙坚也是个了不起的人物啊！我们也得派一员威猛大将前去对战才是。”

董卓在心中盘点一番，喃喃说道：“首战该派何人前去呢？”

这时，帐幔之后传来一人的不平之声：“丞相！您怎么忘了有我呀？”

“谁在帐后讲话？”董卓问道。

“末将吕布在此！”吕布从帐后走了出来，对董卓深施一礼，说道，“请丞相不要烦忧。区区曹操和袁绍之流何足挂齿，镇压他们的叛军更无须丞相忧心。此时不派吕布上阵杀敌，那丞相当初赐我赤兔马又有何用！”

吕布前来讨战，语气略带责备之情，“请丞相立刻派我吕布前去应战。待我一举歼灭那支草芥之军，立斩孙坚。我还要为丞相带来曹操、袁绍和谋逆诸侯们的首级，一一示众。”

“哈哈！如此甚好！”董卓闻言大喜，也安抚吕布道，“只要有吕卿在此，我尽可高枕无忧！我就算记性再差劲，又怎么会将你忘记呢？”

这时，董卓的帐外已有闻讯而来的众位将官，其中一人大声说道：“不劳吕将军出手！杀鸡焉用屠牛之刀。请派我打先锋，为丞相赢得首战。”

众人回头，只见说话之人生得一副虎背狼腰、豹头猿臂的稀世骨架，一望便知是一员猛将。此人正是华西的华雄将军。

“原来是华雄啊。如此也好！就派你立刻奔赴汜水关。你一定守好此地，以保我洛阳安稳。”董卓闻言大喜，立刻授他印绶，并派兵五万。

华雄再拜而退，他还带了李肃、胡轸和赵岑三名副将，当即就威风凛凛地奔赴汜水关。

“北军到了！”

“北军南下而来了！”

华雄的兵马一动，就立刻有飞报传来义军营中。打头阵的孙坚寨中，立刻变得气氛紧张。

孙坚先锋队伍的后方由济北相鲍信负责。当听到北军南下的飞报后，鲍信私下与其弟鲍忠商议：“你能否带一支队伍，迂回到敌军后方，打一个奇袭战？”

“没问题的！”

“这次出征，长沙孙坚抢了先锋这个肥缺儿，我们要是干等着，只能眼睁睁地看着他建功立业，实在憋屈！”

“我与兄长所见略同。”

“那你速去！倘若顺利攻入关内，就以点火放烟为号，我会立刻大举进攻。”

“得命。”

鲍忠跟兄长鲍信如此密谋之后，立刻趁夜色深沉，率领五百骑兵马翻越险山峻岭而去。

但是，他们的行动很快就被敌军发现。结果鲍信的队伍深陷敌军的包围，这五百义军士卒惨遭一举全歼。

华雄亲自上阵，将鲍忠立斩于马下，乐道：“首战而胜，果然是好兆头！”

他派人将鲍忠的首级快马送至洛阳。

董卓见之大喜，立刻送来奖状和一把宝剑。

鲍忠私自行动却被敌军所斩，队伍全歼，敌军首战告捷一事，孙坚尚不知情。

先锋将军孙坚在部署好战术后，下令道：“将士们！咱们一鼓作气，争取旗开得胜！”

于是他齐整队伍，准备充分之后，领兵攻到汜水关城下正面发起进攻。孙坚在城下骂阵：“你们这帮助纣为虐的匹夫之辈！还不速速投降！我们义军的先锋已经至此，识时务者为俊杰，尔等速速打开城门，让你家义军爷爷们过去吧！”

华雄闻言，仰天长笑：“好你个孙坚小儿！只会胡言乱语！”

他回头环视众将官，问道：“哪个前去打头阵，取孙坚的首级而来？”

副将胡轸应声而出，说道：“末将愿往！”

他随即领兵五千人马，出城应战。

随后华雄也亲自率领一万兵马，由侧面出城，为胡轸保驾护航。

这一仗打得好不激烈。

孙坚在阵前骂道：“来将可是胡轸？头一个前来受死！”

胡轸回骂：“待我取你首级，尔休得聒噪！”

说罢拍马上前，冲到两军之间。

这时，孙坚的副将程普上前讨令：“区区胡轸，就让末将前往！不劳将军动手。”

只见程普举起长矛，向胡轸掷出。只见那长矛呼啸而去，正中胡轸的喉咙，将他钉到马下，立时毙命。

华雄在一旁见状，气得连连跺脚，可恼胡轸上阵，未损敌军一员一将，却灭了自家威风。他带领的五千人马也群龙无首，被义军打得一败涂地。

“快撤啊！撤退回城！”

华雄赶紧鸣金收兵，将大部人马退回汜水关，紧闭城门。这时义军已攻至城下，他们只好在城头抛掷巨石圆木，又连放火箭，一时石头和火箭如雨点似的，兜头袭来。

义军首战即斩获敌将首级，但攻城一战，也损失惨重。

“趁势收兵！”

孙坚见陷入了攻城拉锯战，于是也鸣金收兵，暂将兵马退至梁东的村庄附近。他派人将首战斩获的胡轸首级送回大本营，同时请求：“速送军粮为盼！”

可是，负责运送粮草的袁术身边却有人嫉恨孙坚，他们向袁术进谗言道：“运粮之事还望将军三思。这孙坚此人号称江东之虎。若他一马当先，拿下洛阳，杀死董卓，恐怕会先自立为王。如今见他那急于建功立业之举，更是不得不防啊！如今正可利用他军粮匮乏的机会，暂时克扣他的军粮。到时候咱们就能毫不费力地消磨他军队的意志，让他们从内而乱。如此无为而胜。”

袁术颔首说道：“此话有理！”

袁术最终没有理会孙坚的请求，克扣了他的军粮。

这支义军队伍是由十八路诸侯临时凑成的。虽说志同道合，但也各怀异心、各有所图，这也在所难免。

# 第四章
# 温酒斩华雄

汜水关方面频频派出细作密探，侦察对方的动静。一天，有密探回报李肃，说道：“最近孙坚的寨中士气不高。而且许久未见他们埋锅做饭，实在奇怪。打仗怎么还会饿着肚子？”

李肃立刻叫来其他密探，问道：“最近敌军后方有何变化？尤其是粮道运输情况如何？”

“属下探到，敌军后方已有一个半月未见有运粮车通过。”

李肃点点头，又问另一个密探：“敌军的马匹是否肥壮？”

“最近战马都十分消瘦。”

“敌军将士平日哼唱什么歌曲？”

“他们经常哼唱思乡之曲。”

“明白了，你们退下吧。”

李肃打发了密探之后，立刻求见先锋大将华雄，他建议立刻进攻：“华将军！如今正是活捉孙坚的好时机！我可于今夜率领一支队伍迂回到敌军后方，发动突袭，到时我们可以火光为号，将军则可从正面冲击敌军。”

“此计可有胜算？”

“属下有十足的把握。据密探回报，最近孙坚后方吃紧，已有一个半月未有粮草运来。如今没有补给，兵困马瘦，敌军队伍萎靡不振，正是生擒孙坚的好时机！”

“突袭倒是好计，只是今晚月亮太过明亮！”

“月光明亮，敌人更是掉以轻心，机会难得！”

“如此甚好！就依你之计！”

华雄与李肃定下密计，又周密地筹划了一番。

于是当夜李肃就率领一支奇兵，趁着月色清明，走捷径绕到敌人之后。当他们抵达义军驻扎的梁东村庄后方时，突然齐声呐喊：“冲啊！杀啊！”

李肃率这支奇兵一边呐喊，一边杀入义军寨中。他们射出火箭，一时之间，兵营着火，火光冲天。

华雄这厢早就整备兵马，在城头等候。待看到梁东上空一片火光之时，便知道是李肃以火光为号，已冲入义军后方。他按照之前的密计所定，命人打开汜水关城门，对三军将士下令："给我冲啊！我们要一举生擒孙坚！押回城门！大胜而归！"

说罢，华雄率领大队兵马，一马当先冲出城门。宛如青云出谷，杀得畅快淋漓。

义军毫无准备，被敌人前突后攻，内外包围，一时慌乱不堪。

"给我顶住！"

"不要慌张！"

孙坚急忙披挂上阵，他率领众位部将努力应战，并不断鼓励兵卒要顶住，但是效果甚微。

他早已向后方急发几道密报，请求速发粮草。但不知为何，一直未有新的军粮补给运来。兵士们已经有一个半月只能吃些稀粥，大家都心中愤愤不平。打仗之时更是兵弱马瘦，虚弱不堪，难以抵挡。

"无可奈何！"

孙坚心中暗叹，兵士孱弱他却毫无办法。

一时之间，他与副将程普和黄盖等人走散。孙坚只带了一员名叫祖茂的家将，奋力催马，逃离大营。

这时华雄一见孙坚欲逃，哪肯饶他。他大喝一声："孙坚，胆小如鼠！休得逃跑！"

"休得胡言！"

孙坚在马上搭弓射箭，转身便连射两箭，却都射歪。他心中焦急，欲再补一箭，谁知这次用力过猛，铁弓居然断成两截。

"真是糟糕！"

孙坚将断弓随手扔掉，连忙策马奔入林中。

"将军，将军！"家将祖茂策马追上孙坚，大声喊道，"主公快摘掉头盔，那朱金头盔太过鲜红，容易变成敌人的箭靶。"

"难怪如此！"

孙坚这才明白，为何敌军的飞箭能穷追不舍地瞄准自己。他迅速摘下朱金襕头盔，随手挂在一处焦黑的树桩之上，然后躲进附近的树林之中。

果不其然，敌人的飞箭不再瞄准他，而是落雨一般地射向头盔。

但无数箭矢射过之后，那头盔依旧原地不动。敌军难免生疑，慢慢靠近之后，才发现原来上当了。

"哎呀！孙坚跑啦！"

“这只是一顶头盔！”

于是敌军开始密集搜索树林。在皎皎的月光之下，敌军成群结队，展开了地毯式的搜索。华雄也亲自参加到搜索队伍之中。

孙坚的家将祖茂原本藏身于茂密的树叶之中，一见华雄之下忍不住怒喝一声：“呔！好你个董贼的走狗！”

祖茂不再躲藏，从隐身之处冲了出来，对着华雄就是一刀。

华雄眼疾手快，立刻躲开，他高声骂道：“手下败将！竟躲在此处！”

只见华雄手起刀落，祖茂却是不敌，首级应声而落，他的身体像一棵树干一样轰然倒地。

华雄毫不在意地吩咐手下：“把他的首级取来。”

他说完拨转马头，向别处去了。

“实在危险！”

原来孙坚就藏身在祖茂尸体旁边的树丛之中，他和华雄及其手下擦身而过。待敌军走远之后，孙坚才长舒一口气，放下心来。

“可怜祖茂！惨死于此！”

孙坚不禁潸然落泪。祖茂追随他多年，劳苦功高，因此他十分心痛。

不过，此时他仍未突破敌军的重重包围，尚处于危险之中。于是孙坚擦一把眼泪，一边调整心情，一边盘算该如何突破重围。他忍住身上伤痛，在密林中徒步而行，走了两里多地。

孙坚沿路又召集起四散的义军将士，但人数总共不到原来的十分之一。这一夜之间，先锋军几乎被敌军全部歼灭。

一夜泣血，一夜悲歌，转眼已近天明。而那拂晓残月，却依然高悬于天际，宛如万千英灵的鬼魂不散。

“孙坚的先锋军已被敌人全剿！”

“敌军乘胜追击，正在逼近。”

随着前方的探报不断传来，义军大本营一阵大乱。

主帅袁绍和参谋曹操接到探报，皆是大惊失色。

他们刚刚接到战报，得知鲍信之弟鲍忠私自行动，损兵折将。现在又收到孙坚的先锋军几乎全军覆没的噩耗。众将官均垂头丧气，不住嗟叹。

“先锋受挫，敌军逼近，这可如何是好？”

于是袁绍和曹操急召十七镇诸侯，共商对策，该如何力挽狂澜，败中取胜。

只是如今敌军首战告捷，士气正旺，而敌将华雄又是武艺高强，有万夫莫当的威名。众诸侯一时手足无措，一筹莫展。

袁绍正满面冰霜，忽见一人站在公孙瓒身后，不停冷笑，便怒道："公孙瓒，是何人在你身后而立？"

他语气不佳，充满责怪之情。

听主帅问话，公孙瓒侧头回身，答道："您问的是他么？"

他将身后之人引至前面，向众位介绍道："这位乃是在下少时之友，名叫刘备，字玄德，是涿县楼桑村人。他曾任平原县令，此次投靠义军而来。"

曹操立刻上前："刘备！是曾在广宗和颍川，率领义军大败黄巾的那位刘备么？"

"正是在下！"

"果然不错！难怪曹某一见之下，觉得似曾相识。想当年在颍川之战中，义军火攻贼兵，我们就是在那时相识的。许久不见，刘公一向可好？"

袁绍这才放松下冷峻的表情，向刘备见礼说道："袁某久闻涿县楼桑村有一位名门之后，原来就是您啊。刘先生乃汉室宗亲，请看座！"

一位将军立刻起身让座。

刘备连忙开口推辞："万万不可！诸位乃是建功立业的大将军，刘某只是一介小小县令，岂可和各位大人平起平坐。我在此处站立即可。"

他拼命推辞，仍然侍立于公孙瓒身后。

袁绍摆手道："刘先生不要再推辞了。诸公看座不是为你的官职，而是敬你的祖先为汉朝宗室，于国有功。请先生万万不要客气，安座于此吧。"

公孙瓒也劝道："既然诸公好意难却，就请刘先生就座吧。"

众将官也纷纷点头，于是刘备拜谢众人之后，这才坐下。

而原本侍立于公孙瓒身后的关羽和张飞，也改为侍立在刘备身后。

那厢，华雄领兵冲出汜水关乘胜追击，继续推进。他们与大本营的义军交手，已战了半日有余。

华雄连胜，难免得意忘形，兵士们也认为："叛军自已号称有十八路诸侯，十七镇大军，二百里连营。这也太不禁打了，看来他们不过是些乌合之众，不值得一提。"

华雄的部队如风卷残云一般连追数十里，势如破竹。将士们更是士气高涨，伴着进攻的战鼓隆隆之声，喊杀震天。顷刻之间，他们已经步步逼近义军大本营。

“我军的前两阵已被敌军攻破！”

“敌人又突破了第三阵！”

“战事吃紧！中军大乱，大事不妙！”

噩耗连连，接踵而至。

又有士兵来报：华雄之军将孙坚的朱金襕头盔挑于长竿之上，不住挑衅，频频骂阵。他们还称要一举攻来，扫荡连营。

飞报连连，噩耗不断，义军危机重重。

大帐之中气氛紧张，袁绍和诸位将领皆大惊失色，一时手足无措。

“这可如何是好！”

只有曹操才能压得住场面：“现在狼狈亦是无益，我们唯有放胆一试！”

他吩咐手下：“速拿酒来！”

“是！”

曹操命人为每位将军面前都摆上酒杯，他首先举杯，一饮而尽。

“啊……”

“啊……”

大帐之外呐喊声宛如万雷齐鸣，大地也传来隆隆巨响。

突然间，一名满身浴血的探兵冲到堂下，禀告：“义军已经……顶不住了！”他说罢便晕厥过去。

马上又赶来两三骑探子来报：“敌人重甲骑兵已到，中军溃散。现在我军已无防备可言！”

“请主帅尽快转移，此处将被敌军包围！”

“不好，敌军的先锋队已经攻到前面了！”

一时之间，此处的中军大帐也岌岌可危，宛如在风雨中飘摇的一棵孤树，自身难保。

“倒酒！”曹操命部下斟酒，他虽貌似镇定，但脸色却是愈发苍白。

“此处若是被围，我们该如何应对？”帐中已有人在窃窃私语转移之事。

诸侯个个面露恐慌之情，根本顾不得喝酒。

万丈黄尘遮天际，山川草木尽染血。

此时，突然席间有人站起大喝：“我军溃败如山，在此危机之时，末将愿往，力挽狂澜！”

吼声如雷，剑鸣声声。

说话之人乃是袁绍宠将俞涉，此人骁勇善战。

“爱卿速去！”袁绍起身，与他同饮，为俞涉壮行。

俞涉一口气喝完杯中酒，说道：“我去去就回！”

俞涉引兵冲入敌阵之中。但转瞬之间，手下大败而归，回报：“俞涉将军于乱军之中遭遇敌将华雄，未挺过六七回合就被斩于刀下。”

满堂诸侯闻言大惊，无不颤抖不已。

这时，太守韩馥慌忙起身：“诸公莫慌！我手下还有一人可以一试。他名叫潘凤，骁勇异常，百战全胜。此时若派他去，定能取得华雄的首级。”

袁绍大喜，道：“此人现在何处？”

“他此时应在后阵右翼。”

“速传潘凤！”

“是。”

不多时，潘凤应召而来，只见他手提火焰巨斧，胯下一骑黑马，飞奔至大帐阶下。

“果然是一员英雄好汉！潘凤听令！我派你速去前线，取华雄首级来！”

潘凤领命，转身冲入乱军之中。但不久就传来噩耗，潘凤也被华雄打败。他的首级在敌军的凯歌声中被高高掷起，敌军士气更胜。满堂将士再次消沉无措，斗志全无，众人都觉得大势已去了。

袁绍悔恨不已，他不断击股叹息。

“早知如此，若颜良、文丑两员大将在就好了！实在可惜！”

他坐立不安，刚起身顿足，发现无济于事，又重回座位上不断嗟叹。

“我那手下有两员虎将，名为颜良、文丑，此二人我特地留在封地，让他们准备殿后的兵马。此二人中若有一人在此，也容不得那华雄造次！”

满座之间，一时竟无人答话。袁绍愤恨之下，继续高声责骂道：“如今这十八路诸侯皆在此处，可手下竟无一员战将可敌华雄。真是贻笑大方！后世之人莫不为之羞耻吗？”

主帅气急之下，无端指责，实属焦躁。众人闻言也羞愧难当，低头不语。

正在此时，忽听有人高声说道：“谁说此处无人？请将军下令，在下愿往，取华雄首级献于诸公！”

诸人闻言大惊，纷纷回头："是谁人说话？"

只见阶下耸立一人，挺拔如松，一把美髯长过剑柄。他的眉似卧蚕，眼若丹凤，威风凛凛，好一个天上武曲星下凡！

"说话之人是何许人也？哪位诸侯的手下大将？"

袁绍连忙询问，公孙瓒回禀道："此人为刘备的义弟，名唤关羽。"

"原来是刘备的义弟，那他现在官居何处啊？"

"他任刘备手下，只是一个马弓手。"

袁绍闻言，十分恼怒。他斜眼怒瞪关羽："还不快快退下！你身份卑微，却在我等面前口出狂言，实在可恶！如今情势危急，哪容得你在此造次！来人啊！将这大胆狂徒赶了出去！"

见袁绍一番怒吼，曹操连忙上前："且慢！将军少安毋躁。既然此人能夸下海口，倒不妨让他上阵一试。看他是否在诸公面前狂妄无礼。若是战败而归，再罚他就是。"

"此话有理。只是派如此无官无爵之人上阵迎敌，恐怕会被敌将华雄耻笑。倘若此事传回洛阳，怕是落下一个笑柄啊。"

"要哭要笑，权且由他！依我看来，此人品貌世间罕见！他虽为马弓手，但却有大将之风。如今敌情已迫在眉睫，中军大帐岌岌可危，如今我们确已无计可施。关羽！请上前来，干下这杯酒，速速迎敌去吧！"

曹操斟满一杯热酒，递与关羽。关羽却是不接，他只微微点头说道："承蒙曹公赐酒！这酒且暂存你处。待我提得华雄首级回来，再饮不迟！"

说罢，关羽一横青龙大刀，跳上阶下一匹战马，一甩美髯，打马绝尘而去。

只见那关羽挥舞起青龙大刀，杀入敌军。他所到之处，无不血溅当场，杀得敌军望风而逃。

他远远地甩开自家士卒，单枪匹马冲到敌军中央，口中大叫："华雄何在？匹夫华雄何在？你是看见你家关二老爷就吓得躲起来了吗？还不出来受死！"

他吼声震天，威风凛凛，敌军吓得四散奔逃。

而身处大帐之中的众人，只听得帐外喊杀之声不绝于耳，战鼓隆隆从未停歇，大地山川震荡不已。

帐中众人本已料定此仗必败，但仍对关羽抱有一线希望。

"不知现在战况如何？"

袁绍和曹操，以及帐中的各路诸侯都情不自禁站起身来，远眺战场的情形。

忽然，好似在顷刻之间呐喊之声骤然停歇。敌我双方皆停下战鼓，一时竟显得有些寂寥。只见那关羽单枪匹马而归，他浑身浴血地跨坐在马背之上，斜目而视，根本不将敌军放在眼里。他回到中军大帐外，停在袁绍、曹操以及诸将跟前，才滚鞍下马。

“来来来！请诸位查验吧！”

关羽拾级而上，将一颗活生生的人头放在桌子中央。

这人头却正是敌军大将华雄的首级！满堂诸侯以及阶下兵卒见状无不激动失声：“这是华雄的首级！”

“关羽取下了华雄的人头！”

众人见状，连呼万岁。义军众将士也忍不住高声呐喊，一起欢呼。

关羽走到曹操面前，不顾双手沾血，举起酒杯说道：“多谢曹公存酒，关某先干为敬！”

他一饮而尽，而那酒尚且温热。

曹操赶紧又为他斟满一杯热酒，犒赏他打仗辛劳，不住赞道：“关公实在了得！容曹某再敬你一杯。”

“这杯酒关某不敢独享，请为三军将士举杯而庆！”

“此言有理！我们三呼万岁，以贺胜利吧。”

于是曹操起身，走出帐外，举起酒杯，只听得三军将士的呐喊之声不绝于耳，威震四方。

这时，忽闻刘备身后有人叫喊：“现在就庆祝胜利为时尚早。我二哥关羽既然斩了华雄，俺老张也得出出风头。不如我们趁此机会大军乘胜追击。由我当先锋，一直冲到洛阳，活捉董贼，再献于诸公如何？”

众人回头观瞧，说话之人却是那猛张飞。他正擎着丈八蛇矛，侍立于刘备身后。

袁绍的胞弟袁术闻言，心中不快。他大声叱道：“休得胡言乱语！在座诸位名将尚未开口，哪里容得你一个小小兵卒口出狂言！如此僭越，没有规矩！”

曹操忙打圆场，但袁术仍是气急败坏地骂道：“若是将军要用此般无礼轻贱之人，与我等平起平坐，那我且带着将士回去就是。”

曹操见状，知道众将失了面子一时恼怒，却不愿多生事端，便请公孙瓒让刘关张三人暂且回营休息。

是夜，曹操暗送酒肉至刘备房中，安抚三人不要挂怀。

# 第五章
# 大战虎牢关

——华雄被斩！

——华雄先锋军全面溃退！

战报飞传到洛阳，噩耗震动京师。李肃得信后慌忙急报董卓，两者皆大惊失色。

“我军竟被义军先锋打败了？那现在情势如何？”

“剩余残军均已退回汜水关。”

“立刻下令！大军严封城门，决不许出关！”

“属下已经布置下去了，令他们在援军抵达前，严守汜水关。”

“老夫真是万万没有想到，华雄竟会如此不济，被叛军轻易斩杀。”

“不管怎么说，袁绍在地方上还是有德望的呀。”

“袁绍是不是有一个叔父袁隗，他还在洛阳任官？”

“正是！袁隗官任太傅。”

“若袁绍在城中有内应，那洛阳岂不大乱！”

“属下也是这么想的。”

“袁隗此人不能留，一定要速速除掉！”

于是，李肃立刻派千余骑兵马杀至太傅袁隗的宅邸。

太傅府被放火灭门，府中男女老幼，主仆杂役一律斩杀。袁隗也惨死于兵士刀下。

当日，二十万大军从洛阳出发。

其中一路由李傕、郭汜二位大将率领五万余骑，前往汜水关援救。

另一路则由董卓亲率十五万兵马，前往严守虎牢关。

随同董卓一道前往的有李儒、吕布，另外还有张济、樊稠等铮铮铁将。这个虎牢关乃是洛阳以东五十余里的一处兵家必争之所在，地势奇险。若在此处驻有十万兵马，则万夫莫开，天下诸侯皆失去联通之路。

董卓将主寨设于关内，又命吕布率三万精兵，驻守关外。

如此一来，董卓亲率十二万大军驻守天险，又派吕布带三万精兵为前锋。吕布号称万夫不当，虎牢关号称万夫莫开。如今这个阵势一摆，虎牢关成了名副其实的铜墙铁壁。

这十州通道都被断绝，各诸侯难以与封地取得联系，因此义军内部又出现动摇之兆。

“此事事关重大，若有一失则全盘皆输，应及早拿出对策。”袁绍对曹操附耳说道。

曹操深以为然，于是立刻召集众诸侯将领，以筹划方略。

既然敌军兵分两路南下，义军也理所当然兵分两路以应对。

于是义军留下部分人马驻守汜水关，主力军队则赶往虎牢关。这一路主力由八路诸侯组成，分别是王匡、鲍信、乔瑁、袁遗、孔融、张杨、陶谦和公孙瓒率领的精兵强将。

曹操负责游击作战，若哪一方面出现纰漏，则迅速赶去增援。于是他在各处都安排下游击据点。

“敌人到了！”

虎牢关前的先锋阵地上，先锋大将吕布，骑着赤兔名马，气定神闲地远眺敌军。

只见吕布当日身穿西川红锦的百花战袍，身披连环锁子甲，梳着三叉发髻，外戴紫金冠，扎狮皮腰带。他挎着弓箭，手提方天画戟，站在阵前，不怒而威，连那匹跨下赤兔马都不若他的气派。

见此威风凛凛的风貌，义军将士也看得目瞪口呆，叹道：“好一个吕布真英雄！”

义军先攻。河内太守王匡带猛将方悦，齐来寨前讨战：“义军誓取吕布首级，以慰苍生！”

于是义军擂响战鼓隆隆，吹起冲锋号角，派河内强兵进攻吕布的先锋阵地。

“少安毋躁！待敌军靠得再近些！”

吕布毫不慌张，指挥手下按兵不动。待到敌军攻到百步之遥时，才下号令：“给我冲啊！杀得敌军片甲不留！”

吕布抽鞭打马，一跃冲入河内的军阵之中。

“看戟！”吕布怒喝。

他挥舞着方天画戟，驰马纵横，左砍右杀。

“看招！”

在吕布四周，义军被斩得血肉模糊，身首异处。

“吕布在此！谁敢造次！你们这帮乌合之众！”他一边口出豪言，一边东突西撞，如入无人之境。

这成百上千的兵士，根本不敌他的甲袖一触，完全难以阻挡。

吕布的坐骑乃是举世无双的名马赤兔，马匹健硕无比，力大无穷。在赤兔马蹄下死伤毙命的兵卒也是难以计数。

洛阳童谣中就唱道：

牧场骏马多又多，不及赤兔一匹。

洛阳人儿何其多，人中豪杰吕布。

五原郡吕布战功显赫，名满天下。若能打败他，则可谓此役头号功臣。因此义军将士纷纷摩拳擦掌，誓将获得吕布首级看成头功一桩。

河内猛将方悦高喊："末将愿往！斩获吕布立头功！"

方悦策马向前，挺枪刺向吕布。但只两三个回合，他就连人带马被方天画戟劈为两半。

太守王匡见爱将被斩，情急之下打马向前："匹夫莫走！"

王匡挥舞着半月枪，直扑吕布。

"太守！危险！"

河内将士急忙赶来增援。只见众将士前仆后继，被吕布立斩于马下。王匡见状不禁心生恐惧，匆忙拨转马头。

"原来是匹夫王匡。你阵前逃跑，好不耻辱！"吕布在他身后笑道。

王匡只顾逃跑，顾不得吕布的耻笑。

乔瑁、袁遗一看友军危急，立刻率兵从两翼夹击吕布的部队。

"冲啊！"

"杀啊！"

他们擂响战鼓、漫天放箭、扬起沙尘，希望牵制吕布的战力。

但那吕布跨着赤兔马根本不畏这些，只见他催马突入东营，则东营溃散，又冲入西营，则西营尽乱。他所到之处，无人匹敌。

上党太守张扬旗下有一位用枪名家，名叫穆顺。穆顺冲上前去挺枪与吕布战在一处，却连枪带人都被砍成两截。

北海太守孔融身旁有一个大力士，名叫武安国，手拿一对五十斤重的铁锤，号称力大无穷。但在吕布面前却被当作孩儿戏耍。他的铁锤被打飞，一只手腕被齐齐砍断，只得匆匆逃回阵地。

吕布一人可挡万军。

他所向披靡，无人可挡，宛如旭日东升，无人敢于直观其身影。

吕布所到之处，八州猛将均面无颜色。所驰方向，八镇太守策马奔逃。

袁绍见状大为头疼，却又无计可施，于是他向曹操问计道："吕布如此英勇，我方该如何是好？"

曹操也感到遇到劲敌，回禀说道："吕布此人，勇猛无比，可谓百年一遇的奇才良将，武曲星下凡。若是像如今这样，按寻常的打法对付吕布，恐怕毫无胜算。不如我们令十八路诸侯集合为一，将其团团围住，施展车轮战术，逐渐缩小包围。纵使吕布天赋异禀，终归有一刻会疲乏失力。到时我们就可以趁其不备，一举捉拿。你看如何？"

"如此甚好！"

袁绍立刻拟下军令，派传令兵立刻发往汜水关，那里镇守着十路诸侯。

但是，不等传令的十骑出去，忽闻前方阵前一阵哭嚎尖叫。

"不好！"

"吕布攻过来啦！"

义军阵形大乱，士兵慌忙逃窜，如溃堤一般逃向大营而来。

"大事不妙！"

将士们马上牢牢将袁绍护在身后，以保其安全，同时大声督战："大家别怕！"

"往前冲啊！"

"吕布没什么了不起的！"

"给我上啊！"

大家高声呐喊着督战，可众将士却犹自倒退，又有哪个敢去出战白白送死。一时之间，大寨之中乱成一片，将士们四散逃窜，恐怖的气氛布满全寨。

"吕布在此！曹操何在？袁绍何在？别怕死躲着，你们快出来应战啊！"

只听得吕布的声音从大帐前面传来，宛如炸雷一般。袁绍吓得匆忙混入寻常杂兵之中，才未被发现。吕布在大帐前面晃了一圈，又催动赤兔马突破这边的营寨，向另一个诸侯营寨奔去。

他的下一个目标，正是公孙瓒的大营，刘备也正在此营中。

吕布一瞥林立的旗幡，就突到营中而去，他高声大吼："公孙瓒！速速出来受死！"

赤兔宝马横空一跃，营中的数十旒营旗竟然瞬时齐齐倒地。而将士们投掷的飞戟长枪，铁弓铁锤，都被吕布轻松拨开。公孙瓒偌大的营盘之内，竟然毫无抵抗之力。

“大胆狂徒！敢在此处造次！”

公孙瓒气得咬牙切齿，他抄起随身大戟，就欲上前拼命。

“原来你躲在此处！”

吕布微微一笑，打马上前。而一见他一人一马来至跟前，公孙瓒早已吓得腿软倒地，连滚带爬地落荒而逃。

“好你个公孙瓒！原来如此不济！还不给我留下人头再走！”

赤兔宝马号称日行千里，他催马欲追，马蹄蹚出一溜烟尘。正在这时，忽然从斜下冲出一人一马。只见来人挥舞着丈八蛇矛，边舞边骂：“吕布！休走！你爷爷燕人张飞在此！我来要了你的脑袋！”

“哪个找死！”

吕布闻言，不再追赶公孙瓒，勒住马匹，冷冷回头。

只见来人是一个魁伟的大汉。他倒竖满脸虎髯，张着血盆大口，横抱丈八蛇矛，催马冲到赤兔马前面就要开打。大汉威风凛凛，毫无畏惧之情，只是看他的盔甲和装备颇为寒酸，不过是一名小小的步弓手。

“不知死活！还不快滚！”吕布对张飞不屑一顾，区区小卒不足以为对手。

“吕布！你别逃呀！你难道不知你家张飞爷爷的大名吗？”

张飞却是不顾，他冲将上来就立马横矛，矛尖掠过赤兔脖颈，砍下几缕鬃毛。

吕布被他激怒，骂道：“区区小兵，上来找死！”

吕布举起方天画戟，想一举将张飞劈成两半，不料张飞居然躲过，反而一边大吼，一边耍开丈八蛇矛，反攻回去。吕布一击不中，有些意外，他本想三两下解决掉这个小兵，没想到对方却十分难缠。于是吕布也认真起来，和张飞斗在一处。

张飞冲上来是来拼命的。他自兴义军以来，无一官半职，屡次遭人轻视。他征战沙场转战多年，却总被埋没于穷乡僻壤。这种不得志亦不得势，只得每日借酒浇愁的日子，张飞可过够了。

对于张飞来说，如今能在天下英雄豪杰云集的战场之上，与闻名四海的英雄吕布对战，可谓千载难逢的大好机会。可以说，是张飞兴义兵以来最好的机会。只是吕布果然是名副其实的英雄，张飞一时也讨不到便宜。

这双雄大战打得十分激烈，一个挥舞丈八蛇矛，一个耍开方天画戟，一时打得火花迸溅，无人敢靠近。这两个人都使出了浑身解数，不分上下斗成一团。

张飞心里暗挑大拇指："原来天下真有如此豪杰！"

吕布也在心中暗叹："此人功夫好生了得！为何还只是个步弓手？"

张飞的蛇矛数度掠过吕布的紫金冠和连环甲，而吕布的方天画戟也不时掠过张飞的眉前和护手。双雄大战险象环生，两人却依然奋战不止。他们胯下的两匹坐骑都累得浑身出汗，疲惫不堪，但是两位英雄却是越战越勇，毫无疲态。

这场对阵十分精彩，两军将士都驻足观瞧。

"那是谁在阵上？是张飞啊！"

"张飞在对阵吕布！"

这时只见吕布战势愈来愈猛，而张飞的蛇矛却露出了些许破绽。曹操和袁绍等十八路诸侯在远处观战，手心捏一把冷汗。而正在此时，有两人打马而出，向他们奔驰而去。

前去助阵的一位正是关羽，他大声喝道："三弟，二哥助你一臂之力！"

"我乃刘备是也！吕布休走！"

另一位自然是刘备，他也跃马而来。

刘备双手掣着大小两柄双股剑，关羽挥舞一把八十二斤重的青龙刀。这三位结拜兄弟三面夹击，将吕布围在当中，四马相缠，斗在一处。

吕布在三人夹击之下，已是捉襟见肘，危机四出。

他也感到有些力不从心，但仍大喝一声："你们三个，一起上啊！"

吕布耻笑一声，仿佛完全不将刘关张三人放在眼里。只见他左突右挡，金铁铮铮。而各州将士均将目光集中在这四人身上。

两军阵地的各路诸侯都如痴如醉地远远观战，不时随着沙场上的战况发出吼声。正当此时，吕布挥出一戟，险些击中刘备的面门。

"吼！"

"嗬！"

关羽和张飞赶紧催马，二人紧紧夹住吕布战马，犹如双龙夺珠。吕布和关羽两人的马鞍也撞在一处。

哒哒哒哒，一撞之下，赤兔宝马连退数步。吕布心中暗道不好，再战肯定不敌，于是撂下一句："来日再战！"

吕布拨马便走，一溜烟撤回自家寨中。

刘关张自然不能轻易放过，放马便追。

“吕布！别跑啊！今日一战，怎待来日？咱们再战三百回合！”刘备叫道。

突然，从吕布那边“嗖”的一声飞来一箭。原来是他一边抽身而逃，一边回头拉弓射箭，还叫道：“你们三个，要送我回营不成！”

说完，他连连放箭，三箭之间已闪入虎牢关城门。

“竟叫他逃掉了！”关羽和张飞气得咬牙切齿，却毫无办法。吕布日行千里的赤兔宝马，根本不是寻常坐骑能追上的。

只是这吕布一逃，义军却是大涨士气。各路诸侯趁势下令发动总攻。大家擂响战鼓，乘胜追击。

北军随着吕布，一路溃败，逃回虎牢关。可是有大半将士来不及逃回关中，就被义军追上，当场斩杀。

义军大队如潮水一般逼近虎牢关。

关羽和张飞也飞奔至城下，想要一举攻入。只是这虎牢关占尽天险之地势，犹如铜墙铁壁一般，任他们想尽办法，却难以成功。

张飞抬头观瞧，只见城头之上飘扬着锦绣大旆和无数旗帜。还有一顶青罗华盖，硕大无比，随风而摆，如云似虹。

张飞不禁咧开大嘴，惊叫出声：“哎？城头那人不正是敌军主帅董卓么！他近在眼前，岂容逃走，大家快跟我上啊！”

张飞立刻下马，手爬脚蹬就要攀上城墙。无奈望楼上立刻掷下无数巨石滚木，危险异常。张飞恨得捶胸顿足，好容易才被关羽拉住，退到距城下百步之遥的安全地带。

当日激战暂时结束。而这一战也被后人传为佳话，虎牢关三英战吕布。

# 第六章
# 洛阳落日赋

虎牢关一战大捷。曹操等十八路诸侯齐聚中军大帐，共贺来之不易的胜利。

在他们的共同见证之下，将此一战所斩获的数万敌人首级，都埋入大坑。

“只可惜这万人的首级之中，却独缺吕布一人！”曹操感叹。

“非也非也！若是吕布能被关羽、张飞这等小兵之流打败，那他的首级可就一文不值啦！”袁绍纵声大笑。

这就是他的逻辑：胜利之果属于自己，而失败之错则归罪于别人。

众人兴致高昂，共唱凯歌，举杯同贺一番之后各回营寨。

“袁将军，请留步！”一个人叫住了袁术。

袁术为主帅袁绍的胞弟，负责粮草运输和物资调配。他驻足回头，原来叫他之人正是长沙太守孙坚。孙坚之前遭遇汜水关惨败，一时失势，在义军营中总是远避他人。

“原来是孙将军啊。您怎么不回营中休息？”

“孙某此番专程来找你的。”

“哦？所谓何事？”

“孙某有一事不明，敬请指教。此前我任先锋军，攻打汜水关，为何迟迟没有军粮送来？请袁将军解释清楚。”孙坚高声质问道，同时右手握紧了剑柄。

袁术闻言脸色一僵，答道：“若问此事么，袁某早就想与您好好解释一番其中的详情，奈何人在军中，不由自己。”

“少说废话！我只问你，孙某在前线战场杀敌之时，你为何不送军粮？想我孙某与那董卓无冤无仇，只因响应檄文就前来举义。孙某本欲报效国家，解救百姓。而你等却听信鼠辈谗言，断我粮草，害得我的将士们忍饥挨饿，无力应战，因此才惨遭败北。如今我们虽为友军，但此仇此恨决不可轻饶。孙某今日来此，就是来取你的项上人头的。你速速好生作答，不可有假！”

袁术深知孙坚此人极无耐心，是个骁勇难挡的南方汉子。如今孙坚紧握剑柄，面色铁青，步步逼近，袁术早已吓得双膝发软，难以站立。

“孙将军！孙将军请息怒！袁某心知孙将军受尽委屈，全是袁某的不是。只怪我轻信了奸人的诽谤之词。我现在立刻就将他的首级砍下，为孙将军洗刷冤情。请孙将军少安毋躁！”

袁术为保性命，拼命向孙坚求饶。他还立刻将之前建议暂扣粮草的将官叫来，将他五花大绑押到孙坚面前。

“袁某正是听信了他的谗言，才对孙将军产生误解。如今我要将功补过，将此人立刻斩首，以解孙将军心头之恨！”

袁术立刻命人将此将当场斩首，还要四处张榜，为孙坚洗刷冤情。

孙坚觉得袁术不过是一介小人，再与他计较实属无聊。于是作罢，他苦笑一声，暂且回营。当晚，孙坚心结已解，在自己营中低垂帐帘，欲长睡一番，忽然听到帐外传来哨兵的争论之声。

“何事聒噪？”

孙坚起身，帐外聒噪之声已止，负责警戒的程普和黄盖两员大将正顺着帐帘缝隙低声询问：“太守大人，您醒着吗？”

“如此深夜，出了何事？”孙坚起身，撩开帐幔，向程普询问。

程普凑过身去，附耳低语道：“如此深夜，若非要事，属下不会叫醒将军。就在刚才，有敌军派来的两位密使前来营前叩门，说是要密见太守大人。”

“什么？董卓派来了密使？”孙坚大感意外，“他又要耍什么花招，孙某不如先会会再说。”

孙坚于是下令放使者进来。这二人此行前来冒着生命危险，因此一见孙坚，就鼓舌而言：“在下乃是董相国帐下之臣，名叫李傕。此番前来皆因董丞相一向仰慕孙将军，因此派我为使，愿结长久之友好。此事并非客套，为表诚意，董相国愿将膝下妙龄女儿许配给孙将军之子，共结两家之好。之后，孙将军满门子弟即可立刻封为郡守刺史，飞黄腾达。孙将军，董丞相诚意可鉴，如此千载难逢的良缘时机……”

“休得胡言！”未及对方说完，孙坚便一声怒喝，“董卓老贼，不知顺逆之道，弑君虐民。他就是一只私欲贪婪的畜生！董卓居然还想要我的儿子做他的女婿，真是痴心妄想！孙某现在唯愿征讨逆贼，诛其九族，将董贼的首级高悬于洛阳城头。若非如此，孙某死不瞑目。你们两个赶快滚回去，告予董贼！”

李傕硬着头皮，欲继续劝说：“孙将军，您话可不能这么说……”

孙坚却不肯容他继续聒噪，他劈头喝道：“休得多言！孙某本欲砍下你等二人首级。

你们还不趁项上人头还在，滚回去向董卓老贼复命去吧。”

于是李傕和另一个敌使只得连滚带爬地逃回洛阳。他们将孙坚的说法如实地回禀给董卓。

董卓无奈。自从虎牢关遭遇大败以来，他一直郁郁寡欢。

“李儒，现在我们应该如何是好？”

董卓又叫来心腹之臣李儒，共同商议对策。

李儒回答：“回禀丞相。事已至此，我们不妨另谋蹊径，以求赢得转机。”

“我们如何才能赢得转机？”

“我们不如趁此机会，迁都长安，彻底舍弃洛阳。”

“迁都长安？”

“正是。此前虎牢关一役之中，号称天下无敌的吕布都不敌而败。全军将士意志消沉，再战恐难有胜算。此时我们不妨力劝天子移驾至长安，择时再战。最近，洛阳街头坊间传唱童谣：

西头一个汉，
东头一个汉。
鹿走入长安，
方可无斯难。

属下以为，这歌词所指那西头一个汉是指高祖皇帝，形容长安十二代的太平盛世。长安地域富饶，物产丰富，丞相若去，必能遇难成祥。而那东头一个汉则指的是光武皇帝定都洛阳，至今也恰好已满十二代，此乃天数如此。若我们此时迁都长安，则丞相的运势必然有所转运，更加亨通顺达。”

董卓闻言，顿时觉得豁然开朗。他立刻在朝堂之上按此天象之说，制定新的政策方向，让朝臣以理论之。其实倒不如说是董卓一人独裁，将此政策通知了群臣百官。

虽说名为朝议，但只要是董卓开口提出的政策，就是铁定的事实。

可是这一次，群臣百官也难掩惊讶之情，议论纷纷。

端坐龙椅之上的傀儡皇帝也不免吃惊：“董卿是要迁都么？”

兹事体大，朝堂之上一时无人出言赞同，自然亦是无人胆敢反对。

一时之间，偌大的朝堂上鸦雀无声。

良久，司徒杨彪才谨慎地开口说道：“丞相大人，现在未必是迁都的良机。自新帝登基以来，为时不久，黎民百姓尚未得到几日安宁。若是此时迁都，舍弃历史悠久的京师洛阳，而迁都长安，恐怕百姓难以接受，一旦动乱，则又要引起一番天下大乱。”

太尉黄琬也接口道：“司徒大人方才所言有理。此时迁都，不大妥当。我想这朝上的百官众卿心里也明知此事不可为，只是不愿违逆丞相之意，才皆闭口不言罢了。”

荀彧也紧接着反对迁都提议，他说道：“若是此时迁都，百官公卿都弃洛阳于不顾，则商贾无生意可做，工匠无业可从，百姓流离涂炭。看在天下百姓之苦，请丞相大人三思！”

董卓见朝堂之上，反对之声渐强，唯恐此势再长，连忙正色喝止：“老夫哪管得过来那些区区小民！若要为天下大计着想，这些区区百姓又有何用！”

荀彧愤然回答：“百姓乃国之根本！没有百姓，国家安在！”

“休得胡言！给我将荀彧摘其官帽，削其爵位！看谁敢再反对迁都！”

董卓恼火，只得断喝一声走出大殿。他命人立备车辇，打道回府。

行至半路，忽然遇到两位等在路旁的青年将领，他们高声喊道：“董丞相，请留步！”

“请丞相稍等！”

两人追来，拦在车辇之前，立刻跪倒在地。原来是城门校尉伍琼和尚书周毖二人。

“拦我去路，所为何事？”

“回禀丞相大人，我等特来拦车申诉。明知无礼，但实乃有备而来。”

“有备而来？莫非你们有冤情要申诉？”

“我等听闻，今日朝堂之上已经内定迁都之事。”

“并非内定，那是朝堂决议。”

“迁都的消息一经传出，我等晚辈官员皆大吃一惊。如此洛阳古都，非一朝一夕就能建成。而且这一片大地更乃是汉室十二代才建成，请丞相三思啊！”

“你等鼠辈之徒，竟敢妄议朝政！你们还敢拦车申诉，实在大胆！”

“丞相大人，请息雷霆之怒。为了天下苍生，我等不能坐视不管啊！”

“何为不能坐视不管？如此胆敢公然反对朝廷决议，尔等想必是敌军派来的细作吧！留尔狗命，必定日后生祸。来人啊！给我把他们两人砍了示众！”

董卓说罢，即命车辇向前而行。而校尉伍琼和尚书周毖二人紧紧抱住车轮，进忠谏不止。

而董卓的家丁则直接从两人身后劈砍。只见那鲜血飞溅，染红车盖，而车轴之上也沾满肉泥，宛若系着一条红绳。车轮一边前行，一边留下两道血色车痕。

洛阳百姓见状无不落泪。只消半日时间，迁都的消息已经传得人尽皆知。闻者茫然，不知所措。

当夜，天地与往日相比，尤为黑暗。恐怕这是人们的心理作用，就连看那天际灿星也仿佛如妖魅跳梁，怪异无比。

“朝廷要迁都啦！快看迁都的告示都贴出来啦！”

“什么？这京师洛阳他们竟然弃而不顾，要搬去长安？”

“唉，谁知道这以后的日子怎么过呢？”

洛阳百姓听到迁都的消息，无不大为吃惊，一时都无所适从。

而市民一大早上就看到两位忠臣良将被立砍于街头，只因他们在董相国车辇前拦车进忠谏，却惹得相国大怒之下命人将其活活砍死在街头之上。目睹了如此惨状，大家都心有余悸。

“咱们可不能乱说话！”

“一不小心说错了，我们可就遭殃了！”

“大家小心啊，丞相真会砍头的！”

百姓身处极度恐惧之中，大家甚至连一声抱怨都不敢出口。

如此情势何其危险！董卓如此毫无顾忌，更不在乎民生民心。董卓很快将拦车谏言的两个人抛在脑后，他回府之后熟睡一晚，早上起床就立刻召唤:“李儒！李儒何在！”

“属下在此。”

“迁都的命令都发了吗？”

“属下已经安排妥当。”

“朝廷的公卿百官也都通知到了吗？”

“属下已经派人都通知到了，现在他们都在做举家搬迁的准备。城门也已经贴上了迁都布告，洛阳府衙派了官差，正在挨家挨户地通告。大部分洛阳百姓，应该可以随驾一同前往长安。”

“非也，随驾而行的都是些穷鬼。有钱的地主土豪会迅速隐藏财产，转移到别处。如今咱们丞相府和朝廷的金库是不是都囊中空空啊？”

“是的。所以属下准备在发放迁都布告的同时，也发布征收军费的告示。”

“你酌情办理吧，也不必万事都发告示。”

“属下遵命，这件事就交给我了。”

李儒随即抽调五千人马，命他们在城里征收迁都费用和军费。这伙人闯到洛阳城里的所有大户人家府中，肆意搜刮金银财宝。然后他们又将搜刮而来的财宝货物统统装车，快速发往长安。

京师洛阳在一日之间就陷入了彻底的混乱。

所有的官纪和警制，以及所有的秩序，全部荡然无存。城中人人自危，各个市街都是混乱不堪。

最为恶劣的，就是没收富家财物的方式。

李儒手下的暴兵们疯狂残暴，他们看上哪家是富豪地主，就会立刻包围，然后夺门而入，将所有的金银财宝全部夺走。如果他们遇上有反抗之人，则一律当场斩杀。不仅如此，他们还肆意凌辱别人的妻小家眷。每家每户都有年轻女子被拉至僻静之处，被他们强行侮辱。女子的悲鸣之声，从街头巷尾隐隐传来。还有人被公然掳走，其残暴之行简直令人发指！

迁都命令发布的第二天，为了防止流民私逃，流窜至其他地方，御林军开始进城。他们强制百姓们编为五千一团，或者七千一群，然后分别集中，一路押往长安。

流民中不乏哺乳妇女，以及扶老携幼的汉子，更多的则是又要担着全部家当，又要牵领孩子以防走失的家庭……这些原本在洛阳安居乐业的小老百姓们，一夜之间沦为流民。他们像羊群一样，被军队驱赶。谁也不清楚未来的命运如何。他们一路跋涉，凄惨无比。

这些暴兵对待百姓的态度更是猪犬不如。他们不断挥舞着刀枪棍棒，驱赶流民：“你给我快点儿走！不许磨蹭！小心你的小命不保！”

“病人不要带着，快将他扔在路边，速速上路！”

这帮暴兵毫无任何约束，他们在光天化日之下公然调戏人妻，杀死保护她们的丈夫，极尽暴虐之能事。

山野之间，回荡着流民悲愤的哭号之声，久久不绝于耳，天地为之凄然。

就在同一天。

董卓也离开了相国府，带着足足由八十辆马车承载的私人财产，浩浩荡荡地踏上赴长安之路。

“可以了，我们出发吧！”说罢他就钻进车辇。

董卓对洛阳这个古都王城毫无留恋。自从他强行占领洛阳至今，不过只住了一年多时间。

而在众多公卿百官中，有些人难舍故土，更留恋这座美丽的城市，他们依依不舍地潸然泪下："没想到啊，我有生之年居然会离开洛阳！"

"老朽不想告别故土，实在难舍，痛心不已啊！"

有些年迈的老臣甚至恸哭失声。

董卓嫌他们行动迟缓，于是督促李儒强制所有人等立刻出城。还发布命令：

> 以今日寅时为限，宫门、离宫、城楼、城门、各衙，以及全市各街坊将焚之以火，火葬洛阳。

他知道袁绍和曹操的北上军队肯定会即刻抵达，于是宁可将这座城市烧为一片焦土，也不肯留给敌军只墙片瓦。

但是事出突然，众人准备不及，混乱难堪。

转瞬之间，寅时已到。

大火首先是从禁宫之中烧起的。

紫金殿的勾栏、琉璃楼的屋瓦、八十八门的金壁、鸳鸯池的珠桥，以及无数后宫院舍、亲王府邸，还有议政朝庙等大型建筑，都置身于一片火海之中。

"不知道这场火会烧多少天啊！"

董卓满意地注视着这片红光火海，随即动身出城。

搭载着皇帝、嫔妃以及皇族的车辇紧随在董卓的车队之后。他们看到如此惨状，不时发出悲号之声。一行车队匆匆忙忙弃城而去。

随之而后的是公卿百官的车马、后宫佳丽的车轿、宦官内臣的马队，以及装满金银财宝的马车。所有人都唯恐被火势所累，一窝蜂地拥出洛阳王城。

而吕布则接到董卓的密令，被派去执行一项特殊任务。他因此调拨了一万多名百姓和脚夫，又率领着数千兵丁，在大火焚城的前一日奔赴了埋葬汉朝历代皇室的陵墓宗庙。他下令掘开所有陵墓坟冢，无论是帝王之陵还是宫妃大臣之墓，全部被掘开。

他的目标是陪葬的财宝。历代帝王的陵墓中，陪葬的金银财宝，数之不尽。而从那些皇族公卿的墓陵之中所获得的各种奇珍异宝更是不计其数。宝剑名器，朱泥金银，吕布命人统统装车，而对那些人俑土器等物，则弃之不顾。

这些偷坟掘墓得来的珍奇宝物装满了数千辆车马，价值巨大，难以估量。

“将这些东西夜以继日送往长安！”

吕布下令由军队护送，将这些宝物安全押往长安。同时，他又派人去通知虎牢关的守军：“弃关离城！全体军队迅速赶往长安！”

殿军大将赵岑接到命令后觉得蹊跷，他不明白为何要去遥远的长安。但他仍然遵守命令，下令从虎牢关撤离。他在奔赴长安的途中路过洛阳，才发现整个城市已经陷入一片火海，早已毫无人迹。

吕布此举是为了防止守军动摇。如果提早通知，导致军心震荡，则敌军恐怕会趁机攻入。在迁都的期限之前一直守口如瓶。由此可见，此次迁都是如何仓促。

而吕布也扔下被挖得千疮百孔的历代帝王墓陵，急奔长安而去。

虎牢关一役之后，义军一直等着对方的反攻，但却迟迟不见动静，正觉得奇怪。

正在此时，前方传来急报。

“大事不妙！”

众将官闻言皆大惊失色。

“我们必须迅速攻破虎牢关！”

各路诸侯迅速调兵。

孙坚的先锋军最先从汜水关出发，进入了虎牢关，一雪之前大败之耻。而公孙瓒的队伍也迅速进入虎牢关，刘关张三兄弟随同队伍也率先进城，登上城头向洛阳方向张望。

“焚城之灾！”

“洛阳王城早已陷入火海之中！”

站在虎牢关的城头，能够远望关内情势。可是极目之处，渺茫三百余里之间，只见浓烟滚滚，火光冲天。

——如此惨状，竟是人间之景吗？

在这一瞬之间，所有人都感到无比凄怆。而十八路诸侯更是难以忍耐，未曾停顿片刻，立刻带兵冲入洛阳，以求第一个进入城中。

孙坚率先策马进城，沿路巡视街巷，目睹的尽是灰土焦炭。看到昔日繁华的京师竟沦落成如此惨状，他不禁潸然泪下。但他仍在热火疾风之间高声命令部下：“先去救火！努力善后！不要擅动百姓的东西，不许私藏财物！若有未逃脱的老幼妇孺，要立刻保护起来！在皇宫各门处派遣哨兵！”

孙坚治军甚严，属下没有丝毫懈怠。

各路诸侯下令部队分别安营扎寨。曹操见状立刻求见袁绍，提出了自己的意见：“请袁将军尽快下令，如此时机不可错过！董卓此时刚刚离城，理应前去追击。我们怎可坐拥废墟，悠闲度日？”

“非也！此时时机不对。部队连续鏖战，兵困将乏。如今既然大部队已经进驻洛阳，我们不妨在此休养两三天再说不迟。”

“这洛阳已烧得只剩焦土，占领如此废墟之地，又有何值得夸耀之处！兵士若就此休整，难免失去斗志。我们不妨趁势追击，一举破敌！”

“曹公，既然你们拥我为帅，就当听从调令。待到时机成熟，袁某自然会下令追击。如今你也不必多言了。”

袁绍别过脸去，神情不快。

“哼！”曹操恨其无能，怒上心头。他狠狠地扔下一句：“竖子，不足与谋！”

说罢，曹操立刻回营，号令手下追击董卓。

曹操率领以夏侯渊、曹仁和曹洪等将官为首的一万余骑兵马，出门追击。他料想，敌军匆忙迁都，又带着车马家财，妇孺老小，一路之上必定狼狈不堪，拥挤混乱。

“快追！再快点！他们带着车马，走不快的！”曹操在后方纵马狂追。

另一方面。皇帝御辇和众多逃离洛阳的人，途中苦于行路之难。他们来到荥阳，刚想喘一口气，就有谍报早早传来：“曹操的军队追来啦！”

众人大惊失色，皇帝身边的嫔妃们，甚至在车辇上发出悲哀的呜咽。

“启禀相国！此时大可不必惊慌！你看那处的天险，可以隐蔽伏兵。”李儒不慌不忙地指向荥阳城后的重山之中。

李儒此人一向深谋远虑，因此他提的计谋让董卓立刻放下心来。

吕布率兵先将偷坟掘墓得来的金银财宝押至长安，随后也来到了荥阳之地。

刚到城外，他却突然遭遇城内投掷的一番箭矢巨石。吕布大怒道：“吕某是听说太守徐荣将为相国开道，迎皇上的御驾，在此处当殿后，才放心而来。莫非徐荣叛变了吗！既然如此，待我踏平此地！”

他正要号令士兵，准备攻城。

“糟糕！大水冲了龙王庙！那是吕布将军！”忽闻城头有人高呼。原来是李儒在那里呼喝。

“我只道是敌军追击而来，而把你们错当成了义军。请吕将军息怒，我立刻打开城门就是。”李儒匆忙迎接吕布进城，好生赔礼道歉了一番。

“如此说来，董相国是刚刚离开么？”

“正是！不信您到城头一望，他们的队伍正在往那边走。”李儒领着吕布登上城楼，殷勤地指着远处山谷说道。

果然由此可见在远处山谷的道路上，有大批车马军队缓缓而行。他们的行踪不久就被云雾遮掩，看不清了。

吕布这才收回视线，问道：“荥阳城小，不足以御敌。李儒，莫非你就要在此处抵挡曹操的追兵吗？”

李儒摇头道：“非也！此城为障眼之法，尽可送给敌军，以骄其气。殿后大军如今都埋伏在后面山谷，以待一击破敌。若是敌军发现吕将军在此当关，反而难以诱敌。不妨请吕将军也去山中埋伏，以助我之计谋。”

吕布听到李儒之计，深以为然，于是也带兵埋伏到谷中。

此时，曹操率领万骑兵马已经追击至此地。他不费多大工夫就轻易攻破了荥阳城。

曹操并不恋战，继续追敌，一直深入谷地。虽然地势不熟，曹操还是十分气势高昂，鼓励将士：“我们若继续按这个速度前进，那么很快就能追上董卓和皇帝的车马。到时候我们就能一举歼灭敌军的败兵残将。大家再快一点，速速追击！”

而一行人飞奔向前，只顾逐鹿，即使谨慎如曹操，也没有意识到周遭的杀机。

突然之间，从四面的山谷和悬崖之上传来了震耳欲聋的喊杀之声。

“糟糕！有敌军埋伏！”

待他们有所觉察之时，这万余骑兵马早已成了敌军的囊中之物。

若他们向前冲刺，则会有巨石从悬崖上落下，将他们的道路掩埋；若想渡河而逃，又有无数箭矢从对面林中兜头射来。一时间前有阻隔，后有追击，曹操的兵马进退维谷，几乎被全歼于其中。

“我又失去一员手下大将！啊！他也不敌而亡了！”

曹操只能眼睁睁地看着自己的手下大将一个个在眼前倒下，至死仍然杀敌不止。

而此时，吕布从山谷一侧缓步而出。他对着曹操高喊：“呔！你这个傲慢的小儿曹操！别做你的春秋大梦了！你背弃旧主，忘恩负义，可知今日会陷入如此境地吗！”

吕布站在高处，低头俯视着拼命挣扎的曹操。

# 第七章
# 生死一河

曹操一眼就看见吕布，忍不住大吼："吕布就在此处！"

说着他奋力冲过挡路的士兵，想要杀至吕布所在之处。但是此时，另一员董卓爱将李傕则率领一队人马，从水沼之中杀了过来。

"一定要生擒曹操！"

"将士们，莫要让那曹操逃跑啦！"

"曹操才是真正的乱贼魁首！"

所有埋伏于此地的大军齐声高呼。从四面八方的水泽和山崖之间飞来无数箭矢，箭头全部瞄准他，重重包围的将士将刀枪剑戟统统刺向他，所有敌军的目标都指向曹操。

一时之间，曹操危机重重，他的命运完全掌握在敌人的手中。

——你将成为乱世奸雄。

他牢牢记得曾经有人如此断言，而他也坚信这将是他最终的命运。因此他骄傲，自大，毫无畏惧。而在此时此地，曹操发现自己已经身处绝境之中。

他以过人之奇才，仅凭一已的雄辩之才和魄力，就能白手起家，召集来十八路诸侯，而今还逼得董卓放弃洛阳，迁都长安。现如今，他之前所有的规划都按部就班地实现了，但他的人生梦想，仍不过是一个白面书生的空想。今天在这片陌生的山野之中，是否就将是他最后梦想破灭的地方呢？

原来事实竟是如此。

他如今才有此感悟。

正在此时，曹操的手下大将夏侯渊杀开一条血路，冲将过来。

他发现曹操所处的情况危急，立刻大喝一声："休杀我主！"

夏侯渊立刻率领众将士自一角闯入重重包围，直将李傕逼退，最终将曹操解救出来。

"现在我军中了埋伏，无可奈何。保命要紧，咱们速速撤回荥阳城内吧。"

于是夏侯渊只留下两千残兵在此应战，而曹操则带着五百兵马，一路逃回荥阳，边跑还边不断催促："快点！再快点！"

他们带领着一万兵马从洛阳追击而来，如今所剩不过三分之一。

曹操全力奔向山麓的方向，但是沿路之上不断遭遇伏兵奇袭的威胁。五百兵马被迅速削减。到了最后，他身边只剩十多骑将士。而且，这还包括身受重伤和马匹受伤的兵士。

如此生死一线之隔的时刻，曹操真正体会到了武人的穷途末路。

他在陌生的山野上继续狂奔着，迷茫地寻找出路。待回过神来，却发现夕阳西落，树林边寒鸦悲鸣，已到了月上枝头之时。

“啊！此处景致竟如同故乡山水！”

曹操的心头忽然浮现出父母的身影。他眼望着徐徐升高的月亮，心中充满无限愧疚：“是孩儿不孝，不能在父母膝下承欢。”

曹操此时不再是众人眼中那个傲慢的将军。他眼中泪光闪烁，却充满无限真诚。这一刻，他只是一个脆弱的普通人。他感到疲倦难忍，口干至极。

“太好了，此处竟有清泉涌出。真是天助我也！”

他慌张滚落下马，俯身在地，大口大口地喝着泉水。正在这时，他却又听到附近森林中敌军的喊杀之声正在靠近。

“糟糕！”曹操慌忙跳上战马。而此时，那十余骑护卫士兵之中，又有几人中箭而亡，还有几人早已无力挣扎，只得躺在草丛中坐以待毙。

追上来的正是荥阳城太守徐荣的部队。徐荣远远看到曹操在骑马逃命，心中暗喜：“我这就送你上西天！”

他将铁弓拉满，只听“嘭”的一声，一支飞箭凌空而出。

这支飞箭，正中曹操的肩膀。

“吾命休矣！”曹操一声惨叫，倒伏在马背之上。

此时，徐荣的第二箭已随声而至，箭头险险掠过曹操的耳边。连拔箭的间隙都不给他留。

从他肩头留下的鲜血将马鬃和马鞍全部浸染。曹操的战马，浑身浴血，狂奔不息。

而前方的树林之中，又有人影晃动。

“啊，曹操在此！”

那树林之中埋伏的正是徐荣的步兵。见战马奔来，一个兵士挺枪就刺。

战马腹部遇刺，一时吃痛，人立而起。曹操被一下甩到地上。

四五个徐荣的步兵立刻包围过来，兴奋地大叫着：“一定要活捉曹操！”

而曹操在落马之时，肋骨被马蹄所踢，疼痛难忍。他只得仰卧在地，勉强拔剑伤了两个兵士，之后便已体力不支。

正在此时，曹操的族弟曹洪刚刚摆脱敌军，身处不远之处。他忽闻战马嘶鸣，心中暗忖：“奇怪，听那声音，莫不是兄长爱马的嘶鸣之声？”

曹洪顺着声音，一路打马而来。借着皎洁的月光，他看到兄长曹操已经被几个兵士绑了起来。

“休得造次！”

曹洪立刻冲到近前，连连砍倒两名敌兵，剩下几人仓皇而逃。他顾不得追击敌兵，赶忙下马扶起曹操，安抚道：“兄长！兄长我来了，我是曹洪啊！”

“幸亏我遇到你了。”

“兄长，你还挺得住吗？我得赶紧扶你离开此处，刚才有几个士兵逃走了，他们肯定赶去报信。徐荣的军队可能快赶到了。”

“曹洪啊！我恐怕坚持不住了。”

“你觉得怎么样了？”

“我如今肩膀中箭，胸口也被马蹄踢伤，痛苦难当。你快别管我了，速速逃命去吧！”

“兄长不要说这些丧气话！区区小伤，不足挂齿。如今这时局大乱之际，天下可无曹洪，但不可无曹操。你一定要活下去，哪怕只多活一天，此乃天命！”

曹洪不断鼓励曹操，又脱去他沉重的铠甲，让他轻松一些。之后曹洪将曹操抱上马背，让他扶紧缰绳。

“冲啊！捉拿曹操啊！”

不出他的所料，只听得喊杀之声由远及近，徐荣的部队果然迅速赶到了。

曹洪一时之间也没了主意。他跨坐在马背之上，一手扶着曹操，一手握着缰绳。索性闭上双眼，心中暗念：“我曹洪死不足惜，请老天保佑我兄长曹操脱离险境！”

他心中念完，催马一路狂奔，逃了出去。一路奔驰，从山上冲到山下的平原地带。

曹洪觉得已经从山上跑到山下旷野。

“啊！这就算出山了吧。”

这时却见他们眼前出现一条波涛汹涌的大河，挡住了去路。曹操一见之下，神情凄然。他扭头对曹洪说道：“啊！看来今日我的命数已尽。曹洪啊，快把我放下来吧。趁敌军还未追来，让我在此自行了断了吧。”

曹洪怀抱兄长滚下马来，但却坚决不肯松手："兄长说的什么胡话！什么自行了断的，这可不是你曹操会说的话啊！"曹洪故意说话刺耳，以激发曹操的斗志，"虽然咱们现在前有大河相阻，后有敌军相追，看起来山穷水尽了。但是俗话说，船到桥头自然直。咱们不妨放胆一试，涉水过河，看老天是不是眷顾咱们兄弟两个吧。"

说着他们就来到了河岸之上。这大河正值涨水之期，河水暴涨，水流湍急，就连飞鸟都难以靠近。

曹洪索性扔掉所有重物，只叼了一把剑在嘴里。他将曹操背在背上，毅然决然地跳进浊流之中。他努力打水，向河对岸游过去。

远处河雾与低垂的云雾相连，显现出一线泛红。原来不知不觉之间，已近黎明时分。黑夜即将过去，而河水则被这一道霞光染成红色。在这湍急的红色浊流之间，两人游动的身影宛如怪鱼，起起伏伏。

曹洪拼命游泳，但是河水湍急，又背负兄长，他总是力不从心。他划水的手脚施展不开，于是两人不断被冲向河水下游。

不知道游了多久，他们终于能望见对岸了。

"对岸近在咫尺，我要加把劲了！"曹洪使出最后的力量挣扎着。

可是河岸虽然看来近在咫尺，但要游过去却比渡河更难上加难。因为惊涛拍岸之后，会带来巨大的离岸之力，将水流卷回河中央。他们两个被裹在水流中，前进受阻。

徐荣的一个分队驻扎在离河岸不远的一处小山包上。当时正有两个哨兵放哨，他们一边望着江水，一边看着黎明的晨雾发呆。

"咦？河岸边有个什么东西？"一个哨兵忽然发现异状，连忙用手指着说道。

"那不是河中怪鱼吧。"

"不对！你仔细看，那好像是人！"

两人连忙回去报告。

当值的守将闻讯也过来查看，他命弓弩手准备："那应该是曹军的败将！速速放箭！"

他们对河中二人的身份并不清楚，于是不慌不忙地列队，然后拉开架势向河中射箭。

"咻！"

"嗖！"

铁箭离弦，带出弦鸣阵阵。片刻后，水面上落下箭雨，溅起水花无数。

这时，曹洪已经挣扎着爬上河岸，他见敌人的箭雨不止，于是躺在地上装死，同时稍事休息。

果然敌军以为已经射死他了，箭雨稍缓。而他四下打量着，寻找逃跑的路径。

正在此时，曹洪发现有一队兵马从河对岸的上游涉水而来。借着晨光，他看清这支队伍所擎的旗帜正是荥阳城太守徐荣的精兵。

“不好！我们现在若被他们发现就糟糕了！”

曹洪一时之间慌乱起来，但此时还不是绝路。他架着曹操站起，一边舞剑挡开飞箭，一边撤退。

曹操的一只肩膀被弟弟架着，他就用另一只手挥剑格挡飞箭。兄弟两人互相搀扶的身影，从远处几乎分辨不清那到底是一个人还是两个人。

两处的徐荣部队都看到此情景，尤其是曹氏兄弟在箭雨中一边跑一边挡箭的身姿，于是他们大喊道：“那两人必定是敌军大将！大家快追啊！千万别让他们跑了！”

于是河对岸的追兵和河岸山包上的两支队伍都立刻展开追捕。他们马蹄蹬蹬，踏起一片沙尘。其中一小队人马不多时就赶了过来，将二人的去路堵得严严实实。

箭雨纷纷，从未停歇。

曹操兄弟二人只要停下就是死路一条，但继续前进更是毫无生机。

一波未平而一波又起。看来今天阎王爷是盯上了曹操。

“我们看来要跟敌人拼命了！咱们曹家兄弟就算在此毙命，也要死得轰轰烈烈。兄长！你也准备好了！”曹洪杀红了眼，决心和敌人同归于尽，他和曹操一起挥舞剑花，杀入敌群。

敌军却是兴奋异常：“听到没有！这是曹家人，一定是曹操、曹洪两兄弟啊！”

“没想到他们逃到这里让咱们堵上了。咱们一定要取了他们的项上人头，这可是头功啊！”

立功心切的敌军宛如饿狼扑食一般，将二人团团围住，毫不放松。

这时，在不远处忽然扬起一阵黄沙，有十余骑兵马正疾驰而来。

来人正是夏侯惇和夏侯渊两名大将。他们从昨夜起就一直四处奔走，寻找主公曹操的下落。

“啊，主公原来在此！”

他们大喜过望，十余人挺枪便刺，将敌军的重重包围打散。

“主公快上马！快点！”

夏侯惇催促曹家兄弟迅速上马,然后指挥众人,一起逃走:“你们快走!我来殿后!”

敌军的飞箭如骤雨一般紧随不舍,但他们还是逃过了追捕的围堵。

曹操等人见终于甩开了追兵,来到一处茂密的树林边上,才松了一口气。可是一望之下,前方居然驻扎着五百多兵马。

“不知前方部队到底是敌是友?”

打探之下,才发现原来前方兵马是曹操的家将曹仁、李典和乐进等人。

“是主公回来了!你们回来就好!”

乐进和曹仁等人见到曹操死里逃生,不禁大喜过望,连声欢呼。

曹操带来的这一万兵马几乎被敌人全歼,大败而归。但部下们见到他时由衷的欢迎之情,又让曹操深为感动。

“看来曹某昨日心中所想是真的错了!既然身为统帅,我就绝不能轻言放弃。如果我昨晚丧失信心,自行了断了性命,那就是置这些部下于不顾。那会让他们多么失望!”

“这是个教训!我一定要牢牢记住!”

他在心里反复重复这句话,要求自己绝不能忘怀。

曹操吃了人生中最重要的一场败仗,却从中受益匪浅。

“胜败乃是兵家常事。打了败仗才能取得经验教训,对我来说也未尝不是件好事。”

曹操一直思索着,对于失败有了更深的领悟。

他从洛阳出发时带了一万兵马,而如今只剩五百骑。可是他仍然坚信,自己可以东山再起。

“咱们现在先去河内郡,然后再商量今后的打算吧。”曹操说道。

夏侯惇和曹仁等人也点头同意:“如此甚好。”

于是这五百骑兵马起身逃往河内。山河萧萧,如颂悲歌。

曹操生来凭着自己的奇才纵横,一向恣意妄为,如今更是目空一切。因此这次的失败对于他来说,是个异常沉重的打击。

一路之上,对着漫天星斗,曹操不禁痛定思痛:“曾经有一个预言家告诉我:你将成为乱世里奸雄。我相信了他的说法,这才毅然起义!如今,天要降大任于我,必先要让我历经百般磨难。如此也好!曹某纵然做不成奸雄,也一定要成为天下一霸!”

# 第八章
# 传国玉玺

——另一方面。

各路诸侯宁可守着洛阳城中的一片焦土，他们如今又有何动静？

洛阳城中仍然布满余烬，余烟蒙蒙。

这场大火一连烧了七天七夜，将一切都化为灰烬，而大地仍然保留着烈焰的余温。

各路诸侯各占一处，都在奋力扑火。总帅袁绍还刻意进驻旧皇宫，将他的营地扎建在宫殿之中。他命人将烧焦的灰烬扫去，又命人迅速修复了被毁的宗庙，最后搭成了一个临时宫殿。这几天日夜操劳，他一直忙于战后重建。

“临时宫殿业已建成，我们应该去祭拜宗庙了。”

袁绍派人赴各路诸侯的寨中，要求大家齐集一堂，参加祭典。

因为条件有限，祭祀仪式颇为简陋。祭拜之后，众人又巡视了一遍皇宫内外。当看到被烧得面目全非的宫殿之时，大家无不感慨万千。

正在众位诸侯扼腕叹息之时，有人来报：“曹操的万骑兵马在荥阳城北遭遇敌军埋伏，几乎被全部歼灭。现在曹操仅剩几名部将，以及几百兵士，正在逃往河内方向。”

众人闻讯无不惊呆，无言以对，各自心中暗忖：“曹操竟落得如此境地！”

袁绍倒有些幸灾乐祸，他故意高声说道：“果然不出我所料啊！想那董卓之所以舍得弃洛阳而迁都，乃是因谋士李儒献计。他实际的实力还是有的，因此才设计主动放弃王师之地。那曹操未免过于轻敌，只率万余兵马前去追讨，真是太自不量力啊！”

之后，大家又坐在已经烧毁一半的鸳鸯殿中，小酌一番，之后各自散去。

这时天近黄昏。原本御花园的池泉之边，还剩一片白芙蓉犹自开放，随着多情的晚风轻轻摇曳。

其他诸侯早已离开了，而孙坚仍带二三随从流连忘返，在这御花园中逍遥一番。

“如此皇家御花园，如今却只剩一片断壁残垣。我仿佛能听到那边的花影泉边，有后宫美人在轻轻啜泣。我们兴兵攻城原本是为了破旧创新，建立新的秩序。但是为了建立新城，总要将旧有的打碎。这皇城的破坏如此严重，孙某却也无可奈何。唉！

我一介武人，没想到今日竟然如此多愁善感。”孙坚独自一人坐在建章殿前的台阶上，仰望着星空，陷入了沉思。

突然，一道白光在天际之间掠过，在闪烁群星中并不起眼。孙坚见之，立刻占卜天文："帝星不明，星座星环皆乱。此乃凶兆啊！看来这乱世未止，将有更多的地方化为焦土。"

他不禁摇头嗟叹。

这时，阶下的一名属下指着南边一处，开口说道："太守大人，你看那里仿佛有什么东西？"

"哦？在哪里？"孙坚也凝目望去。

"属下方才就发现那边有异。您看这个大殿南边的水井里，好像不时闪出五色光彩，忽隐忽现的，就像五彩宝石在闪光一样。我还以为是眼花看错了呢。"

"哎！你小子果然眼尖！我看那边也有闪烁的五彩光芒。不如点上火把，过去查看一下。"

"是！"属下们立刻开始准备。

孙坚的属下们很快就点起数个火把，将水井照亮。他们迅速搜查井底，然后众人发出了惊呼之声。孙坚连忙走近一探究竟。只见从井底打捞出一具年轻宫女的尸体，可能已经过了多日了。看她的装束还不是一位寻常女官，但此时仍是栩栩如生，面白如玕。

一同出水的还不止这些。

这美人的尸身之上还有一件绝佳的美器，那就是挂在她颈项之上，且怀抱在胸前的一个紫金襕锦囊。

美人蜡白的手指将锦囊紧紧抱住，可想而知她临死之时，也誓将其保护周全。

孙坚靠近仔细观瞧，然后命令属下："那是何物？你们速速取下锦囊交于我看。"

属下立刻取下死者身上的锦囊，交给孙坚查看。

"喂，快取火把过来！"

"是！"

众人打着火把，靠近孙坚左右，照亮了他手中的锦囊。

"……"

孙坚的眼中突然闪出惊讶之色。只见那紫金襕锦囊上的刺绣非常精致，用金丝银线绣着瑞凤彩云。囊中装着一只红色的匣子。那红色非常罕见，可能是由珊瑚或堆朱一类所染。匣子上还挂着一只精致的金锁。因为一时找不到钥匙，孙坚索性用牙将锁把咬断。

打开匣子，只见里面放着一枚印章。玉石非常温润稀有，方圆约为四寸许，石头上部雕有五龙，下端有一个边角稍有缺损，已用黄金缮补妥当。

“快！派人立刻把程普叫来。此事万万不可声张！”孙坚慌忙吩咐道，然后神情恍惚地凝视着手中的印石。

“这绝非一枚寻常之印！”

程普一路小跑过来：“太守大人，急找在下所为何事？”

孙坚把印交给他，问道：“程普，你且看看，此为何印？”

程普饱读诗书，见多识广。他将此印拿到手上细细观瞧，却大惊失色，险些昏厥。

“太守大人！这印到底是从哪里获得的？”

“是这样的，刚刚我们看到这口井里发出五彩光芒，就命人搜查。士兵们从井下打捞起这具美人的尸体。而这印章就是从她项上所挂的锦囊之中取出来的。”

“啊！竟然如此！”程普捧着印章不断鞠躬礼拜，“此乃大汉皇室的传国玉玺！绝非有假，属下非常确定这是皇上的玉玺。”

“什么？你说此乃传国玉玺！”

“正是！您看这印上刻有篆文可证。”

程普手捧玉玺，靠近火把的光芒，将玉玺上所刻的印文读了出来：

受命于天，既寿永昌

“这正是传国玉玺上的印文……”

“何以见得？”

“曾有古人在荆山之下看见有凤凰栖息于巨石之上，便切开石头，将石心献给楚文王。文王视其为稀世璞玉，爱不释手。后来，秦始皇二十六年[①]之时，挑选良匠琢磨玉石，将其制为方圆四寸的玉玺，又命李斯刻上了这八个字。”

“哦！原来如此！”

“二十八年[②]，秦始皇横渡洞庭湖之时，遭遇风暴，此枚玉玺曾一度沉到湖底。而后世之中，此印数度显世，获得玉玺之人皆一生尽享荣华富贵，令人称奇。后来此玉玺显世之后被历代作为传国之宝。我朝自高祖皇帝直到今日，更是代代相传。如今这

---

① 译者注：公元前221年。
② 译者注：公元前219年。

兵荒马乱的乱世之中，此玉玺仍能安然无恙，果然是祥瑞之物啊！”

孙坚一边手捧玉玺，一边恍恍惚惚地听程普讲述玉玺的来历。

他不禁心中暗忖：“为何这稀世珍宝会落在我的手中？”

思虑至此，孙坚不禁感到有些恐惧。

程普继续说道：“现在属下细细想来，也能理清思路了。前几年十常侍等人作乱时，挟持灵帝逃到北邙山。当时，就曾传出过玉玺遗失的消息。如今此玉玺又在井底意外出现，落在太守大人之手，这件事非比寻常啊。”

“嗯！孙某也认为此事的确非同小可。”

程普凑近孙坚身旁，在他耳畔低声说道：“太守大人！玉玺由您发现，此乃天意啊！我认为这是上天指派你登上九五至尊之位，而您的子子孙孙也将负责传国大任，代代兴旺。现在，您应当立刻回到属国，以谋长远之计为妙。”

孙坚闻言，重重地点头表示赞同。

他的眼中精光闪烁，似乎已下了决心。同时他叮嘱在场的众人道：“今晚之事万万不可告诉他人。如有人胆敢擅自泄密，孙某定斩不赦！切切！”

不知不觉之间，夜已深沉。

孙坚携带玉玺，悄然回营。程普则立刻通知营中各人：“因主公突染疾病，于是决定明日撤营，返回属地。”

而实际上，他们只是谎称孙坚生病，以便尽早离开。孙坚的部将立刻开始准备返回江东。

只是在这一片慌乱之中，孙坚的一名属下偷偷跑去袁绍营中通风报信，将获得玉玺之事如实地禀告袁绍。该人领了袁绍的奖赏之后，立刻远赴他乡了。

因此袁绍也在第一时间得知了有关传国玉玺的秘密。

第二天一早，孙坚装出一副若无其事的样子，到袁绍营中来告假。他故意装出一副憔悴的模样，说道：“孙某近来身体不适，处理营中各项事务也有所懈怠。因此特向统帅大人告假，孙某欲暂时回到属地静养，与风月为友。”

袁绍不待他把话说完，便扭过脸去，纵声大笑：“啊哈哈哈！”

孙坚见状大怒，以手扶剑道：“孙某特地来此郑重道别，为何主帅却无故大笑？”

袁绍一针见血地指出：“孙坚啊！我没想到你很会装病，就连生气也装得有模有样的。袁某今天才发现你很有表演才能，表里如此不一。你要如何静养？莫不是将传国玉玺放在怀中焐热，打算孵出小凤凰来吗？”

“你说什么！”

“孙坚，你不要慌啊！你自己是什么身份要想清楚。你昨晚从建章殿旁边井中捞上来什么东西了？还不快给我交出来！”

“哪有什么东西！孙某不明白，主帅此言何意！”

“大胆狂徒！你想自己篡夺天下吗？”

“什么篡夺天下？我听不明白，你莫非说我谋逆不成？”

“还不住口！咱们各路诸侯齐集一堂，共兴义军，同甘共苦，为的是匡扶汉室天下，安定社稷。你若得到传国玉玺，就当立刻归还朝廷。你这匹夫之辈竟欲私藏玉玺，真是胆大包天！”

“何出此言？你这卑鄙小人！”

“你胆敢说我是卑鄙小人！”袁绍也手按剑柄，欲拔剑相对。

“哼！就凭你还敢拔剑！莫非你敢杀了我孙坚不成！”孙坚怒道。

“怎么不敢！”袁绍也愤然起身，骂道，“你这信口雌黄的匹夫之辈，居然还想瞒过我！你居然公然在我的营中编造谎言，谋反之心昭然若揭！袁某今天就要将你斩于此地，再暴尸城头，以儆效尤！”

“口出狂言！”孙坚义愤填膺，不由分说便拔剑在手。袁绍毫不示弱，立刻挥起大剑，与他怒视而立。

“你敢出手试试！”

两人对峙，杀机四伏。

袁绍的部将颜良、文丑等人，立刻跳到主公身后助威。而孙坚身后，则有程普、黄盖和韩当等诸位大将撑腰。他们同样仗剑在手，双方都互不相让，生怕自家主公吃亏。

自从联军进入洛阳之后，将士们久未打仗。他们一直憋着一股劲，希望能打上一战，痛快痛快。

在座的诸侯连忙上前拉架，将两伙人分开。大家在平日里称兄道弟，同为联军，若是此时自相残杀，让百姓知晓，那么不仅有损联军的威信，更会让逃到长安的董卓大看笑话。所谓亲者痛，仇者快。

“请两位少安毋躁，少安毋躁！”

“既然孙将军坚持自己是清白的，想必他是不会撒谎的。”

“主帅要多碍于身份，也请自重。不然我们众人十分为难啊！”

看在各位诸侯劝解的分上，袁绍终于让步，说道：“那不如这样，请各位帮助袁某来裁决一番。若是孙坚没有偷藏传国玉玺的话，又当如何证明？”

而孙坚高声喊冤道：“孙某亦是汉室旧臣，怎么会意图谋反，抢夺传国玉玺呢？请各位诸侯做个见证，孙某今日可在此起誓，绝无此事！”

孙坚一副信誓旦旦的模样，终于让所有人都信服了。于是，在众人的劝说之下，两人重又和好，举杯而别。可谁料只过了一时半刻的工夫，孙坚的营寨就已人去营空，不见一个人的身影。

“怪了！孙坚他确实有问题！”

袁绍一时焦虑不堪，而各路诸侯的营地之中也引发了骚动。

而曹操此时回到了洛阳。他之前为了追击董卓而大败于荥阳，如今身边只剩些残兵败将。

袁绍连忙设宴为曹操接风，欲向他讨教对付孙坚的对策。曹操反而义愤填膺地说道：“义军之中，虽然众人都口称大义，但大家心中却各自打算，所谓志不同而道亦不合！如此举义只会让黎民受苦，百姓遭殃，劳民伤财，更是无益！曹某欲暂归田野，自省吾身。这举义之事，也请诸公再行三思为好。”

曹操言罢，当晚便整装离开洛阳，向扬州方面而去。

而孙坚也在一路狂奔，拼命逃回封地长沙。

孙坚这一路之上，遭遇了数次袁绍追兵的追击，以及各地太守的阻挠，可谓是历尽了千辛万苦。但他最终还是设法找来船只，渡往江东。

孙坚坐在小舟之上环顾四周，如今随身在侧的只剩数名将士而已。但他怀揣的传国玉玺，却依旧安好。

道义的破坏只在旦夕之间，而建立却耗费时日，难以一蹴而就。

在最初起义之时，仅凭一道狼烟，一纸檄文就能聚集众人。那时大家万众一心，一致向前，因此要破坏旧秩序很容易。但到了后期，当众人开始进入建设新秩序的阶段时，人心的分裂也是必然的。

原先的同道之人逐渐成为陌路。此时人人都有话要说，人人都有自己的目的。因此冲突和矛盾就全部摊开在桌面上，难以缓和。原本应该破而后立，而当人心散了，要再收拢人心，又谈何容易。

而曹操、袁绍等人的举义兵讨逆贼之举，如今也遇到了如此瓶颈。

他们当初的理想，现在早已荡然无存。

首先，是曹操最先点起狼烟，召集来十八路诸侯的。但他后来对袁绍的优柔寡断甚为不满，下定决心“还是要靠我自己”。于是曹操不顾洛阳人多势众的优越条件，毅然率领仅有的几名随从，怀揣满腔的不平和一颗惨淡之心，向扬州而去了。

另外，孙坚意外在已成废墟的禁门水井中获得传国玉玺。他也在怀揣珠玉之时改变心志，与袁绍大吵一架之后分道扬镳，当即仓促赶往封地长沙。孙坚在途中遭遇了荆州刘表的阻击，军队惨败。当孙坚逃过黄河时，身边随行的仅剩程普、黄盖等六七人而已。此乃后话。

就在这时，又徒生了事端。在洛阳大寨之中的东郡太守乔瑁和刺史刘岱二人，因为借贷军粮等琐碎小事发生争执。刘岱竟然趁夜杀入对方寨中，砍死了乔瑁。

不仅诸侯之间的关系紧张，而且上行下效，他们手下的将士更是疏于管理，混乱不堪。

他们不仅强行掳掠，借酒闹事，更常常因为抢夺女人或赌博输钱而大打出手。现如今这帮将士无人约束，更是不守军纪。而洛阳饥民则苦不堪言，他们守着一片焦土废墟，只得放眼星空，低声私语：“跟他们相比，以前董相国的暴政时期，咱们的日子反倒好过一些。”

天色漆黑之后，就再也无人敢上街走动。满城只能听到因食人肉而野性发作的野狗吠叫之声，以及女人的哭嚎悲声。

“太守大人召唤于我？”某天晚上，刘备应召悄悄来到公孙瓒的帐中。

公孙瓒告诉他：“我此番特地请你而来，不为他事。只因最近我体察到一些情况，有些担心。各路诸侯以及主帅袁绍，关系十分不睦。袁绍虽然身为主帅，但是心胸狭窄，无力善后。他想要管理这些诸侯更是无能为力。如此以往，义军营中必将乱象丛生，造成难以挽回的局面。”

“此言有理！”

“这些事态想必你也看在眼里，有自己的判断。而包括你在内，以及关羽和张飞都对义军鞠躬尽瘁，我却无以为报，实在心存愧疚。在当今这义军的营中久留不是长策，你们不妨暂离洛阳，回到平原去如何？我自己也会随后动身而去。”

“如此也好！感谢公孙大人多年的眷顾，刘备就此别过，有缘再见吧！”

刘备与公孙瓒告别后，回到驻地，通知了关张二人。三人便带领手下奔赴平原而去。

他们虽然进了洛阳，但却一无所获。他们的兵马装备，一仍其旧，还是原来那副穷酸相。

可是关羽和张飞此番却非常有兴致，他们一路上谈笑风生。不久后，他们就抵达了一处村庄，之后立刻置办了酒菜。两人边饮边向刘备劝酒道：“大哥！跟咱们喝一杯吧！虽然这不算是咱们兄弟的庆功酒，不过还是要庆贺一番，咱们三个不是还活得好好的么！如此策马而行，一路豪饮，可是别有一番风味啊！”

张飞嘻嘻哈哈，乐得逍遥。

# 第九章
# 白马将军

但讲后来之事。

如今的洛阳已然化为焦土废墟，各路诸侯均认为再守此空城并无意义，于是大家纷纷返回封地。

袁绍也整顿了兵马，移师河内郡（今河南省武陟县西南）。但是因为拥兵甚众，他的军需吃紧。

“虽然我们如今已经尽量缩减将士们的配给口粮，但是也难以坚持多久。若是因军粮不足而造成军心动摇，士兵们有可能去打家劫舍，抢劫物资。到时候袁将军的军队就会被百姓当成土匪强盗。您也就由昔日的义军主帅，变为土匪头目了。”

管理军粮的部将十分担忧，频频催促袁绍一定要迅速拿出对策。

袁绍也认为事到如今，再也顾不得颜面了，便要修书：“如此说来，袁某就去求一求冀州（今河北省中南部）牧韩馥，暂借一些军粮之资，聊以应急。”

这时，一个名叫逢纪的侍将私下进言，说道：“大鹏当展翅高飞，遨游于天地之间。将军又怎能为钱粮这样的区区小事，就去请求别人帮忙呢。”

“逢纪，你所言有理。若有他策，我也断不会借粮。莫非你有良策？”

“良策确有一个。冀州一地物产富饶，粮食充足，可谓是金银满地，俯拾皆是。将军若能夺得冀州之地，则以后军粮物资之事，皆可无忧了。”

“冀州确实是我梦寐以求之地，不过我们该如何将其拿下呢？”

“属下认为，将军可以暗中派密使前往北平（今河北省，满城附近）太守公孙瓒处，谎称请他配合我军一起攻打冀州，战胜之土地可以双方分之。”

“何以如此？”

“那公孙瓒听到将军的提议，必会有所心动。而另一方面，将军又可暗中与冀州牧韩馥联手，佯作可以助他来打公孙瓒。那韩馥必定会仰仗将军之力。如此一来，冀州不就唾手可得了么。”

袁绍闻计，甚为高兴，于是他立刻依逢纪之计而行。他给韩馥修书一封，派密使送去。

冀州牧韩馥接到袁绍的来信，觉得有些奇怪。他打开一看，只见上面写道：

**北平公孙瓒正在暗中召集大军，准备攻打冀州。你要立刻备战，万万不可懈怠。**

韩馥自然不知袁绍在背后挑拨公孙瓒之事，所以大惊，连忙召集群臣共商对策。

“袁绍曾任十八路诸侯大军之主帅，智勇双全、位高望重。他此次对我忠言以告，我们应依靠此人之力，请他进驻冀州。想那公孙瓒若是得知我们得到袁绍的兵力相助，必定有所忌惮。”

众位大臣都深以为然。

韩馥于是立刻决定：“按此办理！”

但是一个叫耿武的长史认为此事不可行，他罗列依据，直言不讳。但他的意见却未予重视。一时之间会议陷入一片混乱。当场就有三十几人因支持耿武的反对意见，愤然离席。

最终，耿武得知韩馥仍要邀请袁绍前来，而自己的主张未被采纳，觉得无可奈何，欲辞官归隐。

但耿武乃一位忠烈之士，他终不忍心目睹主公陷入覆灭之地。于是他暗中寻找机会，欲在袁绍进冀州之时行刺于他。

不久之后，袁绍在韩馥的邀请之下，大摇大摆地率兵进入冀州。而忠臣耿武则藏在路旁树后，握剑以待。

耿武决定舍生取义，刺杀袁绍，以解韩馥与冀州百姓之危。

因此当袁绍的大军行至跟前之时，耿武一跃而出，挥舞宝剑冲到袁绍马前：“贼子休得入我冀州！”

“有刺客！”

袁绍身边的随从连忙上前拦阻。

“无礼狂徒！”

大将颜良连忙赶到近前，大喝一声，举刀便砍。

耿武自知刺杀无望，只得孤注一掷，在生命的最后一刻将手中之剑掷向袁绍。

当耿武的鲜血泼洒在地时，他的剑也扎进远处的树干之中，而袁绍则毫发未伤。

虽然有此风波，但袁绍大军依旧顺利进驻冀州。太守韩馥及群臣百官在城头插遍旌旗，以贵宾之礼欢迎他的光临。

袁绍刚刚入城，便立刻实施新政："强国的第一步，即为肃清政事。"

袁绍封太守韩馥为奋武将军，而自己则趁机执掌了大权，实施了一些善政，以笼络人心。袁绍又将田丰、沮授、逢纪等心腹之人安排在重要位置上，进一步弱化韩馥的势力。

韩馥直到此时才如梦方醒，他追悔莫及："耿武果然言之不虚，我真是大错特错！"

但是此时，万事已定，他已无力挽回。韩馥日夜烦恼，最后终于决定奔赴陈留，投奔太守张邈而去。

另一方面。北平的公孙瓒按照与袁绍的密约，率兵赶来冀州。他发现此时冀州已然落入袁绍之手，便派弟弟公孙越为使，求见袁绍："望袁将军履约，将半分冀州让于我方。"

袁绍答道："此事倒是可以。不过这划分领地之事并非小事，还请公孙瓒亲自前来商量才好。我到时一定履行当初之约。"

公孙越闻言满意而归，却不料在归途之中遇到埋伏，被箭雨所伤而亡。

公孙瓒得知弟弟遇害之噩耗，愤恨不已。他誓将袁绍人头斩下，诛杀全家，否则无颜再见家乡父老。

他举兵来到磐河桥畔之时，发现冀州大军也在河的对岸严阵以待。袁绍的大旗迎风飘扬。

公孙瓒策马来到桥上，高声骂阵："背信弃义、不知廉耻的袁绍何在？若你尚有廉耻之心，就赶快出来见我！"

"袁某在此！"袁绍也打马踏上磐河桥，"韩馥自认难孚众望，因此将冀州让贤于我袁绍，自己乐得逍遥。倒是你实在不知廉耻，竟敢公然发兵，难道你自认是土匪不成？"

"住口！袁绍原来你竟然是此等狼心狗肺的畜生！想当初我奉你为忠义盟主，与你共进洛阳。如今想来，我真是悔不当初！你竟然在光天化日之下就如此扯谎，你真是一点廉耻都不顾了吗？"

"信口雌黄！来人啊！生擒公孙瓒，将他的舌头拔下，袁某必有重赏！"

文丑号称为袁绍帐下的第一勇士。他身高七尺，面色赤黑，宛如螃蟹。

他一听到袁绍之命，立刻出列："末将在此！"

文丑提马上桥，对着公孙瓒大声挑衅：“休得无礼！”

公孙瓒晓得文丑的武功高强，但毫无怯色。两个人举枪便战，打了几个回合之后，公孙瓒终究不敌文丑。

“我不敌也。”公孙瓒暗叫不好，旋即撤下，逃回桥东的自家军中。

“你有种别跑啊！”文丑根本不理会敌军人数众多，提马便追，一直杀入桥东的敌军阵中。

“快点拦住他！”

“别让他伤到主公！”

公孙瓒帐下的数名大将连忙冲到前方阻挡，他们将文丑团团围住，却都敌不过文丑。几个回合就被文丑砍于马下，一时之间尸殍满地。

“此人竟然如此可怕！”

公孙瓒见状简直吓破了胆，匆忙之间只顾拨马就逃。他跑着跑着就与其他手下跑散，等跑到一处山间小路之时，只剩他孤身一骑。

这时，文丑的声音在他身后响如炸雷：“公孙老儿！若你现在下马投降，爷爷饶你不死！”

公孙瓒忙乱之间连弓箭都丢掉了，他只得拼命鞭打坐骑，企图逃跑。但马匹跑得太急，慌不择路绊倒在地折断了前腿。公孙瓒也被甩下马来。

文丑策马于转瞬之间已来到跟前。

“吾命休矣！”公孙瓒绝望地闭上双眼，打算拔剑与他拼命。正在此时，忽然有一大汉从旁边的山崖上一跃而下。他挡住文丑的去路，一言不发地挺枪就战。两人如此缠斗了八十回合。

“此乃天助我也！”公孙瓒心中暗想。他连忙趁机爬到山顶，捡回一条性命。

后来听说文丑缠斗不止，最终无功而返。这厢公孙瓒重整兵马之时，向部下询问：“你们谁知道今天救我于危难之时的那位壮士，他究竟是何人？”

于是部下们分头去各自队伍中查找。

很快，那人便来到公孙瓒面前。但出人意料的是，他并非公孙瓒的属下兵丁，而是一名旅人。只见这人生得浓眉大眼，仪表堂堂，十分伟岸。

“请问你此番出行，打算去往何处？”公孙瓒问道。

“在下名叫赵云，字子龙，乃常山真定（今河北省，石家庄正定）人氏，此番正要返回故乡。”

赵云又说，他原在袁绍旗下从军，但看不惯袁绍的所作所为。他认为袁绍此人心术不正，不可长期追随，因此索性回老家去，今日恰巧路过此地。

“原来如此！我公孙瓒虽非智仁兼备，但若您有意，我们可以同心协力，拯救黎民于涂炭之苦。不知你意下如何？”

赵云闻言，痛快地回答：“既然如此！我愿留在此处，聊尽微薄之力。”

公孙瓒于阵前得此良将，一扫阴霾之气。第二天，他重振旗鼓又来到磐河桥畔。这次他用北国所产的两千匹白马列了阵势，好不气派。

公孙瓒之所以会拥有大量白马，是因为几年前他与北方胡人作战时，曾将清一色的白马编成骑兵阵，大败敌军。因此他的“白马阵”闻名天下。

“嚯哟！这阵势还摆得挺壮观的！”

河岸对侧，袁绍手搭凉棚，眺望敌阵。

“颜良、文丑听令！”

“末将在！”

“我命你们二人分成左右两翼保护，由鞠义率弓箭手千名，在河畔布下箭阵。”

“末将得令！”

袁绍下令后，又亲自率领一千人马，五百弓弩手、八百余枪戟步兵列为中军，周围以幡旗旆旗等围成圆形，列下阵来。

两军都已布阵列兵，严阵以待。公孙瓒隔岸看到敌人的阵形之后，命大将严纲为前锋，举起金线绣成的“帅”字大红旗，压到河畔。

公孙瓒虽然认为昨天救回自己一命的赵云是个英雄，但仍不敢完全相信他。于是今日之阵仍以严纲为先锋，而只让赵云率五百兵士位于后阵。

两军以一河之隔，排军对阵。从辰时直到巳时，太阳从偏斜的东方已经升至天空正中央，双方将士都怒目相对，却皆等对方先动。一时之间偌大的战场之上，只听见河水的汩汩之声，双方却都纹丝未动。

公孙瓒有些迫不及待，于是回头号令手下：“如此对峙亦是无益。敌军布阵只是虚张声势，不如我们乱箭齐发，渡河杀敌！”

于是他一声令下，东岸立刻拉弓，一阵箭雨铺天盖地射向对岸。

严纲以箭雨为掩护，率领前锋军渡过河去，冲入敌军先锋鞠义的阵中。

鞠义以静制动，见敌人渡河便点起狼烟为号，颜良和文丑见号立刻从两翼包抄，将来军团团包围。严纲不敌被斩落马下，“帅”字大旗也被扔入河中。

公孙瓒心中焦急，高声命令："都不许撤退！"

公孙瓒亲自带兵杀敌，却难以抵挡鞠义的猛烈攻势。颜良和文丑二将发现公孙瓒之后，立刻又从两翼包抄。像对付严纲一样，将他团团包围在中央，前后围攻。公孙瓒只得咬碎钢牙，与溃退的兵卒一道，拼命逃跑。

"此战已赢！"

袁绍得意自己用兵如神，也跟在颜良、文丑和鞠义诸将之后，冲过磐河桥，肆意在敌军之中左砍右杀。

公孙瓒的军队早已溃不成军。不仅他的第一阵被破，第二阵溃败，就连中军也被敌军打得四散奔逃。不过，后阵的士兵却一直坚守阵地，按兵不动。

后阵之中约有五百兵士，带兵的正是昨日才投靠而来的客将赵云赵子龙。

鞠义一路率领先锋军连连冲散敌军，奔至后阵之时也毫不在意，他指挥将士："将敌人全歼于此！"

而正在这时，后阵这五百兵士忽然摆开阵形，宛如莲花绽放，登时就将鞠义的兵马包围其中。将士们手持弓箭枪支，四面进攻，鞠义却是不敌。他见势不妙，仓皇拨马回撤。而赵云哪里容他逃走，拍马而来，一枪将他挑落于马下。

赵云的胯下白马立时沾满血迹，宛如红梅落英。这是公孙瓒昨日赠予他的骏马良驹。

赵云又率兵冲到前阵，直逼文丑、颜良而去。敌军见势不妙，都欲撤回对岸，无奈这磐河之上只有一座窄桥，一时之间无数兵士在拥挤踩踏之间坠河而死。

此时，袁绍尚不知道，赵云早已歼灭了他深入后方的军队。

他率领大军越过磐河桥，在河畔布置下三百余骑人马和百人弓箭手之后，与大将田丰并辔而立，得意扬扬地说道："田丰，你看那公孙瓒也不过尔尔！"

"将军英明。"

"公孙瓒这个白马阵天下闻名，他的两千匹雪色白马一字排开，确是气派。不过白马阵只是个花架子，咱们的兵马一冲，也就溃不成军了。如今他们的帅字大旗也泡在河里，先锋严纲被咱们斩了。可笑这公孙瓒，如此无能！我看他不过是徒有虚名罢了！"

但他的话音未落，忽然有一阵箭雨兜头盖脸地向他射来。

"哎呀不好！"袁绍慌张地问道，"此箭乃何人所射？"

他慌忙撤退，想要逃回自家盾圈的保护之中。

“冲啊！斩杀袁绍者立头功啊！”

这时，赵云率领五百将士突击而出，从四面八方包抄而来。

田丰一时猝不及防，被敌军的神速进攻吓得浑身颤抖，他连忙建议：“太守大人！此地危险，不可久留！一不小心就会被流箭所伤，或被敌军生擒活捉。末将以为我们不妨先退到磐河桥下，暂时藏身为好。”

袁绍发现他们已被敌军包围其中，四面受敌，而且流箭纵横，危险异常。他索性把心一横，决心决一死战。袁绍除去身上的重盔重甲，丢在一旁，高呼道：“大丈夫本当战死沙场，才得偿所愿！若咱们只知道一味躲藏逃跑，岂不叫人耻笑！将士们，跟我一起上！拼啦！”

袁绍除去重甲之后一身轻装，他一马当先地持剑冲入敌军，大声呼喝：“将士们！冲啊！”

众将官见主帅都如此亲身上阵，不禁士气大振，纷纷紧随其后奋勇杀敌。

这时，他们恰与逃回岸边的颜良、文丑二军会合一处，于是重整队伍，以死相拼。战场的局势又发生了逆转，袁绍大军又占了上风，追赶敌军而去，直逼公孙瓒的主阵。

这一天中，两军交战的局势瞬息万变，各有输赢。但战事惨烈，双方都死伤惨重，鲜血染红了磐河之水。这一战从黎明一直打到午后，陷入胶着的混战，一时胜败难分。

由于赵云先前的反攻之势，公孙瓒一方一时之间反败为胜。但不容众将官歇一口气，袁绍率田丰、颜良、文丑等诸将已经杀至眼前。敌军势如破竹，一时无法抵挡。公孙瓒只得转身，仓皇而逃。

这时，一股狼烟腾空而起，磐河之畔立刻战鼓擂鸣。袁绍的旌旗招展，击鼓声声，喊声大振。袁绍之军从四面八方挡住公孙瓒的退路。

公孙瓒穷途末路，只得猛抽战马，拼命狂奔。

二里地……三里地……他别无他法，只有沿着崎岖山路夺命而逃。

袁绍在他身后紧追不舍，誓将公孙瓒拿下。他们一路追赶，跑了五里多地，突然从前方峡谷之间冲出一队人马。

“袁绍小儿！我刘备已在此恭候你多时了！”刘备首先自报家门。

“你的死期已到！还不速速受降！”

“投降了还能留你一条性命，若是不然，让你今天回姥姥家喽！”

关羽和张飞两人也在一旁敲边鼓，他们也是一路日夜兼程赶来助阵。

袁绍大惊："糟糕！这不是在虎牢关，三英战吕布的那个刘备吗？"

众人见势不妙，转身就跑。一时之间，拥挤踩踏，人仰马翻，丢盔卸甲，狼狈不堪。

此战告捷。

公孙瓒将刘备迎至大寨，连连拜谢道："今日多亏刘公相救，方能捡回一命。"

他又接着说："此前我也身陷险境，幸遇一豪杰相救。此人亦乃真英雄，他定能与你投缘。"

于是他立刻差人去请赵云。

赵云片刻即到，问道："不知太守召唤有何吩咐？"

公孙瓒将赵云引见给刘备，极力称赞赵云品质高洁，武功高强，用兵高明。

赵云闻言十分害臊，他谦逊地说道："太守大人，您特意将在下召来，却如此取笑于我，赵某实在不敢当啊。"

别看赵云星眸阔面，生得一副威风凛凛的英雄形象，他却始终保留一颗赤子之心。刘备见他此番神情，不禁莞尔一笑。

赵云见刘备微笑，也颔首点头："幸会幸会！"

刘备双眸柔和，赵云目似秋霜，两人初次相见皆对视而笑。

公孙瓒介绍道："此乃刘备，字玄德。今日特来助我，他乃是我的恩人。我们交往甚久，情谊深厚。"

赵云听到对方的姓名后，非常惊讶："莫非您就是那位英雄刘备，与关羽和张飞二位豪杰结拜的刘备是吗？赵某真没料到能在此地有缘相见！"

赵云深为能有幸见到刘备而十分高兴。

"我乃常山真定人氏，名叫赵云，字子龙。此前因故留在太守营中，身立寸功，但年纪尚轻，仍须多加历练。还请刘公多为赐教！"

刘备也彬彬有礼地回答："哪里哪里！您过谦了！刘某只是一介武夫，除了一片丹心，并无一官半爵，亦无半寸封地。今日得见赵将军，刘某心中十分仰慕！"

两人初次相见，却已如相交十年的知己兄弟。

刘备心中惜才，暗忖："赵云人品风流，绝非等闲之辈。"

赵云亦在心中对刘备充满敬意："久闻刘备举义军，胸怀高远。今日得见果然才华横溢，远胜传闻所言。我若要追随诸公，非刘备莫属！"

由于刘备和赵云两人都只是临时助阵的客将，因此公孙瓒难免心中寂寥。但他诚心诚意地引见此二人相识，也是乐事一桩。

公孙瓒与刘备约定，今后必有重谢。又赠予赵云一匹通体雪白的骏马，助他常胜不败。之后与他们二人拱手告别。

当夜，赵云骑着白马回到营中。公孙瓒所赠的宝马固然珍贵，但他更加念念不忘的，则是刘备的卓越风范。

# 第十章
# 溯江而上

长安城自迁都以来，逐渐显示出繁华皇城的景象，秩序也大为改观。

而董卓的飞扬跋扈也愈演愈烈。

董卓一直以天子之辅自居，位极人臣，自称太政太师。他出行之时更是气派非常，他的车辇之上撑着金雕车盖，垂万珠车帘，铄声摇摇，甚至僭越了天子仪仗。

有一天，他的心腹李儒前来禀报：“启禀相国。”

“爱卿有何事禀告？”

“近来有情报，说袁绍和公孙瓒在磐河畔交战。”

“哦？战果如何？”

“袁绍方面落败之后，从磐河畔后撤甚远。但两军至今仍在隔岸对峙，已达一月有余。”

“哼！此二人皆为我手下叛党，由得他们两个去互相厮杀，两败俱伤才好！”

“属下认为此事不妥。如今朝廷迁都到此为时已久，一直忙于整理内政，却无暇顾及天下事务。如此以往，朝廷的威望会有所折损。”

“那你有何良策？”

“属下以为，相国当奏请天子下诏，派遣敕使去至磐河两岸，建议两军休战，重修旧好。”

“此话有理。”

“据线报，两军势均力敌，皆伤亡惨重，虽仍隔岸对峙但已是强弩之末。若此时相国派遣敕使前去说和，双方想必欣然接受。而且，他们领了相国的这份恩德，将来自会有所报答。”

“此计甚好，就如此办理！”

董卓立刻上奏皇帝，请求下诏为双方议和。于是派太傅马日磾、赵岐二人作为敕使，出使关东。

敕使马太傅先后来到袁绍和公孙瓒的大营，宣读圣旨，并表达了董相国的调停之意。

“若袁绍没有异议即可。”公孙瓒如是说。

而袁绍方面也说："若对方退兵，我们自然会退。"

双方果然顺水推舟，欣然从命。

于是，马太傅将两人都请至磐河桥畔的小亭之中，见证双方握手言和，共同举杯，之后回长安复命。

袁绍和公孙瓒立刻于当天分别整顿兵马，各自回到封地。后来公孙瓒又上表长安以示感谢之情，并且奏请天子封刘备为平原侯。

不久，朝廷便批准此请。公孙瓒特意带着批复文书送予刘备，说道："此为我对你的略表寸心，祝刘公仕途亨畅。"

刘备十分感谢公孙瓒的好意，随即准备动身前往平原。公孙瓒特意设宴饯别。酒席之后，有一人悄然来访，正是赵云赵子龙。

赵云见到刘备的面，显得十分依依不舍，眼眶含泪："今日分别，不知何日再见。"

赵云并未久坐寒暄，而是开门见山地提出："刘兄，不若明天你出发之时也带我同去平原吧。临时提出这样的请求可能有些强人所难，但我实在仰慕刘兄的风范，不愿就此分别。"

赵云这个叱咤战场的英雄豪杰，此刻却十分害臊，低下头去。

刘备其实也很欣赏赵云此人的风采，也不忍分别："能在军中得此佳友，难能可贵。如今我即将去平原赴任，心中亦是不舍。"

赵云十分消沉，感叹道："刘兄知道，在下原本投靠在袁绍旗下，但见到袁绍进入洛阳以来的种种所为，深感失望。因此转投公孙瓒，以为他是一个安邦立国的明主。谁知他一见长安董卓派来的调停使者，立刻就与袁绍握手言和了。如此作为，可见他终难成大事，不足以拯救天下黎民，只是与袁绍一样的军阀官僚。"

接着他向刘备吐露真心。

"刘兄！赵某并非客套，而是诚心诚意愿意追随你共赴平原。我钦佩刘兄的宏图大志，料定以后必有作为，请一定要收留于我。我愿追随麾下，永侍左右！"

赵云双膝跪地，态度真诚，言辞切切。

刘备阖目思考了片刻，回复道："当今之时，刘某尚未有所作为。唯愿将来有缘，与君重逢，我们可以重温旧谊。只是此时的时机尚未成熟，我希望你能留在此处，助公孙瓒一臂之力，以待重逢之时。这也是刘某对你的嘱托。"

赵云见状，也道无奈，只得含泪话别："如此说来，我只有默默忍耐。"

第二天，刘备率关羽和张飞等人奔赴平原。

从此时开始，他终于成为一方之长，成为平原之侯。

再说此时在南阳一地，太守名叫袁术。

此人正是袁绍的弟弟，曾在义军之中管理粮草运输。

袁术回到南阳后，见哥哥并无任何恩禄，难免觉得愤愤不平，于是他忍不住修书一封，要求：

先前追随有功，希得冀北千匹名马为盼。若无恩赏，则唯有另谋他路。

袁绍见信大怒，认为弟弟原本有过，如今又强要赏赐。因此他非但不送一匹马去南阳，更将书信扔在一边，不理不睬。

袁术等了多日，不见回复，于是兄弟积怨。但他一直以来所有的兵马物资全都依靠哥哥供给，袁绍一旦断了供给，他难免经济吃紧。

袁术只得派人去求荆州刘表，请求暂借军粮两万斛，却也遭婉拒。

“刘表定是受吾兄所指使！”

袁术心中不平，意图报复两人，于是派遣密使奔赴吴地，给东吴的孙坚修书一封。

他在信中如此写道：

昔日为夺玉玺，吾曾于孙公洛阳归途进行拦截，此为袁绍之计谋。今袁绍又与刘表合议共袭江东，意图窃取孙公之地。若孙公速速起兵，夺取荆州，吾必将举兵相助。届时，孙公可得荆州，吾则可下冀州，二仇同报，不亦乐乎。勿以延误为盼！

孙坚所在的长沙城（今湖南省）位于长江支流，水路便利，物产丰富，军备充足。

这日，程普从外地旅途归来，忽见大江沿岸停泊了四五百艘战船，兵士们正在源源不断地装运粮食、武器和马匹，不免心中生疑。

“如此大军集结，究竟要赴何处行战事？”

他立刻打发手下人上前打听，却未得到明确的答复。装船的兵士们回答说，他们并不确定此行的目的地，他们只得到孙坚将军的命令，装船要赶赴荆州（长江沿岸）方向作战。

“大事不好！”

程普顾不得先回家休整，立刻进城打探。他从其他将官口中得知孙坚欲攻打荆州，更为惊讶。

程普立刻求见太守孙坚，力谏其切勿轻举妄动。他说道：“属下听闻太守大人与那袁术密议，举兵分头攻打刘表和袁绍。但属下认为，仅凭袁术的一封密信便要与他共同举兵，实在是有所不妥。”

孙坚闻言笑道：“非也！程普。我自然清楚这其中的凶险。那袁术本是奸诈小人，诡计多端。但是我此次举兵而战，并非要依靠他的兵力，而是打算依靠自己的兵力而行。”

“但是太守大人，我们此番出兵无名啊！”

“想那袁绍小儿曾在洛阳羞辱于我，而刘表又受他指使，在我军返回江东的途中百般阻挠，害我损兵折将，大败而归。此番举兵，就是为了众将官报仇雪恨而为。”

程普见孙坚心意已决，再谏无益，只得主动请命，亲自督战。

孙坚麾下准备了五百余艘兵船，已在江边整装待发。如今只吉日一到，便会立刻溯江而上。

荆州太守刘表很快得知了这个消息，他心中暗叫不妙，迅速召集众将官开会商量对策。

此时，有一个叫蒯良的大将提出意见：“太守大人，不必为孙坚的这些把戏惊慌。我们地势险峻，他孙坚纵是人马众多，也是隔江兴叹。您可派江夏城的黄祖扼守要害之地，再令荆州襄阳的大军坚守后防即可。”

众将官都点头赞同：“此计甚好！”

于是刘表布下军令，将各地要害之地一一守备完善。

湖南之水怒拍湖北之岸，长江波涛滚滚，也预示着孙坚此行将是一场恶战。

而话说孙坚即将出征之际，却与家中的妻儿老小，首先掀起一番风波。

他的正室吴氏嫡出四子：长子孙策，字伯符；次子孙权，字仲谋；三子孙翊；四子孙匡。

吴氏的妹妹也是孙坚的宠妾，庶出一儿一女：子名孙朗；女唤孙仁。

另外他还过房俞氏一子：名韶，字公礼，赐姓孙。

在孙坚即将出征的前夜，发生了这样一件事。

孙坚的弟弟孙静带着他这一众子女，郑重其事地来到孙坚的房中。

“弟弟，今日带众子女上门，是否是为我明日出征践行而来？”

孙坚见家人团聚，心情很好。

“非也！兄长。”其弟孙静神色严肃，“我此番带领你的一干子女上门，并非为兄长践行，而是奉劝兄长莫要出征。”

“这又为何？”

“弟弟认为兄长性命最为重要，这战事凶险，若有一丝差池，众子女又该如何是好？我今次前来也是受到众位嫂夫人所托，请兄长念在众多妻儿的分上，打消出征的念头。”

“你们都在胡说些什么！”

“兄长平安无事，总比打了败仗，有所折损要好。”

“如此出征之际，怎么尽说这些丧气话！”

“兄长恕我直言！若此时天下之乱，黎民涂炭，那兄长为拯救苍生而举兵出征，弟弟我是绝不阻拦。在兄长出征之际，我也会冲在前面为兄长践行祈福，规劝几位嫂夫人和七位子侄莫要悲伤。但此番出征乃出于兄长的私怨。若兄长为了一人之私念私欲而劳民伤财，出兵作战，那么只会徒增百姓的伤悲，将士兵卒也只会白白送死。如此不义之战，我以为不打为好！”

“休得胡言！如此兵家大事岂是你与这群妇孺小儿能够理解的？”

“还望兄长能听进弟弟的规劝。”

“你再多说无益！你说我此番师出无名，但你又怎能体会我的鸿鹄之志？我出征讨伐荆州刘表，自然是为了拯救天下黎民，并非只因私怨。待我纵横天下之时，你且再看！我孙家之名必定万世流芳！”

“如此也罢！”

孙静见孙坚心意已决，便不再多言。

这时，吴夫人所生的长子孙策正站立一旁，他是一个正值十七岁的美少年。孙策走上前来说道：“父亲容禀！若此番父亲执意出征，请带上儿子！我乃七位兄弟姐妹中的长子，在战场之上必能助父亲一臂之力！”

孙坚正被弟弟气得满怀不悦，听到儿子一番慷慨激昂的表白，深为感动：“果然虎父无犬子！你从小就在众兄弟中出类拔萃，才气纵横。为父深为欣慰。既然你有如此打算，那就即刻回去准备，明天与我共登战船，同赴前线！”

孙坚又环视满屋的膝下子女以及自己的亲弟弟，耐心叮咛：“孙权，你为家中次子。为父与你兄长上阵杀敌之时，你要与叔父一起照看好家里，不可有失。”

孙权注视着父亲的双眼，坚定地回答：“儿子知道了！”

当孙策的母亲吴夫人闻讯后，大为光火。孙策原本是去劝父亲莫要出征的，如今反而要随军一同出征。她怒道：“真是胡闹！快把孙策叫回来，别让他跟着出征！”

吴夫人立刻派侍女去叫孙策，但谁知此时天色未明，他却早已出了城。

原来那孙策早已料到，若是母亲得知他欲随军出征，定会横加阻拦。他身为孙家长男，又年轻气盛，只盼能尽早建功立业，如雏鹰展翅。心中只道："我此番必争头功！"

于是，他趁天色不亮，就私自出城，提前登上一艘战船，率先起航向敌军所在的邓城（今隶属于湖北省襄阳市）驶去。

黎明时分，出征的战鼓擂响了。

孙坚的大军拥出长沙城门，抵达江岸登船。五百余艘战船的舳舻相接，溯江而上，一时布满整条河道。

孙坚听闻长子孙策已在天不亮时，就率十余艘战船先行出发，不禁赞叹他的勇气："真不愧是我孙坚之子！"

但身为父亲，他也担心爱子此番乃是初次出征，切不可有什么闪失。于是命令战船，十万火急向敌军所在的邓城前进。

荆州太守刘表布下的第一道防线由黄祖守备，他们早已在沿岸布下严密的防御。

孙策由于提前出发，比主力战队提前抵达战场。他按捺不住，就先用少数战船强行攻击。但无奈敌方万箭齐发，形成保护圈，他一时不能前进。

这时，吴军的五百余艘战船也抵达了战场。以孙坚的龙头大船为首，其余战船环绕其后，在长江之上列开船阵。孙坚派一艘小艇前去孙策船前，传令："孙策，莫要逞强！"

于是孙策得令撤到后面，加入父亲的船阵当中。

孙坚整顿好战船后，下令各艘战船的弓弩手分布船舷之侧，拉满弓弦。然后下令："前进！"

众战船立刻乘风破浪，向敌军战地冲去。

弓弩手这厢万箭齐发，形成掩护，同时各船纷纷放下小舟，送手持剑戟的精兵前去抢滩登陆。气势如虹，似乎一举就能突破沿岸的防御。

但是，敌军也不容小觑。

荆州大将黄祖作为第一道防线，早已严阵以待："有种你们就尽管上啊！"

黄祖令将士暂且按兵不动，静待敌船靠近。而当敌船进入箭矢射程之时，立刻下令："万箭齐发！"

随着他的一声令下，从岸上的众多箭楼和巨盾土垒的箭孔之中，顿时射出无数飞箭，如暴风雨向江中倾斜而来。

一时之间两军对射，漫天箭雨，遮天蔽日。而黄浊的长江之水不停地拍打江岸，溅起无数凄怆的飞沫。小舟上的兵士一次又一次地发起登陆战，但前仆后继地都被箭雨所射杀。一波又一波的将士尸体宛如草芥一样，被长江浊流不停拍打，最终消失殆尽。

“快撤！迅速撤退！”孙坚看到一时战况不佳，立刻下令将船阵退到射程之外。

强攻一时难下，于是他决定改变策略。

孙坚命人搜罗了许多附近的渔船，将它们和无数的小艇连在一起，又在上面点上无数火把，派水手将其驶近敌人岸边，佯装要发动夜袭。

此时江上一团漆黑，视物不清，唯有那点点火光十分显眼，仿佛敌军立时就会抢滩而上。陆上的敌军惊道：“敌军夜袭，赶快放箭！”

守城将士一时惊慌，只得命弓弩手瞄着火光，不停射箭，企图以箭雨形成保护圈。

然而，这些点着火把的小渔船上并未载一兵一卒，而只有几个负责划船的水手。他们的任务就是消耗敌军的箭矢和精力。水手们每晚都点亮火把，将小船划近岸边之后，就不停地发出呐喊之声，用以迷惑敌军。

然后趁天色未明之时就迅速灭火，四散而去，以防止守关的敌军看清真相。一到夜幕低沉之时，又故技重施，引得敌军疲于应付。

如此接连七天七夜，搅得敌军整夜难以休息，疲惫不堪。而趁此机会，一天晚上趁着夜色低垂，孙坚派出载满精兵强将的主力船队，大举登陆。一举将黄祖的守军阵营攻破，大获全胜。

当水军抢滩登陆之后，立刻变成如狼似虎的陆军。

第二天，逃入邓城困守的敌将黄祖派张虎和陈生二人作为左右两翼，自己领兵为中军，再次对孙坚的部队展开反击战，希望将敌军击退。

于是两军在河岸之上展开混战。张虎和陈生二将怒目圆睁，纵横驰骋，边打边骂：“将士们！冲啊！誓不让孙坚的一兵一卒活着回去！”

他们策马冲入孙坚主阵，大声骂阵：“尔等江东鼠辈！何故犯我城池，侵我疆土？”

孙坚闻言却是不答，他立刻下令左右：“敌将二人，口出不逊！谁去给我将他们的首级砍下？”

他旗下大将韩当应道：“末将愿往！”

说罢韩当挥刀冲向张虎。两人你来我往大战了三十多个回合。剑戟碰撞，火花四溅，两人打得势均力敌。

陈生见此情形，忍不住前来助阵：“我来助你！”

韩当一时前后受敌，难以抵挡。

而孙策此时正站在父亲身旁，他取过弓箭，拉满弓弦，猛射一箭而出。

“看小爷的箭法如何！”

飞箭越过东吴大军，正中陈生面颊。只听得陈生惨叫一声，滚落马鞍。

“哎呀不好！”张虎见势不妙，拨马便逃。那韩当哪肯放他，举起大刀，对着张虎的头盔重重劈去。

——张虎和陈生二将已被敌人斩杀！

黄祖得此消息之后，知道败局已定，众将士也知道大势已去，无心恋战。于是荆州军队仅剩的残兵败将只得仓皇而逃，狼狈不堪。

“生擒黄祖！”

“别让他跑了！”

孙策为立头功，提枪便追。

他紧咬着黄祖不放，好几次孙策的枪尖都已刺中黄祖背后的盔甲。

黄祖狼狈地丢盔弃甲，最后实在无法，只得下马混在徒步的兵士之中，拼命逃跑。最终才渡河逃回邓城。

经此一战，荆州的军势大乱，而孙坚的旗帜则遍插四方原野。

孙坚乘胜追击，迅速率兵进至汉水，将水军驻扎于汉江。

“黄祖惨遭大败！”

荆州太守刘表在后方频频接到快马来报，不禁大惊失色。

这时，大将蒯良又建议道：“我们如今必须坚守城池，并遣急使赶往冀州，请求袁绍火速增援。”

而另一名大将蔡瑁则极力反对：“此计不妥！”

蔡瑁甚至夸下海口，说道：“敌军业已兵临城下。此时乃是荆州危急存亡之时，怎可坐等他人援救。末将虽然不才，愿出城为荆州一战。”

刘表当即同意。

蔡瑁于是率领一万余骑兵马，离开襄阳城，抵达岘山（今湖北省，襄阳以东）扎寨。

而此时，孙坚早已横扫了各处的敌军，士气正旺，一鼓作气就拿下了岘山。

蔡瑁只会耍嘴皮子，如今却落得惨败。他只得带着败兵残将，仓皇逃回襄阳城。

蒯良心中记恨着蔡瑁之前在刘表面前羞辱自己之事，因此看到蔡瑁损兵折将，狼狈而归，忍不住当面痛骂道：“我早料到有此下场，如今你服了吧？”

蔡瑁惨败而归，害怕受罚，只得不断求饶，但蒯良不依不饶，要求刘表依军法将其斩首："蔡瑁力阻我求援的计谋，妄自托大才会招致大败，理当问斩！"

而刘表则非常为难，只得打着圆场，安抚蒯良："如此危机之时，正是我方用人之际，此人尚有用处，不可轻易浪费啊。"

刘表最终仍不肯斩杀蔡瑁。

只因蔡瑁之妹乃是一名绝世美人，最近深得刘表之宠爱。

蒯良对此无可奈何，只得作罢。他深知国家大义与后宫娇宠总是不得相容，而此刻更难纠缠得清。

"如今我们唯有依靠天险之防，并寻求袁绍的增援。"

蒯良满怀壮烈，开始着手防务事宜。

这座襄阳城，背靠大山，三面环水，素有荆州之险之称，拥有得天独厚的天险阻隔。因此当孙坚大军攻至城下之时，却发现久攻难入，未免心焦气躁，士气懈怠下来。

有一天，刮来一阵邪风。孙坚大军因驻扎在野地之中，饱受风沙之苦。而不知为何，营盘正中高耸的"帅"字大旗的旗杆忽然拦腰折断，"帅"字落地染尘。

此面"帅"字大旗乃是长沙太守孙坚的主帅之旗。帅旗折断之事令众将士都心生不安，认为这是不祥之兆。孙坚旗下的众位部将也是扭紧眉头，纷纷谏言说道："帅字旗折，此事并不寻常。襄阳此城独具天险，易守难攻。我军多日攻击均不奏效，将士们已经有所倦怠。如今严冬将至，朔风已起，将士们远离家乡，心生退意。今日，帅旗旗杆折断，大家心中不安，觉得并非吉兆。此时天时地利人和我军皆不具备，不妨暂且退兵，以谋后计。不知太守大人意下如何？"

孙坚却是不以为然，他嘲笑道："啊哈哈哈！你们居然也会相信这些无稽之谈！"

孙坚虽然对此并不介意，但为了鼓舞士气，认真地解读了一番："风乃天地之呼吸。朔风大作乃是冬季将至，而非专为折断旗杆而来。众人心生疑虑，只因其心使然，而受天象之迷惑。襄阳之城虽易守难攻，但敌军久攻之下已现疲态。此时若是我军再鼓作气，便可攻陷城池。此时言退，岂不可惜！"

他的说法似乎也有些道理，诸将闻言便不再多话，各自回到营地，鼓舞士气。

第二天，孙坚大军又战鼓喧天逼近城下。士兵们涉水过河，点燃火箭炮，又派轻兵攀爬城墙。此番攻势异常猛烈，孙坚的军队也死伤惨重。

但襄阳城却依然岿然不动。

此时天气渐冷，下霜了。每夜淫淫细雨夹杂雪花下个不停。

野地上尸殍满地。这萧萧战场，唯有寒鸦得其所愿。

# 第十一章
# 落石之灾

朔风狂飙后的第二天。

在襄阳城内，大将蒯良来到刘表面前，悄悄进言："太守大人，昨天的天象有异，不知您是否察觉？"

"你是说那阵狂风吗？"

"属下观察，昨日白天刮起狂风，而昨夜又有一颗从未见过的彗星陨落在西方原野。此乃将星坠地之天象，上苍一定在预示人间，将有大事发生。"

"临阵之时，不可说这些丧气话！"

"非也。属下观察此凶兆所落方乃是孙坚的领地，因此此兆并非针对我方，因此无须多虑。我们可因此事设坛祭祀，感谢上苍所助。而此时我们应当趁此良机，立刻派人赴袁绍那里求援。如此一来，敌军只能仓皇而逃，或者被我们前后包抄，成为我们的囊中之物。他们只有如此两条出路，别无他选。"

刘表点头赞同，然后问左右手下："如此也好！谁能担此重任，突破城外包围，前往袁绍处寻求增援？"

"末将愿往！"部将吕公主动请缨。

蒯良觉得吕公此人可以胜任，于是别开旁人，暗授吕公一条密计："你在出城之际，需领五百骑精兵，挑拣强壮马匹，并务必要带上弓箭手。一旦你们突破了敌军的包围，要立刻登上岘山。此时敌军见有人突围，必定会前来追赶。这时我们就要以诱敌深入之计。你们需在山上险要之处堆放无数大石和巨木，若是敌军追来就迅速推落滚石，弓箭手可同时趁机从四面林中射箭。这样敌军就会狼狈不堪，而且道路被大石和巨木所阻，难以追击。你们就可以趁机逃至袁绍处。"

"好计谋！此计甚是高明！"

吕公不禁信心百倍，连夜就率领五百铁骑，悄悄出城。

他们将马蹄裹布，隐匿了声音，从城中溜出后一直在密林中悄然潜行。此时已是深秋，树木都已经凋零，枯叶满地，枝枝光秃秃的树干凌乱排列，宛如地面上插着排排白骨。

天上挂着一弯新月，月色黯淡。

当吕公一行靠近树林尽头之时，被敌军哨兵发现，他们大声喝道：“来者何人？”

吕公派打头的十来骑兵马迅速冲过去，当场就放倒了五名哨兵。

孙坚的大营就在哨兵附近，他听到喧哗之声后立刻跑出来，大声问道：“我方才听到马蹄声，那是敌人的还是自己人的？”

而此时却无人回答他的问题，因为那五个哨兵早已丧命于弯月之下。

孙坚见到哨兵的尸体，立刻意识到不妙：“糟糕！有敌情！”

他立刻纵身上马，冲着营中高呼：“有敌人从城里逃出，快跟我追啊！”

随即他便一马当先，迅速追击吕公的五百骑兵马。

而因反应不及，只有几十骑人马能勉强追在孙坚之后。

吕公在前面一边催马狂奔，一边回头观望：“我们被发现了！追兵追上来了！”

不过吕公心中有数，毫不惊慌。他按蒯良的安排，命弓箭手藏于密林之后，又命其他人立刻登山，同时准备好大石和巨木，堆放在险要的山路之侧，之后静候追兵的到来。

没过多久，追兵就赶到了。十骑，二十骑……一共有四五十骑的孙坚士兵纷纷而至，他们来至岘山脚下，一边追击一边辱骂声声。

这时，传来了孙坚的声音：“这伙敌军一定是逃到山上。如此断壁悬崖，他们一定是慌不择路！来啊！给我上！”

所谓猛将手下无弱兵。孙坚拍马纵上崎岖的山路，而其余的手下也纷纷拍马上山。

但这月色昏暗，身边漆黑一片。山路上遍布杂草藤蔓，沙土又十分松软，很难攀爬。孙坚的坐骑虽为骏马，但也只能艰难前行，累得嘶鸣不止。

“就趁现在！推石头！放箭！”

于是大小岩石一齐从断崖上滚落，几乎要把追击到半山腰的孙坚和其他三四十人活活掩埋。而且从四面八方的密林之中，又传来凌厉的飞箭破空之声，滚石和飞箭将他们团团包围，难逃生天。

“吾命休矣！”

孙坚抬头望了一眼天边的新月，而就在此时，一块巨大的落石直冲他砸落。

“轰隆……”只听一声地动山摇的巨响，孙坚连人带马都被落石砸中，顿时被碾成了肉泥。只有他血肉模糊的脑袋，能隐约在巨石下露出。

孙坚享年三十七岁。

时为初平三年辛未[1]十一月七日夜。果然如天象所示，将星坠地。一时之间，万枝枯木在寒风中凄然颤抖，空气中弥漫着浓重的血腥味。

天色大亮之后，敌我双方都发觉了此事，骚动不止。

吕公做梦也不会想到，昨夜被自己所杀死的三十多骑追兵之中，竟然还有敌军的主帅。

首先发现此事的，是吕公手下埋伏在树林中的一队弓箭手，他们在巡视战场时发现："这不是那个东吴孙坚么！"

于是他们大喜过望，连忙将孙坚的尸体运回城里。吕公闻讯打响了连珠炮，向城内报告此异状。

而孙坚的大军也因主帅丧命，而大为震撼，其狼狈之状可想一般。有人痛哭流涕，有人茫然无措，有人义愤填膺。一时之间，兵荒马乱，人人自危，阵营早已崩溃无状。

刘表、蒯良等人原本困守襄阳城中，面临绝境，闻此喜讯无不欢欣鼓舞："自孙坚从洛阳城中盗走玉玺不到两年，如今就遭到天谴，被滚石砸死，死得也全无大将的尊严。现在正是我们破敌的良机！"

黄祖、蔡瑁和蒯良等众将官打开城门，向敌军冲去。

江东之军已失主帅，群龙无首，溃不成军。一时之间被打得落花流水，死伤惨重。

江东大将黄盖原本奉命在汉江岸边率兵驻船，他从溃退而来的兵卒口中才得知孙坚已死的噩耗，愤然大怒："冲啊！我们要为主公报仇！与敌人决一死战啊！"

说完黄盖率领水军奋力迎击追击而来的黄祖敌军，两军在江边混战在一处。黄盖勃然大怒，气势如虹，奋力斩杀乱军，并且生擒敌将黄祖，这才稍微缓解悲愤之情。

另外一边，程普保护孙坚长子孙策，一路从襄阳城外逃到汉江之畔。吕公发现了他们的行迹，连忙追来，想一并活捉，以领头功。

程普见状怒道："大胆贼子，竟敢欺我主公之子，我岂可饶你！"

程普与吕公战在一处，而孙策也持枪前来相助。吕公自是不敌，转瞬之间就被斩于马下，首级也被取走了。

这场混战从黎明一直战到第二日的拂晓，喊杀之声才逐渐归于平静。

---

① 译者注：公元192年。

天明之时，双方交战还算有所部署，而这一场混战进行到深夜之后，则毫无指挥。两军混战在一处，越打越乱。这边一波激起那边千重浪，而那边混乱又招致别处的混乱。直到天色渐明之时，才发现双方都伤亡惨重不堪，可谓两败俱伤。

刘表的军队全部撤回襄阳城里，而吴军则退至汉水。

孙坚长子孙策直到全军退驻汉水之时，方才确定父亲阵亡的事实。

孙策从前夜起就一直不见父亲的身影，心中十分挂念。但他又天真地以为，或许父亲只是被乱兵冲散，会在突然之间出现在自己眼前，继续奋勇杀敌。而直到此时，他才明白那都是他的幻想，父亲是真的阵亡了。孙策悲从中来，忍不住放声大哭。

“我一定要找到父亲的遗体，运回家乡进行厚葬。”

孙策惦记此事，于是派人去孙坚遇难的岘山附近寻找，可孙坚的遗骸早已落入敌人之手。

孙策越想越悲，痛哭失声：“如今吴军惨败，而父亲的遗体又被敌人所抢。我还有何颜面活着回去面对众人！”

黄盖见状连忙安慰道：“幼主莫急。我昨晚生擒了一员敌将黄祖。此时若我方提出以黄祖换回太守的遗体，想必能成。”

东吴军中有一位军吏名唤桓阶，他曾与刘表有过旧谊，于是派他为使者。

桓阶奉命只身来到襄阳城，他见到刘表时便将东吴的要求提了出来：“黄祖已被我方生擒，此番愿以黄祖换回主公尸体！”

刘表闻言自然欢喜，于是爽快地答应道：“孙坚的尸体确已运入城中。若你们肯将黄祖毫发无损地送回，我愿送回尸体。”

他又说：“另外，我们不妨以此为机会，停战结盟，使双方不再陷入如此战乱之中。”

使者桓阶再拜而起，应道：“如此说来，在下立刻回去准备。”

这时，站在刘表身旁的蒯良突然叫道：“此事不可！万万不可！”

他随后向刘表谏言：“尽破江东吴军正当此时。怎可交还孙坚尸体，安于一时和平？吴军必定会将今日耻辱蓄积于心，养兵蓄锐，他日再寻我报仇。此事明若观火。愿请斩杀使者桓阶首级，当场下令追击汉水。”

刘表沉思了片刻，最后摇了摇头道：“不可！我与黄祖乃心腹之交。如今若是我见死不救，岂可服众。”

他坚决驳回了蒯良的谏言，归还了孙坚的遗体，立刻接黄祖回城。

蒯良一直不肯放弃，反复劝告刘表：“主公此番若是肯舍一员无用之将，便可换得万里疆土，日后更能大展宏图，如此何乐而不为呢！”

但刘表心意已决，任蒯良如何劝诫，都是不听。蒯良最后只得长叹一声：“如此大好良机！白白错过！实在可惜啊！”

而吴国战船高悬丧旗，返回故地。孙策一路流着泪水，扶着父亲的棺椁回到长沙城。不久之后在曲阿之地为孙坚举行了隆重的厚葬仪式。

孙策此时不过是一个十七岁的少年。他初次出战就饱受丧父之痛，又经历了种种磨难。他下定决心一定要继承父业，广招贤才，蓄养国力，以图东山再起。

# 第十二章
# 牡丹亭

“东吴的孙坚战死沙场了！”

这个消息口传耳闻，不久，就像旋风一般传到了长安（今陕西省西安市）。

董卓闻讯，击掌而庆：“妙哉！孙坚一死就除去了我一块心腹大患，而且他的儿子孙策尚年幼，不足为道。”

他欣喜异常，无限欢愉。

而此时董卓更是日益奢华，每日的吃穿用度简直奢靡得无以复加。他虽位极人臣，但仍未满足，令人称他太政太师，近日又自称为“尚父”。他出入宫廷总是大摆排场，天子的仪仗与之相比，都略为逊色。

董卓让弟弟董旻一手掌握了御林军的兵权，又封其兄之子董璜为侍中，掌管宫中一切枢机要务。这朝廷内外，宫中上下布满了他的手足耳目。

此外，凡是跟他沾亲带故的董家亲属，皆鸡犬升天，每人都被封官加爵，尽享富贵。这董氏一族简直一手遮天，风头正旺。

郿坞——

位距长安百余里的郊外，此处山明水秀，人杰地灵。董卓看中了此地风水，命人建起一座宫殿，规模和尺度甚至高于皇宫。宫中设百门，各殿楼台雕梁画栋，金碧辉煌。同时他还在此处囤积了可用二十年的军粮，又派人于各地遴选了十五到二十岁的美女，共八百余人，皆被他收入宫中。他将天下的珍奇瑰宝也统统收集于此，堆积如山。

董卓整日大放厥词，毫无忌惮：“若我大事能成，则可取得天下！若不成，那我就在此郿坞养老便是。”

他说出如此大逆之语，但百官群臣慑于他的威势，皆不敢多言，只得战战兢兢，唯命是从。

董卓将自己的全家老小亲眷全都迁至郿坞，每半个月或一个月才到长安城公干一次。

而他每次从郿坞到长安城公干之时，这沿途百余里道路皆需清扫沙石，清水泼街。他的车辇之上幕帘低垂，以避飞尘。沿途的百姓甚至不得举灶，以防炊烟打扰了太政大人的兴致。众人只得唯唯诺诺，只愿他的车辇和随从人马能够平安通过，莫生事端。

“太师大人，您召唤下官，所为何事？”

有一天，一位负责观测天象的官吏被董卓唤来，他战战兢兢地跪在地上回话。那天正是朝廷举办酒宴之日。

“我问你啊，最近天象有何异常？”董卓问道。

“回禀太政大人，我昨夜观测天象之时，看到有一股黑气遮挡月光，穿过月空。看来今天赴宴的诸位大人之中，有人会有血光之灾。”

“哦？”

“莫非太政大人已知此事？”

董卓闻言，立刻怒道：“大胆！这里哪轮得着你来向我问话！我问你一句，你就回答一句。竟敢擅自问话，真是不懂规矩。你是做天文官的，就要好好工作，研究天象。有此异相之时应该速来报我，否则我要你何用！”

“下官知罪！下官惶恐！”天文官吓得浑身颤抖，趁董卓未取他的脑袋之前，仓皇退下。

不久酒宴的时辰到了。公卿百官猬集一处，觥筹交错，酒酣兴浓。而此时吕布忽然慌慌张张地闯了进来，他报了一声：“属下失礼。”

之后走到董卓身侧，与他附耳相告。

满座众人见此情形都紧张异常，皆停下手中酒杯，观察他们的行动。

董卓听了吕布的报告之后点了点头，低声命令道：“莫让他跑了！”

吕布得令，于是走下董卓的高台，目露凶光，走近百官。

“你给我起来吧！”吕布走至百官之中，突然伸出手，一把抓住司空张温的发髻。

“啊！你要干什么？”张温惊慌地大叫。

满座众人骇得无不大惊失色，但他们无人敢离席，只得静观其变。

“你少啰唆！”吕布一提胳膊，就把司空张温揪了起来，抓着他的发髻像抓小鸟一样把他带到外面去了。

过了一会儿，一个厨师进来上菜。他端着一盘颇为怪异的东西放在正中的桌子上。

众臣定睛一看，那盘里放的竟然是刚才被吕布抓走的张温首级。朝廷诸臣见状皆颤抖不已。

董卓却笑了，喊道：“吕布，你跑哪去啦？”

吕布不紧不慢地从外面走进来，他侍立在董卓身旁回话："太政大人，叫我何事？"

"吕布啊，你看你刚才上的这道菜未免太新鲜了，把百官众卿都看得停住了酒杯。你不妨告诉大家，安心饮酒才是。"

于是吕布环视众人的苍白面孔，傲然地说道："诸位大人，今日的余兴节目已经结束了，大家尽可放心举杯。除了张温大人，别人无须再担心我会做下一道菜了。"

待吕布说完，董卓也晃着他肥胖的身体站了起来，说道："我此番诛杀张温，事出有因。这张温小儿竟敢背叛于我，与那南阳袁术暗通谍报。此事实难相容。好在那袁术的密使误将两人密信投到吕布家中，我们才了解其详。另外，刚才我已派人将张温的三族处决，一个不留。今日之事，也请众位卿家好生记住，引以为戒才是。"

于是这场宴会早早散场。

平日里经常彻夜长饮的百官，此刻都匆忙散去，无人尽兴。

司徒王允坐在回家的车辇之中，想起董卓的恶行以及如今朝廷的堕落，感到痛心疾首。他一路之上，长叹不止。

回到家中，他仍觉心中抑郁，难消此恨。

恰逢月色皎洁，王允便拄杖而出，想在后花园中散步以解烦忧。但是他一边散步一边在心中不断回想今日张温的惨状，心中郁结憋闷，难消惆怅。最后他来到开满荼蘼花的池畔，蹲在岸边将今天的积酒吐净。

吐过之后，稍缓抑郁之情。王允手抚额头，只觉得满头的冷汗。他靠着栏杆坐下，呆愣愣地仰望月亮，又闭上眼睛，稍养精神。

这时，他听到不知何处传来轻轻的呜咽之声，宛若春雨淅沥。

"何人在此？"王允环视四周。

只见池畔对面正是临水而建的牡丹亭。皎洁的月亮映得房檐一片银光，亭中的窗里隐约透出烛光闪烁。

"是貂蝉吗？为何会在夜里独自哭泣？"他走近牡丹亭，在窗外轻声呼唤。

貂蝉芳龄十八，天生丽质，就连这后花园里娇艳的芙蓉、芬芳的桃李，都远不及她的美貌。

在她尚未断奶之时，生身父母由于无力供养，就把她放在襁褓之中，卖到市场上去。那时王允可怜她命苦，便将她买下，带来家中抚养。貂蝉在他家中学习各种才艺，如研磨珍珠一般，被调教成乐女。

貂蝉自知薄命，深感王允救命之恩。而王允对她也是视如已出，百般疼爱，她也生性聪慧，能够体会到这份深情厚爱。

乐女，原本是被豢养在深宅大院之中，遇到有宾客登门赴宴之时，就吹拉弹唱，歌舞助兴的女子。

可是，王允和貂蝉之间的情分却胜似普通主仆，宛如养父女的深厚情谊。

“貂蝉，夜深露重，小心着凉啊！来来来，莫要哭泣，把眼泪擦干。看来你也到了伤春悲秋的年纪了。如此妙龄时节，让老夫甚是羡慕啊。”

“并非如此，貂蝉才不会为那些春花秋月的闲情悲伤的。”

“那你又是为何流泪呢？”

“小女子是因为见大人失意，实在心疼，才会忍不住落泪的。”

“你怎会心疼于我？”

“因为大人最近失意落寞，心中不快。”

“你这么年轻的小女子，竟然懂得这些？”

“貂蝉岂能不懂？大人最近日渐憔悴，连发际也染霜了。”

“唉！”王允闻言，忍不住泪洒衣襟。他本欲安慰貂蝉，结果自己竟难止老泪纵横，今夜自己怎么竟这样脆弱呢。

“你啊！真是杞人忧天，老夫哪里失意落寞了？”

“大人，您不用在奴家面前逞强了。貂蝉自幼被大人抚养长大，熟知大人的一喜一怒。而最近已经很久没有看到过大人往日的笑容了，而且大人常常在四下无人之时，感慨兴叹。”貂蝉执起王允那沧桑的手掌，抚在自己的唇眼之上，说道，“貂蝉身为乐女，身份卑微，您自然不愿相信于奴家。但貂蝉愿倾听大人的烦恼苦愁，为您一解心中不快。在此之前，也请大人听奴家表明心迹。若无大人当年的救命之恩，奴家现在早已不知归处了。在大人府上这十几年中，您视我如己出，不是亲生父母，却胜似亲生父母。您除了教会我吹拉弹唱，歌舞技艺，还教导我诗词歌赋，琴棋书画。寻常人家的女子所学的技艺甚至不及我的万分之一，貂蝉如今的百般才艺，万种风流，全是靠您亲手栽培，悉心教导。您的恩重如山，貂蝉难以为报。如此涕零之际，更难以表达心中的感激之情。”

“……”

“大人！请您相信奴家，若有烦恼苦痛，便尽情倾诉。貂蝉知道您在为国家大事而烦恼，如今这长安的形势，确实令人堪忧。”

“好孩子！”

王允拂去眼泪，紧紧地握住貂蝉的双手，几乎令她柔弱的双掌吃痛。

“老夫听你此言，实在是倍感欣慰啊！不枉我从小将你视为己出。”

“大人,只凭奴家几句微言轻语,怎可替大人解忧。只可惜奴家身为女儿,足不出户,难以为大人所用。奴家若是男子，便可为大人冲锋陷阵，死而后已。”

“非也！你能做到的！”王允意气满怀，不禁大声说道。

他举起拐杖敲打着地面，接着说道：“呜呼！我竟未曾察觉，在这后花园中，竟藏有如此利器，可以扬善除恶，力挽狂澜啊！”

说完，他一把拉过貂蝉的手，携她来到画阁中的一处。又让她端坐于正堂之上，王允整了整衣冠，忽然对她跪倒便拜。

貂蝉惊得慌忙要站起身来：“大人，您这是为何？奴家万万承受不起啊！”

而王允一把将她摁下，说道：“非也！貂蝉，老夫并非对你见礼，而是在跪拜能够拯救天下苍生的英雄。我来问你，貂蝉啊，你可否愿为普度众生，而以命相报？”

貂蝉闻言，毫无惧色，立刻回答：“若是大人所托，奴家这条性命又有何足惜。”

王允于是起身，坐正，严肃地说道：“既然你有此诚心，那老夫确有一事相求。”

“大人请讲。”

“老夫要你去杀掉董卓！”

“……”

“若那汉贼董卓一日不除，则汉室天子形同傀儡。”

“……”

“若董卓再存一日，黎民涂炭，难以自保。貂蝉啊，你能明白吗？”

“嗯。”

“如今这朝廷危如累卵，而民间疾苦更是万民嗟怨，这些想必你也有所耳闻。”

“是的。”

貂蝉目不转睛地凝神静听，而王允更是慷慨激昂。

“时至今日，已有众多仁人志士企图刺杀董卓，但皆未成功，反而舍生取义。如今再也无人胆敢冒此风险了。”

“……”

“那董卓胆小谨慎，他的身边总是戒备森严，保护重重，密而不漏。他还在各处设置密探，四处监视动向。而且他身旁还有个心腹之臣李儒，此人诡计多端。另外还有吕布，更是武功盖世。”

“……”

“因此，若想刺杀董卓，即使举天下之兵力，恐怕都难以为之。不过貂蝉啊，我认为你有能力做到。”

“大人，奴家有何能耐？”

“可用离间之计！你可假装倾心于吕布，然后我会故意将你献于董卓。”

“……”

貂蝉闻言，霎时之间脸色大变，原本洁白的面孔如今变得苍白如梨花一般。

“据我所知，那吕布和董卓二人都沉迷女色，荒淫无度。因此，一旦你略施手腕，自然能将他们迷住。如今吕布有董卓照应，董卓又有吕布保护。想同时取他们二人性命，难比登天。因此，需以女色离间此二人，让他们彼此心怀嫉恨，才好逐一击破。而若要此计成功，就需要你的配合。貂蝉，你能否为此献身？”

貂蝉微微垂头，泪如连珠。但在片刻之后，她又重新抬起头来，望着王允，斩钉截铁地说道：“奴家愿意！”

接着她又毅然决然地说：“如若事情败露，奴家必会含笑自绝于刀下，不再投生为人。”

几日之后，王允将家中秘藏的黄金冠以珍奇宝石重新装饰，着人送到吕布府上。

吕布见此礼物，大喜过望：“我原就听说司徒王大人家中颇有收藏，历代名剑珍宝向来秘不宣人。自从迁都到此后，我还未曾见过如此佳品！”

他虽武功盖世，但思虑仍是颇为单纯。他见到礼物非常高兴，立刻飞身上马，来至王府。

王允早就料到吕布必然会登门道谢，因此早就做好了万全的准备。

“啊呀！贵客光临，有失远迎！失敬失敬啊！”

王允亲自将吕布从大门口一直迎入府中，热情招待，并将他请到堂上正中落座，待如上宾。

# 第十三章
# 倾国美女

王允设家宴款待吕布。

吕布一边享受美味佳肴，一边兴致大发，他手捧酒杯敬主人的招待：“王大人！吕某仅为区区一名武官，侍奉董太师左右。而您贵为朝廷重臣，门第深厚。今日竟如此款待于我，吕某实在惭愧啊！”

“吕将军这是说的哪里话来！”王允一边劝酒一边回答，“我虽为文官，但是平素一向敬重吕将军的人品和武德。这与官位品职毫无关系，我敬的是您的为人啊！”

“承蒙抬爱！”

吕布闻言甚为欣喜，脸上也泛出红光。

“吕某原是个粗人，竟受到王大人如此错爱，实在是三生有幸！”

“哪里哪里！我也没料到吕将军会亲临寒舍。那匹赤兔宝马能踏上府前，都令全家与有荣焉！”

“王大人，吕某深感大人的抬爱。若他日有机会，请在天子面前美言几句，让吕某也能有所提携为好啊！”

“此事自不必说！不过，在下一向尊崇董太师德贤兼备，誓不敢忘。吕将军日夜在太师身旁守护，也一定要多加保重啊！”

“那是当然！”

“吕将军这步上青云之日，也一定会不日而至。来人啊！还不为吕将军斟酒！”

王允招手，令房中环立的侍女伺候好吕布。又一抬下巴，叫来其中一位侍女，吩咐道：“难得有吕将军这样的贵客临门，你速去叫来貂蝉，让她近前伺候。”

“是。”侍女转身退下。不多时，一道摇曳生姿的倩影就出现在幔帐之外。有侍女立刻为她掀起帘帐。吕布见有人来，也放下酒杯，举目望去。

只见有一位美女在两个丫鬟的搀扶之下，袅袅婷婷地步入帐中。她身姿纤美，仿佛一朵牡丹在风中摇曳。

来人正是乐女貂蝉。

“貂蝉这厢有礼了。”

貂蝉微微抬首，冲着吕布的方向轻轻地施礼。但又似乎见到吕布之后不胜娇羞，她立刻垂下云鬓，走到王允身后，娇憨无比。

……

吕布一见之下，竟心神恍惚。

王允见状，心中暗喜，但他不露声色地命貂蝉端起酒杯，说道："貂蝉啊！这吕将军可是人中豪杰，今日你一定要好好敬将军一杯啊！"

貂蝉微微颔首，移步到吕布面前，两人眼神交汇之际，更是羞得满脸绯红。她用纤纤玉手举起翡翠杯，轻启朱唇，以几乎难以听清的声音，轻轻说道："貂蝉向将军敬酒……"

"啊，你也请！"

吕布竟一时发愣，望着眼前的美人，不顾喝酒了。

——此女子妙也！

貂蝉本欲立刻退到帐外，而吕布一直呆呆地望着她的倩影，酒杯迟迟未及沾唇。他心生不舍，哪还顾得上喝酒，只是心心念着佳人且慢些走。

"貂蝉，且慢退下！"

王允叫住她，一边望着吕布，一边吩咐道："今日你见的这位吕布将军乃是我平素尊敬之人，也算是我们一家的恩公。你可以请吕将军恩准你近身服侍，要好生为将军倒酒。"

"嗯！"

貂蝉于是乖乖在吕布身侧坐下，但却一直不胜娇羞地低垂云首，不再说话。

吕布这才晃过神来，开口问道："王大人，这位莫不是贵千金吗？"

"正是！此乃小女貂蝉。"

"贵千金天生丽质，吕某竟是毫不知情。"

"小女涉世未深，平时足不出户，家中来客人也很少叫她出来陪见。"

"没想到王大人今天竟为了吕某，请如此深闺佳人出面，吕某感动之至。"

"吕将军，今日蒙您光临寒舍，真是蓬荜生辉。叫小女为您酌上一杯酒，乃是她的福分啊！"

"王大人，吕某今日承蒙您的款待，不胜惶恐。这酒可喝不下了，再喝就真的醉了。"

"吕将军是海量啊！来！貂蝉，为将军敬酒！"

于是貂蝉将他的酒杯斟满，又适时劝酒。吕布接过她纤纤玉手递过来的酒杯，饮了一杯又一杯，逐渐不胜酒力，醉眼蒙胧。此时已近夜深，吕布起身欲告辞。但他又恋恋不舍貂蝉的美貌，不断夸奖，难以离去。

王允靠近吕布，轻轻在他耳畔私语道："若蒙将军不弃，我将小女貂蝉送与将军可好？"

"什么？王大人是当真要将女儿献给我吗？"

"此事怎可作假！"

"王大人，若您将貂蝉许配与吕某，那我必将为你所用，以效犬马之劳。"

"如此甚好！那我就尽快选定良辰吉日，将貂蝉送至将军府上。我看小女今夜的神情，她似乎也中意于将军呢。"

"王大人，吕某似乎已经醉了，怎么腿也迈不动了。"

"将军海量，这些酒哪里就醉了呢。你今晚若想在寒舍留宿倒也无妨，只是若被董太师所知，恐怕会怪罪于我。将军请放心，我必将选个好日子，将貂蝉送到府上。今晚就先请回吧。"

"此事万勿有失！"

吕布抱拳施礼，一再叮咛，这才摇摇晃晃地归去了。

王允回过头来告诉貂蝉："今日你的表现很好，我们已经拿下了吕布。貂蝉啊，让你受委屈了！"

貂蝉心中悲伤，但她心意已决，因此只是冷峻地微微摇头，说道："请大人莫要如此体贴，您的温柔安抚，倒叫奴家难免伤怀落泪了。"

"好了好了，我不说便是。那我今日会按之前的计划，邀那董卓前来家中赴宴。到时你就要施展百般才艺，千般妩媚，以讨他欢心啊。"

"奴家知道了。"貂蝉微微颔首。

第二天，王允上朝之时，趁吕布公干外出，悄悄来至董卓办公之处。他拜跪于座前说道："太师大人，每日勤政，日理万机，想必偶感倦怠。您回郿坞之时，可以尝些美味佳肴，聊以慰藉。不过，在下认为若是太师大人偶尔品尝粗茶淡饭，也不失一种情趣。在下不才，在寒舍备下了简陋的饭菜，以盼能慰得太师大人勤政之辛劳。如蒙大驾光临，在下全家将不胜荣幸。"

他鼓动唇舌，极力相邀。

董卓闻言，喜形于色："王大人，此番邀约我赴贵府为客，董某实在荣幸之至啊。卿乃国家元老，如此屈尊相邀，董某实在盛情难却。自然难拂此等美意，明日定然前往！"

"如此甚好！在下在寒舍恭候太师大人光临！"

王允兴冲冲地回到家中，立刻通知了貂蝉明日要做好准备，又叮嘱家人："董太师将于明日巳时来府做客。他乃我毕生难请到的贵客，能光临已是全家的荣耀。明日一定要悉心照顾，不得怠慢！"

于是他派家丁在王府之中，以青砂铺地，锦绣盖榻，吸尘掸灰，张灯结彩。又在四处装饰以珍奇宝物，务必将上下内外收拾得尽善尽美。

第二天，巳时将至之时，有家仆来报："可见贵宾车舆。"

王允早已换上朝服，举家老幼远远迎出门外。

太师董卓的车舆由数百名持戟卫兵护卫于正中，各式装配，绚烂夺目，甚至超越了天子仪仗。待车队抵达后，董卓跨出车帘，又立刻有侍臣幕僚等人随侍左右。众人簇拥着他走进府门，行走之间只闻得佩环叮咚，玉履声声。

"今日寒舍承蒙太师大人大驾光临，无上荣耀。我王宅真是紫云绕顶，与有荣焉！"

王允把董太师迎上高座，施以最隆重的大礼。

董卓貌似对王允全家的招待甚为满意，于是也客气赐座道："王大人，你乃此处主人，不妨在我身旁就座。"

酒宴开席之时，丝竹高鸣。宾客手把琉璃杯，频频举杯畅饮。光影陆离，欢声笑语。不久，只剩杯盘狼藉。而此时乐人奏响乐器，骚客举杯高歌。歌声嘹亮，舞步曼妙。

"太师大人，且来后堂稍事歇息。"酒酣之际，王允拱手相邀。

"悉听主人安排。"董卓欣然应允，吩咐侍从们不要跟着，他只身一人随王允走至后堂。

王允将董卓引至后堂，打开了家藏宝樽，斟满夜光杯，一边献酒一边介绍："今夜恰逢星月漫天，如此良辰美景之际，在下特意打开这家中秘藏的长寿酒，将此第一杯祝太师大人福寿满堂！"

"如此多谢！"董卓一饮而尽，心情大好。

"今日承蒙司徒大人热情款待，此番好意董某竟不知何以为报了。"

"太师大人容禀。在下确有心中所愿，若此事能成，则心满意足。在下幼时爱好天文，略通一二。近日夜观天象之时，发现汉室气运已尽，天下又将改朝换代，破旧立新。纵观如今这天下之中，唯有太师大人德望最高，能服天下之人。因此在下认为，如今应该效法古时的禅让制度，如尧舜禹一般，禅让于贤能之人。若太师大人能建立新朝，则天下归一，人心顺服。”

“岂敢岂敢！董某何曾有此非分之想。”

“天下并非一人之天下，而是天下人之天下。无德之人让位于有德之人，此乃我朝规矩。只要天下大定，又任谁会说是篡逆呢！”

“哈哈哈！若董卓得蒙天运垂怜，司徒大人必得重用啊！”

“在下惟盼此时尽早而至。”王允拱手再拜。

正在这时，忽见满堂烛火一齐点明，亮如白昼。正面的帘帐缓缓升起，一旁教坊乐女娇娇歌声，美音齐整。

在一片唯美清丽的丝竹乐声之中，乐女貂蝉翩然而至，抛洒长袖，舞姿绰约，身形曼妙。

貂蝉舞得旁若无人一般，似乎身旁无主无宾，亦无天下之人。她双目生辉，顾盼留情，翩跹歌舞。

舞之！蹈之！貂蝉翩跹的身姿，伴着教坊乐曲，更是相得益彰。丝竹琴声，亦是美妙绝伦，令人陶醉。

“嗯，着实不错！”董卓点头称赞，并在一曲终了之时，要求道：“再来一曲！”

于是乐声再起，貂蝉亦是再度起身，随着乐声，纵声高歌，歌声凄婉。

红牙催拍燕飞忙，一片行云到画堂。
眉黛促成游子恨，脸容初断故人肠。
榆钱不买千金笑，柳带何须百宝妆。
舞罢隔帘偷目送，不知谁是楚襄王。

董卓目不转睛地盯着貂蝉，并凝神聆听歌词。此曲结束之时，他已经心神激荡，难以抑制。于是他问王允：“司徒大人，此女是何处而来，貌似并非寻常的教坊歌伎。”

“太师大人还看得入眼否？此为在下府中乐女，名叫貂蝉。”

“哦？将她唤过来吧。”董卓毫不掩饰对她的好感。

“貂蝉啊，你且过来。”

王允召唤她道，貂蝉随之即来，颔首含羞，娇娇怯怯一副弱不禁风的样子。董卓递给她一杯酒，问道：“你今年芳几何啦？”

“……”

貂蝉却是不答，只是躲在王允身后，低垂云鬓，以小指点在唇边美人痣上。

“哈哈哈！竟是害羞了么？”

“貂蝉生性如此，平时也难见外人。”

“此女甚好！歌声清丽，身姿曼妙，舞姿翩跹。王大人啊，请她再唱一曲如何？”

“貂蝉，你听到了吧。今晚的贵客有此要求，你就为太师大人再唱一曲吧。”

“嗯。”貂蝉乖巧地点头，然后手拿檀板，在主宾面前又开启朱唇，浅吟低唱。

一点樱桃启绛唇，两行碎玉喷阳春。

丁香舌吐衡钢剑，要斩奸邪乱国臣。

“啊呀，有趣！”

一曲听罢，董卓鼓掌大笑。

其实，貂蝉之前一曲是对董卓的赞美，而此曲却暗指他为奸邪乱国之贼，董卓却毫未留意。

“所谓天降仙女，依我所看，此貂蝉当之无愧。虽然我那郿坞城中佳丽无数，但若貂蝉这般女子，确是无一能及。貂蝉一笑倾城，这长安城中的三千粉黛，竟无人可及啊。”

“太师大人，您是否真的中意貂蝉？”

“嗯！所谓倾城美女，我今夜才得一见啊。”

“既然如此，在下愿将此女献与太师。若能得到太师大人的垂爱，也是此女之幸。”

“哦？司徒大人舍得将此美人送给董某？”

“能讨得太师大人的欢心，看来此女福分不浅。不如就让她随您的车辇同行，一同回府吧。”

“如此多谢司徒大人的好意啦！那我今夜回府之时，就让她随我同行了。”

董卓大喜，几乎不知如何表达这种满足。他拥着貂蝉移步车辇。

王允此时心中暗喜，知道此离间之计必然成功。于是他立刻将貂蝉送到董卓的车辇之上，并一路护送直至丞相府。

“在下就此告别。”

王允在丞相府门前向董卓告别之时，发觉貂蝉正从车辇之中凝视自己，正做无言告别。

“就此别过。”王允再次说道，此番乃是向貂蝉告别。

而貂蝉虽然不动声色，眼中却早已噙满泪水。王允见状，心疼难当，再也无法久留。

他匆匆告辞之后回府。而半路上忽然遇到一队兵马，他们从黑漆漆的街道中飞奔而来，举着两行火把，马蹄嗒嗒作响。

等这队人马来至近前，才看清原来来人正是吕布。他跨在赤兔马上，一马当先领兵而来。

“小老儿！你可算回来了！”

吕布伸出猿臂，一把揪住王允的衣襟，怒目圆睁，大声喝道：“你几天前刚刚和我约定，要将貂蝉许配与我。但居然今晚又将她献给董太师！你好大的胆子，竟敢把我当成毛头小子来戏耍！”

王允面对吕布的怒视，毫不惊慌，他娓娓道来，安抚道：“吕将军竟然知道得这么快。请少安毋躁，听我解释。”

吕布依旧难消怒火，喝道：“刚才有人找我报告，说董太师从司徒王允府中带了一名美女回到相府。太师大人的事你以为还能瞒过我吗？你居然两面三刀，看我今天非要把你大卸八块！”

吕布随即命令手下随从，要将王允立刻拿下。

王允连忙举手相阻，解释道：“吕将军！吕将军少安毋躁！在下既然已经与你相约，为何要怀疑我的诚意呢？”

“哼！你竟然还敢狡辩！”

“吕将军，请先到寒舍再说，此处不好讲话。”

“你又想诓我不成！”

“在下自然不敢诓骗将军。就请将军先听我解释，若是不信，再取我首级不迟。”

“也罢！我且听你如何圆场。”

于是吕布大踏步地随王允回府。

王允将吕布邀入一间密室，再次鼓唇摇舌，极力辩解道：“吕将军容我从头道来。今夜董太师在寒舍之中甚为开怀，在酒宴之后还打趣说道，既然我欲将女儿貂蝉许配给吕将军，倒不如先让貂蝉随他回府。太师会占卜吉日，置办酒席，然后瞒着将军将貂蝉带出，以成婚配。而众人也可趁兴开怀，为将军庆贺。岂不妙也？今夜太师确是如此对在下说的。”

“哦？如此说来，董太师是想戏耍于我，才将貂蝉带回府中是吗？”

“确是如此。刚才董太师说，要在酒席之中忽然带貂蝉出来，而将军出其不意，必定臊得红脸。样子一定有趣。在下心想，太师大人也是出于好意，便欣然同意，让貂蝉跟着去相府了。”

“那我刚才实在是太失礼了！”吕布有些尴尬地道歉，“吕某竟然怀疑王大人，实在抱歉！今日冲撞了大人，万望莫要归罪吕某才是！”

“哪里哪里！若将军能打消疑惑便好。看来董太师实在待将军不薄啊，而我也很快能喝上将军和爱女的喜酒了。貂蝉在太师府上必定静候佳期。我这就准备，将她平时的衣裳用品等琐碎之物，都交与将军府上。”

吕布闻言，三拜之后，匆忙离去。

# 第十四章
# 痴蝶之镜

在这春日里，盖世英雄也未免儿女情长。

吕布听了王允的一番说辞之后，欣然相信，回到府中，但他却辗转反侧，难以入眠。

“不知道貂蝉此刻在做什么？”

他整晚都在反复思量。貂蝉今夜被带回董太师府邸，她会住在何处？会如何度过今夜？会不会也思念着我？吕布胡思乱想着，简直要把自己逼疯了。

吕布干脆起身，走到窗前，抬头凝望相府方向的天空，那是貂蝉现在所在的地方。

天际之上，鸿雁飞过，只留下声声悲啼。此时夜正低垂，月色朦胧，离天亮还有一段时间。天地之间笼罩着蒙蒙夜雾。吕布窗前的海棠花被夜露打湿，荼蘼花也含羞低头。

“唉！”吕布无可奈何，只得重新躺下。

“想我此刻竟然方寸大乱，这可是我从未经历过的感受。貂蝉啊貂蝉！都怪你的双眼太过迷人，我的心儿早已被你夺走！”

他一夜未睡，只等黎明赶快到来。

清晨来临，吕布穿衣束带后，又俨然是一名威风凛凛的大将。在麾下众多武将面前，他一如往昔，一早便骑着赤兔马，英姿飒爽地赶去丞相府。

虽无急事，他却直奔董卓的卧房之外，询问当值的卫士：“太师大人醒来了吗？”

卫士慢悠悠地歪头看了后花园一眼，慵懒地答道：“你看，幔帐还未曾卷起呢。”

“噢！”

吕布的心头突然涌来一阵不安，他忽然之间觉得口干舌燥。但他只是假装无事地抬头望天，说道：“这天色已近午时了，太师大人怎么还睡着呢？”

“是啊，你看那条通往后堂的长廊，尚未开启呢。”

一时万籁俱寂，只能听见后花园中的喳喳鸟鸣。

虽然已经日上三竿，但董卓寝殿的帐幔依旧低垂，殿中一片寂静。

吕布按捺不住心中的焦虑，又继续询问卫士：“太师大人昨晚是不是睡得很迟？”

“是啊，大人昨晚到司徒王允宅中赴宴，直到深夜才归来，兴致很好呢。”

“我听说还有一位绝色美女也随之回府，是吗？”

“是啊，吕将军消息得到的真快啊。”

“那位美女乃是王大人家中的乐女貂蝉，有着倾城美貌。”

“我估计啊，太师昨夜带这位美女回房，连夜宠幸，因此现在尚未起床吧。反正今天也是个好天气啊！”

“我且到那边等候，若太师大人醒来后就叫我吧。”

吕布闻言，怒满前胸，但他努力压抑住冲进太师卧殿的冲动，咬紧牙关先行离去。

他将自己关在旁边的一个房间之中，怅然若失地反复徘徊。他时不时地望向对面的卧殿方向，双手抱臂，心中胡思乱想着。而董卓寝殿的窗户一直到正午时分，才缓缓开启。

“太师大人起来了。”守卫立刻过来通知他。

吕布大踏步走过后廊，径直走进董卓的后堂。他站在廊下向内张望，只见卧榻之上依旧低垂着芙蓉帐，卧榻上一片凌乱，想来这春宵一梦了无痕。帐中一个美人的背影若隐若现，正对镜梳妆。

吕布看到那个背影，忍不住靠近细瞧。

“那真的是貂蝉！”

他的心脏仿佛被紧紧捏住，一时竟喘不上气来。堂堂七尺大汉，竟要哭了出来。他失魂落魄地站在卧房门口，紧紧盯着美女镜中的倒影，难以挪动脚步。

吕布心如刀割，思绪万千：“貂蝉已在昨夜失去了处女之身！我仿佛仍能听到她的嘤嘤哭声。啊！太师大人竟然会对她下手，而貂蝉也是曲意逢迎。难道那王允老儿诓骗我不成？非也，若是董太师起兴，貂蝉那么柔弱，又能如何呢？”

吕布那张面无血色的面孔映在梳妆镜中。

“咦？”貂蝉大惊之下，连忙回首望去。

“……”

吕布紧紧盯着她的脸庞，满脸的怨恨，而貂蝉突然像梨花带雨一般，浑身战栗不止。

“请原谅我！这一切并非我所愿。我的痛苦挣扎也如你一样，你一定懂得！”

貂蝉欲哭无泪，也饱含深情地望着吕布，仿佛在祈求他的原谅。

就在此时，墙后传来董卓的声音：“貂蝉啊！有人来了吗？”

吕布一惊之下，故意悄然退了几步，这才大步流星地走进屋来，一如往昔一般对董卓说道：“是我，吕布。太师大人已经睡醒了么？”

经过春宵一夜，董卓衣襟松散，脸上也一副纵欲过度的样子。他肥大的身躯正横躺在鸳鸯榻上，听到吕布的脚步声，连忙坐起身来。

“哦，原来是吕布啊。你怎么也不通禀一声就进来了？”

“太师大人恕罪，刚才卫士告诉我您已经起来了。”

“那你找我所为何事啊？”

“这个……”

董卓这么一问，吕布不禁一时语顿。他今日原本并无要事需要一早来请示的。

“回禀太师，是这样的。属下昨夜忽然发梦，梦到太师大人身体不适。因此担心之下，一早起来就赶来请安。如今见您并无异状，也就放下心来了。”

“你这是说的什么胡话？”

董卓听他语无伦次，不免心生疑惑，不悦地说道，“我一大早上起床，就听你说这些丧气话。哪有做了噩梦特地赶来告诉别人的。”

“属下知错！只因时常记挂大人的安康……”

“少说废话！”董卓训斥道，“你看看你那副样子，顶着个黑眼圈，浮浮躁躁的。还不快退下！”

“是！”

吕布只得低头施礼，黯然离开了。

当天他提早回到府中，他的正妻见他脸色阴沉，关心地问道：“官人今天这是怎么了？被太师大人训斥了么？”

而吕布气正不顺，他大骂妻子：“你一个妇道人家懂什么？就他董卓算个什么东西！居然想要骑在我吕布的头上，他那是痴心妄想！”

这些天来，吕布就像变了个人一样。

他不再每天早上精神抖擞地赴相府报到，而是成日闷在家中，偶尔才去点个卯。平时更是迟到早退，毫无以往为人表率的样子。他还常常喝酒，喝得酩酊大醉，白天则焦躁狂暴，任意打骂手下人。而有时，他又会接连几天闭门不开，独自茫然不语。

而每当妻子关心地问他：“你这几天是怎么回事？”

吕布只会将她一把推开：“少啰唆！”

他有时会把自己关在房间里，来回踱步，踏得地板咚咚作响，宛如笼中困兽。而此时，泪水总是爬满他的双颊。

如此消沉的日子已经度过了一个多月。此时，后花园中的春色渐去，而初夏的暖阳又将树叶染得碧绿，天气一天天转热。

“你若不想去办公也就罢了。但你总要去给太师大人请安啊，否则别人会说你是不是对太师大人心有不满的。”

妻子仍是对他耐心劝慰。

据说董太师这一段时间身体不适，虽非重病，却也需要卧床调养。因此吕布的妻子也频频劝他应该适时探望。

吕布经过这些时日，心情也渐渐缓和多了，于是他点头同意：“你说的也有道理。我就算不去办公，也得去探视一下太师大人，不然会被人怪罪的。”

于是他收拾了衣裳，又骑上赤兔马前往相府。

董卓看到吕布来到病榻前请安，很是高兴。他本来就将吕布视为养子一般，又爱他骁勇善战。经过一个多月，早已忘记上次训斥他的事了。他也体贴地关怀吕布，问道：“哦，是吕布来了吗？我听说你最近身体也不舒服，现在好些了吗？”

见董卓躺在病榻之上，反倒来安慰自己，吕布神情落寞，黯然一笑：“回禀太师大人，我的身体并无大碍，可能是之前饮酒过量了。”

吕布忽然瞥见在一旁服侍的貂蝉。半个多月不见，貂蝉原来一直在董卓身边照顾。她衣不解带，悉心伺候，娇嫩的小脸上已露出憔悴之色。吕布见此情形，忍不住心中打翻了醋坛，嫉妒得仿佛全身血液都燃烧起来。

“貂蝉不过是一介女流之辈，即使最初无奈委身于人，但总会日久生情，最终交出自己全部的真心。”

吕布思虑至此，不禁心中郁结不堪，如鲠在喉。

董卓突然咳嗽起来。

吕布趁机退到床榻的角落之中，以幔帐遮挡自己因妒火烧得歪曲的脸色。他紧紧盯着貂蝉雪白的玉手，盯着她为董卓抚背按摩的样子，几乎压抑不住心中的激荡。

这时，貂蝉将脸庞靠近董卓的身侧，轻声耳语道：“请大人稍事歇息吧。”

貂蝉俯身将被子掖好，胸脯正好压在董卓身上。

吕布见状，眼中不禁喷出妒火。他全身硬如磐石，僵然而立，无法移动。这时，貂蝉起身，以衣裳挡住董卓的视线。她扭过头来望着吕布的双眸，泪水扑簌簌垂落下来。她举起一只衣袖，擦拭泪水，仿佛在对他倾诉相思之苦。

“奴家心中好苦！如今终于得见心中所慕之人，却不能扑到他的怀中，甚至连一句话都不能说。如今我只能和这个自己完全不爱的人同处一室之中，难以脱身。上天是多么无情！而你也竟然如此薄情，让我许久都不曾见到你。奴家只要能看到你伟岸的身影，心中也能略得些许安慰。你可知我心中的这番深情吗？”

这一切都是从貂蝉的眼角眉梢无声地向吕布诉说。她一直深情地凝望着他，泪珠不停地滚落面庞，沾湿衣襟。而她的朱唇也微微颤抖着，仿佛充满无限委屈。她好似在对吕布深情表白，希望吕布能够明了。

“你……莫非也在思念着我吗？”

吕布原本就相思成愁，见到貂蝉对他渴求的眼神，一时血脉贲张。他情难自禁地走到貂蝉身边，张开双臂就欲搂住她雪白的颈项。而尚未触及之时，他腰间佩剑忽然勾住屏风一角，哗一声，佩环脆响，他只得停下脚步。

“吕布！你干什么呢？”

董卓原本躺在病榻之上，闻声突然起身，大喝一声。

吕布顿时狼狈不堪，他慌忙应道：“没有！我没干什么！”

边说边缩回床后。

“你给我站住！”

董卓挣扎着坐起身来，仿佛忘记了病痛，他气得一时青筋暴突。

“原来你刚才背着我想要调戏貂蝉啊！真是色胆包天啊！你刚才到底对我的宠姬干出了什么？”

“我什么都没干！”

“那你为什么要躲到屏风之后？到底在那里猥猥琐琐地想图谋什么？快说！”

“……”

吕布一时语顿，无言辩白，只得丧着脸垂首而立。

他不善言辞，也缺乏机智，又以为被董卓抓到了现行，因此一时之间手足无措，只得呆立在当场，咬着嘴唇不吭声。

“大胆狂徒！你仗着我的恩宠，如今竟然要骑到我头上来了！居然还敢调戏我的宠姬！你算是个什么东西！从今往后，不许再踏入我房中一步！你赶快滚回家去！闭门思过！还不快滚！来人啊！给我把吕布轰将出去！”

董卓暴怒之下，口不择言，狠狠地大骂吕布。

门外的侍从和士兵闻言赶忙冲进房中，而吕布却不待他们动手，气哼哼地拂袖而去。

“太师大人放心！我再也不来了！”

说完他自己径直走到室外。

李儒正好从外面进来，几乎被吕布撞个满怀。他疑惑地问道：“怎么了？出什么事了？”

此时董卓依旧怒满前胸，他一边大口啐着唾沫，一边对着李儒高声叫骂，说是吕布刚才就在此处意欲调戏自己的宠姬。

“此事确实麻烦。”

李儒闻言却很冷静，他苦笑着劝慰董卓：“吕布此事确实有错。不过太师大人，若您为了完成君临天下之大志，此时就不如大人大量，对他此番小错付之一笑，也就罢了。”

“胡说八道！”董卓仍然怒气冲冲，“连我的宠姬都敢下手，我这次若是饶他，以后还怎么制得住他！以后还有谁能听我的号令？”

“但是太师大人，您再想想，若是吕布因此心生异数，转投别国，那岂不因小失大了！”

“……”

董卓听到李儒一番劝说，怒气稍有缓和。确实在他的心目之中，这区区一个宠姬怎能同得天下这般大事相提并论。即使貂蝉美色绝伦，倾国倾城，他宠爱有加，却仍无法因这一个女子而放弃窃国的野心。

“不过吕布刚才离开那副样子，倒是毅然决然。你说我现在应该如何是好？”

“这倒不用过于担心。那吕布乃是一个心思单纯之人。太师大人只需明日召唤他前来，赠以金银，再好言规劝一番即可。以吕布的性情，他一定会感激涕零，以后也会小心行事，不会再造次了。”

董卓终于接受了李儒的谏言，第二天就派人叫吕布来府中。

吕布原以为董卓是要向他问罪的。可是却出乎意外地受到恩赏，得到了黄金十斤，锦缎二十匹，董卓还亲自道歉并安慰他道：“我昨天尚在病中，未免有些急躁，乱发脾气，将你责骂一番，还望你莫要挂怀。其实我是最看重你的，希望你还要一如往昔，莫要离开我的左右，每天都来此相见才是。”

但是吕布得到这些赏赐之后其实更加痛苦。但董太师既然已经亲自道歉了，他也只得跪拜谢恩后默默地退下了。

# 第十五章
# 绝缨之会

又过了几日，董卓之病业已大好。

他似乎很为自己肥大强健的身体为傲，又整日与貂蝉寻欢作乐，沉迷于帐内痴梦。

吕布则变得愈来愈沉默寡言，但他每天依旧精神抖擞地赴相府公干。

在董卓上朝之时，吕布就跨在赤兔马上，一马当先走在卫队前方开路；在董卓上殿之时，吕布则手持方天画戟，立于阶下护卫。

有一日，董卓上殿向天子奏报政事。吕布也一如平日一般，执戟立于内门。

即使是血气方刚的精壮武人，也难免会有慵懒困倦之时。当天的天气和暖，吕布看着满眼蝴蝶翩跹，也不禁瞌睡连连。当他抬头远眺到后花园中的翠柳红花之时，又不禁心头烦恼："不知此时貂蝉在做什么？"

他忽然意识到："对了！今日董卓必定很晚退朝。我倒不如趁此时去见貂蝉。"

吕布被相思的火焰灼烧着，焦躁不安。终于他再也按捺不住，立刻一路飞奔回到相府。

吕布来至相府之后，知道董卓不在，于是独自溜进后堂。他匆忙之中连画戟都忘记放下，压低声音呼唤："貂蝉！貂蝉你在哪里？"

他悄悄走进貂蝉的房内，向帐中窥探。

"何人呼唤？"

貂蝉此时正凭窗独坐，望着后花园的景色出神。回头之下，发现竟是吕布站在她的面前，她忍不住轻叫一声，跑过去扑到他的怀中。

"太师大人不是上朝去了么，将军怎么一个人回来啦？"

"貂蝉啊！我太思念你了！"

吕布怀抱貂蝉，心如刀割。

"整日只能远远地望着你，你能够体会我现在心中的苦痛吗？我是趁着太师上朝的时候溜出来的，我太过思念于你，想着能见你一面也好。"

"所以将军就一个人回来找奴家了是吗？知道你如此思念貂蝉，奴家甚是高兴！"

这时，貂蝉看到吕布眼中的欲火，想到现在正和他独处一室，不禁有些畏惧。

“我们不能在这里，会被人看到的。你现在去后花园里的凤仪亭稍等片刻，奴家这就去。”

“你一定来啊！”

“奴家怎么会骗你呢？”

“如此也好，我这就去凤仪亭等你！”

吕布兴冲冲地走到后花园，穿过重重树林，来到密林深处的凤仪亭，静候貂蝉。

貂蝉见他离去，也匆忙更衣化妆，避开众人偷偷赶往凤仪亭密会吕布。

这晚春时节的秘园之中，柳绿花红，悄无人迹，只闻花香。

貂蝉从柳枝的缝隙之中偷偷张望凤仪亭。只见吕布正执戟而立，站在曲栏之侧。

曲栏之下是一座莲池。

貂蝉窈窕的身影一步一步走近凤仪亭。她今天这身装扮，分外美丽，让人怀疑似乎是嫦娥下凡。她踏上朱桥，拨开柳枝，笑意盈盈地向吕布走来。

“吕将军！”

“哎……”

两人紧紧相依，靠在亭子之中，相顾无言。吕布只觉得全身热血沸腾，望着怀中佳人的容颜，一时分不清这是真还是梦。

“貂蝉，你这是怎么啦？”

“……”

“貂蝉！你怎么哭了？”

吕布轻轻摇晃她的肩膀。而貂蝉将云鬓靠在他的胸前，抽泣出声。

“我们难得能够密会，你难道不高兴吗？为什么要哭啊？”

“不是的，貂蝉喜极而泣，实在是太高兴了。吕将军，其实奴家并非司徒大人的亲生女儿，而只是一个孤儿。王大人从小将我抚养长大，视如己出。他从小就告诉我，长大以后要为我找一位盖世英雄，作为夫婿。因此王大人在宴请将军的那夜，让我来与你见面。奴家一见之下，就倾心于将军，以为终于能嫁给一个真正的英雄豪杰了，梦想终于能够成真了。从那天晚上开始，奴家整日思念将军，快乐得好像生活在梦中一般。”

“我都懂的！”

“可是到了后来，奴家这一番深情却被董太师践踏殆尽。貂蝉畏于太师的威势，不得不委身于他，日夜煎熬。奴家夜夜垂泪，而我的身子已不再纯洁，不配再成为将军的妻妾，日夜服侍将军。即使貂蝉对将军的真心一如往昔，但将军一定看不起奴家，不想要奴家了。每当想起这些，貂蝉好悔，好恨，好害怕！”

貂蝉难以抑制心中的悲苦之情，呜咽出声。她将云鬓埋在吕布胸前大哭不止，忽然貂蝉挣脱开他的怀抱，大叫一声：“吕将军！你切莫忘了貂蝉！我们来世再见！”

说着，跑向曲栏，就要纵身投入莲池。

吕布大惊，连忙紧紧搂住她：“你这又是何苦？”

但貂蝉却拼命挣扎，要甩开吕布的约束，她哭叫道：“不！你放开我！奴家不想活了！就算我苟活一日，也无缘与将军共度。我现在内心的苦痛，将军又能明了吗？我的身子只能沦落为太师泄欲的工具，夜夜受尽折磨。你放手！就让我去死吧！让我们来世再会，再结姻缘！”

“你别说傻话啊！你不能死啊貂蝉！我等不得来世，我只要你的今生。貂蝉，你听我说！有我陪着你！我一定会娶你回家的！你一定要为了我，珍惜自己啊！”

“将军！你说的是真的吗？你方才讲的可是你的真心话吗？”

“自然是真心！我不能娶得一心思慕的女子为妻，还算得什么英雄好汉！”

“将军！你若是真心，就来救救貂蝉吧。奴家只愿和你在一起，再也不愿在此度过一夜了！”

“现在时机还不成熟，我们还需再耐心等待。我今日是趁老贼上殿的空当，才匆忙赶来的。若是他一会儿退朝回来，我们就会被发现的。你且再忍耐几日，待我再做安排，下次再会吧。”

貂蝉立刻紧紧抓住他的衣袖，怂恿道：“奴家听说，将军乃是盖世的大英雄，武功超凡。为何会惧怕那个老头子，每天唯马首是瞻地跟随于他呢？”

“也不能这么说。”

“奴家现在只要听到太师的脚步之声，就会吓得全身发抖。貂蝉只盼能和将军永远相守！”

貂蝉又紧紧依偎在吕布胸前，委屈落泪，惹人怜惜。

而正在此时，董卓已经退朝回府，正神色异样地四处寻觅。

“奇怪！貂蝉不在房中，吕布也不知道跑去哪里。”

董卓四下搜寻，面露怀疑。

他退朝之际，却不见吕布如往日一般在阶下执戟而立，而他的赤兔宝马却还拴在原处。董卓心生怀疑，于是独自回到相府。他回到卧房之时，却发现貂蝉也未如往日一般等他归来，只剩衣裳挂在衣架上。

“真是怪了！”

董卓盘问了貂蝉的侍女，便四处寻找这对男女，一路向后花园走来。

这时吕布和貂蝉二人正依偎在凤仪亭下，互诉衷肠。而貂蝉忽然发现董卓的身影出现在树林之中，她慌忙从吕布怀中抽身而出，叫道：“不好！太师大人回来了！”

吕布亦是大惊，暗道：“糟糕！这可如何是好！”

正在两人整理衣襟之时，董卓已经走了过来，他见此情形，怒不可遏：“大胆！你们竟然在这光天化日之下密会，到底在干什么呢？”

吕布无言以对，只得跨上凤仪亭旁的朱桥，向岸上飞奔而去。在两人相错之时，董卓一把夺过吕布的画戟，大声质问：“你还想往哪跑？”

吕布只轻轻撞了一下董卓的手肘，他刚抢到的画戟就掉落在地。董卓体肥，费力地弯腰拾戟的工夫，吕布已经趁机逃出五十步之外了。

“大胆狂徒！”董卓跳着脚，晃着他肥胖的身子，大声叫骂，“站住！我让你站住！你还敢跑！反了你了！”

这时，李儒从对面急奔而来，他竟误打误撞和董卓撞个满怀。董卓站立不稳，一屁股坐到地上，几次挣扎还难以站起。他简直怒不可遏，对着李儒吼道：“好你个李儒！居然敢拦着我！你是要帮那个混蛋吗？还不叫人，把那个色胆包天的不义之徒给我拿下！”

李儒急忙将董卓从地上扶起，问道：“太师大人恕罪。您说谁是不义之徒？属下刚才听到后园之中有嘈杂之声，就赶快过来查看。我刚才碰见吕将军，只听他说太师大人正在发狂，平白无故要追着打他，请我赶快想办法救他。我这才赶紧跑过来，看出什么事了。”

“一派胡言！他居然敢说我发狂，他才是吃了熊心豹子胆！那吕布居然敢趁我上朝之际，偷偷回府，在这光天化日之下调戏貂蝉。好险被我撞见，他才狼狈不堪地逃走的。”

“如此说来，难怪属下刚才发现吕将军神色有异，面白如纸，颇为狼狈。”

“你还不快下令，捉拿吕布！立刻斩首！”

“请太师大人息怒。少安毋躁，少安毋躁。”

李儒将董卓跌倒之时踢掉的鞋子摆正，又搀扶他回到书房坐下，然后拜倒在地，向太师请罪。

“属下刚才冲撞了太师，还望太师大人恕罪！”

董卓依旧怒气冲冲，他对李儒摆摆手说道：“那倒无妨。你现在立刻传我的命令，派人马速速将吕布拿下，我要他的脑袋！”

李儒一直保持冷静，他知道这是董卓的一时气话，宛如小儿耍赖。于是听他发泄完了，李儒才进谏道：“恕属下直言。此事万万不可啊！太师大人，若您现在砍下吕布的首级，就相当于把刀刃架在您自己的脖子上一样。”

“有何不可？我一定要惩戒那个不知廉耻，不仁不义的狂徒！”董卓仍然不听劝阻，大声嚷嚷着立刻派人去斩杀吕布。

李儒再三劝阻：“太师大人，想斩杀吕布容易，但此事万万不可啊！”

他还冷静地分析道：“太师大人此时怒气冲天不过是因为一己私事。而属下则为了社稷江山考虑，请您三思。从前曾有过这么一个故事……”

李儒为了平息董卓的怒火，娓娓道来一则故事：

传说在楚庄王的时期，有一天，楚庄王大排宴席，犒劳有功之臣。

宴会进行中，突然刮来一阵大风，吹灭了满堂的烛火。

楚庄王立刻吩咐侍从，迅速点亮烛火。但在座的诸位将官在一片黑暗之中反而比较自在，也比较凉快，席间一时骚动不止。

在宴席之上，楚庄王的一位宠姬被叫来倒酒，黑暗之中，有一名武将趁机在她唇上亲一口。这位宠姬原想大声喊叫，却又改变了主意，她一把揪下这名武将头上的帽缨，然后逃到楚庄王身旁。

她委委屈屈地趴在楚庄王的膝上哭泣，告状道：“刚才有人趁机调戏于我，幸好我揪下了他的帽缨。请大王赶快点上烛火。那个没有帽缨的人就是调戏我的人，大王可以将他拿下问罪。”

宠姬此举其实只是为了向楚庄王表功，证明自己如何纯洁。

“且慢点灯！”楚庄王却立刻制止了要点亮烛灯的侍从，“宠姬刚才向我告状，可能发生了一些无关紧要的小事。其实本王今夜设宴就是要好好犒劳一下各位有功之臣，希望大家都能尽兴。而且这些本来就是男人们酒兴正浓时，很常见的小事。大家今夜就是要尽情享受，随意放松，我们君臣共同开怀畅饮才是。”

楚庄王又说道：“既然如此，大家更无须拘束礼节，请大家把帽缨都摘掉，咱们一道饮酒狂欢到天明吧！”

然后，他待所有人都摘下帽缨之后，才命侍从重新点灯。这样一来，他的宠姬就算拿着一个帽缨也没用了，根本找不出是谁调戏于她。

后来，在楚国与秦国大战之际，秦国大军将楚军重重包围，楚庄王力战不敌，眼看就要困死于重围之中。突然有一位勇士突破敌人的包围，冲到楚庄王身边保护，宛如天降奇兵。他殊死抵抗敌军的攻击，全身布满伤口，浴血奋战，但一直身背楚庄王杀出一条血路，保住了楚庄王的性命。

楚庄王见他伤势惨重，连忙问道：“请你放心养伤，寡人的一条性命已无可忧。你究竟是何人？为何如此拼命救我？”

此时，负伤的勇士才露出微笑，他说道：“大王，我就是那个曾在夜宴之上调戏宠姬，被揪下帽缨的人啊。”

说罢他便气绝身亡。

李儒一口气讲完这个故事，再次劝慰道：“这位勇士对楚庄王如此舍命相救，其实就是在报答他当年不追究调戏宠姬之罪的恩情。这段佳话被世间称为绝缨会。太师大人，属下也请您务必体会到楚庄王的器量。”

董卓一直垂头静听李儒的故事，听完之后已经冷静了下来，欣然接受了李儒的谏言。

“你说的这些我都明白了。我且饶吕布一命，不再追究了。”

其实李儒早就看出来吕布最近心生不平，对董卓颇为不满，因此他也暗想：“这件事确实有些棘手！”

此时，吕布肯定在因貂蝉之故，对董卓怒火中烧。

因此李儒才会用“绝缨会”的典故，奉劝董卓要以江山社稷为重。而董卓原本是个极端聪明的人，他两厢权衡，立刻就做出了决定。

“此事暂且放在一边吧，我饶了吕布便是了。”

李儒见状，心中暗挑大拇指。董卓果然贤明，可以建得万年之霸业。于是，他立即动身去通告吕布。

董卓屏退了李儒之后，回到了后堂。只见貂蝉正俯在幔帐之上，独自饮泣。

“你还哭什么！女人不够检点，男人才有机可乘！这件事你也要负一半责任！”

董卓头一次对貂蝉发脾气，貂蝉则哭得越来越伤心：“太师大人经常说，那吕布就像自己的孩子一样。于是奴家也将他敬为太师的养子。可谁知，他今天却趁大人不在之时，拿着画戟威胁我，逼我去凤仪亭，意图不轨。”

“不！其实我现在想来，这件事情错不在你，也不在吕布。怪只怪我董卓愚蠢啊！貂蝉，不如这样。由我做媒，把你嫁与吕布为妻吧。既然吕布对你难以忘怀，你又对他如此依恋。不如你们两人在一起吧。”董卓闭眼说道。

貂蝉立刻扑到他的脚边，紧紧搂住董卓的膝盖，哭喊道：“太师大人，您在说什么呀？难道大人要将我抛弃，送与那个粗鲁的武人吗？奴家不肯！这等奇耻大辱，奴家宁死也不肯的啊！”

说着，貂蝉突然一把拔出董卓的佩剑，作势就往自己脖了上抹去。董卓大惊失色，匆忙夺下宝剑。

貂蝉伏倒在地，恸哭失声：“奴家懂了！肯定是李儒受了吕布所托，才向太师进言要将我送走。那李儒总是趁太师不在之际，与吕布窃窃私语。奴家什么都懂！太师大人一定是听信了李儒和吕布的谗言，不再怜惜奴家了。如此也罢，大人就放奴家去死吧！”

董卓心生怜惜，他一把抱起貂蝉，将满脸泪痕的小脸贴在自己唇边，安慰道：“傻丫头，别哭了！貂蝉，你只当我刚才说的都是玩笑话！我又怎么舍得把你送给吕布那个粗人？咱们明日就回到郿坞城去。我在那里积蓄了二十年的军粮和百万雄兵。如果我的大事能成，你就做我的贵妃；如若不成，你也能当一个富家之妻，一辈子享受荣华富贵。这样你总会高兴了吧？”

第二天，李儒来到董卓面前汇报。他已于昨夜到吕布府中转达了太师的恩命。而吕布也表示深深悔罪。之后李儒建议道：“太师大人，您看今天恰巧就是一个吉日。您不妨现在就把貂蝉送往吕布家如何？吕布为人单纯，知恩图报。您若现在就送上貂蝉，他一定会感激涕零，誓为太师效忠而死。”

董卓突然沉下脸来，怒道：“你少说这些废话！我来问你，你会把自己的妻子送给吕布吗？”

李儒对董卓的出尔反尔深感意外，但见太师动怒，只得哑口无言地退下。

而董卓则迅速命令车驾出发。他将貂蝉扶上珠帘车辇，又命一万兵马护卫左右。一行人招摇过市，直奔郿坞那人间仙境而去。

# 第十六章
# 天飙

董太师要返回郿坞了——这个消息一经传来，长安城的大街两侧立刻挤满了无数百姓，以及前来送行的达官贵人。

吕布此时正在家中。

“奇怪？”他打开窗户，向街道那边张望，心中暗忖，“今天正是吉日，李儒说过要将貂蝉送来的。”

但是，他能听到大街上传来的车辇移动的车轮嘎嘎之声，以及上万人马疾驰的马蹄嗒嗒之声。太师要回郿坞的传言不像有假。

“快！牵马过来！要快！”吕布立刻冲向马厩，边跑边喊。

他飞身上马，也不带随从，策马狂奔到长安城外。此时城外的大道两旁早已挤满百姓。听说太师大人要经过，无论是种菜老媪、耕田农民、路上游贩，还是行旅卖艺的人，各式人等皆跪伏在地，形如茅草。

吕布在一处山脚勒马停步。他将身形隐藏在一株大树之后。等了不久，就见到太师的车驾人马蜿蜒通过。

他看到在车队的正中护送着一辆黄金车盖、珠帘低垂的车辇。透过四面的翠纱笼屏，看得见里面坐着一位绝色美人。那人正是貂蝉。她一副失魂落魄的模样，容貌憔悴。

她偶然将目光投向山脚之下，发现吕布就站在那里；而吕布只想不顾一切地飞奔过去。

貂蝉摇头，脸上泪光闪烁。

而护送她的兵马扬起了滚滚红尘，将她的身影遮盖，渐行渐远。

……

吕布茫然目送车队走远。望着那逐渐消散的红尘，他才确定原来李儒果真诓骗了他。不！或许李儒并未说谎，而是那董卓老贼不肯交出貂蝉。

“貂蝉在哭！她在哭呢！她此番去郿坞，心里该是多么痛苦啊！”

吕布越想越气，简直快要发疯了。路过的百姓和游贩看到这人双目通红的样子，都忍不住侧目。

“吕将军！你怎么在这里站着？”

有一个人走过来，下马拍了拍他的肩膀。

吕布茫然地回头，待看清来人面孔，才猛地恢复神志：“哦，原来是司徒王大人啊！”

王允颔首微笑，说道：“将军怎么显得如此意外？您现在正站在我家别馆竹里馆门前啊。”

“哦，我竟不知。”

“老夫听说董太师要返回郿坞城，特来到门前目送，顺便在附近走走。正巧碰到吕将军呢。您怎么会来到此处呢？”

“王大人，您竟然问我这个。您是最该知道我是为何心中苦闷的啊！”

“吕将军这是何意啊？”

“莫非王大人不记得了？你可是答应要将女儿貂蝉许配给我的。”

“确有此事。”

“可貂蝉现在却被董卓老贼横刀夺爱，吕某却无能为力，我怎能不烦忧。”

“原来吕将军是因为貂蝉苦恼啊……”王允突然垂头叹道，“太师近来的所作所为，竟是禽兽不如。最近几天，每次太师大人看到我之时，总是口口声声说着要将貂蝉送给吕将军，我也信以为真。没想到，他竟然出尔反尔，又横刀夺爱。”

“他竟如此口是心非！我还看到貂蝉正在车辇上哭泣呢。”

“这路旁人多眼杂，并非讲话之所。请吕将军移步到我家别馆来小坐片刻。我们好好叙谈叙谈。”

王允和颜悦色地安抚一般，引着吕布来至别馆。

王允的竹里馆位于长安郊外，颇为幽邃。

吕布应邀来到此处，进入一间雅室坐下。王允吩咐安排了酒宴，但他仍然垂头丧气，愤懑不已。

“吕将军，请喝了这一杯酒吧。”

“我喝不下！”

“既然如此，我也不勉强。心情烦躁之时喝的是闷酒，越喝越愁啊。”

“司徒大人啊！”

“吕将军请说。”

“你能不能明白我现在的苦恼？吕某这一辈子，是第一次感到如此痛苦。”

“其实将军又何尝所知，老夫心中的苦痛也不亚于将军啊！”

“王大人竟然也会烦恼？”

“老夫烦恼之至啊！我多年抚养的小女貂蝉，本欲许配给将军，但竟被董太师横刀夺爱，占为已有。老夫欠吕将军一个‘义’字。而且世人也在背后嘲笑将军，说所爱之妻竟被人夺走。老夫听到此言，真是替将军更加难过。”

“什么？世人竟会嘲笑于我？”

“董太师虽因夺人之妻也会遭到世人的耻笑，但是天下人更会耻笑我失信，也会嘲笑将军失妻。老夫业已是老朽之人，不足为道，只是吕将军这一世的英名竟会毁于一旦啊！如今世人嘲笑吕将军遭到夺妻之仇竟然毫无作为。唉！这全是老夫的过错，还请将军恕罪啊！”

“不！王大人何罪之有！”

吕布听罢，怒满胸怀。他猛然起身，将地板跺得山响。

“王大人！你等着瞧吧！吕某誓必诛杀董卓老贼，以雪夺妻之辱。”

王允装作很害怕的样子，阻拦道：“将军，切莫轻言啊！这种话一旦被董太师所知，不光你自己的性命难保，连三族都会株连丧命啊！”

“不！我已忍无可忍！身为大丈夫，我怎可一生郁郁，屈服于那老贼之膝下！”

“将军，请恕我刚才僭越谏言。在老夫心目之中，吕将军乃是稀世英雄，将军之风采堪胜那韩信百倍。老夫一直暗中观察，甚为敬仰。想那韩信也被封王，而将军如此的英雄豪杰，又怎甘屈居于小小的丞相府中，难以施展作为。”

“可恼啊！”吕布咬碎了钢牙，恨恨说道。

“事到如今，我只后悔当初听信了老贼的花言巧语，拜他为义父。倘若当初没有此约，我就可立刻举事。如今只因他有我这养父之名，我才暂且忍耐，饶他性命。”

“莫非将军是怕世人指责你弑父之罪吗？可你们这对义父义子的纠葛，世人又如何知晓呢？”

“此话怎讲？”

“将军不妨想一想，你姓吕，老贼姓董。而当初在凤仪亭之时，老贼竟然夺戟相对，意图斩杀于你，可见在他心目中早已没有父子恩情，你们之间也再无父子之名。更何况，老贼董卓至今都未让你冠他的姓氏，足以证明他只是想以父子之名约束于你，只是想借你的骁勇善战成他自己的大事罢了。”

“噢，原来如此！吕某愚钝，竟然一直被他蒙骗至今！”

“非也！将军重情重义，才会被那老贼以此束缚。若是将军现在能幡然悔悟，斩杀窃国之贼董卓，匡扶汉室，施行善政，则将军的大名一定会名垂青史，成为世代忠臣。”

“一言为定！待我吕某斩下那董卓老贼之首级！以慰天下！”

吕布突然拔出剑来，他割破手腕，以淋漓的鲜血向王允起誓。

吕布告辞之时，王允亲自将他送到门外，反复叮嘱：“吕将军，今日之事只可你知我知，万勿向其他人透露半个字啊！”

“那是当然。不过此时若只靠你我二人，恐难办到啊。”

“可向心腹之人透露。不过，今后我会悄悄见你，再行商量。”

于是吕布跨上赤兔马，绝尘而去。王允目送他的背影离开，心中暗喜。

“吕布已然中我之计！”

当晚，王允立即将平日里志同道合的司隶校尉黄琬、谋士孙瑞二人叫到家中，透露了自己的计谋，和他们商量对策：“我计划是借吕布之手杀死董卓。但要办成此事，需要完全的规划，你们有没有什么办法？”

“我有一计。”孙瑞说道，“当今天子前一阵子龙体有恙，我们不妨假传圣旨，派敕使前往郿坞城，去见董卓。”

“哦，假传圣旨，这可是十恶不赦之罪啊。”

“我们此番乃是为了社稷江山，料也无妨。”

“这诏书该如何写呢？”

“我们可以假冒天子，就说‘朕体弱多病，欲将帝位传于董太师’。董卓见诏，必然信以为真，立刻上朝觐见。”

“嗯，确实是一个好饵，正是董卓现在心中所盼，他一定会中计而来。”

“我们可在禁门之内埋伏下大力勇士，当董卓的车辇进入之时，立刻将他团团围住，立刻斩杀于当场。此事一定要由吕布执行，以保证万无一失。”

“不过，要由谁来当这假敕使呢？”

“我认为李肃可以胜任此职。我与他是同乡，了解他的秉性为人。将此大事告知于他，亦可不必担心。”

“你说的可是骑都尉李肃吗？”

“正是此人！”

“这个李肃以前曾为董卓所用呀。”

“李肃确实曾在董卓麾下做事，不过最近遭到贬斥，已经离开董卓，现在暂住我家。

他对董卓颇有怨言，终日怏怏不乐。因此我觉得他肯定会乐于办成此事。另外董卓也认识李肃，若是由他当敕使，必定不会生疑，而能相信他的说法。”

“如此甚好！我立刻通知吕布，让他与李肃见面商谈。”

第二天晚上，王允又将吕布请来，将此计策详细地解释了一番。吕布一听之下，立刻表示：“这个李肃我很熟悉。我们也是同乡，他当初替董卓赠我赤兔宝马和金银珠宝，又怂恿我杀死了义父丁原。我会亲自上门与他相商，若他胆敢拒绝，我就一刀宰了他！”

于是王允和吕布二人，趁着夜色避开耳目，来到了孙瑞的府邸。他们来到后堂，与暂居此处的李肃见面。

“李兄，许久不见，一向可好！”

吕布一见面就率先开口问好，而李肃见到这位不速之客，竟一时语塞。

“李兄，你还记得吧。想当年我与养父丁原在与董卓交兵之际，你送上了赤兔宝马和金银珠宝，怂恿我背叛了丁原，将他杀死。”

“这个嘛，已是陈年旧事了。吕兄今天是所为何事，才深夜到访？”

“吕某此番前来，是想再请李兄出山，在此充当使者。不过此次是赴董卓之处。”

吕布凑到李肃面前，在他耳边低声告以王允之计。他在身侧悄悄握紧剑柄，只要李肃露出一丝不悦之情，就会当场斩杀。

李肃听完吕布的密计，立刻拍手称快：“吕兄！承蒙你信任在下，将此密计告知于我。如此甚得我心！我一心想找董卓报仇，只恨自己难以斩杀于他，亦无挚友可以诉说衷肠。有此良机，可谓天助我也！”

李肃当场就拍板，应承下此事。

于是，王允、吕布和李肃三人连夜制定了周密的计划。第三天，李肃率二十骑人马赶赴郿坞城，他们对城门守卫高声喊道：“李肃奉天子之名，身为敕使，前来传旨。”

董卓立刻召见了李肃。李肃对着董卓施礼后，说道：“我今日敕使，特传皇帝内诏。天子体弱多病，健康欠佳，于是决定将帝位禅让于太师。请太师为天下所想，立即登九五之位。”

李肃一边说着，一边注意董卓的反应。而董卓一听之下，早已难掩兴奋之情，他乐得满脸笑出了褶子：“哦！皇上此诏确实让我意外。那朝臣又如何反应呢？”

“皇帝陛下此前召集百官齐聚未央殿，商议此事。众臣皆欣然同意，三呼万岁，这才下令传召的。”

董卓听完，又眯起双眼问道：“司徒王允对此事有何意见？”

“王大人兴奋无比，他立刻命人筑起受禅台，静候太师大人即位呢！”

“这事情竟能进行得如此顺利，倒叫老夫有些吃惊。哈哈哈！看来那些预兆都成真了！”

“此话怎讲？”

“我之前做了一个梦。”

“所梦为何？”

“我梦见一条巨龙自云中下凡而来，紧紧缠在我的身上。”

“恭喜太师大人，此乃大吉之兆啊！我以为，您应当尽快备车，上朝受禅啊。”

“好啊！我若登基，就提拔你为执金吾。”

“李肃必将效忠大人，肝脑涂地！”李肃再拜。

董卓立刻命侍臣准备车马行装，然后又跑到貂蝉的闺阁，立刻报喜。

“貂蝉啊！你记得我曾经说过吧，我若登基，就要封你为贵妃，让你享尽世间荣华。这一天终于来了！”董卓按捺不住心中喜悦，抱着貂蝉喊道。

貂蝉闻言，心中已是明了其中的奥秘。但她立刻露出了平日的女儿娇态，欣喜地娇呼：“这是真的吗！太好啦！”

董卓又从后堂请了董母出来，对她禀告了此事。董母年事已高，九旬有余，耳背眼昏，一时听不明白：“你说什么？你要去哪儿啊？”

“儿子要进宫去觐见当今皇帝，继承天子之位。”

“你说谁要当皇上？”

“是我啊，你的儿子要当皇上了！”

“你怎么能当皇上？”

“母亲啊，您的儿子生得好啊，待我即位之后，您就是皇太后了！这您还不高兴吗？”

“老身要当皇太后？哎呀！那有什么好的！”

这位九十多岁的老媪，闻听儿子所言，竟然嘴唇颤抖，悲伤地仰望天井，不肯看他。

“啊哈哈！老太太真是糊涂了！”

董卓一边自嘲，一边回到自己房中。他换上盛装，登上车辇，在数千精兵前呼后拥之下，离开了郿坞。

# 第十七章 人灯

董卓的队列蜿蜒而行。

千支幡旗迎风飞舞，几乎遮掩了车辇华盖。卫队配备白马金鞍、数千兵马戟光闪烁，真是威风凛凛。这一支队伍一路招摇过市，令人目不暇接。

一行队伍走了十里左右，董卓在车中忽然感觉车辇被重重地震了一下，立刻问道："出什么事了？"

侍从慌忙答道："回禀太师大人，是车轮折了。"

"什么？车轮竟然折了！"

董卓一时心情为之一黯。

"定是沿途百姓清扫道路之时有所怠慢，地面上留下了小石头。需将村长斩首示众！"

他下了车辇，换乘了另一辆马车。

又继续前行了六七里地，忽然有马匹受惊，扯断嚼辔。

"李肃，李肃在哪里？"董卓在珠帘之后大叫，疑惑地问道，"这一路之上车轮折断，马辔咬断，是何预兆？"

"恭喜太师大人！此事您大可不必担心。如今您将即帝位，此乃是弃旧换新之吉兆。"

"原来如此！你解释得很好。"

董卓闻言甚为满意。

一行队伍途中歇息一宿后，第二天一早又继续启程赶往长安。可是，一早起来就天降大雾，队伍出发时又刮起狂风，吹得天地一片昏暗。

"李肃，今日这天象如此，又该如何解释？"

董卓心情浮躁，一连碰到一些怪事，他难免心生烦忧。

李肃一笑，手指太阳答道："太师大人，您看！此所谓红光紫雾，祥瑞之兆。"

董卓从帘后望去，果然发现太阳周围环绕彩虹光环。

车队一行进入长安外城，来到市街之上。此时，民众都跪拜于路边，无人胆敢抬头。

百官也在皇城外列队出迎。

王允、淳于琼、黄琬和皇甫嵩等人也尽数跪拜于路旁，对董卓行臣下之礼，都道：“恭喜太师！贺喜太师！”

董卓见状更为得意，命驾车的侍从道：“直接回相府。”

董卓回到相府便说：“今日我已疲惫了，明日再进宫。”

于是他当天就休息了，除了司徒王允之外，不见别人。

王允建议道：“今夜务必放松身心，明日一早斋戒沐浴，继承万尊之位。”

王允说完，又寒暄祝贺一番，方才离去。

“您现在感觉如何？”有人从董卓身后绕出来，向帐中询问。原来是吕布前来请安。

董卓一见到吕布，立刻觉得心中踏实。

“哦，有你在我就放心了，要一直好生守护才是啊。”

“请您放心，保重身体，我自会在一旁守护。”

“待我即位之后，该以何报你？我就封你为大将军，如何？”

“多谢太师恩典！”

于是吕布一如往常，手持画戟立于室外，通宵达旦守护董卓。

当天晚上，董卓并未召唤任何妻妾侍寝，而打算静心而眠。

但他一想到自己明天就要登上九五之尊，难免精神亢奋，有些失眠。

这时，他忽然听见屋外传来脚步之声。

他立刻起身问道：“门外何人？”

李肃此时正陪侍在帐幔之外，他也尚未睡下，他立刻答道：“是吕将军正在巡逻。”

“哦！是吕布就好。”

董卓这才放下心来，睡着后还发出了微微鼾声。但他并未睡熟，偶尔醒来仍能听到远处街巷之中，遥遥传来的童谣之声：

千里草，何青青。

十日卜，不得生。

在寂静的午夜时分，随风飘来儿童的歌声，显得颇为哀怨。

董卓听到歌声后又叫道：“李肃！”

“属下在此。太师大人尚未睡着么？”

“你听到童谣之声了么？唱的是什么意思？”

李肃为了让董卓安心，又解释道：“属下听这童谣唱的是汉室的命运已尽，帝都长安从明日就要改朝换代。童谣无心，唱的也是吉祥之音。”

“原应如此！”

在李肃的安慰之下，董卓不再追究，于是复又躺下，鼾声大作。

若是仔细分辨，就能听出童谣中所唱的“千里草”，就是“董”字，“十日卜”则是“卓”字。其实这街头歌谣是有人在嘲笑董卓，也暗示他的命运将近。但是在李肃的巧言诡辩之下，董卓这一代奸雄竟也没有意识到其中的含义，也以为说的是汉室将尽。

一夜无话，清晨来临。

董卓一早起来便沐浴更衣，斋戒静心。他换上了更为华丽考究的盛装，仪仗队伍也更为讲究。待一切就绪后，车马动身，在清晨的薄雾中向宫门而行。路上偶遇一个道士，只见他肩扛白旗，身着青袍，在街上身影一晃便不见踪迹。

那白旗之上写着两个“口”字。

“那是何意？”董卓立刻询问李肃。

“大概是个疯道士吧。”

董卓想到，这两个“口”字叠起来就是“吕”字，不免有些担心吕布。他忽然想起吕布与貂蝉在凤仪亭密会，不免心生龃龉。

这时，前方的仪仗队伍业已抵达皇城的北掖门外。

按照禁门的规定，董卓此番将仪仗卫士都留在北掖门外。由二十名武士推着车辇，进入皇宫之中。

“怎么回事？”董卓在车里突然大叫。

他忽然发现王允和黄琬二人正手执宝剑，站在殿门两侧。

他顿时感到情况有异，立刻喝道：“李肃，李肃！此二人拔剑站立，所谓何意？”

李肃在车后大声回道：“他们二人是奉阎王之命而来，送太师上黄泉路的！”

董卓难以相信，惊道：“你说什么？”

他正欲起身而战，只听李肃一声大喝，就把他的车辇向前推去，令他站立不稳，跌坐在车中。

王允立刻大声下令：“郿坞的逆贼来啦！来人啊！冲啊！”

“冲啊！”

“杀啊！”

早已埋伏好的御林军，约有百余人立刻从各处飞奔而来。他们推翻车辇，拖出董卓。

“杀死贼首！”

“大奸之臣！”

“不得好死！”

“替天行道！”

将士们将无数刀枪剑戟统统刺向董卓，在他浑身上下乱砍一气。但是董卓一向谨慎，他贴身穿着刀枪不入的铠甲和护衣。因此尽管他已浑身染血，却尚未致命。

董卓肥大的身躯不停在地上翻滚，他大声叫道：“吕布！吕布何在！快来救义父性命！”

“吕布在此！”

吕布也应声而出，挥舞着方天画戟跳到董卓眼前，但他口中喊的是：“奉天子敕命，诛杀逆贼董卓！”

他高举画戟，对着董卓迎面便砍。

只见黑血喷射如雾，连阳光也为之黯淡。

“好啊……你！”

大戟故意砍歪，只将董卓右臂齐肩砍下。

董卓登时被血浴，他难以置信地瞪大双眼，怒视吕布，口中似乎还想要骂些什么。

吕布则一把揪起董卓衣襟，大声骂道：“此乃天谴！”

便一下刺穿他的喉咙。

禁廷内外原本气氛紧张，而董卓身亡的消息立刻传开，有人不禁高呼出声：“万岁！”

于是，从文武百官到杂役卫士，大家齐聚欢腾，山呼万岁。欢庆之声持续了半个时辰，众人皆难掩喜色。

李肃走上前去割下了董卓的首级，用剑挑高。吕布则打开王允事先交给他的诏书，立于高台之上，大声诵读：“吾等奉圣天子之诏，诛杀逆臣董卓。其余人等皆无罪赦免。”

董卓时年五十四岁。

此事当流传千古。时在汉献帝初平三年壬申[1]，四月二十二日正午。

---

① 译者注：公元192年。

当人们听到董卓已被诛杀的消息之后，从皇宫内外一直到长安市街，无处不响起震耳欲聋的呼喊之声。但是人们心中仍是战战兢兢、惴惴不安。

“董卓一死就万事大吉了么？”

“这时局政治不知要变成什么样子啊。”

吕布虽然已手刃董卓，但他也建议道：“董卓身边还有一位心腹之臣李儒，他一直助纣为虐，诡计多端。此人也一定要除掉！”

“此话有理！何人去丞相府捉拿李儒？”王允问道。

“末将愿往！”李肃自告奋勇，立刻带兵扑向丞相府。

可李肃尚未进入相府大门，就看到一群侍卫正从门里拖出一人，他不断哀号，原来正是李儒。

丞相府的下人和侍卫们七嘴八舌地说道：“兄弟们平素就恨此贼诡计多端，因此一听到董卓被杀的消息，咱们就立刻将他绑了，现在正要把他押到皇宫去。请恕我等之罪。”

李肃因此不费吹灰之力便活捉李儒，立刻将他押至禁门。

王允下令砍下李儒首级，并命令刑吏将其挂到街头示众。

王允又问：“如今那郿坞城里还住着董卓的家人亲眷，还有大军驻守其中。有何人愿意前去扫荡？”

有人应声而出，道：“我愿前往。”

原来是吕布。

既然吕布前去，大家都很放心。但王允还是派李肃、皇甫嵩率领三万人马随同吕布，一同前往郿坞。

郿坞之中由郭汜、张济、李傕等大将统领一万兵马驻守其中。

他们忽然接到飞报“董太师已于禁廷之中惨遭诛杀”。闻此消息，众人皆大惊失色。他们料到长安城中必派大军前来此地扫荡，因此慌忙之中，早早率领全部驻军逃往凉州方向。

吕布一马当先冲进郿坞中。

他毫不在意其他人等，轻车熟路地径直奔向郿坞城深处。他瞪着一双布满血丝的眼睛，四处寻找貂蝉的身影。当他来到秘园之中时，也一直大声叫道：“貂蝉！貂蝉在何处？”

貂蝉此时正默默伫立于后堂一室。吕布冲上去一把将她抱住。

“我终于成功了！我们终于可以在一起了！”说着，紧紧拥抱貂蝉，不断摇晃她的身子。

“貂蝉！你怎么不说话呢？是不是太高兴了？我终于成功了！是我亲手杀死的董卓！从今往后，我们二人终于可以毫无阻碍地在一起了！快来吧！现在兵荒马乱小心受伤。我来把你送到长安去吧。”

吕布立刻抱起貂蝉，一路跑出后堂。此时皇甫嵩和李肃已经带兵拥入城中，他们肆意烧杀抢掠，甚至对手无寸铁的奴仆随从也一律斩杀，一时哭喊哀号之声冲天。

众兵士只顾着抢掠那些金银珠宝、粮食财物。而他们在吕布眼中，只是些无知的蠢人一般。

吕布紧紧拥着貂蝉，穿过乱军，将她安置在赤兔宝马的金鞍之上，然后两人共驾，策马回到长安。

在郿坞城后园之中，除了貂蝉，还蓄养着八百余名美人佳丽。

她们难逃乱军的欺凌，宛如牡丹花被踏碎于马蹄之下，受尽侮辱，凄惨无比。

皇甫嵩并不约束部下的烧杀抢掠，而且还下了一道严命：“董卓一族，无论老幼，一律处斩！”

董卓那年已九旬老母亲从后堂踉跄而出，她跪在皇甫嵩脚边，大声求饶：“请饶了老身性命吧！”

而旁边一个士兵扑了上去，一刀砍落了她的首级。

据说，仅在短短的半日之间，被诛杀的董氏一族，男女老幼加起来竟达一千五百余人。

后来又打开了城里的十座金库，检点之下发现库中藏有黄金二十三万斤，白银八十九万斤。此外，还从其他的库房中搜刮出绫罗绸缎、珠翠珍宝无数，士兵们奉命将所有金银珠宝都堆积在郿坞城外，宛如小山一般。

王允在都城之中下令将董卓的全部财产都搬到长安，他还命令士兵打开粮仓，一半施舍给百姓，另一半则收入官仓。

郿坞城号称屯了二十年的军粮，清点之下，仅仅米粟就达八百万石。

长安的百姓闻讯，再一次沸腾了。

自从董卓丧命后，也不知是天降奇瑞还是自然的巧合，一连数日笼罩在长安城上的黑雾终于散去，狂风也停歇下来。天地之间一片晴朗，和风煦煦，人们终于可以再见到久违的阳光。

“咱们以后终于能过上好日子啦！”

人们兴奋得奔走相告。

城内外的老百姓们，无论男女都张灯结彩，饮酒作乐。大街小巷上也挤满了庆祝的人们，大家歌舞升平，兴高采烈。

“太平日子终于来啦！”

“再也不会有恶政啦！”

“从今往后，就能睡上安稳觉了！”

百姓们奔走相庆，敲锣打鼓，宛如过节一般热闹。

他们又来到董卓暴尸的街头围观，纷纷大骂道：“这就是那个逆贼董卓！”

“就是他，下了很多政令，让我们吃尽了苦头！”

“这个家伙最可恨啦！”

董卓的首级，被愤怒的百姓扔在地上当球踢。他们还在他无头尸的肚脐眼里插上蜡烛，点燃了人灯。百姓见状，无不拍手称快。

董卓生前就非常肥胖，脂肥肉厚，因此肚脐上的蜡烛竟然烧了整整一夜，直到第二天早上都未曾熄灭。

董卓之胞弟董旻以及他的侄子董璜二人也被砍下手脚，暴尸街头。

李儒是董卓的心腹之臣，一肚子坏水，平素就遭人嫉恨，因此他的死状尤为凄惨。

董卓的同僚亲信已被诛杀殆尽。这一日，王允召集百官举行庆功宴。

这时，有吏官前来报告：“有一人正在街头之上，抱着董卓的残尸大声啼哭。”

王允立刻下令将此人带来。不久士兵就从街上绑来一人，众人一见之下，发现竟是侍中蔡邕，不禁非常吃惊。

蔡邕乃是一位忠孝两全之士，又是被誉为旷世奇才的学者。只是他认贼作父，将董卓视为主公，这是他犯的最大的错误。

众人虽爱惜他的卓越才华，但王允却不肯宽恕其罪。蔡邕被打入大牢，不久便自缢身亡。像他这种平白丧命之人，更是何其之多。

满堂欢庆之时，只有一人缺席。那人正是吕布。

他向众人告假说身体不适，但实情却并非如是。

当整个长安城中一连七天七夜的庆祝狂欢，以贺逆贼董卓之死时，吕布却独自闭门不出，痛哭不止。

“貂蝉！貂蝉！”他在自家后花园，踯躅徘徊，不断呼唤。

吕布又走进小阁之中，怀抱貂蝉冰冷的尸体，喃喃自问：“你为什么要自尽啊？”

貂蝉却不能回答。

他将貂蝉亲手抱出郿坞城大火，一路护送至长安，藏于自己的府邸之中。

“貂蝉已经是我的人了！她马上就会成为我的妻子！”

吕布满心欢喜地从战场上回来，冲到小阁来会貂蝉之时，却发现自己的美梦已被打破。他难以相信，貂蝉会选择在此时自尽。

“你究竟为什么要寻短见呢？”

吕布百思不解其中的根由。

“貂蝉原本是那么钟情于我，一心只盼能成为我的妻子，为什么？”

貂蝉却无法作答。她面容安详，似乎毫无遗憾。神色安然，仿佛没有未竟之事了。甚至在她的唇角，还流露出一丝笑意。

貂蝉的身体曾被董卓百般蹂躏，不再纯洁。但如今她终于恢复了自由，没有任何害怕和委屈了。她那倾国倾城的美貌容颜，在死后也毫无凋谢，仍然栩栩如生，美丽依旧。

吕布无论怎样也想不透其中的根由。他本是一个直肠子的武人，只会这样一味苦恼。

一连几天几夜，吕布不进水米，一直守护在貂蝉的尸体之旁。

月色晦暗之中，晚春的花朵显得黯然神伤。

吕布紧紧搂住貂蝉的尸首，将脸贴在她胸前，似乎还能闻到她身上的余香。他闭目难过之中竟睡着了，午夜梦回之时，只见周遭静谧，唯见一束月光投射在貂蝉身上。

“咦？此为何物？”

他突然发现貂蝉贴身衣物中挂着一个锦囊，便将其解下，打开一看，里面装的是貂蝉一直随身携带的护身符，散发出缕缕麝香。此外，还有一枚叠得小小的桃花笺。

打开桃花笺，只见上书几行小诗，字迹清秀，应该是貂蝉的笔迹。吕布虽很少接触诗词歌赋，但通读几遍之后，还是能体会其中深意。

自古红颜多柔弱，奴自抛镜执宝剑。

壮志自在剑中生，独自拼死入荆棘。

父恩深重无以报，斗胆献身为社稷。

翩跹舞蹈丝竹声，怀抱匕首迎暴君。

遂将毒酒饮入口，终尽此盏赴黄泉。

将死之人犹闻得，和平之声满长安。

梵音动听天堂传，从此人间不相闻。

“啊！竟然如此！”

吕布读罢此诗，才终于明白了貂蝉的真正想法。

他猛然起身，抱起貂蝉的尸体冲了出去。他毫不犹豫地将她的尸首抛入后园古井之中，立誓从此断念，再不在意这个女子。而且吕布从此改变了想法，他认为只要能掌握天下大权，像貂蝉这等美女总是有的。

# 第十八章
# 大权轮转

从郿坞城败逃而来的残兵败将，大批拥入西凉（今甘肃，兰州）。

董卓的旧臣中李傕、张济、郭汜和樊稠这四员大将，联名派遣使者赴长安以示归顺之意，请求："伏降祈赦。"

王允却一口回绝："绝不饶恕！"

他将使者赶回，并于当日发出讨伐西凉的命令。

躲在西凉的败兵大为恐慌。

这时，素有谋士之名的贾诩向四员大将建议道："此时我们决不能有所动摇，必须团结一心，对付朝廷。倘若现在我军之中人心背离，几位将军各自为战，那么寻常的地方捕快都能将我们拿下。因此我们现在唯有团结，共同抗敌，并且召集此地百姓加入我军，共同举兵杀回长安。如果顺利的话，我们此举还可以为董太师报仇，将朝廷易主，由我们接管。倘若不行，那再做打算也为时不迟。"

"言之有理！"

四员大将点头同意。

于是，他们在西凉一带散布谣言，制造恐慌。谣言道："王允从长安派来大军，誓把西凉一带斩尽杀绝，连老百姓们也难逃活命。"

趁西凉百姓人心惶惶之际，四员大将带头煽动道："老乡们！你们不能在此坐以待毙，请加入我军，咱们一同上阵杀敌吧！"

于是百姓们纷纷前来投军，原本从郿坞逃来的不到一万败军，居然一举壮大，号称有十四万之众。

这十四万大军一举推进，向长安进军。途中，又遇到董卓的女婿，中郎将牛辅，率五千残兵前来加入。于是队伍愈发声势浩大，气势高昂。

但是，当这西凉大军与朝廷王师形成对峙之时，四员大将又登时泄气，叹道："绝难取胜！"

因为他们对阵的，乃是鼎鼎威名的大将吕布。

"谁都打不过吕布啊！"

他们尚未交锋，便早已输了阵势，只得狼狈地退兵而去。

但是谋士贾诩建议，既然如此不妨夜袭。于是西凉之兵趁夜色出击，折而复返，突袭了王师大营。

出乎意料的是，王师大营实力不济。原来驻守营中的并非吕布，而是李肃。即那位伪装成敕使，前往郿坞城诓骗董卓的将官。

由于李肃的无能，导致王师大营中兵马折损大半，一路败逃了三十里，狼狈不堪。

镇守后营的吕布闻讯大发雷霆："岂有此理！首战即败，长了地方的威风，挫了我军的锐气，其罪当斩！"

吕布立刻下令，将李肃以军法处斩。

他还下令将李肃的首级高悬于军门，然后亲自率军与西凉之军交战，此战速胜，牛辅之军溃不成军。

牛辅慌忙撤退，他吓得脸色惨白，便与心腹之臣胡赤儿偷偷商量道："有吕布在，我等绝无胜算。不如咱们抢些金银就逃命去吧。"

"正合我意！咱们趁早动手吧。"

于是，牛辅只带了四五个随从，趁着黎明天色未亮之时，私自出逃。

所谓上梁不正下梁歪。胡赤儿趁一行人渡河之际，突然动手，从背后砍死牛辅。然后带着他的首级，跑到吕布寨中投降。

"此为牛辅首级，但求收降。"

可是，早已有人向吕布告发胡赤儿乃是嫌分赃不均才砍杀牛辅。

因此吕布见他便怒道："只凭牛辅首级尚不足矣。把你的脑袋也留下吧！"

吕布不顾胡赤儿投诚有功，二话不说砍下他的首级。

牛辅遇害的消息很快传开了，而且胡赤儿虽杀死牛辅投诚，但也被吕布斩首。

"既然打也是死，降也是死，咱们唯有拼了一条性命决一死战！"

四员大将决心已定，唯有拼死一战。

四将之一的李傕建议道："若与吕布正面冲突，恐怕绝无胜算。"

李傕看出吕布徒有骁勇之能，却无谋略之才，于是诈败撤退，将吕布大军诱至山谷之中，又故意拖延时间，令其陷入进退维谷的困境。

而趁吕布自顾不暇之际，张济和樊稠二员大将早已绕道而行，迂回攻向长安。

"长安危急。请速撤兵回防！"王允一连下了几道急令而来，但吕布却深陷困境，自身难保。

每当吕布欲突围冲出山峡隘地之时，李傕和郭汜的军队就会从附近的沼泽、山峰和溪谷等地，出其不意地攻出来，一路埋伏，一路游击，阻击吕布之军。

吕布无奈被陷入各处的游击之战，不堪骚扰，延误战机，难以及时折回增援长安。

而另一方面，张济和樊稠之军已经逼近都城长安，而且越战越勇，势力也越发壮大起来。

“为董太师报仇雪恨！”

“我们要侍奉朝廷！”

西凉之军以决堤之势，逼近城下。

长安百姓原想，长安城向来号称是铜墙铁壁，易守难攻，即使西凉大军攻来，也会无功而返。但没想到，这长安城里还潜伏着不少董卓的残党。他们见大军攻来，认为此为良机，于是从城里将各处城门大大敞开，让西凉大军一路进城，畅通无阻。

“天助我也！”

西凉军队见状无不欢呼雀跃，他们蜂拥城内，势不可当。

这些军队多由杂兵乱民组成，原本就无纪律。一旦进入长安城的大街小巷，立刻露出贪得无厌的本来面目，烧杀抢掠，无恶不作。

而长安百姓昨日还在歌舞升平、饮酒狂欢地庆贺董卓之死，今日就被暴军所迫，四散奔逃，家财被抢，妻女受辱，凄惨无比。

在政权的纷争之下，每次遭殃的都是百姓！

长安城中被暴兵纵火焚烧，冲天的黑烟遮蔽了日月光芒，使得大地之上阴沉晦暗，百鬼横行，民不聊生。

吕布得到快报，长安危急，终于放弃与敌军游击队伍的不休缠斗，日夜兼程赶回长安。

他赶到城外数十里处之时，只见长安的天空已被火光染红。那冲天的火焰黑烟预示着，城中敌军早已占得先机。

“大事不好！”吕布扼腕长叹。他远眺那一片火光冲天的景象，一时茫然若失，无可奈何！此时即使像吕布这样天下无敌的大英雄，也无力回天，束手无策了。

“如今我也走投无路，不如去投奔袁术，以图后计。”

吕布心灰意冷，于是解散大军，只留百余骑随从。他临时改道，不再前往长安，而趁夜色悄悄逃走了。

吕布失去了心爱的女人貂蝉，现在又失去了争霸天下之所，这位英雄豪杰的身影也显得落魄寂寥，没了往日的凛凛风姿了。

可惜吕布这员骁勇善战的好汉！但他有勇无谋，又德行不足，因此落得如此下场。不知命运又将把这位稀世勇将送往何处呢？

长安市街之上的骚乱之声隆隆震天。

骇人的哀号哭喊由远及近，无论黑夜白天都无比清晰，一直传到皇宫深处。

而在深宫大内之中，献帝坐在龙椅上，面色苍白。

他仿佛已经看到长安街头的凄惨之景，火势狂飙，如鬼魅横行。

“皇宫危急！”侍从频频来报。

而没过多久，又有侍臣慌慌张张地跑过来禀报：“西凉军队已如潮水一般攻到禁门之外了！”

献帝早就明白，暴军攻入长安市街是第一步，接下来就是皇宫了。他闻讯之后闭上眼睛，只是点头，回道：“嗯，下去吧。”

此时人心惶惶，朝臣百官人人自危，不知如何是好。

这时，有一个侍臣斗胆奏请献帝道：“这伙儿暴军也知道天子威仪。若陛下肯登上宣平门城楼，亲自与暴军对话，应该可以暂平暴乱。”

献帝应允，于是移步宣平门。而那些在禁门之外暴虐血战的西凉之军，也突然发现天子华盖遥遥现于禁门城楼之上。

“皇上来了！”

“天子出来见我们了！”

于是暴兵们纷纷向城楼之下拥过去。

李傕、郭汜二将连忙制止手下：“都老实点！不许造次！”

他们努力将激动的暴兵先安抚下来，自己也来到宣平门下。

献帝从门楼上大声责问：“尔等不经朕的允准，为何擅自闯入长安？”

李傕指天，高声叫道：“皇帝陛下！董太师原为陛下股肱，社稷重臣。然而他却遭王允一伙的无故迫害，谋杀致死，暴尸街头，受尽侮辱。我等曾受董太师恩泽，此番前来只为替太师大人讨还公道，并非谋反。如陛下能交出王允，不再庇护于他，我等必当立即从禁门撤兵！”

暴兵全军也纷纷呐喊响应，一时喊声震天。他们欲威逼朝廷，看献帝究竟如何处置。一时之间，形势紧张。

献帝向身侧看了一眼。

司徒王允正侍立在皇帝身侧，他的面孔苍白，牙关紧咬，怒视城下大军。当他发觉献帝正注视着自己时，突然跃起，大喝一声："王允一命，有何足兮！"

他纵身一跃，跳下城楼，将自己跌落至暴兵的戟枪之上。

"哎！那就是王允！"

"他就是罪魁祸首！"

"替董太师报仇！"

刀枪剑戟统统刺过来，王允的尸首立时被碎尸万段。

然而这些残暴的乱军仍不满足。他们不肯退兵，仍然聚集在城门之外商量其他无理要求，甚至有人提议不如趁此机会，一举弑杀天子，以成大业。

"如此不可！如果我们今日擅自弑杀天子，只恐难服民心。倒不如我们慢慢削弱天子势力，再行打算，才为明智之举。"

樊稠和张济等人的意见得到众人的认同，暴兵的情绪逐渐稳定下来，但他们仍堆在城下不肯退兵。

献帝见状，又在城门之上颁下口谕："还不从速撤兵！"

而城墙之外的暴兵们却纷纷开口，讨要官职："不行！我们是王室有功之臣，还等着分封赏赐呢！"

这些暴兵都拥在宫门之外，讨要官职。虽然献帝认为他们举止恶劣，但却无可奈何，只得无奈应允。

于是，封李傕为车骑将军，郭汜为后将军，樊稠为右将军，张济也被封为骠骑将军。

一时之间，这群匹夫之辈平步青云，竟与朝廷重臣平起平坐，位列朝堂。而好不容易才诛杀了董卓，从他手中夺回的军政大权，现如今又落入这四人手中。

而这些一夜登天的暴徒却处处猜疑，生怕有一天自己的官职又一夜之间被夺去。于是他们又在献帝身边安插了众多心腹密探，阳奉阴违。如此的朝廷政体，又怎能让人民安居乐业，长治久安。

果然，就在不久之后，西凉太守马腾和并州刺史韩遂二人以"讨伐朝堂之贼"为名，集结了十余万大军攻向长安。

李傕等四位董卓旧臣赶紧和谋士贾诩共同商议对策。而贾诩此番的意见是利用长安城固若金汤、易守难攻的特点，以守为攻。

他们下令加强了长安的守备力量，巩固了城墙，垒垒挖沟。除此以外，下令军队无论进攻队伍如何挑衅，都紧闭城门，只守不攻。

如此一来，拥在城门以外的西凉和并州大军竟难以攻下长安城。连续作战百日之后却毫无建树，这让大军中的士气消沉。另一方面，军粮供给不足，将士们的士气更是低落到了谷底。当雨季来临之后，瘟疫流行，军中病患大增。

而一直固守城池的长安守军，则趁此机会一举攻出四座城门，冲杀敌军。西凉军一战即败，不得不仓皇撤退，四散奔逃。

在逃亡途中，并州韩遂被右将军樊稠紧紧追赶，命悬一线。

韩遂在危急之下，只得求饶，希望樊稠念在旧日情谊，饶他一命："樊稠啊樊稠！你与我乃是同乡，何苦苦苦相逼？"

"少说废话！樊某乃是为国而战，上了战场怎能还论私人情谊！"

"原应如此，但我此番率兵而来也是为国而战！你若同样是忧国忧民之士，一定会理解我的行为。我韩遂死不足惜，但请放我军将士一条活路。"

樊稠最终还是放了他一马，不再穷追不舍，班师回城。

第二天，长安城内举行宴会庆祝胜利。正在杯盏交错之际，李傕悄然绕到樊稠背后，断喝一声："我宰了你这背信弃义的叛徒！"

他当即手起刀落，就砍下了樊稠的首级。

被封为骠骑将军的董卓旧臣张济一见之下，惊慌得跌落在地。李傕将他扶起后解释道："张将军莫慌！我斩樊稠乃是因为他昨日在战场之上卖国通敌。他手下留情，故意放走韩遂，实不可恕。"

告发樊稠的人正是李傕的侄子，名叫李别。他于席间大声向众人讲述了昨日樊稠在战场之上的言行，以及所犯之罪。

听李别言罢，李傕又拍了拍张济的肩膀，说道："如他所述，樊稠罪无可赦，因此我不得不将他除去。张将军乃是我的心腹之臣，忠心不二，我自然会将你重用的！"

于是樊稠的军权和人马全部移交到张济手中。

# 第十九章
# 秋雨时节

各地的闲散学者和流浪武人，最近都对曹操颇有好评：“听说近来兖州曹操频频招贤募士，对有能之士都给予优待。”

这个说法经众人的口口相传，激发了很多文人武将的兴趣，大家都萌生出去兖州（今山东省西南部）投奔曹操的念头。

虽然从去年起，帝都长安被各路军阀率兵围攻，动荡不堪，但山东一带还是相对稳定。

“听说当今的朝廷被李傕和郭汜等人控制了，他们手握军政大权。”

“前去讨伐的西凉之军也被他们打败，一时难以作为，恐难东山再起啦。”

“那个李傕如今在朝野之中也是一手遮天。看来死了一个董卓，来了一个李傕，并无好转啊。”

国家之大，民众关心其政局变动，时常会谈论起长安的种种局势。

这时在青州一带（今山东省，济南以东），又有黄巾余党兴风作浪。正所谓朝堂一乱，则天下动乱。这帮草贼见到长安动荡，就想趁机起事。

于是朝廷下令曹操，讨伐黄巾之贼。

而对于曹操来说，他并不愿听从这帮朝廷新臣的指挥，也不愿与他们同流合污。但是既然朝廷下令，他便不得不从。

另外，曹操希望利用此次机会操练兵马，并借讨贼之名壮大势力，以谋有所发展。于是他接受了命令，前去讨贼。

他率兖州之军一举扫荡了青州黄贼。朝廷为嘉奖其功，于是封曹操为“镇东将军”。

但是，曹操并不看重这个封号，因为他通过讨贼之行，谋取到了更大的利益。

经过近百日的交战，曹操获得三十万降军。他同时又挑出众多壮丁，使自己的队伍达到百万之众。而且他所处的山东乃农业大省，济北济南更是土地肥沃，因此军粮军资充足，他丝毫不用为此发愁。

时为初平三年[①]十一月。

见曹操的势力日益强盛，不断有各路贤才勇士前来投奔，而荀彧就是此时来投靠曹操的。

曹操一见此人，便赞许道："你就是我的张良！"

荀彧当时年仅二十九岁，他和侄子荀攸一同来投。荀攸也因其兵学之才而得以重用，被任为行军教授。另外，还有从山中招来的程昱，以及之前隐居山野的大贤人郭嘉等，皆被曹操奉为上宾，加以重用。一时之间曹操身边人才济济，众贤人志士齐聚一堂。

特别值得一提的是陈留的典韦，他率领手下数百名武人来投靠曹操。此人身高近一丈，眼若明镜，双手各持重八十斤的铁戟。他还夸口说自己杀人如同薅草一般。

"这未免难以令人相信啊！"

见曹操面露怀疑，典韦立刻试炼一番。

"如若不信，请您亲眼见证便是！"

典韦立刻纵身上马，要展现武功。这时恰巧一阵狂风大作，连营中央的曹字大旗都被刮歪。有数十名兵卒连忙前去撑旗杆，但旗杆架不住风力之强，摇摇欲坠。正在众人骚然之时，典韦大喝一声："全部闪开！"

他跑上前去，只以一只手便握住旗杆。而之前十几个人都扶不住的旗杆，在他的一只手下却稳如泰山，任凭风势再强，也难以撼动旗杆。而典韦却仅仅用了一只手就做到了。

"真了不起！真不逊于古时名将恶来！"

曹操见状，也忍不住惊叹不已。他立刻将典韦纳入麾下，并赠以白金襕战袍和名马。

恶来乃是古殷纣王的属下大将，以力大无穷而闻名。由于曹操的赞美，从此之后人人称典韦为恶来。

有一天，曹操忽然生思乡之情。他暗道："虽然我已小有名气，功成名就，但却未曾对父亲尽过孝道，实在遗憾。"

那时，曹操的老父亲已不住在故乡陈留了，听说是隐居在一个叫琅琊的地方。

曹操既然已在山东安身立命，颇有根基，就想接父亲到身边，以便照顾。

"请将我的父亲接来此处。"

---

① 译者注：公元192年。

于是他派泰山太守应劭为使，前往琅琊。

当曹父曹嵩见到派来的欢迎队伍时，一时欣喜若狂，仿佛是在做梦。他连忙向邻人夸耀儿子：“你们都来看看啊！”

他对儿子赞不绝口，颇为得意：“想当年我儿曹操年幼，他的叔父总嫌他品行不端，前途无望，还说他是个不良少年。可我一直看好他，相信他，认为他自有好处。你们看！我果然没错啊！”

曹嵩一家男女老幼共有四十余口，还有百名左右的佣人。他们将全部身家财产装车，差不多装了有百余辆车。一行人浩浩荡荡向兖州进发。

时值仲秋，霜叶红于二月花，他们一行宛如在画中而行，颇有南画《枫林停车》的意境。曹嵩欣喜之余，也时常命车停在枫林红叶之侧，欣赏一番美景，感叹一番命运。

“我今天又对着红叶赋诗一首。等见到了我儿曹操，一定要让他品味品味。”

车队在经过徐州时，徐州太守陶谦亲自来到郡界迎接，殷勤邀请道：“请老人家今晚留宿城中，稍事歇息吧。”

陶谦将曹嵩一行迎进徐州城，奉为上宾，一连两日热情款待。

“陶大人尊为一州太守，却如此厚待老夫。皆因我儿曹操文韬武略，受人尊敬。我能有如此福分，皆因有这么个出息的孩子啊！”

曹嵩心中骄傲，每日也是不住炫耀儿子。

其实这位徐州太守陶谦素来仰慕曹操，却一直无缘结交。他此番听说曹操派人请老父亲举家迁往兖州，正巧路过此地，认为此乃良机。于是陶谦亲自出迎，并邀请曹父一行宿于城中，又倾力招待，以图增加亲近。

“看来这陶谦人很不错啊！”

曹操的老父亲经过一番接触，对陶谦颇为看好。这陶谦乃是一名温厚君子，天下皆知。

第三天一早，曹嵩再三表示感谢后，离开徐州。临行前，陶谦特意安排部下张闿率五百兵马护送。

“沿途好生护送，切莫有失！”

车马一行来到华费山中之时，天气突变，一时阴云密布。随着一道闪电划破天际，竟然下起瓢泼大雨。风卷树叶，浓雾乍起，天地之间昏沉一片，煞是恐怖。

“赶快找个地方躲躲雨吧！”

“前面好像有座庙，不如到那避一避。”

“快去庙里避雨！”

于是这一行车马赶紧冒雨前行，跑进庙中避雨。

不久便天黑了，于是张闿命令兵卒道：“你去告诉庙里的和尚，我们今天就留宿这里，让他们把大殿借给咱们住下。”

这个张闿貌似平时并不受部下爱戴。如今五百兵士都被大雨浇成了落汤鸡，显得愤愤不平。

秋雨阴冷萧条，一直下到半夜。

张闿睡在冰凉的过道之中，辗转难眠，他把带兵的小队长叫到无人处，窃窃私语道：“我怎么发现士兵们都情绪不高，面露不满呢。”

“张大人啊，您还不知道么？咱们军饷也不多，平日里又没什么肥差。如今要护送这个老头儿到兖州，一路辛苦不说，也没什么功劳。摊上这么个破差事，哪个人高兴啊？”

小队长说的是老实话，本以为张闿可能要训责，没想到他反而煽动大家说：“你们说的也有道理啊！本来咱们都是黄巾一族，吃香的喝辣的，日子过得自在。但无奈遭到陶谦的讨伐，才归顺当了官兵。如今咱们饷钱又少，日子又难过，难怪兄弟们会抱怨啊。要不咱们干脆不干了！再绑上黄巾，回去过自在日子去多好。”

“张大人，您说得挺好，可是咱们现在又有什么办法？”

“其实也不难，只要咱们兜里有银子，去哪都不怕。我看咱们护送的这个老头儿就挺趁钱的，他带了一百多车家财呢。要不咱们把他的金银都抢走，回去自立山寨去！”

此时，曹嵩正搂着肥硕的爱妾在一处房间呼呼大睡，根本不知道自己已经被贼人惦记上了。

待到夜半三更时分，忽然在寺庙周围响起无数呐喊之声。

“出什么事了？”曹操的弟弟曹德就睡在父亲隔壁，他听到声音后立刻跑到廊下，却被张闿一剑斩杀。

“啊！”一时庙中悲呼之声无数。

“了不得啦！出人命啦！”曹嵩的爱妾也尖声叫道，她原想爬过围墙逃命，但身子太胖跌落下来，被张闿的手下乱枪刺死。

原本负责守卫的官兵，摇身一变成了打家劫舍的匪徒，对曹嵩一家痛下毒手。

曹嵩偷偷躲进茅厕，也被一把揪出来，乱刀捅死。曹家男女老幼，连同侍从佣人共计百余口，都被赶尽杀绝，惨遭灭门。

被曹操派来迎接曹家亲眷的使者应劭，闻讯大惊，被数名随从保护，匆忙逃出生天。但他怕曹操迁怒，不敢回兖州，只好改道投奔袁绍去了。

如此凄惨的一夜终于过去了。

秋雨依旧阴冷，而山庙已被烈火烧尽。张闿率领众人，将曹家那一百余车的家财统统卷走，落荒而逃。

曹操在兖州得到噩耗之后，怒不可遏："徐州陶谦竟敢害我父亲和全家！我曹某与你势不两立！不共戴天！"

他恨陶谦恨得睚眦俱裂，疯狂地要向陶谦寻仇报怨。

他早已忘记，多年以前，他曾因一时猜忌而斩杀吕伯奢一家。而事到如今，天道轮回，他也惨遭灭门之灾，曹操却怒不可遏，尤其当听闻父亲惨死之时，忍不住痛哭不止。

"立刻出兵！讨伐徐州！"曹操命令大军即刻出发，杀向徐州。队伍高举着大旗，上书四个大字"报仇雪恨"！

正当曹操欲替父报仇，举兵讨伐徐州的消息传开之时，有人来到大营门外，求见曹操。他说："请务必通禀一声，在下求见！"

来人名叫陈宫。

陈宫曾在曹操刺杀董卓未遂，从洛阳出逃的途中将其解救。两人也曾推心置腹，共盟未来。但他在与曹操一路同行时，特别是曹操因一时怀疑杀害吕伯奢全家，又说出"宁教我负天下人，休教天下人负我"的言论之后，识破他的本来面目。陈宫认为："此人绝非端正守法，忧国忧民的真英雄，而是欺世盗名，只图私利的大奸雄。"

他与曹操道不同，便独自离去，不知踪迹。说起来也算是曹操旧识。

"陈兄现在哪里高就？"

听曹操问话，陈宫有些尴尬地答道："哪里哪里，不过在东郡谋个差事而已。"

曹操闻言，面露一丝促狭的笑容。他其实早就明了陈宫的来意了。

"这么说的话，陈兄一定与徐州陶谦交往密切吧。此番前来，恐怕是为他来求情的。陈兄，我可以对你明讲，如今任何人说任何话，都难消我心头之恨。你也大可不必多费唇舌，在此盘桓一阵便回去吧。"

"曹兄果然精明。我此番前来确是因为陶谦。他乃是一位世间罕见的仁人君子。而令尊遭此劫难，实际罪不在陶谦，而是黄巾旧党张闿所为。陈某不愿见陶谦无辜受难，因此前来说和。希望曹兄三思，此番举兵恐损将军声望啊。"

“休得胡言！”曹操收起了刚才的微笑，高声叱道，“曹某此番举兵，乃是为父兄报仇雪恨，又岂会损我声望！想当初，我身处逆境之时，你却弃我而去，如今又有什么资格来教训于我？”

陈宫被曹操一番抢白之后觉得没脸，只得告辞。此番游说不成，他也不好向陶谦复命，只得径自投靠陈留太守张邈去了。

于是，曹操一路直下，高举“报仇雪恨”的大旗，直奔徐州城。誓将陶谦挖胆啖肉，让他永世不得超生。

这支军队狂暴无比，甚至任意掘开百姓坟墓，无情斩杀疑似通敌之人，搞得人心惶惶，无不忌惮。

徐州太守陶谦召集诸将：“曹军威势难挡，我们取胜无望。陶谦无德，遭曹操怨恨，不若我自缚去降，献上老夫一颗项上人头，以求换徐州百姓太平，士兵活命。”

但诸将皆大声反对：“万万不可！我等怎能见太守大人牺牲自己，只保自己活命！”

众将集思广益，最终决定紧急派遣使者赶赴北海（今山东省寿光市），向孔融求援。孔融正是孔子第二十代孙，泰山都尉孔宙之子。

而此时黄巾残党又有抬头，四处闹事。北平公孙瓒也在讨伐黄贼。而正在他旗下的刘备听说徐州兵变，打算前去增援陶谦。刘备此举完全处于公义，他认为陶谦素有仁人君子之美名，因此向公孙瓒提出了自己的想法。

公孙瓒却反对刘备前去搭救，他说：“此事不如作罢？你既与曹操无怨无仇，亦与陶谦无恩无德。何苦为之？”

但刘备认为，当今世道公理渐废，此时举义抗曹，正能彰显义字。于是他执意前去，同时借来公孙瓒麾下的赵云同往。他们共率五千人马，突破曹操的包围，进入了徐州城。

徐州太守陶谦迎接刘备时，执手落泪：“陶某竟不自知，当今之世，竟有刘公这般大义之人！”

# 第二十章
# 死里逃生

徐州官兵气势大振。

他们原本孤立无援，与曹军苦战无望。如今却有刘备来主动增援，岂不欢欣鼓舞，高声庆贺。

老太守陶谦也欣喜若狂，他激动得声音也颤抖了，说道："请刘公听那欢庆之声，皆是因你所致啊！"

他将刘备让到上位就座，并解下太守之佩印递给他："请刘公接受此印。从今日起，就由你来代为管理徐州吧。"

刘备大惊之下赶忙推辞，说道："老太守，这可使不得！"

"请刘公万勿推辞。老夫听说你乃大汉宗室之后，有皇族血脉。在这天下动乱之时，只有你能平复纷争，恢复朝纲，匡扶社稷，最终君临于万民之上。而老夫年事已高，已如残烛之末。不应贪恋这太守之职，而应让贤于人，否则只能阻碍时代之发展。老夫本已打算让贤，而刘公恰为最合适的人选，能让我安心托付。请体谅老夫的情谊，欣然接受为盼。"

陶谦言辞真挚，诚意深厚。他确如传闻所言，是大公无私的一州太守，忧世爱民的仁人君子。

但刘备却依旧推辞："我此番前来增援，乃是出于公义。刘某虽年轻力壮，却无太守大人的威望和德行。我威浅德轻，难以服众，更难以担当太守之职，否则将是人民不幸，动乱之本。"

无论陶谦如何劝说，刘备却坚决不肯接受太守之印。

关羽和张飞一直侍立于刘备身后，他们两人对视一眼，心中暗忖："我家大哥太过客气，又固守理义，毫不似现在之人。其实欣然应允也就罢了。"

太守陶谦一再谦让，而刘备又一再推辞，两人一时僵持不下。于是家臣糜竺在一旁调和道："此时大敌当前，让贤之事容日后再议如何？"

"如此也好！"

两人点头，立刻召开会议，商量对策。他们决定先礼后兵，由刘备遣使，将劝解双方休战的文书送予曹操。

曹操读罢刘备的文书，怒道："他竟教训我先不顾私仇，解救国难！想我曹操胸怀大志，岂能凭他一封信就退兵！"

他将文书撕个粉碎，同时下令："把来使砍了！"

正当此时，从曹操的根据地兖州，频来快马报讯："大事不好！吕布竟趁将军出兵徐州之际，攻入兖州。"

吕布为何要趁曹操出征之际，攻入兖州呢？

说到底，他也是个落魄出逃之人。

因当今的朝廷由李傕和郭汜一伙一手掌握，吕布不得不逃离长安。他一开始曾投靠袁术之处，后来又辗转各地，最后又投靠到陈留张邈，暂居此处。

有一日，他从马厩中牵出赤兔宝马，正欲出城游玩，却遇到一人在一旁讽刺道："看来这天下名马，竟也不过如此，肥而无用！"

——此人说的什么怪话！

吕布一脸疑惑地盯着说话人。

说话之人，便是陈宫。

陈宫此前曾受陶谦之托，去游说曹操停战息兵，但却遭到拒绝，无功而返。他无颜回徐州去见陶谦，便来投奔陈留张邈。

"何为马肥无用？你这话是什么意思？"吕布一脸不悦。

"非也！我只是替将军惋惜啊。"陈宫立刻改口，态度也为之一正。

"赤兔宝马乃天下良驹，吕布将军更是妇孺皆知的盖世豪杰。只可惜如今天下分崩、群雄竞立之时，却寄人篱下，空度日月，岂不让人为之一叹！"

"你究竟是何人？"

"我叫陈宫，不过是个无名之辈罢了。"

"陈宫？你莫不是那个中牟县令，曾在曹操落难之时，为助他而弃官出走的陈宫？"

"正是在下。"

"久仰大名！只不过你方才所说之话，究竟何意？吕布猜不透哑谜。"

"敢问吕将军，你真的打算终其一生只做个手牵名马、四处游历的食客吗？"

"并非如此！我吕某志在天下，只是现在时机不对而已。"

"时机正在眼前！如今，曹操正在出征攻打徐州，而他的根据地兖州却后防空虚。

若将军此时能突发奇袭，便可轻而易举获得兖州。那曹操的根据地不就尽归入将军囊中么？”

吕布闻言，不禁心动。

“此话有理！听君一席话，如醍醐灌顶。我也不应再闲散懒惰，而应有所作为才是！”

于是，兖州兵乱。吕布乘虚而入，不仅占领了曹操的老巢，还乘势突击到濮阳（今河南省，濮阳）一带。

“我竟失策！”曹操恨得咬紧嘴唇。

后悔为时已晚。他现在身处徐州城外，正待进军，却收到根据地陷落的消息，一时进退维谷，有些不知所措。

但曹操本就有奇才，他脑筋灵活，又器量过人。他经过一番思量，马上就找出问题的症结，立刻下了决定，不再慌张。

“那个刘备的使者还未处斩吧？万万不能斩！快把他带回来！”

曹操一改刚才的冷脸，对刘备的使者说道：“我经过一番思量，觉得刘备的休战建议颇得我心。我愿接受此策，退兵而去。请来使回去转达吧。”

他还亲自护送使者出城，同时下令撤兵。于是这报仇雪恨的大军就如潮水一般，迅速涌来，又迅速地退去了。

刘备一封书信便可退兵！虽是机缘巧合，但徐州将士无不欢欣鼓舞。老太守陶谦也再三道谢，并又逼刘备务必要接受太守之印，他说道：“刘公此次万勿推辞，一定要接受徐州太守之印！我的儿子过于优柔，不能当其重任啊！”

然而刘备却仍不肯接受。他向陶谦要了城外一个叫小沛的村子，在此练兵，并守护徐州。

曹操快马加鞭，率领大军撤回兖州。

曹操的特点是，越是面临困境，就会越发意志坚定，越发斗志昂扬。

“吕布算老几啊！”

曹操觉得自己气势如虹。他摩拳擦掌，迫不及待地回到兖州，而且认为不消几日便能夺回。

他兵分两路，一方面让旗下的曹仁包围兖州，另一方面自己则率兵攻向濮阳。因为他断定，吕布既然已经占领濮阳，一定会留在城中。

临近濮阳城下之时，他下令全军将士们：“原地休息！”

一路飞奔而来，兵马也有些疲倦了。因此在大战之前先让大家喘口气。直到夕阳西下，他仍未下令进攻。

他忽然想起此前曹仁提醒他的话。

“吕布武功高强，骁勇善战，无人能敌。而且他最近又得陈宫追随参谋，旗下有文远、宣高、郝萌等几员猛将。要对付他一定要万般小心，否则恐难取胜，反而会损及自身。”

曹操在心中不断思索这几句话，但并未感到特别恐怖。他认为吕布乃是有勇无谋之人，而所谓的谋士陈宫，更不过是个落魄之人。况且陈宫曾经背叛自己，私下出逃。这种卑鄙小人这次应该受到惩罚。

另一方面。吕布得知曹操来袭，便立刻翻越泰山，一路克服艰难险阻，从藤县返回濮阳应战。在他心目中也认为：“曹操算个什么东西！”

他还拒绝了陈宫的建议，不带大军对敌，而只率五百余骑人马与曹操对峙，意气风发。

曹操纵观战局，断定：“吕布的西寨防备不足！”

于是他率领李典、曹洪、于禁和典韦等人，趁着夜色翻越山路，发动突袭。

吕布当日在野战之中将曹军一举打败，正骄傲自满之时，陈宫及时提醒道：“将军的西寨恐怕有危！”

吕布则毫不在意，倒头便睡。

曹军奇袭成功，一举攻入濮阳城内。西寨很快落入敌手，换上了曹军的大旗。

吕布这才如梦初醒，但他也夸下海口道：“待我单枪匹马就能将营寨夺回来。我们绝不能让一个敌人活着回去！”

在吕布镇定的指挥之下，军队很快恢复了秩序，又擂起战鼓，向敌军包围过来。

而曹操率领的这支奇袭部队人数不多，而且翻山越岭而来对地形也不熟悉。他们占领了吕布的西寨，在大军的包围之下反而自困其中。

经过一夜的混战，天色逐渐泛白。曹操环顾身边，发现带来的将士几乎已经死伤殆尽，自知身陷绝地，不由得暗叫一声：“大事不妙！”

他顾不得别的，打马便逃。

他刚欲向南而逃，可南面的原野之上布满敌兵；他又欲往东而逃，但东面的密林里也满是敌兵。

“这可如何是好！”

他勒住坐骑，左右分辨方向，发现一时竟无路可逃。无奈之下，只得顺着昨夜翻越的崇山峻岭飞奔而去。

“快看！曹操向那边逃跑啦！”

吕布的军队紧随其后，而吕布也正在其中。

一路逃奔，但曹操还是在城中一个十字路口转了向。他只得不断鞭打战马，仿佛要将鞭子打断。这时，前方又出现一伙敌军，耳畔听得“梆梆梆梆”的传令之声。刹那之间，乱箭飞来，全都瞄准曹操，一时难以躲避。

“吾命休矣！谁来救我！”

曹操绝望地哀鸣，只得不断挡开疾射而来的箭。

“嗷——”

这时，不知何人发出的一声吠叫。

只见一人飞奔而来，他左右两手各提一把八十斤重的大戟，劈开敌军，杀出一条血路。他身上的铠甲和胯下的战马身上都浴满鲜血，宛如一团火焰一般冲将过来。

“主公！主公！请快快下马，卧倒在地，躲避敌箭！”

来人越跑越近，待靠近四面受敌的曹操之时，他大叫提醒。

原来来人正是曹操新近招入麾下的“恶来”典韦是也！

“哦！是恶来救我！”

曹操二话不说，跳下马来，趴在地上躲避箭雨。

恶来也跟着下马，他一边将两支八十斤重的大戟舞得虎虎生风，宛如风车一般挡开箭矢，一边大踏步走向敌军，大声叫骂：“就凭你们这帮人，还想射中我吗！”

“大胆狂徒！纳命来！”

一支五十骑的人马立刻冲了出来，杀向恶来。

哪知恶来异常骁勇，他根本不将这五十骑放在眼里。抡起大戟就将敌军砍于马下，血肉横飞。他又夺来敌军的十支短剑，把已经砍豁齿的大戟掷向敌军，然后转身对曹操说道：“敌军被我打跑了，主公，我们赶快逃跑才是！”

他扶曹操上马，之后自己徒步而行，牵着曹操的马辔飞奔，后面又紧跟几名随从。

但敌军的箭雨不断向他们主仆袭来。恶来拉紧头盔，藏好颈项就向前冲去。当看到又有一队敌军赶来增援时，他大声喊道。

“兄弟们！都打起精神来！”

然后对随从下令：“咱们不要减速，一直往前冲。若是敌军追到离我十步远时，就告诉我！”

于是恶来以头盔护住头颈，在箭雨之中安然不动，宛如一只睡鸭。

“十步了！”随从大喝道。

“好嘞！”

恶来短剑出手，头也不回地向后掷出。

一名追赶的敌军应声中剑，栽下马鞍。

“又十步啦！”随从又喊。

“知道喽！”

恶来又一把短剑出手，又一名敌军战士应声落马。

“十步！”

短剑呼啸，闪着冷冷的寒光。

恶来以此方法用十把短剑解决了十骑敌兵。追兵心生畏惧，慌忙掉头散去。

“哈哈哈！这帮跳梁小丑！”

恶来回身，又牵住曹操的马缰，冲入慌张逃窜的敌军之中。他抢来敌人的武器，一通劈砍，终于杀出了一条血路。

当他们逃到山麓之下，正好碰到了也逃至此处的夏侯惇。他的部下也只剩下十几名。经过一夜奇袭，曹操带来的兵马已经死伤过半。曹操能在如此惨败之中保命而归，简直就是奇迹。

“若没有恶来相救，曹某今日性命恐难保啊！”曹操非常感激恶来。

入夜之后，大雨如注，曹军来时翻越的山路被山洪所淹，一路回程艰险无比。

“恶来”典韦因救主有功，被升为领军都尉。

吕布近来百战百胜。

他原本四处漂泊，孤独无主，如今却坐拥一城，摇身而变为濮阳城之主。他昨夜又痛击曹操，打得曹军大败而归，此时正骄傲满满，军中的士气也高涨无比。

“主公是否知道，濮阳当地有一个大户，名为田氏？”

有一天，谋士陈宫忽然对吕布如此说道。吕布大为倚重他的计谋，闻言料知他一定又有好计，便答道：“那个田氏吗？我听说他是此地的富豪，光是佣人仆从就达数百人之多。”

“正是此人。主公不妨私下召见于他。”

“哦？是命田氏奉上军费吗？”

“并非如此。若我们只从治下富豪那里榨取金银，则相当于杀鸡取卵，白白将自己囊中的钱财榨光。只要将军成就大事，这些地主乡绅就会蜂拥而至，抢着送来钱财粮食。”

“那叫田氏来做甚？”

“属下可设一妙计，取曹操性命。”陈宫附在吕布耳边，低声道出他的计谋。

过了不几天——

在曹操寨门附近出现了一个农民，他扛着一个竹竿，竿头挑着一只荷叶包鸡。

“此人形迹可疑。”曹兵立刻将他拿下。

“小人只是想将此鸡献给将军。”农民伏地跪拜。

“你一定是敌军的探子！”

于是曹兵不由分说将他押到曹操面前。而那农民模样的人此时态度为之一变，对曹操说道：“大人，请屏退闲杂人等。我乃密使，并非与您为敌之人。”

曹操答应下来，让身边士卒退下，只留下几名心腹之臣。这位农民剖开竹竿，从中取出一封密信。

密信为濮阳城中的富豪田氏亲笔写成。信中写道：吕布暴虐无比，城中百姓无不愤恨。如由此人统领全城，大家只得远逃他乡，别无他法。

接着，密信中还说：

现在，吕布已赴黎阳，而濮阳城已是一座空城，只有少量兵力留守。希望曹将军能立刻进军。我等会里应外合，在城中制造乱象。届时会在城墙上竖起“义”字白旗。就以此旗为号，将军尽可一举歼灭濮阳之兵。万勿遗失战机为盼！

曹操见信不禁喜从中来，他笑道：“好一个天赐良机！让我可以一雪前耻！濮阳城业已在我掌控之中啦！”

他大大犒赏来使，并允他必将出兵。

“主公，此事看来不可大意。”谋士刘晔对此密信中所提之事抱有怀疑。

“不如我们兵分三路，以其中一支进城先为试探。那吕布虽然有勇无谋，身边的陈宫却不容小觑。还是慎重为好。”

曹操认为此话有理，于是将大军分成三股，徐徐逼近濮阳城下。

“哦！那不是那面白旗么！”曹操见旗便笑道。

城墙之上虽然插满敌军的旌旗，大大小小，迎风飘扬。只见一面白色大旗翻卷飘扬，远处可见。曹操手搭凉棚极目望去，能看见白旗上书一个大大的“义”字。

“事已成半！”曹操自言自语道，之后告诫左右，“按兵不动！在入夜前只许小打小闹。若敌人前来挑衅，也不可缠斗。”

此时，城墙边上各个商铺早已紧闭门窗，老百姓们早已逃荒而去。因此尽管天色大亮，却市井萧条，寂如深夜。曹操将兵马驻在城外，埋锅造饭，以备夜间进攻。

城中兵马见曹军来袭，果然攻了出来。但人数不多，冲突也不激烈。在双方的拉锯战进行之间，天色渐黑。

在薄暮之中，一个当地百姓慌忙跑进曹操寨中。兵士将其抓住，他拿出密信道：“我是田氏派来送信的。”

曹操立刻派人将密信送来，展开发现果然是田氏的笔迹。信中写道：

待到初更时，星光璀璨夜。

静待城头锣，铛铛响起声。

望君勿犹豫，趁机速进城。

百姓盼将军，如盼父母至。

城门自内开，全城尽归君。

“如此甚好！时机已到！”

曹操立刻按照密信所示，安排作战部署。

他派夏侯惇和曹仁两人率领队伍留在城门之外，封夏侯渊、李典、乐进为先锋，命典韦等四员大将率领中军，曹操则亲自坐镇指挥。曹军摆出如此严整的阵形，徐徐逼近内城大门。

但李典却感到此时城中寂静无比，不禁心中生疑。他向曹操建议：“请属下先行进城，以作试探。大将军且慢进军，待局势明朗再行动也不迟。”

曹操闻言不悦，说道：“战机怎可轻易错过！若失去先机则毫无胜算。若田氏的锣声已响之时，我军却踯躅不前，那就只会错失良机，功亏一篑。”

曹操非但不肯暂缓进军，反而率先策马前行。

此时月亮尚未升起，而漫天星斗已经璀璨动人。随着嗒嗒嗒嗒的马蹄声声，曹操率领大队兵马靠近了濮阳门。队伍直奔西门，正在这时，忽然响起一阵阴森的法螺之声。

“咦？什么声音？”

诸将闻声皆心生怀疑，踯躅不前。而曹操早一马当先地冲过护城河吊桥，他回头喝道：“此乃田氏的信号之声！你们还磨蹭什么，此时正为战机，快点冲啊！”

他喊声未落，城门就从里面迎面而开。这时大家才松了一口气，以为田氏果然里应外合，打开了城门。于是纷纷策马扬鞭，冲入城中。

但是，突然之间，从黑暗之中传来了呐喊之声，不知是敌是友。

“喔——”

此时曹军已经势如怒涛，冲向城内。人多马急，根本难以驻足观察周边情形。

而正在此时，忽然从城墙之上掷下无数巨石滚木，同时在各处石墙和官府之后又点起无数火把。

“怎么回事？”

众人见状，正在疑惑之际，那些点燃的火把统统向曹军掷来。一时之间众将士的头盔和盔甲之上都沾满了火星，连战马的鬃毛也燃烧起来。曹操终于清醒过来，大声呼喊：“不好！我们中计啦！全军撤退！”

曹操发觉中计，立刻拨马撤退。但正在此时，忽然传来一声隆隆炮响。

听到炮响之声，战马皆受惊不听指挥。而大队进城的兵马立时陷入一片混乱之中。惊马四散而跑，兵士被马蹄踩踏，而城门之外还不断有大队曹军继续拥入。只见情况越来越糟，大家也迷失了方向，简直乱成了一锅粥。

“出什么事了？”

“后面的快点回去！”

“快撤出去！”

“别再进城了！”

一片兵荒马乱之中，后续的兵马仍不断冲进来，混乱的局面已经无法控制。

这时，城楼上的石块之雨和火把之林刚刚停歇，城内的四门却突然关闭。只见吕布一马当先，率军而来，他大声喝道：“不要让一个曹军活着回去！”

吕布的军队从东西两面，夹击而来。

曹兵此时正如瓮中之鳖，插翅难逃，只能由人宰割。在惊慌失措之下，一时之间死伤无数，被斩和被俘者更是不计其数。

而曹操也一改之前的狂妄，现在也追悔莫及，扼腕叹道：“失策！真是失策！”

他本欲从北门逃走，但北门堵满敌军；他又想从南门而逃，但南门早已烧成一片火海；等他跑到西门之时，因有伏兵，西门附近正喊杀喧天。

“主公！主公！我已在此杀开了一条血路，请快点跑啊！”

恶来典韦正在大声呼唤。只见他咬紧牙根，怒瞪双目，在一片敌军之中疯狂砍杀，为曹操杀开一条通向吊桥的血路。

曹操闻声立刻向城下奔去，打马如飞，恶来也紧随其后，却三转两绕看不见曹操的身影。

“主公在哪里？主公在哪里？”

恶来正四下寻找曹操，忽见来了一队人马，打的是曹军的旗帜。

“是典韦吗？你看到主公了吗？”

“原来是李典，我也正在寻找主公！”

“主公跑去何处了？”

两人分头搜寻，却怎么也找不见曹操的踪影。

而曹操此时也并不清楚自己身处何处。他举目四望，只见四周都是熊熊火焰，浓浓黑烟，以及四处冲杀的敌兵。他早已迷失了方向，不知道自己在往何处奔跑。他头晕目眩，惊慌失措，早已丧失了希望。

在一片烟雾迷茫之中，他看到前方巷口之处出现一路兵马。他们举着火把，正冲自己的方向走来。

曹操自知，来人肯定是敌军无疑。他心中暗叫糟糕，却来不及转身撤退。于是假装镇定，趁乱走过。

当队伍走近之时，明晃晃的火把之下映出来人竟然是吕布！他右手横握那把令人恐怖的大戟，左手牵着赤兔马的缰绳，大踏步迎面走来。他高大的身影看在曹操眼中，煞是恐怖。

曹操大吃一惊，但此时已经无路可逃了。他只得径自前行，同时微微侧脸，用头盔遮住面孔，假装自家兵士与吕布擦身而过。

正在此时，吕布突然拿画戟的前端，轻轻地敲了两下曹操的头盔。他也误以为曹操是自家将领，便随口问道：“哎！你看见敌将曹操了吗？知道他往哪里跑了吗？”

“哦！”曹操只得哑声答道，“我也正在捉拿曹操。听说他骑着一匹黄色骏马，向那个方向跑了。”

他随手一指，便拼命向那个方向逃去。

“咦？这人看来真是奇怪。”

吕布心中暗道奇怪，等他回过神之时，曹操的身影早已消失在烟雾弥漫的街巷之中。

“啊！好险好险！”

曹操拼命出逃，一路狂奔，待到他终于勒马停下时，才觉得刚才真是将将逃出虎口。

可是，他此时已经完全分不清东南西北，更不知身在何处，一时如坠云里雾中。

曹操犹豫彷徨之时，正巧又遇到前来寻他的恶来。于是在恶来的保护之下，主仆二人又杀开一条血路，逃往东门的方向。

“糟糕！此处也难以逃身！”

曹操不禁叹息。他的坐骑也猛地停下步伐，使劲在原地踏步不前。

东街尽头的城门就在眼前，但已经燃起熊熊大火。绵长的城墙已经俨然变成一条火龙。烈火狂焰，高温灼人，似乎天地之间只剩这火势汹涌。

“咚！咚！”

在一片热风烈焰的烘烤之下，战马受惊，不受掌控。铺天盖地的火星也纷纷落在曹操的鞍座和头盔上。

曹操只得再回顾来时之路，绝望地说：“恶来！看来我们只能原路返回了！”

恶来此时也已经急得脸色赤红，他瞪着后方说道：“主公！如今我们已经无路可走了！穿过此门就可得生，留在此处只有死路一条！我在前面开路，请主公紧随我身后冲出来便是！”

东门的城楼已经陷入一片火海，城墙下还堆满许多薪柴，更是愈燃愈旺。此时这城门就宛如一座地狱之门。若要从此门中穿过，必定九死一生。

但是，要想活命，只有这一条出路。

恶来下定决心，猛抽胯下之马，一人一骑纵身跨出火海。

曹操紧随其后，一边拨开柴薪，一边纵马冲入火门之中。

一瞬间，灼人的热气袭来，熏得人简直窒息过去。

曹操感觉自己的须发睫毛都已被烧焦，但仍咬紧牙关，向前冲去，眼看就要跨出城门洞了。

——就在这一瞬间！

城楼已燃烧多时，梁木再也无法支撑，就在曹操即将跨出之际，城门一角突然崩塌落下，大梁裹着火舌直坠下来，正好砸到曹操坐骑的臀部。战马被一砸之下，后腿断折，跪倒在地。而曹操则被大力甩了出去。那根梁木正朝他的身体翻滚过来。

“不好！”

曹操仰卧在地，只得慌忙用手抵住燃烧的大梁。霎那间，他的手掌和手肘都被火焰烫伤，浑身上下也冒出烟来，发出烧烤人肉的焦煳味。

“上天救我！”

他吃痛打滚，躺在一片火海之中，竟痛晕了过去。

在朦胧之中，曹操隐约听到有人在大声呼唤自己的名字，但他又再次晕厥了过去。不知过了多久，曹操又恢复一些知觉，感觉自己被人抱上马鞍。

“恶来？是恶来救我吗？”

“主公！是我恶来。请您放心吧，我已救您逃出敌军之手啦。”

“我真的得救了吗？”

“主公！你能抬头看见满天星斗吧？”

“星斗……能看见！”

“那就无碍了！您的性命无忧，只是受了一些皮肉的烫伤，经过郎中调理，料也无妨。”

“我怎么觉得星斗在上下旋转呢，是不是我眼花了？”

“主公不必担心了，闭目休息吧。夏侯渊正在殿后呢！”

“是吗……”

曹操这才放下一颗心，而此时突然感到一阵剧痛袭来。可能是因为紧张的心情一旦放松下来，身体的剧痛也就显露出来了。他浑身严重烧伤，更是疼痛难忍。

天色也已大亮。

曹军将士陆陆续续地返回营地。每个人都是灰头土脸，满身狼藉。大家神情疲惫，却庆幸着能从惨败中死里逃生。

然而能够生还的人数，还不到全军的一半。

当众将士看到奄奄一息的曹操被恶来和夏侯渊救回，一路架在马鞍上回到营地，全军将士的士气更是降到谷底。整个营地之中宛如坟场一样死气沉沉。曹军早已失去斗志，就连营中大旗都沾满朝露，无力地趴附在旗杆之上，难以飘扬。

“什么？曹将军受伤了吗？”

“情况严重吗？”

闻讯而来的众将官，纷纷聚集到曹操的大帐之外，打探消息。

“嘘！”

“大家肃静！”

听到帐中传来的训斥之声，在帐外云集的众位将士心中不由得一沉。大家都表情严肃，缄默不语。

正在此时，前来救治的郎中也轻轻走了出来，他眉头紧锁。看到郎中的神情，众将士更是大为紧张，心里胡思乱想。

“哈哈哈！啊哈哈哈！”

这时，大家忽然听到从帐中传来曹操的笑声，而且听起来他的声音比平素还要高亢。

众将官大惊之下，纷纷拥向帐中，靠近曹操的床头，观察伤势。

只见曹操已经被烧得血肉模糊。他从右手、右肩，直到后背和大腿，大半个身子都被严重烧伤。如今在郎中的治疗之下，全都涂以药膏又敷以绷带，团团缠住。曹操的半张脸上也涂着药膏，被白布裹住，只露出一只眼睛。他的眉毛须发皆已烧焦，如玉米须一般焦脆卷曲。

“好啦好啦！我这点皮肉小伤，不足挂齿！”曹操用仅剩的一只眼睛环视幕僚，勉强说笑道，“仔细想来，曹某此次负伤并非敌人有多强大，只是我一时不慎，输给大火而已。看来人是不能跟火斗啊！你们说是吧？”

他又接着说道：“我此次也是失策，过于轻率行事。因一时失察，竟中了吕布那匹夫的奸计。真是吃了一个大亏！曹某定然百倍归还，以报今日之仇！定要他吕布的项上人头！”

说完，曹操想翻身坐起，但挣扎几下却难以挪动身体。他只得勉强抬头说道：“夏侯渊听令！”

“属下在。”

“我命你为我主持葬礼，一定要大操大办！”

“将军何苦说这些不吉利的话。”

“非也！此乃我的计策。你们今晚就要发丧，说是曹操已死。只要吕布听到此讯，必定认为我们营中空虚，群龙无首，会趁机出城来攻。你要安排葬礼，将假的灵柩葬到马陵山去。”

“是！”

“然后咱们就在马陵山的东西两侧埋下伏兵，只等吕布率兵前来。待到他们进入包围之中，就来个瓮中捉鳖，将他们全部歼灭。你们听明白了吗？”

“属下明白了。”

“各位以为如何？”

“真乃妙计是也！”

曹营诸将皆披麻戴孝，连营中大旗也按大丧的传统，升起挽旗。

“曹操已死！”

这个消息很快就传开了。濮阳城更是最早得到消息。吕布闻讯，喜不自胜：“太好啦！我终于除掉曹操这个劲敌了！”

吕布为了慎重起见，还四处派出密探前去侦察。多名密探皆回报，说敌营正在服丧期间，一片死寂，将士们皆披麻戴孝，准备为曹操操办葬礼。

于是吕布计划在曹操出殡之日，率兵攻出濮阳城，在马陵山将敌军一举歼灭。但他如何能料到，这场葬礼是一个障眼法，送殡的队伍也是诱他深入的假招子。

当吕布大军踏上马陵山之时，从山后传来战鼓隆隆之声，曹军从四面八方拥来，将他们团团围住，几乎全歼了吕布的兵马。

吕布只得拼命逃跑，他把带来的万名将士抛在身后，也将自己的颜面抛在了马陵山。从此之后，他有所忌惮，紧闭大门不出。无论曹军如何挑衅，他也绝不轻易出城。

# 第二十一章
# 牛与蝗虫

所谓老虎不出山，猎人无办法。

尽管曹操使出种种办法，刺激挑衅吕布，吕布就是死活不出濮阳城，他说道：“吕某再也不中你的阴谋诡计！”

但是即使吕布的大军按兵不动，前线之上的大小摩擦依旧不断。小股士兵每天火拼不断，游击战日夜持续不绝，只是不成规模。但是这样一来，百姓难以平稳度日，商贩更难从事买卖。在各路军阀的冲突之下，百姓才是最遭殃的。

事实上，各种战争、纠纷和冲突，并不只限于此。但凡有人居住的地方，都难免遭到血雨腥风的洗礼。

但在如此政局动荡之时，又发生了一件比战争更让百姓遭殃的事件。

有一日，天气晴朗，万里无云。忽然从西方飘来一片黑云，这黑云逐渐席卷而来，不多时便遮天蔽日。

“是蝗虫！蝗虫来了！”

百姓开始骚动不安。

当蝗虫来袭的消息散播开去，百姓们无不茫然失措。他们深知蝗灾的恐怖，也深知自己的无能为力。他们只能扔掉锄头锹铲，逃进狭窄的土屋之中，悲伤嗟叹：“啊！这可叫我们怎么办啊！”

大批的蝗虫接连不断地飞来，它们的阵势比蒙古刮来的风暴更为剧烈。就连阳光都被蝗虫之云遮掩，天地之间一片阴暗。

大批蝗虫过境，瞬间就将庄稼蚕食殆尽，只剩枯杆。待席卷了所有可食之物后，蝗虫又会再次起飞，席卷到其他地方，继续如风卷残云一般蚕食掉所有的一切。

等到最后，再也没有粮食可食之时，蝗虫便会互相啃食。万亩良田被蚕食殆尽之后，便会空剩无数的残尸，一片萧条。

粮食被毁，百姓也无粮可食，极度饥饿之下，人与人之间也开始互相吞噬，只为活命。

“太饿了！没有东西吃了！”

“我们实在活不下去了！”

饥饿的灾民为了活命，只得四处逃荒，以找上一口吃食。而农田被毁，农民受灾，军队失去军粮供给，也无法再承担军队的职责。

如今，各路军队必须四处购粮。即使是土地肥沃的山东，也因蝗灾而物价暴涨。如今即使出价一百贯钱，也难买到一斛米。

“如此情形，无可奈何！”曹操面对如此天灾也只能徒然嗟叹，无能为力。

如今不要说率兵打仗，天灾之下军粮供给不上，士兵都饿得虚弱不堪，军不成军。他迫不得已，只得拔寨而去，移驻他州。并且下令全军将士要节衣缩食，以熬过这次的饥荒。除此以外，他也别无他法。

而困守在濮阳城里的吕布，也遭到了这场天灾的洗礼。

“曹军已经拔营而去了，濮阳的包围解除了。”

“嗯，曹操终于走了吗？”吕布听到前线来报时，只是淡淡地应了一声。

他正在为蝗灾而愁，每天愁眉不展。看起来蝗灾比曹操更难以对付。他对粮官下令：“严格管制食物供应，开源节流！”

如此蝗灾当头，曹操和吕布的领地之争不得不停战。

但是，尽管蝗灾如此骇人，但它必将过去。不久之后，春天还会如约而至，然后夏天会接踵而来。这片荒芜的大地之上会再次长出新鲜的谷物庄稼，昏黄的土地上会再次被绿油油的作物所覆盖。万物必将重获生机，而蝗虫不会年年来袭。但是，只要庄稼能够生根发芽，人类的战争就永无停止之日。

此时，徐州的太守陶谦已经病入膏肓。他整日躺在病榻之上反复思量，在自己行将就木之际，应该将徐州托付给可靠之人。

“除了刘备以外，再无他人可当此职。”

陶谦年届七十，此次身患重病，自知命数将尽。但他整日却因国事动荡，徐州难安而烦恼不已。

“众位卿家如何考虑？”他勉强抬起昏花的老眼，对前来床边探望的重臣糜竺、陈登问道。

“曹操撤军皆因这蝗虫之灾，但不出来年，他必定会卷土重来。若那时我们还能蒙吕布在后方牵制于他，徐州城就能自保。但只怕明年不会再如此幸运啊。老朽自知，天命将至。在此之前，一定要将徐州城托付给可靠之人才是。”

“大人此言有理！”糜竺早已深知老太守的心中所想，于是他建议道，“如此说来，不如由太守大人再次邀请刘备来此，以情理相商如何？”

陶谦见众位大臣也首肯此事，精神大振，连忙下令：“如此速速派人去请刘备。”

刘备听说老太守病重，立即动身，从小沛前往徐州城探病。

陶谦一见到刘备，十分高兴。他用枯木般的双手紧紧握着刘备的手，恳求道：“请你无论如何一定要答应我这行将就木之人啊！请为了徐州百姓，为了大汉江山，接受太守之印。否则我死不瞑目啊！”

“承蒙太守大人抬举。这如何使得！”

刘备依旧婉拒如前，他的理由正如前述。

“太守大人尚有两子，可当此职。”刘备在此话出口之前，又硬是咽下。他生怕一提起那两个儿子，陶大人又会激动起来，不利于养病。于是只是淡淡说道：“刘某无德无能，难当此职啊！”

刘备最终没有接受陶谦的请求，而老太守不久之后就长辞人世。

徐州为陶谦举办了隆重的葬礼。由于老太守为官清廉，在百姓中威望极高，因此举州上下无不伤心悲痛，人民自觉自愿为其身着孝服。在葬礼之后，刘备回到小沛。而糜竺、陈登等重臣立刻登门拜访，并再三恳请道：“太守大人生前便已属意于您，就请勉为其难，接任此职，成为徐州之长。”

第二天，小沛的官府门外已经聚集了很多老百姓，还有不少人络绎不绝地拥来。衙门之外一时人声鼎沸。刘备连忙携关羽和张飞出门一看究竟。

“刘大人请容禀！”

门外的百姓一见到刘备的身影，便齐齐跪在地上，他们异口同声地请愿道，“刘大人啊！请您一定要担当我们徐州的父母官啊！如今连年战乱，百姓苦不堪言，今年更遇到蝗虫之祸，民不聊生。我们只盼有一位好太守，能够施行仁政，让我等贫苦之人能过上太平日子。我们恳请您能接任太守之印，不然的话，我们只能继续彷徨无措，绝望不堪。不如一死了之，落得清净啊！”

人群中已有人忍不住痛哭出声。

当刘备看到这些饱受饥荒之苦的贫困百姓，体会到人民的拳拳之心，他终于下定决心，接受徐州太守之印，从小沛移居到徐州。

刘备至此终于得到一州太守的职位。

他得此徐州，并非靠巧取豪夺，亦非靠军队攻击。他没有用任何阴谋诡计，更没有暴虐百姓。因此可谓是顺其自然，水到渠成的一个过程。

刘备从涿县的一个小村庄发迹至今，一直都能持守节义，静观风云变化却不急功近利，因此名望极佳。虽然有时关羽和张飞会心生抱怨，觉得“大哥有些不通人情，不合时宜”！但如今看来，他的这些固执和古板其实才是正道，在获取功名之途上貌似迂回而行，其实是走了捷径。

刘备上任徐州太守之后，第一件事就是去祭拜老太守陶谦之灵位，并在黄河平原上为其举行了盛大的葬礼仪式。他接着上奏朝廷，表彰陶谦的德行和功劳。又起用糜竺、孙乾、陈登等旧臣，大施善政。

在刘备接手徐州之时，正值蝗灾泛滥，兵荒马乱之际。他让利于民，以图恢复民力，在他的努力下，徐州重获了生机，百姓也重获了希望。

百姓对刘备的讴歌之声，不久便传到曹操耳中：“什么？刘备得了徐州？那个落魄的刘备，居然坐上徐州太守的位子了吗？”

曹操颇感意外，他对此十分轻蔑，对刘备的评价也十分低下。另外曹操对此还非常愤怒，他觉得：“我与徐州前太守陶谦有杀父之仇，这个刘备是知道的。我此仇未报，而他却手无寸功，倒落得徐州太守的官位，真是岂有此理！”

在曹操心目中，徐州已是他的囊中之物，他连未来的计划都已经盘算好了。而此时，忽然冒出一个刘备来抢了他的地盘。不仅如此，刘备还大施善政，颇得民心，让他的如意算盘落空，自然非常仇视刘备。

“这个刘备明知我和陶谦的过节，还敢出任徐州太守，就是明摆着和我曹操与敌。我看他是明知故犯的吧。既然他不仁就休怪我不义！待我先将刘备杀之后快，再将那陶谦鞭尸，以报杀父之仇！”

曹操立刻下令整顿兵马。

荀彧对此事有不同意见，于是大胆进谏。这个荀彧是曹操颇为看重的谋士，曾称他为“余之张良”。

“将军请三思，如今我们所处之地乃是天下要冲，也是我军重要的根据地。兖州目前已在吕布手中，若要收复失地，则剩余兵力不足以攻下徐州。而若我们坚持拿下徐州，则对付兖州的兵力亦将不足。届时只会让吕布巩固地盘，将兖州牢牢握在手中。将军请想，若我们一边攻不下徐州，另一边也夺不回兖州的话，又将何往？”

“可是，此地粮食匮乏，土地贫瘠，若我军一直停留此处，绝非良策！”

“为今之计，可在汝南（今河南省，汝南）颍川一带休养生息。当地仍有些黄巾残党兴风作乱，若我军前往，既可以讨伐黄贼，受到朝廷嘉奖，又可以夺其财粮，以为我用。此举必将深受百姓拥戴，何乐而不为呢！”

“如此也好！我们就去汝南！”

曹操一向任人唯贤，决断干脆利落，这也是他的一大优点。因此他立刻采纳了荀彧的谏言，整顿兵马，直指汝南。

是年十二月，曹操的远征军首先袭击了陈地，又紧接着进军到汝南颍川之地。

——曹操来啦！

——曹操来啦！

曹操的威名如冬季朔风，响彻山野。在颍川一带一直盘踞着黄巾残党，为首的叫何仪、黄邵。他们以羊山为中心，扰民不断。

“什么？曹操怎么会大老远地攻到这边来？他的大本营不是在兖州吗？这个肯定是个冒牌货，咱们给他赶走了就是！”

于是何仪和黄邵二人率领一众黄巾之匪，埋伏在羊山山麓，准备袭击曹军。

曹操在两军交锋前对恶来下令：“恶来，你去前方探一探对方情况。”

恶来典韦得令，打马上前打探一番后，回来复命：“我看那伙黄巾之贼约有十万之众，但看起来不过是些滥竽充数之徒。他们连阵形队伍都站不齐，毫无纪律可言。将军不妨正面布置强弓，一方面万箭齐发，另一方面我可带兵从右翼将之攻破。”

曹操如是而为。战果确如恶来的预测，这帮乌合之众的黄巾贼瞬间被打得四散奔逃，死伤无数。更有大批贼人前来投降。曹军一战而胜。

“这些乱贼，全是废物！这么多人，好歹出来一个中用的让我们兄弟好好打一仗啊！”

曹军的将领们站在羊山之上，无不掐腰大笑。

第二天，敌营里出来一名彪形大汉，率领一队强悍的士兵前来对战。

这名大汉徒步而来，身高七尺有余，手持铁棒，眼角上吊，满脸漆黑的胡须被山风刮得狂野。他来到阵前大声叫骂：“呔！你们知道爷爷是谁吗？我可是无人不知，无人不晓的截天夜叉何曼是也！那个叫曹操的在哪里？若不是假冒货就出来和爷爷打一场啊！”

曹操觉得有趣，于是大笑着问左右道：“你们谁去把他打发走？”

“我去就是了！”李典刚准备出征。那厢曹洪却争着应战。他下得马来，提着大刀徒步走近何曼，骂道：“你想与曹大将军打还轮不上资格！像你这种面目丑陋，长得像野猪精的小子，不配曹将军动手！速速受死吧！”

曹洪说罢，抬手便砍。何曼闻言大怒，举起大棒应战。

此人甚是彪悍，两人战在一处之时，就连曹洪也没讨到什么便宜。于是曹洪作势要败，趁他追赶之际向后横扫一刀，利落地将何曼拦腰斩断。

李典也纵马上前，活捉了黄巾贼的大将黄邵。而另一个贼将何仪，见势不妙立刻带着二三百名手下，落荒而逃。

正在此时，从另一边的山间突然拥出一支队伍。他们未打旗帜，领头一位壮士，突然堵住何仪的去路。只见他飞起一脚，就将何仪踢下马来。何仪一骨碌爬起来，抄起枪来，怒道："来者何人？报上名来！"

那位壮汉却不言语，三下两下就将何仪拿下，绑了起来。

贼兵大骇，匆忙跪倒于地，求壮士饶命。此人将这两三百人都收至麾下，显得颇为得意，随之就要从原路返回。

恶来典韦追赶何仪而来，他见状有些莫名，就对壮士大呼："且慢！且慢！你要把贼将何仪带到哪里去？把人交给我！"

那壮士岂可听从。于是两位猛将又拉开架势，准备再来一场龙虎相争。

——这位壮士究竟是何人？

恶来典韦一边和他交手，一边心里琢磨。看他刚才活捉何仪的样子，应该不是黄巾一伙儿的，但他又对自己刀兵相向，应该也不是自己人。

"且慢！壮士！请先住手！"恶来收回大戟，叫道，"咱们先讲清楚再打不迟。我看你不像黄巾残党，只要将贼将何仪献给曹将军，就能饶你不死！"

壮士却闻言大笑："曹将军算老几啊？他是你们的将军，我们可不认识他，也没得过他的好处。我凭什么把自己亲手抓住的何仪，平白无故献给他啊？"

"你究竟是何许人也？"

"我乃谯县许褚。"

"你是黄巾贼子，还是落魄兵士？"

"我什么都不是，就是个平头老百姓。"

"哼，小小草民，竟敢如此嚣张！"

"你若真想要我活捉的何仪，有本事就来夺我手中的宝刀。若夺得宝刀，我就把他交给你。"

恶来典韦听到许褚的戏弄之词，不禁怒火中烧。

他挥舞手中双戟，向对方当头就砍。而许褚却刀法精妙，反而令恶来渐渐有些难以招架。

恶来向来自负，认为自己勇不可当，因此他一开始时小觑了对手。但几个回合下来，发现自己竟有些不敌，心中不免有些吃惊，暗想："看来这小子有点真本领！"

可是，恶来越打越觉得吃力，逐渐有些处于劣势。恶来的额头上渐渐冒汗，手脚也有些应对不及，而那许褚却越战越勇，如有神助。

"好小子！纳命来！"

恶来抖擞精神，使出平生的本领，他将双戟上下挥舞，累得浑身是汗。但那许褚竟毫不吃力，他单手挥刀，虎虎生风，甚至有几度刀锋几乎擦着恶来的头皮掠过。

如此两雄相斗，从辰时一直打到午刻，打了小半天的时间仍然未分胜负。而他们的胯下战马早已累得浑身大汗。夕阳西下时分，两人才住手，约好明日再战便各自回阵。

曹操一直站在高处远观两雄缠斗，于是叮嘱恶来："明日再战，你可佯装不敌，诈败而逃。"

第二天两人再战，恶来按曹操之计，打了三十来个回合就假装不敌，转身便逃。而曹操也指挥大军故意撤退五里，用意让对方轻敌。第三天，恶来又到阵前对战。

许褚一见到恶来前来，立刻打马上前，骂道："你小子，不是被我打跑了么！怎么还敢来找死啊，不怕爷爷再把你打趴下！"

恶来佯装惊慌失措，他大声嚷着让部下使劲往上冲，自己却作势逃跑。

"好小子！爷爷今日可不放过你啦！"

许褚打马便追，岂知自己正中曹操下怀。他追了一里多地，就连人带马掉进曹操事先挖好的陷阱之中。

一见许褚落网，曹军官兵立刻从四面八方冲出来，用铁耙、钩棒将许褚勾住，吊上地面。

许褚招架不得，只得被众兵士五花大绑去见曹操。

众兵士吵吵嚷嚷，一路用铁耙钩棒将许褚架着，像拖野猪一样把他押到曹操跟前。

"混账！人都绑了，还用这么押着吗？"曹操一见便大声训斥道，"你们怎么能这样对待的英雄好汉！还不快快松绑！"

曹操此言令众人出乎意料。

其实，曹操那日远观许褚与恶来两强相斗时，已经起了爱才之心。他看许褚武艺高强，甚至不输恶来，更是心想一定要将其收至麾下，为自己所用。

曹操就是这样一个人，若被他视为敌人，则性命难保。反之，若被他看中为贤才，则一定会恩宠有加。

他一方面懂得惜才爱才，另一方面若他憎恶某人，也是会不惜一切手段将其毁掉的。例如这个许褚，曹操可是一眼就看中了。他觉得一定不能将其杀掉，而要设法将他收入麾下。

“快快赐座！”曹操喝退了将许褚绑来的兵士，走上前去，亲自为许褚松开绑绳。

许褚本以为会遭受一番羞辱，没料到竟受到如此礼遇，不禁心生感动。他并不挣扎，而是老实地坐在座位上回答曹操的问询，详细地介绍自己的身世。

“我生于谯县，名叫许褚，字仲康。也没什么了不起的事迹，足以夸耀。我一直住在附近山寨，因此地盗贼猖獗，农耕不得安生，粮食也总被贼人所抢，性命堪忧。所以我决定带家人和村民上山扎寨，以抗匪徒。”

许褚老老实实地说明原委，接着又说了自己的一番经历。

他的寨中都是普通的庄稼汉，也没有什么像样的兵器。为抵挡贼军的袭击，他们只得收集大量的巨石滚木，待敌兵来袭时就抛掷石块抵御。

他还说，自己并非夸口，但他投掷起石块来可谓百发百中。贼军也会忌惮三分，最近也很少前来冒犯。

——不过有一次。

那时寨中缺粮，他们必须设法搞些米来。还好他们寨中有两头耕牛，于是就跟贼军提出，打算以牛换米。贼军同意了，就送来粮米，他们也按约定将两头牛交与对方。但是贼兵上前来牵牛时，牛却死活不肯挪动脚步。好容易给牵出寨中，没想到牛走到半道上又犯了牛脾气，甩开贼兵又跑回寨中。

“于是我就用双手拽着两头牛的尾巴，硬是将牛倒着拖到贼人兵营里。把那帮贼人吓得魂飞魄散，根本不敢将牛收下。然后他们第二天就拔营而去，也不知道跑到哪里去了。”

“啊哈哈！我实在有点自吹自擂啦。不过我这样倒拖牛尾的一搞，才吓走了贼人，让一村人过上太平日子。我看将军的大军整齐有素，想必能够扫荡贼军。即使我不出手，我们村的男女老少也能回去务农耕田。如今我已死而无憾了。将军，要杀要剐由您动手吧！”

许褚说完，笑意不减。而曹操不但没有杀他，反而大加褒奖，令许褚大为意外。他欣然投至曹操门下，成为曹操手下的一员大将。

# 第二十二章
# 愚兄与贤弟

曹军背井离乡，远征漂泊，宛如蝗虫一样伺机而动。

在行军期间，曹操听说如今的兖州老家是由吕布属下的薛兰和李封驻守。这两个人治军不严，军纪涣散，以致兵士们在城里强取豪夺，行凶作恶。而这两个人更是设下苛捐杂税，搜刮民脂民膏以供自己奢靡腐败。兖州百姓苦不堪言。

“此时正是讨伐兖州的良机！”

曹操闻讯，心中下定决心。于是率军转向，挥剑直指兖州。

“是时候回老家了！”

曹军势如破竹，一举拥到兖州城外。

李封和薛兰刚刚听闻曹军将至，心中正在怀疑。没想到曹军已经转眼而至，他们不禁心中惊慌，却不得不硬着头皮，出城应战。

这时，许褚来到曹操面前请战。

“这是我首次上阵杀敌的大好时机，待我亲手拿下二将，献于主公。”

许褚言罢，立刻冲到阵前，和薛兰、李封二人打在一处。许褚十分利索地解决掉李封，而薛兰见状惊恐不已，正待落荒而逃之际，却被冷箭射中。原来是曹操的一员大将，名叫吕虔，他从曹军阵后射出一箭，正中薛兰的颈项。因此，不待许褚动手，薛兰便已跌落马下。

于是兖州重回到曹操之手。之后，曹操又下令：“一鼓作气，收复濮阳！”

曹军乘胜进攻吕布所在的濮阳。

谋士陈宫进言，以守为攻，他劝道：“此时出战，敌军士气正旺，于己不利啊！”

“一派胡言！”

吕布并不听从陈宫的建议。他仍然争强好斗，并且深知曹操的为人。吕布认为，如若不能击退曹军，收复兖州，则会毁掉自己的百年大计。因此吕布调集了全城之兵，森严对阵。

吕布如今骁勇依旧，宝刀未老。他年纪稍长，却更加擅长骑射之功，骁勇善战的本领愈发高强，正所谓万夫不当。如今的吕布已经成为一名身经百战的强将，简直练就了一个金刚不坏之身。

“此人不错，正好做我对手！”

许褚见到敌将吕布甚是英武，不禁斗志昂扬，想要一场势均力敌的恶战。

“来啊！大战三百合！”

他大喝一声，向吕布扑去。

但吕布岂能容他近身，许褚紧咬牙关，围着吕布团团而转，伺机寻找机会。两人一通缠斗，正杀得难解难分之际，只听恶来典韦大喝一声，前来相助。

“许褚莫慌！我来助你！”

吕布虽被两人夹击，却依旧挥舞方天画戟，战得游刃有余。

这时，夏侯惇等人都加入战营。曹操军中的六个大将纷纷打马上前，欲以车轮战恶斗吕布，誓不让吕布逃掉。而吕布此时也暗道不妙，于是大戟一挥，突出重围。他猛催赤兔宝马，奋力而逃。

当吕布逃回城下之时，却猛地勒马停步，气得瞪圆双眼。他面前的吊桥高悬，将他阻在护城河外。吕布大怒，高声向城内骂道：“速速打开城门！放下吊桥！你们哪个当值，怎么这么糊涂！”

没想到这时城墙上探出一个人头，仔细一瞧，却是那位当地的富豪田氏。这个田氏曾替吕布写信诓骗曹操进城，害得曹操险些丧命。

“吕将军啊，这城门可是不会打开了！”田氏站在城头之上，对吕布讥讽道，“吕将军啊，昨日之友可能正是今天之敌。我是个商人，一开始就说得明白，我只跟随赢家。您看，我也不是武人，不讲究什么忠君报效的死礼。我看曹将军势力更旺，他们的大旗颜色也漂亮，决定从今天起就投奔曹将军了。嘿嘿嘿嘿……”

吕布恨得咬牙切齿，破口大骂：“你这大胆小民！还不赶快开门！胆敢不开，看我怎么收拾你！”

但是此时吕布被困在护城河之外，除了大骂几句，也是无可奈何。田氏在城头见状，更是一番讥笑嘲弄：“吕将军啊，你省点力气吧！如今这城已不姓吕啦，我早已将它献给曹将军啦。你也不用对我摆一张臭脸，倒不如趁天还亮，赶快逃吧！看你一代英雄，竟落得如此地步，我也看不下去啊！”

此人当初逐利而来，如今也因利而倒向敌人，倒也无可厚非。不过吕布当初利用小人而得到的功绩，如今又因小人背叛而前利尽失，可谓天道循环。吕布在城下一通吼骂，却无能为力。他若再耽误时间，便会遭到曹军围剿。无奈之下，吕布只得拨转马头，一路逃往定陶（今山东省定陶）。

陈宫在营中闻讯后，不禁后悔莫及。

“我先前利用田氏，之后却对他掉以轻心，是我识人之错。”

陈宫好一通自责。他连忙赶到东门，与田氏一番好言相求。然后他接上吕布的家眷，匆忙追随吕布而去。

如今吕布落难，又失去了根据地，那些原本追随吕布的将士心想他大势已去，不若各自逃命，于是大家各谋生路，四散而去。

可以说这个世上像田氏这样的人不计其数，大家因利而聚，也因利而散。不过是一场闹剧而已。

待众多士兵纷纷四散逃跑之后，吕布原本麾下的将军和幕僚反而倍感轻松。因为这几十万大军所需的军粮物资也是一笔大数字，如今他们已经落败而逃，再养一支大军未免吃力。若一支一两千人的兵马进入一个村庄，那村里的粮仓就像蝗虫过境一样，颗粒不剩。更何况一支几十万的大军，要想填饱将士们的肚皮就需大笔开销。

吕布一路逃到定陶，却也无法久留。于是他与陈宫商量道:“我们如今已经无处可去，不如去冀州投靠袁绍如何？”

陈宫并未立刻表态，而是不置可否。他心中明知，吕布因三番五次改换门庭，虽名声在外，但名气却不佳。因此他建议先派人打探一下袁绍的口风，再做打算。

袁绍闻听此讯，就向谋士审配相商。

审配非常直率地谏言道：“此事万万不可！那吕布虽有天下之勇，却性如豺狼，反复无常。待他有机会东山再起，一定会杀回兖州。若他仍有余力，说不定会回来谋取冀州。如今我们倒不如与曹操结盟，趁机除掉吕布，方可安定。”

“言之有理！”

袁绍立刻下令，由颜良率领五万兵马与曹军联合，追缴吕布。同时，他给曹操去信，表示结盟。

吕布得知此讯，难免惊慌无措。他本已无处投奔，现在又被两军追缴，只得仓皇而逃，继续飘零。

“对了！听说刘备已继承陶谦之职，担任徐州太守。我们不妨投奔于他。陈宫，你看如何？”

“正是！听说这位徐州新太守的风评极佳。若刘备能收留于我，倒也是一个好的去处。”

于是吕布差人去向刘备求助。

刘备听说吕布一行欲来徐州请求收留，不禁叹道："吕布乃是一代英雄豪杰，竟落得如此境地，令人可惜啊！"

刘备立刻就要带着关羽和张飞，出城迎接吕布一行。

"主公，此事万万不可！"

谋士糜竺立刻拦住去路，极力反对。

糜竺建议道："吕布之为人，想必主公早已深知。如今就连那袁绍都不肯容他，可见一斑。自主公出任徐州太守以来，上下一心，正在蓄养国力以图平稳发展之际，又何必将吕布这等饿狼之将迎入国中？"

一旁的关羽和张飞也频频点头，表示支持糜竺的建议。但是刘备虽然也颔首点头，却提出了自己的意见："此言不错！我确实深知那吕布绝非善类。但倘若当初在曹操进攻徐州之际，没有吕布在后方扰乱攻打兖州，可能徐州就已落入曹操之手了。虽说吕布并非刻意相助，但我仍要心存感激。如今吕布穷途末路，登门乞怜，或许也是上天有意安排。我又怎能拒绝他的要求呢？"

"若您如此想的话，也只好这样。"

糜竺见刘备执意如此，也不好多说。

张飞见状，回头跟关羽抱怨道："唉！没办法啊！咱们大哥就是心肠太软啦，容易被一些心怀诡计的人利用。那个吕布算什么东西，还要我们亲自去迎接。"

他话虽这么说，依旧心不甘情不愿地跟随刘备出城迎接。

刘备出城三十里去迎接吕布。吕布漂泊多日，见刘备竟以如此隆重礼节接待自己，颇为惶恐。他一看到刘备下车，也连忙下马，抱拳答谢："刘公竟以如此盛情，迎接我等。如此好意，吕某感怀于心，无以为报！"

刘备也拱手欢迎："哪里哪里。刘某一向尊重将军一代英雄，骁勇无比。此番听说将军壮志未成，浪迹天涯，实在心生遗憾。"

吕布见刘备竟如此谦虚恭谨，心情愉悦。他不禁昂然，直起腰杆说道："刘公果然明察秋毫！自从吕某当年诛杀朝堂之贼董卓，为天下除奸之后，又遭李傕一派作乱，我对大汉江山一片丰功伟业也化为泡影。我离开都城，欲赴地方培养势力，谁料各地诸侯气度狭小，不能相容。因此吕某只得东奔西走，以求好男儿可以尽情挥洒的天地。"

吕布一边苦笑自嘲，一边握住刘备的手，恳切地说："吕某愿助刘公一臂之力，共同合作，以成大事。不知刘公意下如何？”

吕布如此一番亲近致辞，刘备却没有回应。他从袖中取出老太守传于他的徐州官印，递到吕布面前，说道：“吕将军，不如我将此物让给你吧。自从陶老太守去世之后，徐州无人统领，我无可奈何才代为治理。如蒙吕将军承继此位，想必是极好的。”

“什么？你要将太守之印送于我吗？”

吕布非常意外，但他已经下意识地伸手去接，似乎就要欣然接受。但是他忽然瞥见刘备身后站着的关羽和张飞二人，正怒目而视，紧盯自己。

“哈哈哈！”吕布连忙摆出一副若无其事的样子，大笑摆手，说道，“我当是什么东西，竟然是太守之印！刘公竟然要把徐州让于我，实在出乎意外了。我一时没听清，都不知该如何作答。吕某原本是一介武夫，无德无才，岂能担此重任。请刘公收回去吧！”

吕布含糊其词，一番客套，谋士陈宫也赶忙在一旁帮衬推辞。

此后，刘备在头前带路，以国宾之礼将吕布一行迎入城内。他又在晚上大排酒席，盛情款待。

第二天，吕布派人邀请刘备前来客舍，说要以酒宴回请刘备。

关羽和张飞心生怀疑，轮番前来劝阻刘备。

“大哥，吕布的酒宴你真打算去吗？”

“自然是要去的。吕将军难得一番好意，怎可辜负。”

“他哪存得什么好意？依我看啊，他一定心怀诡计，意图夺走徐州。还是回绝了他吧。”

“不可如此。咱们要以诚待人才是。”

“您以诚相待了，关键是对方也得值得啊。”

“这也无妨。人各有异，我若能以诚相待，无愧于真心也就是了。”

刘备立即命人备车。

关羽和张飞无奈，只得相陪，他们一行来至吕布暂居之所。而吕布见他们应邀前来，自然非常高兴，连忙殷勤招待。

“今日酒宴，因身在异地，可能难以准备周全。请诸公见谅。”

吕布客套一番后将众人引至后堂。刘备一向简朴，因此在他眼中看来，这场盛宴无比奢华。

宴会进行之中，吕布请出自己的夫人，介绍她与众人认识，并在身旁相坐奉陪。

吕夫人容貌美丽，举止婀娜。她向众人见礼之后，回到丈夫身边坐好。

吕布心情极好，于是说道："想我吕某流寓山东期间，身处逆境，饱尝人间冷暖。此番前来徐州，承蒙刘公款待，着实感慨。想当初曹军包围徐州之际，我占了他的老巢兖州，也因此将徐州解救于危难之中。若非我当日之举，恐怕徐州今日会大有不同。我如今说出此话，似乎显得有些自夸，要你们卖我一个人情似的。不过刘公必然不忘我当日之举，吕某非常高兴啊！"

刘备闻言，微笑点头。吕布又握着刘备的手，说道："没曾想我如今会来至徐州，有劳贤弟关照。看来我们很有缘分啊。"

吕布醉意正浓，举止也愈发亲近。

酒宴到现在，张飞一直板着面孔默默饮酒。当他听到吕布此言，突然把酒杯摔到地上，握剑起身，怒道："你刚才管我大哥叫什么？你有本事再叫一遍试试！"

大家一时不知张飞发的哪门子脾气。而吕夫人哪里见过这种场面，她尖叫一声，连忙躲到丈夫身后。

"喂，吕布！你居然称呼我家大哥为贤弟！真是岂有此理！我家主公乃是汉室之后，金枝玉叶。你不过汉室奴仆，竟如此羞辱于他，真是无礼之至！有本事咱们到外面比试比试去！走！"

张飞寻常醉酒之时，总会说些胡话。如今见他已经伸手拔剑，那些不明就里之人无不大惊失色。

"你要做甚？"

刘备连忙大喝一声，制止张飞。关羽也急连忙上前，拦住张飞，把他推到墙边暗道："三弟住手！也不看看这是什么地方。"

但张飞却不肯善罢甘休，他继续骂道："你听听他说的什么话来！就是因为他在这里说这种话，我才咽不下这口气！他算老几啊，张嘴闭嘴就管我大哥叫什么贤弟。谁是他的贤弟！"

"好了好了，我知道了！"

"岂止这句！我刚才就一直听他胡扯！吕布他明明是为了自己私利，才去攻打兖州的，如今却要卖乖，让我们领他的恩情。他这不是欺负人么！明明是我们谦让，他就这么口出狂言！”

“你少说两句吧！你这么满口酒气地舞刀弄剑，就算是说的真心话，人家也会说你是酒后闹事。”

“我说的就是真心话，哪里闹事了！”

“那就住嘴！”

“哼，气煞我也！”

张飞气哼哼地坐回席上，但仍愤愤不平。他一个人端起大碗，大口大口地喝起酒来。

刘备略显尴尬，他连忙笑着向吕布致歉：“难得吕将军设宴款待，却现出如此丑态，万望切莫怪罪。舍弟张飞性格率直，尤其他一喝起酒来就容易暴躁，让您见笑了。”

吕布被张飞这么一闹，被骂得脸色僵硬。幸好刘备的一番话给圆了场，于是他装作毫不在意，也笑着回应：“哪里哪里！我并不会在意，酒后失态是常有的嘛。”

张飞一听吕布之言，又瞪起眼来，仿佛在说：“我哪里酒后失态！”但他又看到刘备的脸色，于是只要强忍，并不吭声。

经过这么一遭，酒席也就悻悻而终。而吕夫人早已吓得躲进内室，不再出来。

“承蒙款待。现在已经很晚了，我等也该告辞了。”刘备拱手致谢，向主人告辞。

吕布起身将他们一行一直送到门外。没想到，之前提早出门的张飞此时突然冒出来，把刀一横，大声骂道：“来来来！姓吕的，有种你我在此星光之下大战三百个回合！咱们一决雌雄！若俺老张三百个回合里赢不了你，就留你一条性命！”

刘备见状大惊，连忙呵斥张飞不要莽撞。关羽也冲上前去，抓住张飞战马的缰绳，拼命拉住喝道：“三弟！你闹够了没有！”

关羽强拽着马缰绳，硬是将张飞连人带马拉到一旁。

第二天一早，吕布登门拜访刘备。他一脸萎靡，说道：“承蒙刘公深情厚谊。但令弟似乎对我有所误解，可能我与徐州无缘吧。如此看来，吕某还是投奔别处而去为好，因此今日特来向刘公告辞。”

“原来如此。既然吕将军执意要走，刘某也难以强留。舍弟的失礼之处，万望将军海涵。将军也不忙急走，不若在小沛暂住，休养兵马。那里虽然地方狭小，但风水极好，军粮充沛。”

刘备极力挽留，并提出将自己以前所住的小沛宅邸让给吕布。吕布确实无路可走，于是欣然接受了刘备的好意，将自己的家眷和兵马屯驻到小沛。

# 第二十三章
# 以毒攻毒

所谓窃一文谓之贼，窃一国谓之英雄。

当时，汉室朝廷在都城长安早已乱成一团。他们自身难保，对世间之事也屡屡失察，更有许多莫名其妙的毁誉褒贬。

之前曹操被夺去了自己的根据地兖州，又遭蝗虫之灾，走投无路之下只得远征汝南、颍川等地。他以征讨黄巾余党为借口，实为搜刮百姓，强取豪夺，聊以为生。但当朝廷闻听此讯后，居然对曹操大为嘉奖。他们认为："曹操讨伐乱贼，平定地方有功，封建德将军费亭侯。"

曹操获得朝廷奖赏，在兖州又重振旗鼓，恢复势力。他的声威也逐渐壮大，但朝廷却依旧如故，得过且过，不谋新政。

自从迁都长安之后，这座古老的城市被几年前的兵乱焚烧近半。当一代奸贼董卓被诛杀之后，百姓还以为终于有几天好日子过了。但是后来又出了李傕、郭汜之流，他们手握军政大权，横征暴敛，只顾中饱私囊，毫不自律。因此，民众怨声载道："死了一个董卓，如今朝廷又来了两个董卓！"

但是却无人胆敢大声抱怨。如今李傕自立为大司马，他和大将军郭汜两个人只手遮天，文武百官无人不被其牵制，受其恶政。

有一次，太尉杨彪和朱儁一起，暗中向献帝进谏："启禀吾皇。如今庙堂混乱，朝廷堪忧，长此以往，国将不国。臣等闻听曹操如今在地方拥兵二十余万，其帐中猛将谋士数不胜数。若我等能利用曹操的势力，由他剿灭这两个朝堂奸贼，不知陛下意下如何？我等文武百官忧心忡忡，如今天下百姓也怨声载道，哀其恶政啊！"

他们希望献帝能下旨诛杀李郭二奸。

献帝闻言，潸然泪下："何须你们进言，朕深受二贼之苦，为时已久。每天每时朕都忍受羞辱。如若能诛此二贼，朕就同天下人民一样，一解愁苦之情！只是如今无计可施，朕也无可奈何啊。"

"非也！计谋是有的，但须陛下下定决心才行。"

"哦？爱卿有何好计，可以诛杀二贼？"

“臣在心中已设下一个好计。想那郭汜与李傕势均力敌，不妨施以离间之计，让其二贼互相猜忌，彼此撕咬。同时，陛下请密诏曹操，令其趁机诛戮二贼。”

“此计行得通吗？”

“臣有相当的把握。臣听说那郭汜之妻善妒，因此打算利用她的心理，布下反间之计。郭汜后院着火之后，其他事情就好办了。”

献帝欣然同意。于是杨彪回到家中，周密计划如何实施此反间之计。他计谋已定，于是立刻来到夫人房中，将双手放在夫人肩上爱抚，与平常判若两人。

“夫人，你最近还和郭汜夫人常见面吗？我记得你说过夫人们之间经常聚会是吧。”

杨妻闻言很是疑惑，她不禁揶揄丈夫道：“你怎么这么问？今天出什么事了？”

“何出此言？”

“你什么时候对我这么温柔过了？”

“哈哈哈哈！”

“你冷不丁这样，我倒觉得有些奇怪呢。”

“是这样吗？”

“你直说吧，是不是有事求我呀？”

“你真不愧是我的夫人，一眼就识破了。我此番确实有事要求助于你。”

“什么事呀？但说无妨。”

“我听说郭汜夫人善妒，吃醋的劲儿可不输你。”

“去你的！我什么时候吃过醋？”

“好啦好啦，我的夫人大人大量，我说的是郭汜夫人嘛。”

“哼！她那个大醋坛子，要是你跟她过日子，肯定受不了。”

“是是是！我娶的是个贤妻，我已经很满足啦。”

“切！你少拿花言巧语哄人！”

“不开玩笑了，我跟你说正事啊！你能不能去拜访一趟郭汜夫人，以你的本领，让她吃上一大坛醋。”

“好端端的，让她吃谁的飞醋呀？我来问你，你叫我这么做，到底是为什么？”

“我这是为了国家社稷而为。”

“切！你少开玩笑了！”

“夫人啊，我所言不虚。你此番行为不仅对汉室江山有利，而且对你的夫君我也有好处啊。”

“你这么说我就更不明白了。让我做这种无聊之事，怎么就是为了江山和你啊？”

“夫人，你待我慢慢与你解释。”

杨彪放低声音，附在夫人耳旁，如此这般对她言说了今日对天子的密奏，以及自己心中的计谋。

杨妻边听边惊得瞪大了眼睛。她起初还有些犹豫，但看到丈夫眼中坚定的神情之后，终于下定决心，说道：“好吧，那我就去试试！”

杨彪又再三提醒夫人，万勿小心，还叮嘱道：“此事事关重大，一定要全力而为，不得掉以轻心！若是你万一失败，这可是株连九族的罪名啊。夫人啊！此番就拜托于你，一定要化身毒妇，将此事做好！”

第二天，杨妻换上考究的盛装，带上珍奇礼物，乘轿前去郭汜府上拜见郭夫人。

“哎呀！又让你破费了，总是送我这些珍贵礼物，我怎么好意思啊。”

郭汜夫人见到杨彪夫人很是高兴。她感谢杨夫人的礼物，又客套一番她的妆容好看。

“你今天这身衣裳可真是漂亮极了！”

“我穿得漂亮有什么用啊，我家那口子从来也不正眼看我。我倒是觉得夫人的头发梳得很好，真是美艳无双。我每次见到夫人，都觉得实在是艳冠群芳，是个不可多得的美人。只是可叹啊，男人都不懂得珍惜好女人啊！”

“哎？你怎么看着我，却好端端地落下泪来？”

“唉！别提了，也没什么的。”

“到底出什么事了？你不要哭嘛，有什么事就说出来啊。”

“唉！我一时没忍住，竟然落下泪来，还请夫人见谅。”

“到底怎么啦？”

“那我就直说了吧。不过你可一定要保密啊，这事可不能告诉任何人。”

“好的，我答应你，一定保密。”

“其实啊，我是因为看到夫人之后，觉得您一直被蒙在鼓里，才替夫人觉得委屈。”

“哦？我怎么委屈了？我竟不知道呢！你赶快告诉我吧！”

郭夫人闻言有些着急，逼着杨夫人一定讲明白。

杨夫人故意做出一副同情不已的神情，卖着关子：“夫人，您是真的什么都不知道吗？”

她压低了声音，凑到郭夫人身旁，神情神秘，似乎知道什么秘密。

郭汜夫人此时已经被她吊足胃口，急急钻入她的巧言圈套。

“我不知道什么啊？难道你说是我丈夫，他有什么事是我不知道的？”

“嗯！夫人啊，请你把我今日所言藏在心里就好，不要深究。你可认识那位李大司马有一位年轻貌美的夫人吧？”

“我自然认识。李傕和我丈夫是刎颈之交，所以我和他的夫人也很亲近啊。”

“难怪大家都替你觉得委屈啊！夫人你心地太善良了。只可惜那位李夫人跟你家郭将军早就……”

“你待怎讲？我丈夫和李夫人竟然……”

郭夫人闻言，脸色大变。她难以置信地询问，声音忍不住颤抖：“这……难道是真的吗？”

杨夫人凑过去，握着她的手，柔声安慰道：“夫人啊，你也不要太过介怀了。那些臭男人啊都是一样的。你就假装不知道，睁一只眼闭一只眼就得了。也埋怨不得你丈夫。只是，我觉得李夫人实在过分，她明知夫人你心地善良，还如此待你，实在可恨啊！”

郭夫人不禁潸然泪下，她鼻涕一把眼泪一把，哭道：“我就觉得我丈夫最近样子奇怪嘛。他最近常常深夜才回家，对我态度也不如以前体贴了。”

杨夫人挑拨成功，告辞离去，而郭夫人则大哭一场，把自己关在房里。正巧当天郭汜将军深夜才归宅，而且醉醺醺的。

“啊？我说你又是怎么啦？脸色怎么这么难看啊？”

“我怎么知道！你少管我吧！”

“哼，你这是又置什么气呢，真是的！哈哈哈！”

“……”

郭夫人并不理会他，只是背身哭泣。

四五天之后，大司马李傕下了帖子，邀请郭汜前去赴宴。郭夫人却拦在丈夫前面，不许他出门：“你今天别去他家！我不让你去！”

“你别闹了好不好！我们只是好友聚会，喝点酒而已，为什么不让我去啊？”

“我就是不让你去！那李大司马一定对你恨之入骨。”

“他为什么恨我啊？”

“不为什么！你听我的就是了！”

“你这个女人，今天这是怎么了？怎么不讲理啊！”

“你应该明白。古人说，一山容不得二虎。更何况，那李司马在私情上也对你有所不满。若他在酒宴上下毒，你要是有个三长两短的，让我们娘们怎么办啊？”

“哈哈哈！你最近这是怎么了？是不是对李大司马有什么误会啊？”

“无论如何，你今晚不可去李司马府上。就算我求求你了好不好？”

郭夫人揪住郭汜的衣襟，嘤嘤啼哭。郭汜见状也难以扔下她不管，自己去喝酒，于是未去赴宴。

第二天，李傕专门派人送来昨晚精心准备的菜肴和礼物。郭夫人故意去厨房，在其中一道菜里偷偷下了毒，然后端到丈夫面前。

“嗯！菜式精美，味道一定也不错！”

郭汜毫无戒心地就要品尝。郭夫人立刻拦住他的筷子，说道：“你这么金贵的人，怎能随意就吃别人家送来的食物。你应该先验一下是否有毒，真是太大意了！”

郭夫人说罢，就用郭汜的筷子夹了一点菜，扔到院中喂狗。家中的狗立刻就一口吃掉了。

“怎么回事？”

郭汜大惊。只见那条狗吃下之后，忽然如陀螺一般打转不止，狂吠一声之后，竟然吐血而亡。

“哎呀！好可怕呀！”

郭夫人揪住丈夫，靠在他身上不停颤抖。

“我不是曾经警告过你么，看来李司马送来的菜肴里，果真有毒。真是人心隔肚皮啊！”

“这个……”

郭汜看到院中惨死的狗，一时无言以对。不过这件事之后，他在心中已对李傕产生怀疑。

从此，郭汜看李傕的眼神也完全不同于从前，凡事都加着小心，心中总抱有顾虑。于是看他的角度也有所倾斜。

约在一个月之后，有一次郭汜下朝后正欲回家，李傕硬是将他拉去府中做客。郭汜无奈，只得跟去。

“今天有个喜事，咱们哥俩要喝个痛快啊！”

李司马照例布置了一顿山珍海味，还叫来美女作陪，非要和郭汜一起一醉方休。

郭汜酒足饭饱之后，才衣衫凌乱地带着醉意而归。

回家途中，郭汜忽然警醒起来。他在喝酒过程中一直绷着一根弦，所以并未完全喝醉，他心想：“李傕在今晚的菜肴中不会也下毒了吧？”

他心中一动，不自觉就紧张地想起那日中毒而亡的家犬，以及那濒死的狂吠之声。

“这次应该没事吧？”

他神经兮兮地，忽然就觉得胸口憋闷，仿佛食物已经涌到嗓子眼儿了。他恶心得马上就要吐出来。

“哎哟！不好！”

他拿手指抹了一把额头上的汗水，催促车夫。

“快！速速回府！”

一回到家里，郭汜赶忙叫来夫人，难受地倒在床榻之上，呻吟道：“夫人啊，可有什么解药没有？”

郭夫人一问之下，得知他去李傕府上赴宴了，就赶忙取了粪汁，给丈夫喝下，然后轻轻拍他的后背。

郭汜本已恶心无比，如今大口喝下了粪汁更是胃肠之间一阵翻腾。他突然起身，大口呕吐，将今晚的酒食全部吐了出来。

“官人，幸好你及时吐了出来，现在舒服一些了吧。”

“哎哟，我刚才实在是难受极了！”

“没关系的，你现在已经保住性命啦。”

“真是好险啊！”

“你怎么不听我的规劝呢？我一再提醒你要提防李大司马，不可相信此人啊！”

“如今我算看清楚李傕的用心了，怪只怪我太过耿直，过于相信他。既然他不仁，就休怪我不义了！”

郭汜面色苍白，懊悔地用拳头在自己头上捶了两三下，然后一跃而起，立刻行动。他连夜召集兵马，准备当即杀至李傕宅邸。

而此时，李傕也得到了消息，他狠狠说道：“哼！郭汜竟然说翻脸就翻脸！我倒也可以趁机将他除掉，独揽大权。有本事就打吧！”

李傕立刻准备兵马，迎战郭汜。两军在长安城的市街之中展开肉搏巷战，一打就是两三天。双方你来我往，互不相让，城中血流成河，变成一副血雨腥风的地狱模样。

战事一时相持不下，于是两人又各自增派人手。长安城中再次被众多乱兵所包围，陷入一片巨大的混乱之中。

在混战中，李傕的侄子李暹忽然灵机一动，献策道：“对了！我们得将皇帝先拿下，以占先机！”

他随即闯入禁宫，将皇帝和皇后强行架上龙辇，并派谋士贾诩和武将左灵二人负责监视。皇帝的车辇之后无数内侍随从纷纷啼哭追赶，但李暹毫不理会。他带领车辇从后宰门而出，直奔乱箭横飞的街头之上。

“皇上被李傕的侄子挟持上御辇，如今不知被劫到哪里去了。”

郭汜听到部下的急报，显得非常狼狈，他扼腕道：“糟啦！我真是大意了！若是李傕将皇帝占为己有，那可不好办了！”

他急忙派兵赶到后宰门附近，准备劫驾，却为时已晚。

皇帝的车辇被奔马和狂兵一路拖拽，颠簸动荡，扬起漫天黄尘，直奔郿坞方向而去。

“就是那辆马车！别让他们跑了啊！”

郭汜的士兵呐喊着，拼命射箭追击，而李暹在皇帝车马殿后的士兵也拼命射箭还击。一时乱箭纷飞，沿路死伤无数。

“居然让他们劫走皇帝了！太可恶了！”

郭汜一时气急，觉得自己失策，于是带兵杀入禁阙，杀人泄愤。他肆意斩杀平素不合的朝官大臣，又劫了大批后宫佳丽美女，统统拉到自己的营寨。

他见这皇宫内苑也不顺眼，于是点起一把火来烧着空无一人的皇宫。他看着那冲天的火光，痛快地大叫：“我要把你们统统毁掉！”

另一边。

皇帝和皇后的车辇被李暹劫持到李大司马的军营之中。他们又怕两军交战之际，军营也不保险。于是李傕和李暹叔侄二人私下商量一番后，决定把皇帝和皇后转移到郿坞城中。郿坞城为前相国董卓所建，城墙高筑，易守难攻。

此后，献帝和皇后就被监禁在郿坞城中的一间幽室之中。他们一连被关了十几天，毫无行动自由。

李傕提供的食物非常粗鄙，甚至有时上的饭菜都已腐坏，令人难以下咽。

皇帝见到这些饭食根本不动筷子，而几位内侍勉强吃了一口，几乎呕吐出来。君臣几个心生悲凉，只得泪眼相对。

“李大司马，跟随我的侍从如今口粮不足，饥寒交迫，叫人心酸。朕恳请略施薄恩，善待他们。”

献帝请人通禀李大司马，恳请能送来一袋米和一块牛肉。而李傕过来见皇帝之时，却口出不逊：“你知道现在是什么时候吗？如今天下大乱，食物原本就不够吃了，连给你送来的这些饭菜都是从士兵的口粮中拨出来的。你们不知道感恩，反而还敢提要求！”

他全无臣下对君上的尊重之情，还将插嘴的侍从暴打一番，之后扬长而去。不过后来，李傕好似良心发现，在当晚的饭食里多添了些米饭，还加了几片馊牛肉。

“啊！这些就是他所谓的良心吗？”

内侍们闻到腐臭的食物，不禁掩面扭头。

而皇帝简直怒不可遏：“李傕啊李傕！你也太无法无天了！你还把朕当皇帝吗？”

皇帝情绪激动，气得浑身颤抖。他用龙袍衣袖不断拭泪，唉声叹气。

杨彪也在随侍的臣子之中，一并幽禁。他此时百感交集，悔恨难当。

当初是他出的计谋，又派夫人施展反间之计，造成李郭二人反目。而引起今日之混乱局面的人，也不是别人，正是他杨彪自己。

可以说他的反间计已经成功了，郭汜和李傕相互猜忌，兵马相向。这些都在杨彪的计划之中，但是他做梦也没想到的是，结果会让皇帝和皇后遭到如此对待。

“陛下，请莫要伤怀，万万保重龙体！李傕残忍无情，请陛下权且忍耐一时。”

正在此时，他们突然听到幽室之外传来一阵兵马急驰之声。郿坞城中不知发生什么事了，忽然喊声大作。

献帝闻听此声，大惊失色。他茫然地环顾左右问道：“发生了什么事？”

“属下这就去看看。”

一个侍臣慌忙跑出去打探，他很快回来报告：“糟了！是郭汜的大军，他们如今已经攻到郿坞城下，正擂鼓呐喊，要求李傕交出陛下，城中一片大乱。”

皇帝听了此讯，心惊胆战，恸哭不止：“如今这前有狼后有虎。两名奸贼都以朕为赌注，正在磨尖利爪。朕现在无论被谁带走都是死路一条，这叫朕如何是好？！”

侍中杨琦也在一旁抹泪。他安抚献帝道：“陛下您想想看，那李傕原本是边疆满族，因此显得残暴无礼。但您看，他后来的行为也是有所悔意的。说不定再过一阵，他也会对自己犯上的行为感到后悔，而设法保全皇上周全的。如今我们只能静观其变，别无他法。”

不久之后，城门外的一场混战似乎稍为停歇。一时间互射的乱箭和兵士的呐喊之声也稍为停顿。这时有一员大将打马从郭汜阵中一跃而出，他大声叱道：“逆贼李傕！皇帝陛下乃是天下万民之天子，你怎敢擅自胁迫皇帝，将他绑架到此？我郭汜是代表天下万民来向你问罪。你赶快回答我！”

李傕闻言，亦从城内跃马而出，他迎面喝道：“你真是一派胡言！我特地将皇帝御驾移至此处，就是为了躲避你们这些乱贼。李傕在此护驾，而你们却要追杀皇帝不成？为何要向着天子射箭？”

“住口！你哪里是护驾，完全是挟持天子！如此险恶用心，天下皆知！你还不速速交出皇帝陛下，否则我立刻将你当场斩首，把你的脑袋扔到百尺空中！”

“口出狂言！”

“你到底是要交出皇帝，还是要交出自己的脑袋？”

“少说废话！”

李傕根本不理，挥舞长枪，过来便战。

郭汜也怒视对方，咬紧嘴唇，挥舞着大剑冲上去迎战。

两位骁勇大将战在一处，刀光剑影，金鸣铮铮，只见他们的坐骑口喷白沫，不断嘶鸣。两匹马不断盘旋，扬起沙尘。而鞍上两人则怒吼声声，杀得难解难分。

“住手！请二位将军都住手！”

这时，忽然从城中飞奔而出一人，他竭力制止双方对打。原来正是太尉杨彪，他刚从皇帝身旁赶来。

杨彪昂首而立，面对二人大展雄辩之才：“皇帝陛下有口谕，请两位将军休战，各自回营。如有违御命者，则为天下逆贼！”

他此言一出，李郭二人都有所忌惮，于是匆忙收兵回营。

第二天，杨彪又请来六十多位朝堂重臣到郭汜营中，劝他早日与李傕讲和。

谁能想到，引发这场战乱的人就是杨彪。但如今发展到如此局面，他也仓皇无措了。于是他只得又从中调停，假意逢迎。看来，此人也不简单啊！